제2판

학교상담과 학교사회사업 치료계획서

Sarah Edison Knapp, Arthur E. Jongsma, Jr., Carey Dimmitt 지음

노성덕, 유순덕, 김호정, 채중민 옮김

Σ 시그마프레스

학교상담과 학교사회사업 치료계획서, 제2판

발행일 | 2017년 9월 15일 1쇄 발행

저 자 | Sarah Edison Knapp, Arthur E. Jongsma, Jr., Carey Dimmitt
역 자 | 노성덕, 유순덕, 김호정, 채중민
발행인 | 강학경
발행처 | (주)시그마프레스
디자인 | 송현주
편 집 | 이호선

등록번호 | 제10-2642호
주소 | 서울특별시 영등포구 양평로 22길 21 선유도코오롱디지털타워 A401~403호
전자우편 | sigma@spress.co.kr
홈페이지 | http://www.sigmapress.co.kr
전화 | (02)323-4845, (02)2062-5184~8
팩스 | (02)323-4197

ISBN | 978-89-6866-945-3

The School Counseling and School Social Work Treatment Planner : with DSM-5 Updates, 2nd Edition

＊책값은 뒤표지에 있습니다.
＊이 도서의 국립중앙도서관 출판예정도서목록(CIP)은 서지정보유통지원시스템 홈페이지 (http://seoji.nl.go.kr)와 국가자료공동목록시스템(http://www.nl.go.kr/kolisnet)에서 이용하실 수 있습니다.(CIP제어번호 : CIP2017016814)

역자 서문

청소년, 기업, 가족 등 다양한 상담 분야에 재직 중인 역자들이 공통적으로 늘 안타까워하는 점이 있다. 그것은 현장에 적용할 수 있는 통일된 매뉴얼이 부족하다는 것이다. 상담자들에게 현장에서 활용할 수 있는 매뉴얼은 매우 중요하다. 특히 새로운 영역에서 전문가들이 자리매김하기 시작한 시기에는 더더욱 그러하다. 한편 상담과 사회복지 영역은 전문가가 어려움을 호소하는 내담자를 돌보는 활동이다. 그러다 보니 시스템을 강조하면서도 전문가 개인의 역량에 많은 부분을 의존하고 있다. 특히 상담의 경우는 더욱 그런 경향이 강한데, 일정 수준 이상의 상담을 제공하기 위해서라도 통일된 매뉴얼의 필요성은 더욱 간절해진다.

또한 상담자들은 어려움을 호소하는 내담자에게 서비스를 제공할 때 개인이 훈련받은 이론에 기초하여 개입한다. 이것은 매우 큰 강점을 가진다. 하지만 결정적으로 특정 이론이 모든 문제 영역에 대해 설명해주지는 않는다는 한계가 있다. 그러다 보니 고객인 내담자가 호소하는 문제에 맞추어 적절한 개입방법을 구성하기보다는 상담자가 훈련받은 상담이론에서 제시하는 것과 맞는지를 먼저 따져보게 된다. 사실상 이런 성향 때문에 상담자들이 부딪치는 주요한 윤리적 쟁점 중 하나가 "자신이 훈련받지 않은 것에 대해 개입할 수 있는 것처럼 행동해서는 안 된다."는 것이다.

이는 우리나라 상담 현장에서 큰 장애가 되기도 한다. 미처 훈련할 겨를 없이 새로 대두된 이슈들에 대해서는 수동적인 태도를 보이기가 쉬워지는 것이 이 때문은 아닌지 조심스레 생각해본다. 그래서 상담자들은 늘 '위기개입'을 말하면서도 '위기개입'에 약한 것인지도 모른다. 위기개입은 빈번하게 이야기하지만, 위기개입에 초점을 둔 훈련을 제공하는 상담이론은 거의 없기 때문이다.

학교는 대다수의 청소년이 머무는 곳이다. 학교는 학습이 이루어지는 공간이지만, 동시에 또래들 간, 청소년과 교사 간에 활발한 대인관계가 이루어지는 공간이기도 하다. 하루 대부분의 시간을 학교에서 보내는 청소년들은 갖가지 문제들을 교실 또는 학교 내에서 표출한다. 그래서 문제 상황도 매우 다양하고, 긴급한 개입을 요하는 상황들도 지속적으로 발생하고 있으며, 문제가 불거지는 시점에 뒤늦게 예방적 개입을 해야 하는 경우도 많다. 하지만 이런 다양한 이슈가 공존하는 학교 내 문제들을 모두 설명해주는 상담이론은 존재하지 않는다.

이런 면에서 이 책이 가지는 강점은 매우 크다. 이 책은 33가지 이슈에 대하여 예방부터 긴급한 개입에 이르기까지 학교상담자와 학교사회복지사가 어떻게 준비하고 대처해야 하는지를 매뉴얼로 정리했다. 또한 실제 활용 가능한 다양한 정보를 담고 있다. 이 책은 실제 미국의 학교에서 활용하고 적용되고 개정되어 왔다. 따라서 우리나라 학교 상황에 적용하기는 어려운 내용이 일부 있지만, 분명 도움이 될 만한 내용들이 많다.

아무쪼록 이 번역서가 학교상담자와 학교사회복지사, 나아가 상담현장에서 일하고 있는 전문가에게 좋은 안내서가 될 뿐만 아니라, 자기가 일하고 있는 곳에서 새로운 지식을 창출해낼 하나의 마중물이 되기를 기대해 본다. 끝으로 이 책이 출간되기까지 애써주신 (주)시그마프레스 강학경 사장님과 편집을 맡아준 이호선 선생님께 감사의 마음을 전한다.

2017년 9월
역자 일동

임상계획서 시리즈 서문

책임은 심리치료 실제에 있어 중요한 차원이다. 치료 프로그램, 공적 대행 기관, 클리닉 그리고 임상가들이 서비스에 대한 환급을 받으려면, 치료계획을 정당화하고 문서화해서 외부 인증 기관에 제출해야 한다. 임상계획서 시리즈의 책들은 임상가들이 이러한 문서화 요구를 효과적이고 전문적으로 충족시킬 수 있도록 돕기 위해 설계되었다.

임상계획서 시리즈는 광범위한 **치료계획서**들을 포괄한다. 여기에는 이 시리즈의 첫 번째 책인 *Complete Adult Psychotherapy Treatment Planner*와 *Child Psychotherapy Treatment Planner*(아동 심리치료 치료계획서, 제5판, 2015, 시그마프레스), *Adolescent Psychotherapy Treatment Planner*—현재 5판까지 출간됨—뿐만 아니라 다음과 같은 특수 임상 분야를 목표로 한 **치료계획서**들도 포함되어 있다.

- 중독
- 공병장애
- 행동의학
- 대학생
- 커플치료
- 위기상담
- 조기아동교육
- 근로자 지원
- 가족치료
- 게이 및 레즈비언
- 집단치료
- 소년 재판 및 거주 보호

- 정신지체 및 발달장애
- 신경심리
- 노인
- 양육기술
- 목회상담
- 성격장애
- 보호관찰과 가석방
- 정신약리학
- 재활심리
- 학교상담 및 학교사회사업
- 중증 및 지속성 정신질환
- 성 학대 피해자 및 가해자
- 사회사업 및 사회복지 서비스
- 특수교육
- 언어병리학
- 자살 및 살인 위험 평가
- 재향군인 및 현역 군복무
- 여성 문제

이에 더하여, **치료계획서**와 함께 결합해서 또는 독자적으로 사용될 수 있는 세 가지의 동반 도서가 있다.

- *Progress Notes Planners*(진행 노트 계획서)는 내담자의 증상 및 임상가의 치료적 개입에 관해 자세하게 설명해주는 진행 과정에 관한 진술문 메뉴를 제공한다. 이 책의 각 진술문은 동반 도서인 **치료계획서**의 행동상의 정의 및 치료적 개입과 직접적으로 통합된다.
- *Homework Planners*(과제 계획서)는 **치료계획서**의 각 장에서 다루고 있는 주제에 상응하는 임상적 문제(불안, 우울, 약물 남용, 분노조절 문제, 섭식장애, 공황장애와 같은)를 위해 설계된 과제를 제시하고 있다.
- *Client Education Handout Planners*(내담자 교육용 자료 계획서)는 현행 문제와 정신건강 관련 주제 및 생활 기술 기법들에 대해 내담자를 교육하고 정보를 제공하는 브로슈어와 자료들을 제공한다. 자료에는 컴퓨터에서 쉽게 프린트할 수 있도록

CD-ROM이 제공되며 이 자료들은 정신건강 문제와 싸우는 내담자를 위한 프레젠테이션, 뉴스레터 또는 정보제공용으로 사용하기에 매우 적합하다. 이 자료들이 포괄하는 주제들은 **치료계획서**에서 다루는 임상 문제들과 상응한다.

이 시리즈는 *The Psychotherapy Documentation Primer*(심리치료 문서화 입문) 및 *The Clinical Documentation Sourcebook*(임상 문서화 자료집)과 같은 보조 도서를 포함하고 있으며, 이 책들은 정신건강 실제의 관리에 필요한 양식 및 자료들을 임상가에게 제공한다.

이 시리즈의 목표는 심리치료와 관련된 책임의 문제를 감당해야 하는 임상가들에게 양질의 치료를 위해 필요한 자료를 제공하기 위한 것이다. 간단히 말해서 우리는 여러분이 서류작업의 시간을 줄여서, 내담자와 더 많은 시간을 보낼 수 있도록 도우려는 것이다.

Arthur E. Jongsma, Jr.
미시간 그랜드래피즈

차례

서론

임상계획서® 시리즈에 대하여

보험회사, 공인기관, 기타 외부 기관들의 압력에 대응하여 임상가들이 양질의, 효과적인 치료계획들을 신속하게 만들어야 할 필요성이 증가하고 있다. 치료계획서는 대부분의 보험회사와 주 및 연방 심사평가원의 요구를 만족시킬 수 있는 공식적인 치료계획을 신속하고 쉽게 작성하는 데 필요한 모든 요소들을 제공하고 있다.

각 치료계획서는 :

- 소모적인 서류 작업 시간을 덜어준다.
- 원하는 방식의 치료계획을 자유롭게 작성하도록 한다.
- 각각 관련된 문제별로 행동적 징후를 기술하는 1,000개 이상의 명확한 진술, 장기목표, 단기목표, 임상적으로 검증된 치료적 옵션을 포함하고 있다.
- 행동적 문제나 DSM-5 진단에 따라 치료계획 요소들을 배치할 수 있도록 돕는, 사용하기 쉬운 기준 서식을 제공한다.

임상계획서® 시리즈의 다른 책과 마찬가지로, 이 책의 목적은 치료를 계획하는 과정을 신속하고, 명확하고, 간단하게 함으로써 임상가들의 문서작업 시간을 줄이고 내담자에게 보다 더 집중할 수 있게 하는 것이다.

학교상담과 학교사회사업 치료계획서에 대하여

학교상담과 학교사회사업 치료계획서 초판이 출판된 후 10년 동안, 미국은 점점 더 표준에 기반하고 책임에 초점을 둔 교육모델을 지향하고 있었다. 그리고 모든 교육 전문가들은 그들이 하는 일의 효과를 입증해야 하는 중압감을 느끼게 되었다. 동시에, 정신건강 분야에서도 증거기반 실천에 대한 요구가 증가했다. 이러한 변화들은 어떻게 느끼는지와 상관없이 학교 현장의 현실이 되었으며, 학교상담과 학교사회사업 치료계획서와 같은 자료들은 성공적이고 전문적인 실무에 있어 매우 중요해졌다. 학교 현장에서의 정신건강 서비스는 아동·청소년이 보살핌을 받을 수 있는 처음이자 유일한 곳이 될 수도 있다. 따라서 그러한 보살핌이 효과적이어야 하는 것은 매우 중요하다.

치료계획서 개정판의 모든 장(chapter)과 독서치료 자료는 최신 내용으로 교체되었고, 증거기반 실제에 관한 자료는 기존 내용에 통합되었다. 실무자들이 학생과 상황에 맞춰 개별화된 방법들을 선택할 수 있게 해주고, 개정 이전 책의 두드러진 특징이었던 학생 문제 개입의 범위는 그대로 유지시켰다. 또한 집단 괴롭힘, 교실에서의 방해 행동(Disruptive Classroom Behavior), 학교폭력 등 학교에서의 핵심적인 세 가지 과제가 새롭게 추가되었다. 새롭게 실린 전문 부록에는 증거기반 실제(evidence-based practice, EBP)에 대한 광범위하고 일반적인 참고문헌뿐만 아니라 각 영역별 증거기반 실제의 유인물과 인터넷 자료가 포함되어 있다.

이 책에는 관련 분야인 *School Counseling and School Social Work Homework Planner*(Knapp, 2003)에서 발췌한 참고문헌을 수록하였다. 게다가 다수의 증거기반 치료는 그 내용이 일관적이기 때문에 이 치료계획서의 몇몇 치료개입 방법들은 *Child Psychotherapy Treatment Planner*(Jongsma, Peterson, McInnis, & Bruce, 2006b) 및 *Adolescent Psychotherapy Treament Planner*(Jongsma, Peterson, McInnis, & Bruce, 2006a)의 치료개입 방법과 관련이 있다. 또한 이 책에는 많은 수의 학교기반 개입과 프로그램이 실려 있다.

증거기반 치료를 이 치료계획서에 접목시키기

학교 현장이나 지역사회 현장 어디에서나 효과적인 정신건강 실제는 증거기반 치료에 관한 지식과 활용을 요구하고 있다(Carr, 2009; Weisz, Sandler, Durlak, & Anton, 2005). 그러한 실제 활용의 의무는 가족과 내담자 옹호집단(예 : National Alliance on Mental Illness, 2007), 전문가 조직(American Psychological Association Task Force on Evidence-Based

Practice With Children and Adolescents, 2008), 연방정부(President's New Freedom Commission on Mental Health*, 2003; Substance Abuse & Mental Health Services Administration, 2005)의 요구로부터 시작된 것이다. 다양한 활용을 위해서 연구 증거에 따른 특정 치료개입 방법인 증거기반 치료(EBT)와 임상적 전문지식을 활용할 뿐만 아니라 평가, 치료, 개입, 결과 연구와 같은 것들을 사용하는 증거기반 실제(EBP)를 구분하는 것이 필요하다(Kazdin, 2008; Roberts & James, 2008). EBT 정보의 활용은 학교의 정신건강 서비스 제공자에게 특정 학생의 문제를 다루는 치료방법에 대해서 일관된 결정을 할 수 있도록 허락한다. EBP의 사용은 학생의 개입 결과를 향상시키는 데 학교상담자와 학교사회복지사의 필수적인 업무를 좀 더 직접적으로 상호연관시키며, 실천가에게 명확한 책임을 제공한다(Dimmit, Carey, & Hatch, 2007; Gibbs, 2003; Kelly, 2008).

Schlonsky와 Gibbs(2004) 모델에 기반을 둔 EBP의 학교기반 모델(Dimmitt, Carey, & Hatch, 2007) 중 하나에서 증거기반 접근의 활용과 밀접한 연관이 있는 세 가지 측면을 확인할 수 있었다. 첫째, 치료법이나 개입방법을 결정하기 위해서 무엇이 변화되어야 하는지 확인하고 평가하기 용이하다는 것이다. 이 단계에서 중요한 것도 개인, 가족, 학급 또는 학교 수준에서 개입할지를 결정하는 것이다. 개인 수준에서는 간단한 스크리닝이나 *Children's Global Assessment Scale*(Shaffer et al., 1983), *ASEBA*(Achenbach System of Empirically Based Assessment; Achenbach & Rescorla, 2007), *Behavior Assessment System for Children*(BASC-2; Tan, 2007)과 같이 신뢰도와 타당도가 입증된 평가도구를 사용하는 것이 더 낫다(평가도구에 대해서는 Meyer et al., 2001을 참고). 만약 문제가 집단 괴롭힘이나 교실에서의 방해 행동과 같이 좀 더 조직적인 문제라면, 규율의 영향 범위와 이전의 개입 노력에 대한 학교의 데이터를 활용하는 것이 타당할 것이다. *School Success Profile*(Bowen, Richman, & Bowen, 1997)과 같이 학교 분위기(school climate)를 평가하는 것은 결정적이면서도 전반적인 정보를 제공해줄 수 있다.

우선, 다룰 필요가 있는 문제가 평가되고 명확하게 표현되었다면, 통합 EBP의 다음 단계는 효과적인 개입방안이 무엇인지 그와 관련된 정보를 수집하는 것이다. 이 **치료계획서**에는 현존하는 수많은 EBP 치료와 개입 옵션이 실려 있고, 연구기반 실제(research-based practice) 관련 지식을 얻을 수 있는 추가적인 방법이 많이 실려 있다. 미국 교육부가 운영하고 있는 What Works Clearinghouse**(http://ies.ed.gov/ncee/wwc/)는 최적의 실제를 확

---

* 역주 : 미국 부시 대통령이 정신건강 서비스 체계에 대한 연구 및 발견을 통해 주·연방 정부의 효과적인 개입 방안을 마련하여 정신장애자들의 불평등을 해소하고자 2002년에 설립한 기관
** 역주 : 미국 교육부가 다양한 교육적 개입 및 중재 효과에 대한 과학적 증거를 검토하기 위해 2002년에 설립한

인해줄 수 있는 교육적 연구 결과들을 발표했다. Social Work Policy Institute*(http://www. socialworkpolicy.org/)는 사회복지 업무에 대한 연구와 정보를 발표했다. 또한 Campbell Collaboration**(http://www.campbellcollaboraion.org/)에서는 교육, 정의, 사회복지 등에 대해 폭넓고 다양한 개입과 실제에 대한 많은 자료를 체계화하고 있다. Google Scholar (http://scholar.google.com/) 또한 학술적인 논문과 자료를 제공하고 있다. 그리고 현재 아동과 청소년의 임상 치료 연구결과를 수록한 많은 저서(Barrett & Ollendick, 2004; Carr 2009; Grinnell & Unrau, 2008; Kazdin & Weisz, 2003; Macgowan, 2008; Norcross, 2011; Steele, Elkin, & Roberts; Weisz & Kazdin, 2010)와 학교상담, 학교사회사업, 아동과 학교심리, 정신건강 서비스가 제공하는 치료 결과와 관련된 최신 연구들이 수록된 전문 학술지도 있다. 지식이 많은 소비자들에게는 무엇이 좋은 연구를 구성하는지에 대한 일반적인 지식은 매우 중요하다. 효과적인 치료 선택에 대한 명확하고 신뢰할 수 있는 연구 결과가 담긴 이번 *School Counseling and School Social Work Treatment Planner*, 제2판에서는 관련된 단기목표와 치료 개입이 EBT 개입을 의미하는 아이콘 ▽을 사용하여 강조하고 있다.

가능한 증거기반 치료 개입을 파악한 후에는 당신의 상황에서 구체적으로 어떤 것이 가장 효과적인지 결정해야 한다. 정확성을 가지고 개입 혹은 치료를 실행하기 위한 자원, 헌신, 역량이 있는가? 특정 학생이나 가족, 학교에 가장 적합한 EBP는 어떤 것인가? 학교 스케줄이나 학교 활동에 적합한가? 이 단계에서는 당신의 경험, 동료와 내담자의 집단 지혜 그리고 내담자의 가족이 가장 중요하다. 이 같은 결정을 할 때 학교 자료 팀을 이용하는 것도 매우 좋은 방법이다(Poynton & Carey, 2006). 증거기반 치료 혹은 프로그램을 선택한 뒤 그것이 설계된 대로 실행되지 않으면 학생에게 기대하는 결과를 산출하지 못할 수도 있다.

이 모델(Dimmitt, Carey, & Hatch, 2007)의 세 번째 요소는 사용된 개입이나 치료가 효과적이었는지에 대한 평가를 포함한다. 건전한 결과 연구에 의해 지지되는 치료도 모든 상황에서 바람직한 영향을 주지 못할 수 있으며, 평가는 그러한 개입을 계속할지 혹은 수정할지에 대해 결정할 수 있도록 도와줄 것이다. 평가는 결과 조사, 치료 후 평가, 학습평가, 학교 분위기 등을 통해 이루어진다(Dimmitt, 2010에 더 자세한 내용이 실려 있다). 또한 평가는 학교 전문가들에게 그들의 노력이 성공적이었는지에 대한 판단을 돕고 학생, 부모,

---

기관

* 역주 : 미국 사회사업가 협회에서 다양하고 복잡한 문제를 가진 사람들을 어떻게 도울 것인지를 비롯해 공공기관에 요구되는 체계와 구조에 대해 조사하기 위해 설립한 기관

** 역주 : 1999년 영국에서 시작된 논의로 설립된 증거-기반 정책의 사회과학 연구기관

관리자들에게는 효과를 입증시켜 줄 수 있다. 학교사회복지사들과 학교상담자들이 통합된 증거기반 접근을 채택할 때, 프로그램의 효과성을 증가시킬 수 있고, 핵심 학생에 대한 영향을 학문적·사회적 결과로 설명할 수 있으며, 학교 공동체에 우리 노력의 가치에 대해 설명할 수 있을 것이다.

정신건강 관련 치료 결정은 외부와 단절된 상태에서 이루어지는 것이 아니며, 학생이 경험하는 모든 문제들은 학교·학생·학급·또래 요인의 영향을 받는다. 좋은 효과를 보여주는 개입에는 개인적 개입뿐만 아니라 다양한 개입 상황(즉, 학교, 집, 병원)에 사용될 수 있는 예방과 치료 방법도 포함되어 있으며, 이러한 방법으로 시행된 치료와 예방이 청소년에게 특히 효과적이라는 증거들이 계속해서 나오고 있다(Kazak et al., 2010; Raines, 2008; Weisz, Sandler, Durlak, & Anton, 2005).

부록 B의 참고도서에는 확실한 연구 증거가 있는 특정 치료 방법과 더불어 그와 연관된 연구 논문이 추가적으로 수록되어 있다. 기존 문헌들을 요약한 것뿐만 아니라 증거기반 접근의 장점, 단점, 한계도 실려 있다. 각 영역에서 사용 가능한 EBT 정보를 확인할 수 있는 각 장에 특화된 자료들도 실려 있다.

증거기반 치료의 포함에 대한 기준

이 치료계획서는 증거기반 치료나 실제로서 포함될 것을 결정하기 위해 표준 실제를 따랐다(American Psychological Association Presidential Task Force on Evidence-Basde Practice, 2006; Chambless et al., 1998). 즉, 잘 설계된 무선할당 임상실험, 혹은 여러 번 반복하더라도 내용적으로 같은 결과가 나오는 연구들 중 적어도 하나를 포함하고 있다. 이상적으로, 그러한 연구들에는 연구 환경에 주어진 임의의 과제, 행동이나 결과의 신뢰도와 타당성 있는 측정, 명확하게 제시된 표본, 정확한 치료 과정이나 계획이 있다(Eyberg, Nelson, & Boggs, 2008). 가급적이면 치료 효과의 증거는 다양한 내담자 표본을 가지고 독립된 연구기관에서 실행된 하나 이상의 연구로 드러난다. 특히 복잡한 임상 상황과 문화 호응적 서비스에서는 질적인 연구, 실제 기반 증거, 연구의 다양한 모델들이 EBP를 지지하는 타당한 자료로 인정받고 있다(APA Task Force on Evidence-Based Practice for Children and Adolescents, 2008; Kazak et al., 2010; Kazdin, 2008).

EBP 사용 압박에는 도전이 따르기 마련이다. 특히 아동과 청소년들의 경우, 증거기반과 효과적 실제를 위해 필요한 정보들 간에는 차이가 난다. 특정 장애(예 : 섭식장애, 자살 위험), 비행동적 개입 모델, 동시다발적 상황, 개입 내용의 정보에 차이가 존재한다. 다양한 인종, 민족, 문화 출신의 학생을 포함하는 표본의 치료 효과에 대해 어떤 조건에서 누구에게, 무엇이 효과적인지 더 상세하게 드러날 수 있도록 더 많은 정보가 요구된다(Norcross, Beutler, & Levant, 2006). 최적의 효과 산출을 위한 필요충분 조건의 치료는 무엇인지에 대해 더 많은 연구가 필요하며, 이는 치료결과에 영향을 미치는 근본적인 변화 과정에 대한 연구가 요구된다는 것을 의미한다(Weisz et al., 2005).

그러나 이러한 도전에도 불구하고 우리의 지식기반은 빠른 속도로 축적되고 있으며, 다양한 학교기반 정신건강 치료와 실제가 학생들의 기능과 성취에 대해 실제적 변화를 만들어내고 있다는 것이 더욱 더 확인되고 있다(APA Task Force on Evidence-Based Practice for Children and Adolescents, 2008). 학교상담자들과 학교사회복지사들은 학생들에게 효과적인 정신건강 서비스를 제공하겠다는 공통의 목표를 가지고 있고, 그렇게 하기 위한 다양한 방법들이 있다. 이러한 이유로 이 **치료계획서**에는 영향에 대한 연구 증거와 일반적인 임상 실제를 반영한 그 이외의 것들이 포함되어 있는 치료계획 선택의 범위가 포함되어 있다. 따라서 치료 제공자가 아동, 직면한 문제의 다양한 내용, 더 선호되는 옵션에 대해 그들이 가진 독특한 전문지식을 활용할 수 있도록 한다.

치료계획서 활용법

다음 여섯 단계의 과정에 맞춘 치료계획 수립을 위해 이 치료계획서를 활용한다.

1. **문제 선택**(Problem Selection) : 비록 평가 중에 학생과 그 가족이 다양한 문제를 이야기하더라도 임상가는 치료 과정에서 초점을 둘만한 가장 의미 있는 문제가 무엇인지 결정해야 한다. 흔히, 주된 문제가 드러나고 이차적 문제들 또한 눈에 띌 수 있다. 또 다른 문제들은 이 시점에 치료가 필요할 만큼 급하지 않기 때문에 잠시 미뤄둘 수도 있다. 효과적인 치료계획은 몇 가지의 선택된 문제만 다루는 것이다. 만약 그렇게 하지 않으면 치료는 방향을 잃게 될 것이다. 이 계획서에서 당신의 학생이 보이는 문제나 혹은 즉각적 주의를 요하는 문제를 가장 정확히 보여주는 문제를 선택하라.

2. **문제 정의**(Problem Definition) : 학생은 그들의 삶에서 문제가 어떻게 행동으로 드러나는지 아주 독특한 어조로 표현한다. 그렇기 때문에 치료의 초점을 위해 선택된 문제는 그 문제가 특정 개인에게 어떻게 드러나는지에 대해 구체적 정의를 필요로 한다. 증상의 형태는 DSM-5 혹은 **국제질병분류**(International Classification of Diseases, ICD)와 같은 코드와 연관된다. 이 계획서는 당신이 선택할 수 있고 혹은 당신이 직

접 만든 진술문의 표본이 될 만한 행동 정의들을 제공하고 있다.

3. **목표 수립**(Goal Development) : 다음 단계는 초점이 되는 문제해결을 위한 전반적인 목표를 수집하는 것이다. 목표 서술은 구체적인 언어로 작성될 필요는 없지만, 치료 절차에 대해 긍정적 결과를 기대할 수 있는 포괄적이고 장기적인 목표가 제시되어야 한다. 이 계획서는 문제마다 몇 가지의 목표들을 서술하고 있으나, 치료계획에서는 하나의 목표면 충분하다.

4. **목적 구성**(Object Construction) : 장기 목표와는 달리 목적은 학생이 그 목적을 달성한 것이 명확히 드러날 수 있도록 반드시 행동적 언어로 기술되어야 한다. 이 계획서에서 이야기하고 있는 '목적'은 치료 효과를 극대화시키는 동시에 의무와 책임에 대한 요구를 충족시키도록 설계되었다. 같은 문제에 대한 다양한 치료계획의 설계가 가능하도록 많은 수의 예시를 제시하고 있다.

5. **개입**(Intervention Creation) : 개입은 학생으로 하여금 목적을 달성할 수 있도록 돕기 위해 설계된 임상가의 활동을 말한다. 모든 목적에 대해 적어도 한 가지 이상의 개입이 있어야만 한다. 만약 학생이 초기 개입 후에 목적을 달성하지 못한다면, 새로운 개입 계획이 추가되어야 할 것이다. 또한 개입은 개인의 요구 및 치료 제공자의 폭넓은 치료법 목록에 기반을 두고 선택되어야만 한다. 이 계획서에는 다양한 치료적 접근법에서 나온 개입들이 기술되어 있으며, 또한 치료 제공자가 자신의 훈련과 경험을 바탕으로 다른 개입계획을 수립할 수 있도록 돕는다.

　이 계획서에서 제안된 개입들 중 몇몇은 학생 혹은 가족들에게 독서치료로 부과할 수 있는 특정 책들과 관련이 있다. 부록 A에는 이러한 자료가 담긴 풍부한 참고문헌 목록이 제시되어 있다. 정신건강 전문가들은 Norcross, Santrock, Campbell, Smith, Sommer, 그리고 Zuckerman이 저술한 *The Authoritative Guide to Self-Help Resources in Mental Health*, 개정판(2003)에서 자조(自助) 관련 서적(self-help books)에 대한 더 많은 정보를 얻을 수 있을 것이다(Guilford Press, New York, NY에서 이용 가능).

6. **진단 결정**(Diagnosis Determination) : 적합한 진단의 결정은 학생의 임상 평가에 기반을 둔다. 임상가들은 학생에게서 보이는 행동, 인지, 감정, 대인관계의 증상을 DSM-5에 제시된 정신질환 진단 기준과 대조해 보아야 한다. 이러한 방식으로 개인을 진단하는 것에 대해 반대의 목소리가 있지만, 진단은 정신건강관리 분야에서 실제로 행해지고 있다. 이것은 임상가의 DSM-5 기준에 대한 정확한 이해와 가장 신뢰할 만하고 타당한 평가 정보에 대한 완전한 이해를 뜻한다.

축하한다! 이 여섯 단계를 완료하고 나면 당신은 학생과 그 가족에게 즉각적으로 실행하고 보여줄 수 있는 종합적이고 개별화된 치료계획이 준비되었을 것이다. 이 서론의 말미에는 사회적 부적응에 대한 치료계획의 예시가 제시될 것이다.

학생과 가족에 대한 치료계획을 조정할 때 마지막으로 주의해야 할 사항

효과적인 치료계획 수립에 있어서 각각의 계획이 학생의 문제와 요구에 따라 조정되는 것은 매우 중요하다. 학생들이 비슷한 문제를 가지고 있다고 하더라도 치료계획이 대량생산되어서는 안 된다. 치료계획을 수집할 때 학생 개개인의 장점과 단점, 특정한 스트레스 요인, 사회 관계망, 가정환경, 증상의 형태를 고려해야 한다. 우리는 임상 경력에 의지하여 다양한 치료 선택을 해왔다. 이러한 문장들은 구체적인 치료계획 수립을 위해 수천 가지의 방법으로 조합될 수 있다. 임상가들은 그들의 바른 판단에 의지하여 그들이 치료하는 개인에게 적합한 표현들을 쉽게 선택할 수 있을 것이다. 또한 우리는 독자들이 기존 예시에 자신의 정의, 목표, 목적, 개입을 추가하기를 권장한다. 치료계획서 시리즈에 있는 모든 책과 마찬가지로, 이 책이 효과적이고 창의적인 치료계획을 수립하는 데 도움이 되기를 바라며, 그 과정이 궁극적으로 학생, 임상가 그리고 정신건강 분야에 유익하기를 바란다.

참고문헌

Achenbach, T. M., & Rescorla, L. A. (2001). *Manual for the ASEBA school-age forms and profiles*. Burlington: University of Vermont, Research Center for Children, Youth, and Families.

American Psychological Association Presidential Task Force on Evidence-Based Practice. (2006). Evidence-based practice in psychology. *American Psychologist, 61*(4), 271–285.

American Psychological Association Task Force on Evidence-Based Practice for Children and Adolescents. (2008). *Disseminating evidence-based practice for children and adolescents: A systems approach to enhancing care*. Washington, DC: American Psychological Association.

American School Counselor Association. (2003). *The ASCA national model: A framework for school counseling programs*. Alexandria, VA: ASCA.

Barrett, P. M., & Ollendick, T. H. (2004). *Handbook of interventions that work with children and adolescents: Prevention and treatment*. Hoboken, NJ: John Wiley & Sons.

Bowen, G. L., Richman, J. M., & Bowen, N. K. (1997). The School Success Profile: A results management approach to assessment and interventions planning. In A. R. Roberts & G. J. Greene (Eds.), *Social workers' desk reference* (pp. 787–793).

New York, NY: Oxford University Press.

Carr, A. (2009). *What works with children, adolescents, and adults?: A review of research on the effectiveness of psychotherapy.* London, England: Routledge.

Chambless, D. L., Baker, M. J., Baucom, D. H., Beutler, L. E., Calhoun, K. S., Crits-Cristoph, P., . . . Woody, S. R. (1998). Update on empirically validated therapies II. *The Clinical Psychologist, 51,* 3–16.

Dimmitt, C. (2010). Evaluation in school counseling: Current practices and future possibilities. *Counseling Outcome Research and Evaluation, 1*(1), 44–56.

Dimmitt, C., Carey, J. C., & Hatch, T. (2007). *Evidence-based school counseling: Making a difference with data-driven practices.* Thousand Oaks, CA: Corwin Press.

Eyberg, S. M., Nelson, M. M., & Boggs, S. R. (2008). Evidence-based psychosocial treatments for children and adolescents with disruptive behavior. *Journal of Clinical Child & Adolescent Psychology 37*(1), 215–237.

Gibbs, L. (2003). *Evidence-based practice for the helping professions.* New York, NY: Brooks/Cole.

Grinnell, R. M., Jr. & Unrau, Y. A. (2008). *Social work research and evaluation: Foundations of evidence-based practice* (8th ed.). New York, NY: Oxford University Press.

Jongsma, A. E., Peterson, L. M., McInnis, W. P., & Bruce, T. J. (2006a). *The adolescent psychotherapy treatment planner* (4th ed.). Hoboken, NJ: John Wiley & Sons.

Jongsma, A. E., Peterson, L. M., McInnis, W. P., & Bruce, T. J. (2006b). *The child psychotherapy treatment planner* (4th ed.). Hoboken, NJ: John Wiley & Sons.

Kazak, A. E., Hoagwood, K., Weisz, J. R., Hood, K., Kratochwill, T. R., Vargas, L. A., & Banez, G. A. (2010). A meta-systems approach to evidence-based practice for children and adolescents. *American Psychologist, 65*(2), 85–97.

Kazdin, A. E., & Weisz, J. R. (Eds.). (2003). *Evidence-based psychotherapies for children and adolescents.* New York, NY: Guilford Press.

Kelly, M. S. (2008). *The domains and demands of school social work practice: A guide to working effectively with students, families, and schools.* New York, NY: Oxford University Press.

Macgowan, M. J. (2008). *A guide to evidence-based group work.* New York, NY: Oxford University Press.

Meyer, G. J., Finn, S. E., Eyde, L. D., Kay, G. G., Moreland, K. L., Dies, R. R., . . . Reed, G. M. (2001). Psychological testing and psychological assessment: A review of evidence and issues. *American Psychologist, 56,* 128–165.

Nathan, P. E., & Gorman, J. M. (Eds.). (2007). *A guide to treatments that work* (3rd ed.). New York, NY: Oxford University Press.

National Alliance on Mental Illness (2007). *Choosing the right treatment: What families need to know about evidence-based practices.* Arlington, VA: Author.

Norcross, J. C. (2011). *Psychotherapy relationships that work: Evidence-based responsiveness.* New York, NY: Oxford University Press.

Norcross, J. C., Beutler, L. E., & Levant, R. F. (Eds.). (2006). *Evidence-based practices in mental health: Debate and dialogue on the fundamental questions.* Washington, DC: American Psychological Association.

Norcross, J. C., Santrock, J., Campbell, R., Smith, T., Sommer, R., & Zuckerman, E. (2003). *Authoritative guide to self-help resources in mental health.* New York,

NY: Guilford Press.

Paisley, P. O., & Hayes, R. L. (2003). School counseling in the academic domain: Transformation in preparation and practice. *Professional School Counseling, 6*(3), 198–204.

Poynton, T. A., & Carey, J. C. (2006). An integrative model of data-based decision making for school counseling. *Professional School Counseling, 10*(2), 121–130.

President's New Freedom Commission on Mental Health. (2003). *Achieving the promise: Transforming mental health care in America.* Final Report (DHHS Pub. No. SMA-03-3832). Rockville, MD: U.S. Department of Health and Human Services.

Raines, J. C. (2008). *Evidence-based practice in school mental health.* New York, NY: Oxford University Press.

Roberts, M. C., & James, R. L. (2008). Empirically supported treatments and evidence-based practice for children and adolescents. In R. G. Steele, T. D. Elkin, & M. C. Roberts, (Eds.), *Handbook of evidence-based therapies for children and adolescents: Bridging science and practice* (pp. 9–24). New York, NY: Springer.

Shaffer, D., Gould, M. S., Brasic, J., Ambrosini, P., Fisher, P., Bird, H., & Aluwahlia, S. (1983). A children's global assessment scale (CGAS). *Archives of General Psychiatry, 40*, 1228–1231.

Shlonsky, A., & Gibbs, L. (2004). Will the real evidence-based practice please stand up? Teaching the process of evidence-based practice to the helping professions. *Brief Treatment and Crisis Interventions, 4*(2), 137–153.

Sexton, T. L., Schofield, T. L., & Whiston, S. C. (1997). Evidence-based practice: A pragmatic model to unify counseling. *Counseling and Human Development, 4*, 1–18.

Steele, R. G., Elkin, T. D., & Roberts, M. C. (2008). *Handbook of evidence-based therapies for children and adolescents: Bridging science and practice.* New York, NY: Springer.

Stone, C. B., & Dahir, C. A. (2006). *The transformed school counselor.* Boston, MA: Lahaska Press.

Substance Abuse and Mental Health Services Administration, U.S. Department of Health and Human Services. (2005). *Transforming mental health care in America. Federal action agenda: First steps* (DHHS Publication No. SMA-05-4060). Rockville, MD: U.S. Department of Health and Human Services.

Tan, C. S. (2007). Test review: Behavior Assessment System for Children (2nd ed.). *Assessment for Effective Intervention, 32* (2), 121–124.

U.S. Department of Education, Institute of Education Sciences, & National Center for Education Evaluation and Regional Assistance. (2003). *Identifying and implementing education practices supported by rigorous evidence: A user friendly guide.* Retrieved from http://www2.ed.gov/rschstat/research/pubs/rigorousevid/index.html

Weisz, J. R., & Kazdin, A. E. (Eds.). (2010). *Evidence-based psychotherapies for children and adolescents* (2nd ed.). New York, NY: Guilford Press.

Weisz, J. R., Sandler, I. N., Durlak, J. A., & Anton, B. S. (2005). Promoting and protecting youth mental health through evidence-based prevention and treatment. *American Psychologist, 60*(6), 628–648.

사회적 부적응(품행장애)

행동적 정의

1. 학교 규칙, 가족 규칙 및 사회적 규칙을 심각하게 위반한다(예 : 가출, 통금 위반, 무단결석, 수업에 지장을 주는 행동 등).
2. 가정, 학교, 직장 또는 지역사회 내 권위 있는 인물과의 대립이 반복된다.
3. 학교 내에서 낮은 학업성취도, 다수의 규율 위반, 낮은 성취 욕구를 보인다.
4. 협박, 몸싸움, 악담, 무기 사용 또는 괴롭힘을 통해 다른 사람들을 위협하려는 시도를 반복한다.
5. 사람이나 동물을 학대한다.

장기목표

1. 학교 규칙과 가족 규칙을 준수한다.
2. 잔인하고, 파괴적이며, 불법적이고 반사회적인 모든 행동들을 제거한다.
3. 학교를 규칙적으로 다니고, 개별화된 기대치 또는 학년 수준의 학업 기대치에 도달하며, 졸업을 할 수 있도록 노력한다.

단기목표

1. 사회적 적응을 잘 못하는 원인을 규명하는 데 도움을 주기 위하여 생물학적·심리사회적 정보를 제공하는 데 협조한다.

치료적 개입

1. 학생, 부모, 의뢰한 교사, 특수교사와의 논의를 통해 학생의 사회적·의학적, 가족, 학습, 행동적 어려움에 대한 정보를 수집한다.
2. 행동에 영향을 미치는 생화학적 요인들을 배제하기 위하여, 학교 정책에 따

2. 심리사회적 평가를 완료하는 데 협조한다.

라 학교아동연구팀, 지역사회 서비스 제공자와 협력하여 학생의 건강검진 계획을 세운다.

1. 학생의 발달사에 대한 정보를 수집하고, 학생의 낮은 학업성취 및 부적응적 행동에 대한 학교의 우려사항들을 검토하기 위하여 부모를 만난다.

2. 행동평가목록을 작성하기 위하여, 학생, 부모, 교사에게 질문을 통해 학생의 학업적·사회적/정서적·행동적 기능을 평가한다(예 : Achenbach의 'Achenbach System of Empirically Based Assessment'). 차후 상담회기 중에 학생과 함께 구체적인 반응들을 비교하고 다룬다.

3. 긍정적 목표 달성을 지원하기 위한 전략들을 고안하기 위하여 기능분석에 참여한다.

1. 환경적 선행사건, 나타난 행동, 학생의 부적응적 행동에 대한 자극 결과를 포함하여, 학생의 문제적인 행동에 대한 ABC 기능분석을 완료하기 위해 학생, 부모, 교사와 협력한다. 학생이 긍정적인 사회적 상호작용 및 책임감 있는 행동을 발달시킬 수 있도록 돕기 위해 선행사건이나 결과를 변화시킬 수 있는 구체적인 개입전략 계획을 세운다(또는 Knapp의 *School Counseling and School Social Work Homework Planner*에 수록된 'The Record of Behavioral Progress' 활동을 완료하게 한다).

4. 부모는 긍정적인 훈육과 효과적인 양육 기법들을 가르쳐주는 프로그램에 참여하고, 관련 도서를

1. 부모를 효과적인 양육과 긍정적인 훈육 기법들을 기르기 위해 고안된, 근거기반 양육 프로그램에 의뢰한다[예 :

읽는다.

Webster-Stratton과 Reid의 *The Incredible Years: Parents, Teachers, and Children Training Series*(http://www.Incredibleyears.com), Mologaard와 Spoth의 *The Strengthening Families Program*(http://www.strengtheningfamiliesprogram.org), Bavolek의 *The Nurturing Parent Program*(http://www.nurturingparenting.com/)].

2. 부모에게 가정 내에서 긍정적인 훈육 전략을 시행하는 것과 관련된 정보를 제공한다(예 : Phelan의 *1-2-3 Magic*, Nelson의 *Positive Discipline*, Cline과 Fay의 *Parenting with Love and Logic*, Forehand와 Long의 *Parenting the Strong-Willed Child*, Patterson의 *Living with Children*, Webster-Stratton의 *The Incredible Years*). 또는 19장을 참고하라.

5. 친사회적 행동을 증가시키기 위해 고안된 근거기반, 학교기반 또는 다중 체계 프로그램에 참여한다.

1. 학생에게 긍정적인 사회적 행동을 촉진하고, 문제행동을 감소시키기 위한 가족기반, 학교기반 개입들을 제공하거나, 학생을 해당 프로그램에 의뢰한다[예 : Battistich의 *Caring School Community*(www.devstu.org/csrd/cdp_index), Webster-Stratton과 Reid의 *The Incredible Years: Parents, Teachers, and Children Training Series*(www.incredibleyears.com), Henggeler의 *Multisystemic Therapy*(www.mstservices.com)].

6. 분노와 잘못된 행동을 유발하는 자기대화를 확인하고 이의를 제기하고, 이러한 자기대화를 보다 건설적인 반응을 끌어내는 자기대화로 대체한다.

1. 인지적 재구조화 기법을 활용하여, 학생의 분노 감정과 행위를 중재하는 학생의 자기대화를 탐색한다(예 : '~해야만 한다, ~해야 한다.' 문장에는 '상대방에게 요구하는 바가 많은 기대'가 반영되어 있음). 편견을 확인하고 이의를 제기하고, 학생이 편견을 바로 잡고, 보다 적응적인 행동을 촉진시킬 수 있는 평가 및 자기대화를 계발할 수 있도록 돕는다.

2. 지도, 모델링, 역할극을 통해 학생이 긍정적 자기대화, 사고중단, 이완 기법, 감정을 언어로 표현하기 등과 같은 정서적 통제기술을 발달시킬 수 있도록 돕는다(2, 8장 참고).

7. 과거에 발생한 방임, 학대 또는 외상과 관련된 감정을 확인하고 표현한다.

1. 학생의 행동적 · 관계적 문제들에 기여했을 수 있는 방임이나 학대 전력이 있었는지에 관하여 학생의 가족 배경을 탐색한다.

2. 법률이 규정하는 바에 따라, 적절한 보호 서비스 기관에 학생에 대한 방임 혹은 학대 가능성에 대해 보고한다.

3. 학생이 과거에 발생한 어떤 방임, 학대 또는 외상과 관련된 감정들을 확인하고 표현하는 것을 돕기 위해 상담을 제공한다.

8. 교사들은 학생의 성공을 지원하기 위한 관리 전략들과 개입들을 실행한다.

1. 긍정적인 학습 행동들을 강화하는 학교 전체 및 교실 프로그램을 실행한다[예 : *Positive Behavioral Interventions and Supports Program*(www.pbis.org),

9. 분노 조절, 갈등 해결, 충동 조절을 보다 잘하기 위한 긍정적인 사회적 기술들과 문제해결 기술들을 배우고 실행한다.

Crone과 Horner의 *Building Positive Behavior Support Systems in School* (1, 13장 참고).

2. 교사가 표적행동에 대해 일관적이고 빈번한 정적 강화를 제공하고, 긍정적 행동을 지원하기 위해 반복적으로 결과를 모니터링 하는 'Check-In/Check-Out 기법'을 도입할 수 있도록 지도한다(참고 : Hawken, Pettersson, Mootz 그리고 Anderson의 *The Behavior Education Program: A Check-In, Check-Out Intervention for Students at Risk*).

1. 문제해결, 다른 사람에 대한 존중과 연민 표현, 사회성 기술 구축, 충동 조절, 감정에 대한 확인과 표현, 긍정적인 인지 및 건강한 자존감 발달에 초점을 맞춘 상담을 제공하거나 사회성 기술 발달 집단을 운영한다(예 : Botvin의 *Life Skills Training*(www.lifeskillstraining.com), Glick의 *Aggression Replacement Rraining*(http://uscart.org/new/), Greenberg의 *Promoting Alternative Thinking Strategies*(www.prevention.psu.edu/projects/PATHS.html)(이 책의 2, 25, 30장 참고).

2. 대인관계 기술, 적절한 자기주장 및 갈등해결 능력을 발달시키기 위해, 갈등 관리 훈련 프로그램을 운영하거나, 학생을 해당 프로그램에 의뢰한다(예 : Committee for Children의 *Second Step:*

A Violence Prevention Curriculum (www.cfchildren.org), Discovery Education의 *Get Real About Violence*(www.discoveryeducation.com), Olweus의 *Olweus Bullying Prevention Program* (www.olweus.org)](11장 참고).

1. 자기통제, 확실한 한계 및 분명한 결과 설정에 대해 가르쳐주는 학교 내 특별 프로그램에 참여한다.

1. 교사와 관리자에게 학생이 파괴적인 행동을 하거나 비협조적인 행동을 할 때, 일상적인 교실 활동에 참여하기 전에 진정을 하고 보다 적절한 행동을 계획할 수 있도록 타임아웃 공간이나 학생책임센터를 마련하도록 요청한다(13장 참고).

2. 교사들이 교실이나 학교 내에 문제행동으로 인해 학업성취 문제들을 경험하고 있는 학생들이 정규 수업에 참여하는 대신에 학교 성적을 따라잡기 위한 시간을 보낼 수 있는 구조화된 학습센터 영역을 만들 수 있도록 돕는다.

진단적 제안

ICD-9-CM	ICD-10-CM	DSM-5 장애, 조건 또는 문제
312.9	F91.9	명시되지 않는 파괴적, 충동조절 및 품행장애
————	————	————————————————————
————	————	————————————————————

01 학업동기/학습과 조직화 기술

행동적 정의

1. 표준화된 지능검사 결과와 성취도 검사 결과 간 유의미한 차이가 있다. 그리고 학업 수행 결과가 기대보다 낮다.
2. 잘못된 학습습관(과제 잊기, 노트필기 안 하기, 학교에서 시간 낭비, 과업 미완수 등)을 보인다.
3. 학습과 학업성취를 방해하는 불안과 우울, 낮은 자존감을 가지고 있다.
4. 학교에서 요구하는 것에 지장을 주는 행동을 지속한다.
5. 어려움(어렵거나 도전적인 과제 등)에 직면하면 쉽게 포기한다.
6. 성공이 보장되지 않는 한 경쟁을 회피한다.
7. 할 일을 미루거나 더디게 하고, 종종 과업을 마치지 못하거나 형편없이 빨리 끝낸다.
8. 부모의 이혼, 질병, 가족의 사망 등과 같은 환경적 원인으로 학업성취도가 하락한다.
9. 가정의 불안정 요소(잦은 이사, 실업, 빈곤, 부모의 감독 등)로 인해 학교생활이나 학습에 집중하지 못한다.

—. _____
_____
_____

—. _____
_____
_____

—. _____
_____
_____

장기목표

1. 능력에 상응하는 수준으로 학업성취도를 끌어올린다.
2. 학습과 학업성취에 대한 내적동기와 긍정적 태도를 불러일으킨다.
3. 학습자이면서 학생으로서의 긍정적 자아개념을 발달시킨다.
4. 학업에 관련된 불안과 스트레스를 감소시킨다.
5. 학업성취에 도움이 되는 효과적인 학습습관을 들인다.
6. 학습에 대한 개인의 책임을 인식하도록 하고, 개인의 노력이 긍정적 결과를 가져온다는 것을 인식하게 한다.
7. 학업 스트레스, 가족 스트레스, 좌절 등에 효과적으로 대처할 수 있는 전략을 개발한다.
8. 부모와 교사는 학생에 대해 합리적인 학업 기대치를 정하고, 학교에서 성공적 성취를 위해 노력하도록 동기를 강화한다.

—. _____

_____

—. _____

_____

—. _____

_____

단기목표

1. 학업부진에 대한 원인을 찾기 위해 생물학적 · 심리사회적 정보를 활용한다.(1, 2)

치료적 개입

1. 학생, 부모, 의뢰한 교사, 특수교사 등과의 논의를 통해 학생이 가지고 있는 학업수행 수준, 사회적 · 의학적 · 가족 · 학습 · 행동상의 어려움과 관련한 정보를 수집한다.
2. 학교정책에 따라 그리고 학교아동연구팀, 지역사회서비스 제공자와의 협력으로 학습 · 정서 · 행동 장애가 있는지, 특수교육서비스를 제공해야 하는지를 확인하기 위해 심리검사를 실시한다. 그리

고 심리검사 결과를 윤리지침에 따라 학생, 부모, 동료에게 제시해준다(17장 참고).

2. 부모와 교사가 학업 저성취의 원인에 대한 이해를 말로 표현한다.(3, 4)

3. 부모에게 Rimm의 *Smart Parenting: How to Parent So Children Will Learn*과 Clark의 *SOS: Help for Parents,* 제2판을 추천한다. 또는 학생의 학습 필요에 관하여 학생과 교사가 함께 토론을 준비할 수 있도록 다른 문헌들을 준비한다.

4. 부모에게 학업부진, 동기, 학생의 재능 등에 대해 말해줄 수 있는 지지그룹을 소개해준다[예 : Council for Exceptional Children(http://www.cec.sped.org) 또는 The National Association for Gifted Children(http://www.nagc.org)].

3. 구체적인 학업적 · 행동적 목표를 결정하고, 목표 달성을 위한 기능 분석에 참여시킨다.(5, 6)

5. 학생의 학습양식과 행동양식을 정의할 수 있도록 그리고 학업 부진의 원인을 파악하기 위해 기능 분석을 실시한다. 또한 문제를 해결할 수 있는 강화물을 개발하고, 내적 동기를 유발시켜준다.

6. Knapp의 *School Counseling and School Social Work Homework Planner*의 'The Record of Behavioral Progress'를 학생, 부모, 교사와 협력하여 완성한다. 이것은 학생의 행동을 분석하고, 학생이 긍정적인 학습방법과 학업동기를 유발할 수 있도록 특별한 개입전략을 수립하기 위한 것이다.

▽ **4.** 학생이 학업적으로 동기화되고 더 성공적일 수 있도록 전략을 구성하고 개입한다.(7)

7. 교사와 협력해서 '긍정적 행동개입과 지원'을 실행한다 : (1) 증거에 기반한 행동개입 및 학업개입과 지원 (2) 의사결정

5. 친사회적 행동과 학업성취에 도움이 되는 행동을 증가시키기 위한 정적 강화 프로그램에 참여시킨다.(8, 9)

6. 성공적이지 못한 행동을 대체하기 위하여 친사회적 행동을 가르쳐주는 프로그램에 참여시킨다.(10)

7. 효과적인 학업기술 사용 빈도를 증가시킨다.(11)

과 문제해결을 위한 자료 사용 (3) 문제행동 예방을 위한 환경 조정 (4) 교사의 친사회적 기술 (5) 학생의 성과와 진척 모니터링(참고 : www.pbis.org).

8. 목표행동을 명확하게 하고, 원하는 행동의 빈도를 증가시키기 위하여 정적 강화를 수반하는 '기능적 행동분석'을 사용한다(참고 : Crone과 Horner가 쓴 *Building Positive Behaviors Support Systems in Schools: Functional Behavioral Assessment*).

9. 목표행동에 대해 정적 강화를 지속적으로 사용하고, 학업 성취 행동을 반복적으로 모니터링하는 'Check-in/Check-out 기법'을 활용하도록 교사를 코치한다(참고 : Hawken, Pettersson, Mootz 그리고 Anderson의 *The Behavior Education Program: A Check-In, Check-Out Intervention for Students at Risk*).

10. 학생이 '성공을 위한 첫 단계(First Step to Success)' 프로그램에 참여하도록 한다. 학생, 동료, 교사, 부모와 3개월 동안 50~60시간 동안 Screening, CLASS, Home-Base 같은 프로그램에 참여하면서 공격적이고 반사회적인 행동을 변화시킨다(참고 : *Reducing Behavior Problems in the Elementary Classroom*).

11. 목표설정, 학업진척 상황 모니터링, 성공경험 나누기, 암기 기술 등을 가르치는 Student Success Skills 프로그램이 포함된 소그룹으로 진행되는 학업기술 개

발 수업을 제공한다(참고 : http://www. studentsuccessskills.com). ⓣⓟ

8. 교실 내 과업과 숙제를 완성하는 비율을 증가시킨다.(12, 13, 14)

12. 학생이 모든 과업을 목록으로 만들어서 학습시간과 학습완료 시간을 적는 학습 계획서를 사용하도록 한다.

13. 부모와 교사에게 학생이 학습계획서를 매일 사용하도록 모니터링하고, 학생을 지지해주도록 요청한다.

14. 학생이 가정, 학교, 지역사회에서 우선시 되는 주요 활동을 매일 하도록 돕는다. 완성 시간을 정하고, 개인일지 또는 학습계획서에 기록하도록 한다.

9. 매일 우선적으로 해야 하는 주요 활동을 정하고, 우선적으로 수행할 계획을 세운다.(15, 16, 17)

15. 학생이 가정, 학교, 지역사회에서 우선해야 하는 주요 활동을 매일 하도록 돕는다. 활동의 완료 시간을 정하고, 개인 일지 또는 학습계획서에 기록하도록 한다.

16. 학생에게 Knapp의 *School Counseling and School Social Work Homework Planner*에 수록된 'Growing and Changing'을 완성하도록 지도한다. 이것은 태어나서부터 시작되는 전 생애 과정으로서의 학습을 학생이 이해하도록 해주는 것이다.

10. 정규 학급 대신에 저성취 학생을 위해 마련된 프로그램에 참여시킨다.(17, 18)

17. 학생, 교사, 부모에게 학업에서의 싱공을 북돋워주는 필수 프로그램을 소개해준다(예 : 멘토 또는 도제 프로그램, 교실 프로젝트 수행을 위한 집단 프로그램, 지속적 발전을 위한 지지 프로그램, 단기속성 학급 프로그램 등).

18. 다른 학생들과 함께 집단을 이루어 스스로 프로젝트를 선택하고 실행을 계획하

▼ 11. 사회적 상호작용, 학교 성적, 개인적 만족감을 향상시킬 문제해결 전략들을 실천한다.(19)

12. 학습기술훈련 집단에 참여시킨다.(20, 21, 22)

13. 삶과 목표달성의 질에 영향을 미치는 저성취의 장·단기 영향을 말로 표현한다.(23, 24)

는 것이 허용되는 지역사회 서비스 프로젝트에 학생을 참여시킨다.

19. 학생에게 문제해결 기술을 가르친다. 이기술에는 문제를 확인하기, 해결을 위한 브레인스토밍, 각각의 해결책이 가지고 있는 장단점 분석, 문제해결을 위해 해결책을 선택하고 실행하기, 성과평가 등이 포함된다(참고 : Shure가 쓴 *I Can Problem Solve* 또는 Knapp의 *School Counseling and School Social Work Homework Planner*에 수록된 'Personal Problem-Solving Worksheet'). ▼

20. 학생을 학습기술훈련 집단에 의뢰한다.

21. 학생에게 학습기술(예 : 노트필기, 학습계획서 사용법, 집에서 공부하는 공간 만들기, 창조적이거나 의미 있는 가정학습 프로젝트 선택하기 등)을 가르친다.

22. 학습기술훈련 집단에서 학생과 함께 학업 성취에 관한 감정을 탐색한다. 저성취 대 성공적인 학업 참여별로 플러스와 마이너스가 되는 부분을 탐색한다(참고 : Knapp의 *School Counseling and School Social Work Homework Planner*에 있는 'The Good News and Bad News of Making It in School').

23. 학생이 Knapp의 *School Counseling and School Social Work Homework Planner*에 있는 'Decision Making'을 완성하게 한다. 개인의 선택과 특정 결과 간에 관계가 있다는 자각을 증가시키기 위하여 개별적 또는 소그룹 작업을 하게 한다.

14. 개인의 선택과 행동이 어떻게 특정 결과를 만들어내는지에 대해서 말로 표현한다.(25, 26)

15. 사회적 관계를 맺기 위한 의사소통 기법을 실행한다.(27, 28)

16. 학교 학습에서의 성공을 확인한다.(29, 30)

17. 학업에서의 진보를 차트로 만든다.(31)

24. 학생이 학업성취와 관련된 생각, 감정, 성공, 도전을 포함한 개인일지를 작성하게 한다.

25. 저성취를 설명해주고, 감정을 탐색하고, 관리전략을 제시해주는 책을 학생과 함께 읽는다(예 : Galbraith의 *The Gifted Kids' Survival Guide* 또는 Galbraith와 Delisle의 *The Gifted Kids' Survival Guide: A Teen Handbook*).

26. 학교생활 중에서 긍정적인 선택 10가지와 부적절한 선택 10가지를 선정하고 각 결정의 결과를 기록하도록 한다(예 : 과학시험에 대비하여 공부하기로 결정하고 A학점을 받음. 또는 숙제 안 하기로 결정하고 0점을 받음).

27. 'I-메시지'와 반영적 경청을 가르친다(참고 : Gordon의 *Teaching Children Self-Discipline*).

28. *Peacemaking Skills for Little Kids Student Activity Book*에 나오는 사회적으로 적절한 주장과 갈등관리 기술을 발전시킬 수 있도록 적절한 수준의 기법을 사용한다(Rizzo, Berkell, Kotzen, 1등급, Schmidt, Friedman, Brunt, Solotoff, 2등급).

29. 학생에게 각 회기에서 완성한 과제를 가져오도록 하고, 학생의 긍정적인 노력에 대해 토의한다.

30. 교사평가 또는 교사의 보고서와 학생의 강점이 반영된 것과 관련된 것들을 학생과 함께 리뷰한다.

31. 학업에서의 진보는 개인적 진보로 측정

해야지, 다른 학생들과의 경쟁이 아니라는 생각을 강화해준다. 학생에게 몇 과목에서의 진보를 차트로 만들도록 한다. 기초선을 세우고, 개인일지에 있는 학년별 성장기록을 차트에 기록하게 한다 (Knapp의 *School Counseling and School Social Work Homework Planner*에 있는 'Personal Best' 활용).

18. 시험에 대한 자신감을 높이고, 시험 불안을 줄이도록 말로 표현한다.(32, 33)

32. 학생이 시험기간 동안 걱정 대신 사용할 수 있는 몇 가지 자기진술을 기록하도록 한다(예 : "나는 이 시험을 준비하고 있다.", "나는 이 주제를 다룰 수 있다.", "나는 이것을 집에서 할 수 있다.", "나는 이전처럼 시험을 잘 볼 것이다.").

19. 시험에서의 성공을 묘사한다.(32, 33, 34)

33. 시험기간 동안 스트레스를 감소시키기 위하여 근육이완기법과 심호흡기법 등을 사용하도록 한다.

34. 학생과 함께 시험 대비 방법을 연습한다 (예 : 학습계획 세우기, 자료 정하기, 읽기, 쓰기, 말하기, 작은 단위로 공부하기, 주요 아이디어를 적은 플래시 카드 사용하기, 기억을 향상시키는 기기 활용하기). 이 방법들의 효과를 평가하고, 다음 시험을 위한 준비에 활용한다.

20. 모든 사람들은 독특하고, 다른 방식으로 배우며, 다양한 강점과 약점이 있다는 것을 인식한다.(35, 36, 37)

35. 사람들은 각기 다른 방식의 강점이 있음을 설명해준다. 그리고 학생에게 그의 강점이 무엇인지 확인하도록 하고, 다른 사람들로부터 자신의 능력이 무엇인지 듣도록 해서 이를 목록으로 만든다.

36. Knapp의 *School Counseling and School Social Work Homework Planner*에 있는

'Skill Assessment'를 학생이 작성하도록 한다. 이것은 Gardner의 다중지능의 범주 안에 있는 능력을 평가하는 것이다.

37. Knapp의 *School Counseling and School Social Work Homework Planner*에 있는 'Building on Strenths'를 학생이 작성하도록 한다. 이것은 학생이 개인적 강점을 찾고, 이 강점을 목표달성을 위해 어떻게 사용할 수 있는 것인지에 관한 것이다.

21. 부모, 교사, 상담자가 책임감과 독립심 획득에서의 학생의 진척을 확인한다.(38, 39)

38. 개인적으로 학생에게 진척을 자주 확인해주는 'low-key 방식(상담자가 친절하고 겸손한 자세를 가지고 작은 변화에도 칭찬과 격려를 제공하는 방식 – 역주)'으로 교사와 부모를 격려한다.

39. 상담회기 동안 학생이 학교, 가정, 사회적응에서의 진척을 확인하는 시간을 주고, 이것을 부모, 교사, 상담자, 집단구성원들과 나눌 수 있는 시간을 준다.

—. _____
   _____

—. _____
   _____

—. _____
   _____

—. _____
   _____

—. _____
   _____

—. _____
   _____

진단적 제안

ICD-9-CM	ICD-10-CM	DSM-5 장애, 조건 또는 문제
315.00	F81.0	특정학습장애, 읽기 손상 동반
315.1	F81.2	특정학습장애, 수학 손상 동반
315.2	F81.1	특정학습장애, 쓰기 손상 동반

V62.3	Z55.9	학업이나 교육 문제
314.01	F90.2	주의력결핍 과잉행동장애, 복합형
314.00	F90.0	주의력결핍 과잉행동장애, 주의력결핍 우세형
_____	_____	_____
_____	_____	_____

02 분노/공격성 관리

행동적 정의

1. 분노는 사건이나 상황에 대처하는 통제감을 상실하거나 대처할 수 없다는 것을 지각하게 되었을 때 사용되는 즉각적이고 기본적인 반응이다.

2. 분노는 문제를 해결하기 위한 첫 번째 접근으로 사용된다.

3. 분노를 다루는 데 사회성과 비공격적인 전략이 부족하다.

4. 약자를 괴롭히는 행동을 보임에도 불구하고 스스로를 희생자로 바라본다.

5. 분노가 통제감과 힘을 준다고 인식한다.

6. 모든 갈등에 대처하는 방식으로 싸우고 달아나는 반응이 사용된다.

7. 다른 사람의 관점에 공감하는 능력이 결여되어 있다.

8. 분노 반응이 발생하기 전에 분노 반응의 결과를 고려하지 못하거나 고려하기를 거부한다.

9. 분노 반응에 대한 책임감이 결여되어 있고 부적절한 행동의 결과에 대해 다른 사람을 비난하는 경향을 보인다.

10. 사람과 상황이 개인적 바람과 인식에 부합해야 한다는 파괴적인 당위신념이 있다.

11. 내재화된 분노는 만성적인 신체적·정서적 증상을 야기한다(예 : 과도한 불안, 위/장통증, 두통, 근육 긴장 등).

12. 만성적인 분노는 가족 기능, 사회적 기능, 학업적 기능에 지장을 준다.

—. _____

_____

— · _____
_____
— · _____
_____

장기목표

1. 분노와 좌절을 다루고 표현하기 위한 건설적이고 건강한 방법을 찾는다.
2. 일상에서 경험해왔던 분노의 발생 시기와 분노의 선행사건 또는 촉발요인의 초기 경고 사인을 인식한다.
3. 종종 분노와 격노 때문에 나타나는 상처와 공포와 연관된 다양한 감정을 표현하는 법을 배운다.
4. 다른 사람의 관점에서 공감하고 이해하는 법을 발전시킨다.
5. 분노와 복수 대신에 서로 윈-윈하는 해결책을 찾는다.
6. 학교 교직원은 부적절한 분노 행동으로 인한 명백한 결과에 대해 지속적으로 반응하고 성공적인 분노 관리를 위해 긍정적인 지지를 지속적으로 보인다.

— · _____
_____
— · _____
_____
— · _____
_____

단기목표

1. 분노 관리에 취약한 원인을 결정하는 것이 무엇인지 파악하기 위해 생물학적·심리사회적 정보를 제공하는 데 협조한다.(1, 2)

치료적 개입

1. 학생, 부모, 의뢰한 교사, 특수교사 등과의 논의를 통해 학생의 사회적·의학적·가족·학습·행동상의 어려움과 관련한 정보를 수집한다.
2. 학교 정책에 따라서, 학교아동연구팀 및 지역사회 내 서비스 제공자들과 함께 협력하여 생화학적 요인을 배제하기 위해 의료적 검사를 실시한다. 그리고 학습,

감정, 행동 장애의 존재 여부를 밝히기 위해 심리교육적 검사를 실시한다. 학생과 가족, 동료들에게 윤리적인 기준에 따라 평가 결과를 제공한다.

▽ **2.** 분노를 끌어내거나 심화시키는 잠재적 선행요인 또는 촉발요인을 정의한다.(3, 4)

3. 브레인스토밍을 통해 학생에게 집, 학교 또는 단체 안에서 생활할 때 전형적으로 발생하는 갈등 목록을 작성하게 한다. 실제적인 갈등에 선행하는 가능성 있는 조건 또는 촉발요인을 확인한다(예 : 복도에서 밀치기, 성적 경쟁 또는 친구와 경쟁, 주차장에서 경쟁하기 등). 원인요인으로 신체적 학대를 제외한 가능성 있는 학대는 어떠한 학대든지 Child Protective Services 기관에 신고한다.▽

4. 학생에게 분노를 심화시키는 행동과 반응(예 : 신체접촉, 언어폭력, 위협, 표정, 비언어적 제스처 등)을 확인하고 작은 부정적 반응이 어떻게 분노 반응으로 확대될 수 있는지를 묘사한 TV 프로그램, 영화 또는 책의 시나리오를 설명하게 한다.▽

▽ **3.** 종종 분노 또는 격노로 이끌거나 해석될 수 있는 자주 경험하는 감정의 범주에 대해 인식하고 석설하게 의사소통한다.(5, 6)

5. 감정 목록을 소개하고 일반적으로 분노와 혼동되거나 관련이 있는 감정을 선택하도록 한다(또는 Knapp의 *School Counseling and School Social Work Homework Planner*의 'Feelings Vocabulary' 활동을 하도록 한다).▽

6. 분노가 발생할 수 있었던 상황에서 근본적으로 경험한 개인적 초기 감정에 대해 확인하고 적절하게 소통하기 위해 학생과 상담을 진행한다[예 : 늦게 제출한 숙

제에 대해 교사에게 혼난 일(공포, 죄책감, 혼란, 수치심), 친구에게 사람을 바보로 만드는 말을 들은 것(거절, 상처, 억울함), 친구들이 놀이에서 자신을 **빼놓**은 것(외로움, 무가치함, 모욕을 당함 등)]. ▽

4. 매우 화가 난 친구를 지지해줄 수 있는 방법을 찾는다.(7)

▽ 5. 효과적인 분노관리 기술, 갈등 해결, 비효과적인 행동을 대체할 수 있는 친사회적 행동을 가르쳐주는 프로그램에 참여한다.(8, 9)

6. 갈등을 해결하는 긍정적인 접근 단계를 말로 표현하도록 한다.(10)

7. 과도한 분노를 경험하고 있는 누군가를 지지해줄 수 있는 방법을 학생에게 물어보고(예 : 공감적 경청, 옆에 있어주기, 어떻게 도와줄까 물어보기, 도와줄 수 있는 어른 찾기 등), 어느 방법이 그 사람에게 효과적일지 확인한다.

8. *Too Good for Violence* 프로그램을 사용하여 수업 및 분노관리 소그룹과 공감 개발 수업을 제공한다. 이 프로그램은 학생들에게 갈등을 어떻게 해결하는지, 어떻게 단호하게 반응하는지, 다른 사람들과 어떻게 상호작용하는지를 가르친다[Peace Education Foundation의 Peace-making, Peace Scholars, Fighting Fair, Win/Win materials와 함께 갈등 해결과 중재기술 수업을 제공한다(store.peace education.org 참고]. ▽

9. 학생을 *First Step to Success* 프로그램에 참여하도록 한다. 이 프로그램은 영상과 교육과정, 가족 기반 개입을 사용한다. ▽

10. 학생에게 '공정하게 싸우는 규칙'(Schmidt의 *Mediation: Getting to Win/Win!*)을 가르친다 : (1) 문제를 확인한다 (2) 문제에 집중한다 (3) 사람이 아닌 문제를 공격한다 (4) 열린 마음으로 듣는다 (5) 존

중을 가지고 사람의 감정을 대한다 (6) 행동에 대한 책임감을 가진다.

7. 분노관리 집단에 참여한다.(11)

11. 집이나 학교에서 분노표현의 어려움 및 공격적인 상호작용의 문제가 있는 학생을 위해 분노 관리 기술을 가르치는 집단에 참여하게 한다.

8. 적극적인 경청기술을 배우고 실천한다.(12)

12. 학생에게 적극적인 경청과 감정 반영 기술을 가르치기 위해 역할연기와 모델링을 사용한다(또는 Knapp의 *School Counseling and School Social Work Homework Planner*의 'Listening Skills' 활동을 하도록 한다).

9. 공감을 정의하고 보여준다.(13, 14, 15)

13. 집단회기를 하는 동안 **공감**에 대해 정의한다(예 : 다른 사람의 감정과 인식을 이해하는 것 대 오직 한 사람의 고유한 생각과 감정에 집중하는 것). 분노를 효과적 · 생산적으로 표현하는 데 공감이 하는 역할에 대해 학생들과 토의한다.

14. 갈등 발생에 앞서 자신과 다른 사람의 생각, 감정, 행동을 예측하기의 진정 효과를 설명하기 위해 역할연기를 사용한다. 선행하는 생각과 감정을 공유하기 위해 학생에게 물어보고 이런 과정이 어떻게 분노 반응을 줄이는지 확인한다.

15. 당위신념과 관련된 이야기를 읽고(예 : DeClements의 *Nothing's Fair in Fifth Grade*) 공감과 의사소통, 타인의 관점을 자각하는 것이 어떻게 갈등을 예방하고 줄이는지 토의한다.

10. 'I-메시지'와 공격적인 행동을 대체할 수 있는 다른 적극적인 전략들을

16. 학생에게 말하기에 적절한 때와 듣기에 적절한 때에 대해 인지하는 것을 가르친

사용한다.(16, 17, 18)

11. 만성적이거나 과도한 분노 및 사회
    적 고립으로 이끌 수 있는 파괴적이
    고 당위적인 신념을 나타내고 말로
    표현해본다.(19, 20)

▽ **12.** 문제행동에 대한 책임감을 증가시킨
    다.(21, 22)

다(또는 Knapp의 *School Counseling and
School Social Work Homework Planner*
의 'Communication with Others' 활동을
하도록 한다).

17. 학생을 위해 'I-메시지'를 정의한다
    (Gordon과 Burch의 *Teacher Effectiveness
    Training: The Program Proven to Help
    Teachers Bring Out the Best in Students
    of All Ages* 참고).

18. 학생이 'I-메시지'를 사용하여 감정, 관
    심사, 좌절감을 언급할 수 있도록 역할
    연기와 모델링을 사용한다(또는 Knapp
    의 *School Counseling and School Social
    Work Homework Planner*의 'Speaking
    Skills' 활동을 하도록 한다).

19. 학생을 위해 당위적 신념을 정의한다
    (예 : '세상은 내게 빚을 졌어.', '나는 내
    가 원하는 것을 받을 자격이 있어.', '빚
    을 다 갚지 못한다면 나는 폭발해 버릴
    거야.' 등). 학생에게 더 많은 예를 떠올
    려 보도록 하고 분노관리 개인일지에서
    다섯 가지의 당위적 신념을 뽑아보도록
    한다.

20. 학생이 여러 가지 당위적 신념을 보다
    더 현실적이고 생산적인 생각으로 바꿀
    수 있도록 바꾸어 말하도록 한다(예 : "나
    는 새 차를 사기 위해 저축을 시작할 거
    야." 대 "나는 새 차를 받을 자격이 있어.").

21. 다른 사람에게 불평하거나 문제행동에
    대해 책임을 지려 하지 않는 모습을 확
    인하도록 학생들을 격려하고, 이러한 패

턴의 근본원인을 탐색함으로써 더욱 책임을 질 수 있도록 돕고, 더 적절한 반응을 개발하도록 돕는다. ▽

22. 학생이 행동에 대한 책임을 지려 하지 않을 때, 행동의 결과로 발생할 수 있는 부정적 결과뿐 아니라 책임을 졌을 때 발생할 수 있는 긍정적인 결과도 확인하게 한다. ▽

13. 다른 사람의 관점에서 듣는 것과 갈등의 양쪽 면을 이해하는 것의 중요성을 말로 표현한다.(23, 24)

23. 사실적 정보(구체적 데이터)와 대조하여 '관점(개인적 지각)'의 개념을 소개한다. 갈등으로 갈 수 있는 여러 관점이 존재하는 다양한 상황에 대해 학생들과 자유롭게 이야기를 나눠본다(예 : 누가 게임을 이길 것인가, 풀을 자를 때가 되었다, 내 차례야 등).

24. 갈등의 양쪽 관점 모두를 이해하는 데 필요한 단계를 학생들에게 가르치고(예 : 각 개인은 방해받지 않고 자신의 관점에서 말한다, 이해하기 위해 각 문장을 다시 반복한다), 학생들이 하나의 관점을 묘사하기 위해 다양한 시나리오로 역할연기를 하도록 하고 이해했는지 확인한 후, 양쪽 관점 모두를 지지하고 인정하기 위해 역할을 바꾼다.

▽ 14. 분노 및 관련 감정을 다루기 위해 스트레스 줄이기 전략을 개발한다.(25)

25. 점진적 근육이완기법, 마음챙김 기술, 호흡에 집중하기, 분노 및 관련 감정이 일어날 때 심상 사용하기 등과 같은 스트레스를 줄이는 전략을 학생들에게 가르친다. ▽

▽ 15. 부적절하거나 문제가 있는 인지를 건설적인 인지로 대체한다.(26)

26. 분노 및 감정 표현과 관련된 자기와 타인에 대한 학생의 인지를 확인하고, 부

적절하거나 문제가 있는 인지에 이의를 제기한 후, 사회적으로 적절한 행동을 지지해줄 수 있는 건설적인 인지를 발전시킬 수 있도록 학생을 격려한다. ▽

▽ 16. 인지 및 화난 감정을 다루기 위해 생각 멈추기 전략을 시행한다.(27)

27. 학생에게 생각 멈추기 전략을 가르치고 연습시키고, 과정을 기록하고 성공을 보고하도록 한다. ▽

17. 강렬한 감정을 줄이기 위해 타임아웃 과정을 시행한다.(28)

28. 분노에 대한 통제감을 얻고 예전에 안정을 찾았던 문제해결로 돌아가기 위한 타임아웃 개념을 학생과 검토해본다. 다른 맥락 속에서 개인적으로 적절한 타임아웃을 사용할 수 있는 방법을 자유롭게 이야기해본다(예: 방 또는 공간에서 벗어나기, 자리 바꾸기, 헤드폰 쓰기, 평화로운 풍경 상상하기 등).

18. 분노 행동에 의해 상처받은 사람들에게 보상한다.(29, 30)

29. 지난달에 자신이 폭발적으로 낸 화로 인해 상처받은 사람들의 목록을 작성해보도록 한다. 가능한 한 용서를 구할 수 있는 방법을 자유롭게 이야기해보거나(예: 편지 쓰기, 시 쓰기, 직접 "미안해."라고 말하기, 꽃 보내기, 미안한 마음과 함께 갚기 등) Knapp의 *School Counseling and School Social Work Homework Planner*의 'Problem Solving Worksheet' 활동을 하도록 한다.

30. 상대방에게 이미 입힌 손상에 대해 말하고 사과하고 상처 주는 행동을 교정하겠다고 맹세하는 것을 돕는 역할연기를 학생에게 가르친다.

▽ 19. 분노를 발생시키는 특별한 상황에 집중하고 그 상황에 대한 의사소통,

31. 개인적으로 화가 나는 영역에 대해 학생과 논의하고 분노가 격렬하게 발생하는

문제해결, 의사결정 기술을 개발한다.
(31, 32)

각 상황과 관련된 대안적인 해석 방법과
대처법을 확인한다(예 : 경청하고 다른
사람의 관점을 이해하려고 노력하기, 상
황을 다룰 수 있는 여러 긍정적인 대안
들을 작성해보기, 그 상황을 개인일지에
적기, 신뢰할 만한 어른과 토의할 때까
지 어떠한 수정행동이라도 미루도록 결
정하기 등). ▽

32. 학생에게 갈등이 있을 때 충동적인 반응
을 줄이기, 번거로운 사건 속에서 측정
할 만하고 신중한 반응을 향상시키기 등
과 관련된 기술들을 검토해보도록 요청
한다(예 : 이완 기술, 생각 멈추기, 심상
화, 타임아웃, 브레인스토밍, 선택적 반
응, 조언 및 상담 요청하기 등). ▽

20. 개인적인 갈등을 공평하고 긍정적으
로 줄일 수 있는 방법을 확인한다.
(33, 34, 35)

33. 어린 학생이 그들의 삶 속에서 갈등을
해결하기 위해 사용하는 다음과 같은 간
단한 과정을 확인한다(예 : 문제를 언급
하기, 다른 사람의 관점을 듣기, 문제에
대한 감정을 공유하기, 문제해결 방법을
자유롭게 이야기하기, 상황을 인정하고
이해하기 등).

34. 개인적 논쟁과 친구들 사이의 논쟁을 중
재하는 방법을 사용하기 위해 초등학교
고학년과 중학교 학생에게 갈등해결 과
정을 가르친다(이야기할 만한 개인적 장
소를 찾기, 판단하지 않고 문제를 논의
하기, 가능한 대안을 자유롭게 이야기하
기, 가능한 해결책에 대한 찬반양론을
작성해보기, 양쪽 모두가 인정할 만한
해결방법에 동의하기, 해결방법을 시도

▽ **21.** 부모는 자녀들의 긍정적 분노관리 행동을 지지해주기 위한 부모관리 훈련기술을 배우고 사용한다.(36, 37)

▽ **22.** 분노 상황 시 논쟁을 해결하기 위해 사용하는 긍정적 대안을 언어적으로 확인한다.(38)

하고 효과적이지 않을 경우 다시 논의하기)(이 계획서의 11장 참고).

35. 평화로운 협상법과 문제해결 방법의 이익(예 : 존중과 품위가 유지됨, 문제가 격렬해지기보다 해결이 됨, 우정이 지속되거나 더 견고해짐, 사회적 기술이 학습됨 등)과 갈등 및 힘겨루기의 결과(예 : 우정이 깨짐, 적대적인 학교 환경, 의심, 공격 등)를 자유롭게 이야기해본다.

36. 부모와 교사에게 성인-아동 상호 간의 변화를 지지해주는 부모관리훈련기술에 대한 정보를 제공한다. 강화를 통해 아동의 친사회적 행동은 증가시키고 부적절하거나 반사회적인 행동은 감소시킨다 (Kazdin의 *Parent Management Training*을 보거나 http://www.oup.com/us/companion.websites/0195154290/?view=과 이 계획서의 19장 참고). ▽

37. 학생이 자신의 개인적 분노관리 노력 및 분노폭발·보복감·공격성에 대한 긍정적·효과적 대안 활용 대처 노력에 대해 말과 글로 표현하도록 지도한다. 학생이 회기 중에 긍정적인 조언을 읽도록 한다. ▽

38. 학생이 논쟁을 해결하는 다양한 방법을 적은 갈등 해결법을 만들 수 있도록 도와준다(예 : 공유, 차례 지키기, 경청, 이야기하기, 사과, 도움받기, 유머 사용하기, 다시 시작하기, 동전을 던져 결정하기 등). 학생에게 문제를 해결하기 위해 분노를 사용하고자 할 때, 이 바퀴를 사

용하도록 지도한다. ▽

▽ **23.** 친구, 어른들과 긍정적인 상호관계를 증진시킨다.(39, 40)

39. 친구, 교사, 부모와 얼마나 긍정적으로 관계를 맺을 수 있는지 학생의 지식을 평가한다. 긍정적인 사회적 상호관계를 맺을 수 있는 정보를 제공한다. 학생이 새로운 기술을 어떻게 사용하여 변화가 일어났는지, 다른 사람들이 어떻게 반응하고 성공에 대해 지지하는지 보고하도록 한다. ▽

40. 적절한 분노관리와 갈등해결을 배우기 위해 인형, 게임 또는 이야기하기와 같은 놀이치료 기술을 사용한다. 학생에게 회기 동안 기술을 익히도록 한다. 학생과 언제, 어느 때에 동료, 교사, 부모와의 사회적 상호작용 속에서 기술을 사용할지 자유롭게 이야기한다. ▽

—. ＿＿＿＿＿＿＿＿＿＿＿＿

＿＿＿＿＿＿＿＿＿＿＿＿

—. ＿＿＿＿＿＿＿＿＿＿＿＿

＿＿＿＿＿＿＿＿＿＿＿＿

—. ＿＿＿＿＿＿＿＿＿＿＿＿

＿＿＿＿＿＿＿＿＿＿＿＿

—. ＿＿＿＿＿＿＿＿＿＿＿＿

＿＿＿＿＿＿＿＿＿＿＿＿

—. ＿＿＿＿＿＿＿＿＿＿＿＿

＿＿＿＿＿＿＿＿＿＿＿＿

—. ＿＿＿＿＿＿＿＿＿＿＿＿

＿＿＿＿＿＿＿＿＿＿＿＿

진단적 제안

ICD-9-CM	ICD-10-CM	DSM-5 장애, 조건 또는 문제
313.81	F91.3	적대적 반항장애
312.34	F63.81	간헐적 폭발장애
312.9	F91.9	명시되지 않는 파괴적, 충동조절 및 품행장애
312.89	F91.8	달리 명시된 파괴적, 충동조절 및 품행장애
314.01	F90.2	주의력결핍 과잉행동장애, 복합형
V71.02	Z72.810	아동 또는 청소년 반사회적 행동

V61.20   Z62.820   부모-아동 관계 문제

_____   _____   _____

_____   _____   _____

03 불안 감소[*]

행동적 정의

1. 불안, 불편함, 극심한 경계심, 긴장감이 확산된다.
2. 불안증상, 근육긴장, 심장박동 증가가 지속적으로 나타난다.
3. 도전적 상황(예 : 과제, 운동기술, 사회적 만남 등)에서 실패에 대한 두려움을 느낀다.
4. 발달적으로 적합한 일상 기능이 방해가 될 만큼의 걱정, 긴장 혹은 두려움을 느낀다.
5. 신체화 증상에 대해 과도하게 각성되거나 걱정을 한다.
6. 불안으로 인한 수면곤란 증상을 보인다.
7. 사회적 능력에 대한 확신이 부족하며, 그로 인해 사회적 철수가 일어난다.
8. 시험에 대한 자신감이 낮고, 그로 인해 학업능력 저하를 보일 만큼 불안을 느낀다.

—. _____

_____

—. _____

_____

—. _____

_____

장기목표

1. 불안, 걱정 및 두려움의 빈도, 강도 및 기간을 전반적으로 감소시킨다.
2. 불안과 스트레스 상황 대처 능력을 증진시킨다.
3. 발달적으로 적합한 태도로 기능할 수 있는 능력을 키운다.
4. 불안을 유발하는 스트레스원을 관리하고 재구성하며 전환하는 기법을 배운다.
5. 신체화 증상과 수면곤란 증세를 완화시킨다.
6. 불안 관련 기술 사용에 대한 자신감을 향상시킨다(사회적 상호작용, 시험수행 등).
7. 연령에 적합하고 개방적인 태도로 정서를 표현한다.
8. 시험 성과를 향상시킨다.

—. _____
   _____
—. _____
   _____
—. _____
   _____

단기목표

▽ 1. 불안, 두려움 및 걱정의 원인이 무엇인지 파악하는 데 도움이 되는 생물심리사회직 정보를 제공하는 데 협조한다.(1, 2)

치료적 개입

1. 학생, 부모, 의뢰한 교사, 특수교사 등과의 논의를 통해, 학생의 사회적·의학적·가족·학습·행동상의 어려움에 대한 정보를 수집한다. 방임이나 학대에 대한 혐의가 있을 시, 해당 아동보호서비스(Child Protective Services)에 신고한다. ▽

2. 학교 정책에 따라 학교아동연구팀과 지역사회 내 서비스 제공자들과 함께 협력하여, 의학적 검사와 심리-교육적 검사 일정을 정한다. 그리고 윤리기준에 따라 학생과 가족, 동료들에게 평가 결과를 제공한다. ▽

2. 불안 상승 영역을 파악한다.(3, 4)

3. 스트레스가 어떤 신체 증상으로 나타나는지 파악한다.(5, 6)

▽ **4.** 긴장 완화와 수면 개선을 위해 정기적으로 운동한다.(7)

▽ **5.** 스트레스를 해소하기 위해 이완행동을 한다.(8, 9)

3. 현재 걱정과 염려 그리고 원인에 대해 지지적이고, 임상적인 논의를 통해 학생과의 긍정적이고 신뢰로운 관계를 발전시킨다.

4. 불안을 측정하여 학생의 현재 긴장 수준과 긴장의 영역을 평가한다(예 : Silverman과 Albano의 *The Anxiety Disorders Interview Schedule for Children*, 학부모판 또는 아동판 또는 Reynolds와 Richmond의 *The Revised Children's Manifest Anxiety Scale*, 제2판)

5. 학생에게 스트레스를 가속화시킨 여러 가지 사건들과 그와 관련하여 나타나는 신체 증상들을 기록하도록 한다(예 : 빠른 심장박동, 두통, 복통, 땀에 젖은 손바닥 등).

6. 학생에게 스트레스가 일상적으로 신체 어느 부위에서 나타나는지 인체 그림 위에 그 부위를 표시하도록 한다(또는 Knapp의 *The School Counseling and School Social Work Homework Planner*의 'Physical Receptors of Stress'를 과제로 내준다).

7. 학생에게 주 3~4회, 회당 30분씩 유산소 운동을 하도록 한다. ▽

8. 학생에게 스트레스 해소를 촉진하는 복식호흡(심호흡) 방법을 지도한다. 이것을 반복 복습하고, 필요시 다시 지도한다. ▽

9. 학생에게 근육을 긴장시키고, 그다음에 이완시킴으로써 신체를 이완하는 방법을 가르친다. 스트레스가 전형적으로 나

타나는 신체 부위에 특별한 주의를 기울이게 한다(예 : 턱, 목, 어깨, 배 등). 또는 Knapp의 *The School Counseling and School Social Work Homework Planner*에 나오는 활동인 '101 Ways to Cope with Stress'를 과제로 내준다. ▽

▽ **6.** 건강한 수면행동을 실천한다.(10, 11)

10. 학생의 불안을 감소시키고 수면을 돕기 위해 학생이 잠자리 규칙을 만들도록 지도한다(예 : 목욕을 하거나 샤워하기, 부드러운 음악을 틀어놓기, 컴퓨터와 TV 끄기, 책 읽기, 긍정적인 자기진술을 반복하기, 잠이 들 때까지 숫자를 거꾸로 세기). 차분한 음악감상, 독서, 긍정적인 자기진술 반복, 꿈 개인일지에 꿈을 기록하여 상담자와 이야기 나누기 등과 같은 방법을 통해 밤에 꾼 악몽과 불면에 대처하도록 돕는다. ▽

11. 학생에게 편안하게 숙면을 취하는 데 도움이 되는 환경을 제공하고, 건강한 수면행동을 지지해줄 수 있게 부모와 상담한다. ▽

▽ **7.** 생각, 감정, 행동이 불안유발과 불안관리에 어떤 역할을 하는지 파악한다.(12, 13, 14, 15)

12. 부정확한 인지가 불안과 그와 연관된 신체 증상을 유발하는 방식에 관한 정보를 학생과 학부모에게 제공한다. 불안이 어떻게 두려운 것을 회피하게 만들고, 그 상황을 관리할 능력이 부족하다고 생각하게 하는지 파악한다(Rapee, Wignall, Spence, Lyneham 그리고 Cobham의 *Helping Your Anxious Child,* 제2판 참고). ▽

13. 아동들에게 불안한 감정을 인식하고 분

석하여 대처전략을 세울 수 있도록 돕는 대처 CAT 프로그램(the Coping Cat program)을 실시한다(Kendall, Choudhury, Hudson 그리고 Webb의 *The C.A.T. Project' Manual for the Cognitive Behavioral Treatment of Anxious Adolescents* 참고). ▽

14. 학생이 자신의 감정과 그 감정의 촉발요인을 인지하도록 치료적 게임을 활용한다(예 : 창조적 치료방법에서 사용되는 말하기, 느끼기, 게임하기, 혹은 Ungame 회사에서 만든 Ungame을 활용한다). ▽

15. 학생이 두려운 감정을 유발하는 상황을 인식하고 현실적이고, 긍정적인 태도로 이러한 상황을 재평가하는 데 도움이 되도록 합리적 · 정서적 기법을 사용한다 (Ellis의 *How to Control Your Anxiety Before It Controls You* 참고 또는 Knapp 의 *School Counseling and School Social Work Homework Planner* 중 'Reframing Your Worries' 활동을 부과한다). ▽

▽ 8. 두려움을 만들고, 과도하게 걱정하고 지속적인 불안 증상을 만들어내는 부정확한 생긱에 대해 이해한 것을 말로 표현한다.(16, 17, 18)

16. 비현실적인 두려움과 걱정을 유발하고 생각이 어떻게 위협의 가능성을 과대평가하고, 학생의 현실관리 능력을 과소평가하는지 보여주는 예를 제시한다. ▽

17. 부정적 기대가 실제로 일어날 가능성, 그것이 실제로 일어났을 때의 결과, 일어날 수 있는 결과에 대한 학생의 대처 능력 그리고 그것을 받아들일 수 있는 학생의 능력을 평가하여 두려움이나 걱정에 맞서도록 돕는다(Rapee, Wignall,

Spence, Lyneham 그리고 Cobham의 *Helping Your Anxious Child,* 제2판과 Chansky의 *Freeing Your Child From Anxiety* 참고). ▽

18. 공포와 걱정이 불안을 유발하고 해결을 방해하는 회피 방법임을 이해하도록 돕는다. ▽

9. 두려움을 느끼게 하는 자기진술을 파악하여 긍정적이고, 현실적이며, 격려하는 자기진술로 바꿔준다.(19, 20, 21, 22)

19. 학생의 두려움 반응을 매개하고 있는 인지 도식과 자기진술을 탐색한다. 편견에 맞선다. 학생으로 하여금 비합리적인 두려움이나 걱정에 대처할 수 있는 자신감을 기를 수 있도록 하기 위해서 왜곡된 메시지들을 현실에 기반한 대안이나 혼잣말로 바꿀 수 있도록 도와준다. ▽

20. 학생에게 두려움의 자기진술을 파악하고, 현실에 기반한 대안을 만들어내는 것을 연습할 수 있는 과제를 부여한다 (또는 Knapp의 *School Counseling and School Social Work Homework Planner* 중 'Reframing Your Worries' 과제를 내주기). 또한 평가하여 교정적인 피드백을 해줌으로써 성공할 수 있도록 한다. ▽

21. 학생에게 이미 다루었던 두려움과 걱정이 계속되어 나타날 때 '사고 중지' 기법을 사용하도록 가르친다(정지 신호를 떠올린 후, 기분 좋은 장면이나 긍정적인 문구를 생각하기). 학생이 상담 중간 중간 일상생활에서도 이 기법을 사용하는지를 점검하고 독려를 한다. ▽

22. 학부모가 학생과 함께 두려움이나 걱정을 인지적으로 재구조화하는 내용에 대

해 자세히 다룬 책을 읽고 이야기를 나눌 수 있도록 한다(예 : Rapee, Wignall, Spence, Lyneham 그리고 Cobham의 *Helping Your Anxious Child,* 제2판과 Chansky의 *Freeing Your Child from Anxiety).* ▽

▽ **10.** 걱정과 두려움에 점진적으로 직면시키는 노출활동에 참여한다.(23, 24, 25, 26)

23. 노출활동에 사용될 두려움이나 걱정의 두세 가지 영역을 파악하도록 한다(예 : 시험에 대한 두려움, 관계 문제에 대한 걱정). ▽

24. 학생이 성공할 가능성이 있는 초기 노출경험을 선택하고, 노출되었을 때 생기는 감정을 다스릴 수 있도록 계획을 세운다. 그리고 심리적으로 노출경험을 예행연습할 수 있도록 한다. ▽

25. 학생에게 불안한 상황이나 물체에 대한 두려움이 감소하고, 안정감과 자신감이 생길 때까지 불안한 상황이나 물체에 대해 실제적으로 직면하게 하거나, 이미지를 떠올리도록 돕는다. ▽

26. 내담자에게 두려움에 점진적으로 노출하는 과제를 부과하고, 그에 대한 반응을 기록하도록 한다. 평가하여, 성공에 대해서는 보상을 주고, 개선할 수 있도록 피드백을 제공한다(또는 Jongsma, Peterson 그리고 McInnis의 *Adolescent Psychotherapy*에 있는 'Gradually Facing a Phobic Fear'를 부과하기). ▽

11. 불안을 유발하는 한 가지 상황에 집중하여 그 상황을 위한 문제해결기술과 의사결정기술을 개발한다.(27,

27. 학생과 개인적인 불안 영역에 대해 토론하고, 스트레스를 유발하는 각 상황을 해석하고 그 상황에 대처하는 대안을 만

28)

들어냄으로써 재구성의 과정을 시작한다(예 : 그 상황을 다루는 다양한 긍정적인 대안 목록을 작성하고, 개인적인 구술로 그 상황을 기록하고, 신뢰할 수 있는 성인과 토론하기 전까지 어떤 교정적인 행동을 연기하기로 결정하기).

28. 학생에게 한 주 동안 노력할 불안 요소를 파악해보도록 요구한다. 그 후, 문제 상황에서 사용 가능한 치료법들을 떠올리고, 걱정을 줄일 수 있는 가능성이 가장 높은 방법을 고르고, 다음 상담회기에서 실행해본 결과를 보고하도록 한다.

12. 실수는 배움의 기회이고 인생을 더 풍요롭고 풍성하게 할 수 있음을 이해하고, 그것을 말로 표현한다.(29)

29. 저지른 실수들 중 최소한 10가지를 기록하게 한다. 그다음에는 이러한 실수들로 어떤 지혜를 얻게 되었는지 파악하게 한다(또는 Knapp의 *School Counseling and School Social Work Homework Planner*의 'Mistake or Learning Opportunity'를 부과하기).

13. 다른 사람들과의 적절한 사회적 상호작용을 증가시킨다.(30, 31, 32)

30. 학생에게 치료집단에서 사회기술을 알아보게 하거나 실시하게 한다.

31. 교사에게 학생을 협동학습집단에 참여시키도록 권유한다. 교사에게 학생이 수업 중에 성공적으로 참여했을 때 학생을 인정해줄 것을 요청한다.

32. 학생이 학교나 종교집단이나, 지역사회에서 후원하는 정규교과 이외의 집단에 참여하도록 지원한다.

▽ 14. 장차 있을 두려움이나 걱정들을 관리할 수 있도록 재발방지 전략들을 배우고 실행한다.(33, 34, 35, 36)

33. 학생에게 이전의 두려움이나 걱정 상태로 되돌아가게 되는 순간적 실수와 두려움에 대처하는 방법들 중 실패한 방법으

로 돌아가기로 결정한 재발과의 차이점을 알려준다. ▽

34. 학생에게 순간적인 실수가 발생될 수 있는 미래의 상황을 파악하여 관리할 수 있도록 연습하게 한다. ▽

35. 학생이 이완, 스트레스 관리, 인지재구조화, 노출 그리고 대처기술과 확신을 지속적으로 개발하기 위해 사회적 상호작용과 같은 새롭게 학습한 기술을 습관적으로 사용하도록 독려한다. ▽

36. 학생과 함께 '대처 카드'를 만들거나, '심호흡하고 이완하기', '비현실적 걱정에 맞서기', '문제해결 방법 사용하기' 등과 같은 대처전략이나 자기진술 문구를 작성한다. ▽

15. 시험 기술에 대한 자신감을 말로 표현하고, 시험 보는 동안 두려움을 줄인다.(37, 38)

37. 학생으로 하여금 시험을 보는 동안 걱정을 멀리 할 수 있도록 몇 가지 자기진술 문구들을 생각하고 기록하도록 한다 (예 : '나는 시험 준비를 잘했다.', '나는 이 과목을 잘 볼 수 있다.', '집에서 연습했었다.', '혹은 그 전에도 시험을 잘 본 적이 있다.').

38. 학생에게 다가오는 시험이나, 학급 발표에 필요한 단계가 어떤 것이 있는지 개인노트에 기록하도록 한다. 그 후 우선순위를 정하고, 그것을 완성하는 데 필요한 시간을 적도록 한다.

16. 시험을 성공적으로 치를 수 있다는 것을 보여준다.(39, 40)

39. 학생이 시험 볼 때 긴장감을 줄이기 위해 근육이완과 심호흡 방법을 사용하도록 한다.

40. 시험 준비에 사용했던 방법을 학생과 살

펴본다(예 : 공부 계획을 세우고, 자료를 분류하고, 읽고, 쓰고, 말로 표현하고, 더 작은 부분을 공부하고, 핵심 내용을 플래시카드나 기억을 돕는 장치들을 사용하여 학습하기). 그들의 효과성을 측정하고, 다음 시험을 준비하기 위해서 준비 습관을 조정한다.

17. 현재와 미래에 대한 긍정적 생각을 말로 표현한다.(41)

—. _____

—. _____

—. _____

41. 미래를 위한 계획과 목적달성 방법에 대해 학생과 이야기한다.

—. _____

—. _____

—. _____

진단적 제안

ICD-9-CM	ICD-10-CM	DSM-5 장애, 조건 또는 문제
300.02	F41.1	범불안장애
300.00	F41.9	명시되지 않는 불안장애
314.01	F90.1	주의력결핍 과잉행동장애, 과잉행동/충동 우세형
314.01	F90.9	명시되지 않는 주의력결핍 과잉행동장애
314.01	F90.8	달리 명시된 주의력결핍 과잉행동장애
309.21	F93.0	분리불안장애
_____	_____	_____
_____	_____	_____

04 정신건강 서비스를 위한 평가

행동적 정의

1. 학교에서 행동을 통제하는 능력이 부족하다.
2. 학교규칙 준수 또는 권위에 대한 올바른 순응을 거부한다.
3. 어른 및 또래와의 관계에서 심각한 갈등을 겪고 있다.
4. 일반적이지 않은 높은 수준의 불안을 보인다.
5. 상황적 스트레스(예 : 이혼, 가족 이동, 죽음, 학대, 방임)에 대해 부정적인 감정과 행동 반응을 보인다.
6. 학업성취도가 낮다.
7. 학업성취를 방해하는 신체적 문제나 장애를 가지고 있다.
8. 나이에 적합하게 독립적으로 기능하는 능력과 책임감이 부족하다.
9. 자존감이 학업성취와 사회 적응을 방해할 만큼 낮다.
10. 학습장애 혹은 정신장애로 인한 부족함을 느낀다.

—. _____
  _____

—. _____
  _____

—. _____
  _____

장기목표

1. 교육자들은 사회적/학업적 적응상의 어려움들을 파악하기 위해 학교의 의뢰 전 절차를 준수한다.

2. 부모들은 학생의 현재 상태를 보여주는 행동적, 사회적/정서적, 또는 학업적 어려움의 근원이 되는 성격을 알아보기 위해 실시하는 학교의 평가에 동의한다.

3. 화술/언어, 사회적/정서적, 행동적, 인지적 그리고 학업적 기능을 평가하고 의료 평가에 참여한다.

4. 부모, 교육자 그리고 필요시 학생도 MET(Multidisciplinary Evaluation Team, 종합평가팀)의 평가에 참여한다.

5. 부모, 교육자 그리고 필요시 학생도 IEPC(Individualized Education Planning and Placement Committee, 개별화된 교육 계획 및 배치위원회) 모임이나 Section 504* Plan (연방장애법) 모임에 참여한다.

6. 교육자들과 보조 직원(예 : 학교상담자, 사회복지사, 언어치료사, 물리치료사 등)은 IEPC나 Section 504의 처방을 시행한다.

—. _____

  _____

—. _____

  _____

—. _____

  _____

단기목표

1. 학교사회복지사/상담자는 교사와 기타 관련된 학교 직원, 부모들과 사전 의뢰 과정에 협조하도록 한다.(1, 2, 3, 4)

치료적 개입

1. 학생의 학교적응 문제에 대한 교사, 행정가, 다른 교사들의 걱정을 부모와 이야기하고 학교 내 자녀의 학습팀(예 : 행정가, 학교심리학자, 학교사회복지사, 학교상담자, 특수교육 대표, 현재 교사)과 평가 일정을 잡는다.

---

* Section 504 : The Rehabilitation Act의 일부. 정부의 지원을 받고 있는 모든 기관, 학교 및 단체는 장애인이라는 이유로 어떠한 차별을 할 수도 없고, 보통 사람과 동등한 기회를 장애인에게 제공해야 한다는 법 조항.

2. 교사와 상담자는 학교 내 학생의 학습 팀에게 사전 정보를 제출한다.(5)

3. 학교 내 아동 연구팀은 즉각적으로 받아들일 수 있는 처방을 하거나 필요한 평가를 추가한다.(6, 7)

4. 학교담당자는 학생의 시설 입소나 특수교육 평가를 위한 서면 허락을 얻기 위해서 부모에게 연락한다.(8, 9)

2. 자녀의 학습팀에 제출하기 위해 관련 학교 정보(예 : 성적, 상담 참여, 징계기록들)를 수집한다.

3. 교사는 학생의 학업적, 사회적/정서적 진행과정을 지원하기 위해 수행해왔던 교육적 전략 목록을 완성한다(예 : 개별화 수업, 과제 수정, 동기유발기법, 공부친구, 구술시험, 중재반응모델).

4. 교사는 사전 의학적 정보 양식을 완성한다(특수교육의 필요성을 나타내는 행동적 증상을 평가하기 위해 McCarney의 *Pre-Referral Evaluation Manual* 혹은 Section 504 Plan 참고).

5. 교사는 아동의 학습팀에게 사전 정보를 제출하고, 학습팀에서는 교육 내력과 이미 시도해봤던 전략들과 추가될 권장사항들에 대해 논의한다.

6. 아동의 학습팀은 좀 더 완성된 MET에게 책임을 부여하기 위해 추가 평가를 의뢰하는 것의 적합성을 결정한다.

7. 학생의 개인정보(예 : 이름, 생년월일 등)와 의뢰사유가 적혀 있고, 추가 평가 실시와 관련한 부모의 동의를 요청하는 내용이 포함되어 있는 의뢰서를 완성한다.

8. 정해진 학교 대표(예 : 학교상담자, 사회복지사, 교사, 행정가)는 학생의 학습팀의 처방에 대해 알리고, 평가 진행에 동의하는 사인을 받기 위해 부모에게 연락한다.

9. 부모와 평가 과정, 제안된 특정 검사에 대해 논의하고, 특수교육과 Section 504

5. 부모들은 배경 정보와 발달력을 제
   공한다.(10, 11)

6. 부모들은 기존 평가 정보를 학교에
   제공한다.(12, 13)

7. 사회적/정서적 진단검사를 완성한다.
   (14, 15, 16, 17, 18)

에 대한 안내문을 전달한다.

10. 부모로부터 학생에 대한 적절한 의학
    적·시각적·청각적·발달적 과정에 대
    한 기본 정보를 수집한다.

11. 부모에게 학생의 발달력 양식을 완성하
    게 한다(예 : Knapp의 *School Counseling
    and School Social Work Homework
    Planner*의 'The Student and Family History
    Form'을 활용한다).

12. 학부모에게 정신건강기관, 의사, 개인치
    료사 혹은 이전 학교로부터 진단정보를
    확보하기 위한 정보제공 동의서에 서명
    받는다.

13. 학교, 기관, 학생을 치료했던 치료사나
    의사로부터 서면보고 형태나 구두로 정
    보를 수집한다.

14. 부모에게 부모의 시각에서 학생을 설명
    하는 행동 척도를 작성하도록 한다(예 :
    Achenbach의 *Child Behavior Checklist*).

15. 학생의 사회적·정서적 적응을 측정하는
    임상면담을 실시한나(Knapp의 *School
    Counseling and School Social Work
    Homework Planner*의 'Student Interview
    Outline' 참고).

16. 학생에게 자기보고 형식의 정서적 측정 척
    도를 실시한다(예 : Achenbach의 Cooper-
    smith 자존감 척도, 아동의 불안 척도,
    청년 자기보고 또는 Piers-Harris 자기개
    념 척도).

17. 교실에서 비슷한 연령과 성별을 가진 다
    른 학생들과 비교할 때 적절하지 않은

행동의 양상, 빈도, 지속도, 강도에 주목하여 학생을 체계적으로 관찰한다.

18. 검사 목적으로 학생에게 그림을 그리게 한다(예 : 집, 나무, 사람, 가족화, 또는 학교화).

8. 지능검사를 실시한다.(19)

19. 학교 임상심리사는 학생에게 지능검사와 적성검사를 실시한다[예 : Kaufman Assessment Battery for Children(AGS), McCarthy Scales for Children's Abilites (The Psychological Corporation), Stanford-Binet(Houghton-Mifflin), Wechsler Intelligence Scale for Children-IV(The Psychological Corporation], Woodcock-Johnson Psycho-Educational Battery Part I(DLM)].

9. 학업성취 및 최근 학습에 대한 다양한 검사를 실시한다.(20, 21)

20. 교사, 교사 컨설턴트 또는 학교 임상심리사는 학업성취도 검사를 실시한다[(Woodcock-Johnson Psycho-Educational Battery Part II(DLM), Kaufman Test of Educational Achievement(AGS), Basic Achievement Skills Individual Screener (The Psychological Corporation), Peabody Individual Achievement Test(AGS), Wide Range Achievement Test(Jastek)].

21. 교사, 교사 컨설턴트, 또는 학교 임상심리사는 퀴즈, 시험, 수업과 숙제 등의 비공식적인 정보와 성적표를 평가한다.

10. 지각운동 검사를 실시한다.(22)

22. 교사, 교사 컨설턴트 또는 학교 임상심리사는 지각운동 검사를 실시한다[예 : Keith Beery Test of Visual Motor Integration(Modern Curriculum Press), The Bender Visual Motor Gestalt Test, 또는

Ruthers Drawing Test].

11. 주의력 결핍장애(ADD)와 주의력결핍 과잉행동장애(ADHD) 검사를 위한 정보를 제공한다.(23, 24)

23. 부모와 교사에게 다양한 ADHD 검사, 척도, 설문조사를 작성하도록 한다[예 : A.D.D. Warehouse 또는 Western Psychological Services로부터 활용 가능한 Connerse' Teacher and Parent Rating Scales, ACTeRS(Ullmann 등), *ADHD: A Handbook for Diagnosis and Treatment* (Barkley)].

24. 의사가 학생의 ADHD의 진단과 약물 처방을 위해 학교와 집에서 실행한 ADHD 평가 결과를 사용할 수 있도록 부모의 허락을 받는다. 또한 학교와 부모의 걱정을 기술한 설명서를 첨부한다(Knapp의 *School Counseling and School Social Work Homework Planner*의 'ADHD Assessment Summary Sheet' 참고).

12. 현재의 건강 상태를 측정하기 위한 의학적 평가에 협력한다.(25)

25. 부모에게 최근 의학적 정보와 보고서 제공을 요청하거나 또는 학업수행, 사회적/행동적 적응을 방해하는 신체상·건강상의 문제를 결정하거나 배제하기 위해 의학적 검사일정을 잡는다.

13. 언어 평가, 물리치료와 작업치료 평가에 참여한다.(26)

26. 작업치료사와 물리치료사들뿐만 아니라 언어치료사는 학생의 언어 역량과 정신운동 역량을 측정한다. 그리고 이러한 영역에서의 서비스 결정을 위해 학생의 욕구를 평가한다.

14. 의사나 학교 평가자들이 추천한 특수교사와 상담한다.(27, 28)

27. 임상심리사, 정신과의사 또는 다른 평가기관의 더 구체적인 진단정보(예 : 신경학적, 정신의학적, 정신운동)가 필요한지 부모와 MET 구성원들이 논의한다.

15. 부모, 교사, MET 구성원들은 학생에 대한 기능적인 행동분석 계획 수립에 협력한다.(29, 30)

16. 부모와 학생은 모든 검사 결과를 토대로 학생의 특수교육 혹은 시설 입소의 적합성을 논의하는 MET 회의에 참석한다.(31, 32, 33)

또한 추가 정보가 더 필요한지 아니면 좀 더 구체적인 진단 정보를 확보할 필요가 있는지 논의한다.

28. 부모들에게 학생의 의사와 추가적인 의학적 검사에 대해 논의하도록 한다. 또는 추가적으로 진단검사를 받을 수 있게 지역사회 정신건강시설에 의뢰한다.

29. 학생 행동 분석결과를 공식화하기 위해서 MET 구성원들과 협력한다. 그리고 학생의 긍정적인 대안행동들을 찾기 위한 구체적인 개입 전략들을 계획한다 (또는 Knapp의 *School Counseling and School Social Work Homework Planner*의 'The Record of Behavioral Progress'를 과제로 내준다).

30. 학생과 그의 교사, 부모 그리고 다른 MET 구성원들과 함께 학생의 목표행동과 학생의 문제행동을 수정하기 위한 개입전략, 기술 방안, 긍정적 행동 강화 방안이 담긴 행동 개입계획을 수립한다.

31. 평가결과를 토대로 처방을 내리기 위한 MET 회의에 모든 평가자, 부모, 필요시에는 학생도 소집한다.

32. 학교사회복지사, 학교심리학자, 언어치료사, 작업치료사, 물리치료사로부터 확보된 종합평가보고서 내용뿐만 아니라 교사, 교장, 상담자 그리고 다른 교육자들로부터 확보된 학생 학업수행과 관련된 상세한 정보들을 설명하기 위해 MET 구성원들과 회의를 개최한다.

33. MET 모임에서 부모와 학생에게 추가적

인 정보를 수집한다. 그리고 주립·연방 특수교육과 Section 504 지침에 근거한 적격요인들을 논의하고, IEPC에 제출할 추천서를 작성한다.

17. 부모와 학생은 학생의 특수교육서비스 이용 적격여부를 결정하고 이용 서비스나 편의시설들을 설계하는 IEPC나 Section 504 회의에 참석한다.(34, 35)

34. 학생의 시설에 대한 적합성을 판단하기 위해 Section 504 회의를 소집하고, 학습적·행동적·사회적/정서적 적응을 돕기 위한 서비스 선택에 참여한다.

35. 학부모, 학생, 교사, 평가자, 학교행정가를 포함하는 IEPC 구성원들은 MET의 처방을 고려해서 실행될 구체적이고 개별화된 특수교육 프로그램 혹은 Section 504 서비스를 개발하고 필요한 시설/설비에 대해 기록한다.

18. IEPC나 Section 504 계획에서 제안된 편의시설과 서비스들을 이행하는 데 협력한다.(36, 37)

36. IEPC 구성원들은 학년 중에 성취되어야 할 목표와 목적들을 이행하는 해당 팀원들에게 학생을 위한 서비스들을 수행할 책임을 부과한다.

37. 교사들, 특수교사, 기타 평가팀원들은 IEPC에서 설계한 대로 학교에서 특수교육서비스와 편의시설에 대한 서면 계획을 이행한다.

19. 교사, 학교사회복지사, 상담자는 대인관계 그리고 학교 적응에 관한 IEPC와 Section 504 계획의 효과를 논의하기 위해 회의한다.(38, 39)

38. IEPC 또는 Section 504 계획에 대해 논의하기 위해 학생과 정기적으로 만나서, 그 계획이 학생의 교육적·사회적/정서적 발달에 얼마나 효과가 있는지 판단한다.

39. 학생의 학업성취를 평가하고, 제안된 변화를 관찰하기 위해 정기적으로, 혹은 정해진 일정에 따라 학부모, 교사들과 함께 회의를 한다.

20. 부모들과 학생은 진척 상태를 측정하고 편의시설과 서비스들을 평가하고, 제안된 변화를 이끌어내기 위해 연례 IEPC 점검 회의에 참석한다.(40, 41)

40. 학생의 진척상태를 평가하고 적절한 차후 프로그램 논의를 위해 IEPC 연례회의나 Section 504 평가회의를 실시한다.

41. 학생의 특수교육 서비스 적합성과 IEPC 제안서를 공식화하기 위해 학생의 상태에 대한 3년 후 재평가와 MET 회의에 참석한다.

—. _____

—. _____

—. _____

—. _____

—. _____

—. _____

진단적 제안

ICD-9-CM	ICD-10-CM	DSM-5 장애, 조건 또는 문제
296.xx	F32.x	주요우울장애, 단일 삽화
296.xx	F33.x	주요우울장애, 재발성 삽화
307.1	F50.02	신경성 식욕부진증, 폭식/제거형
307.1	F50.01	신경성 식욕부진증, 제한형
300.02	F41.1	범불안장애
314.01	F90.2	주의력결핍 과잉행동장애, 복합형
314.00	F90.0	주의력결핍 과잉행동장애, 주의력결핍 우세형
314.01	F90.1	주의력결핍 과잉행동장애, 과잉행동/충동 우세형
314.9	F90.9	명시되지 않는 주의력결핍 과잉행동장애
312.81	F91.1	품행장애, 아동기 발병형
313.81	F91.3	적대적 반항장애
312.9	F91.9	명시되지 않는 파괴적, 충동조절 및 품행장애

05 애착과 유대감 결핍

행동적 정의

1. 생애 첫 2년간 학대, 방임, 질환, 분리 또는 입양으로 인하여 주 양육자와 초기 유대관계를 형성하는 데 있어서 심각한 단절을 경험하였다.
2. 가족구성원, 교사들 또는 또래들과 친밀하고 애정 어린 관계를 형성할 수 없고, 낯선 사람에게 무분별한 애정을 보인다.
3. 극도의 통제가 필요하며, 다른 사람들에 대한 신뢰가 부족한 모습을 보인다.
4. 정상적이며 연령에 적절한 양심이 발달되어 있지 못하고, 다른 사람에게 유발한 고통에 대해 죄책감을 잘 느끼지 못한다.
5. 피상적으로 호감과 매력을 나타내며, 정직하지 못하고, 교묘하게 사람과 사물을 조정하려고 한다.
6. 명백한 이유나 필요가 없어도 만성적인 거짓말과 절도를 한다.
7. 동물에게 잔인하다. 자신과 다른 사람, 물질적인 것들에 파괴적인 행동을 보인다.
8. 인과관계에 대한 사고가 부족하고, 충동조절이 잘 되지 않는다.
9. 화재, 살해, 피에 대한 걱정에 사로잡혀 있고, 악마나 사탄에 대한 동일시가 나타난다.
10. 음식을 모아두거나 음식을 게걸스럽게 먹는다.
11. 부모가 해당 학생에게 지나치게 화가 나 있고 좌절감을 느끼고 있다.
12. 비정상적인 말투를 사용하고, 터무니없는 질문을 자주 하며, 끊임없이 재잘거린다.

— • _____

_____

— • _____

_____

장기목표

1. 가족구성원, 교사, 또래와 친밀하고 애정 어린 관계를 형성한다.
2. 다른 사람을 신뢰하는 것을 배우고, 지속적으로 통제를 받아야 할 필요성이 줄어든다.
3. 내면의 분노를 감소시키고 건강한 자존감을 발달시킨다.
4. 양심, 공감, 죄책감을 정상적인 수준으로 발달시킨다.
5. 잔인하고 파괴적이며 반사회적인 행동을 제거한다.
6. 부모와 교사는 애정, 보살핌 그리고 한계를 설정하는 매우 정교한 훈육을 제공함으로써 학생이 자기통제를 확립하고 책임감 있는 행동을 발달시킬 수 있도록 돕는다.

— • _____

_____

— • _____

_____

— • _____

_____

단기목표

1. 부모는 자녀에 관한 배경, 발달사, 현재 기능에 관한 정보를 제공한다.(1, 2, 3, 4)

치료적 개입

1. 학교생활을 기반으로 학생을 평가하거나 개별 평가를 위해 사설기관이나 심리치료전문가에게 학생을 의뢰하기 위해 부모가 서명한 동의서를 받는다.
2. 학생의 부모에게 의학, 시각, 청각, 발달사 등 자녀의 과거와 현재의 기능에 관한 배경정보를 수집한다.
3. 부모에게 자녀의 발달사 양식을 작성하게 한다(또는 Knapp의 *School Counseling and School Social Work Homework*

*Planner*에 수록된 'The Child and Family History Form'을 작성하게 한다).

4. 부모가 자신의 관점에서 자녀에 관한 표준화된 행동척도를 작성하게 한다(예 : Achenbach의 Child Behavior Checklist).

2. 부모는 정보양도계약서에 서명하고, 학교 관계자가 전문가들에게 자녀에 관한 평가정보를 요청할 수 있도록 허용한다.(5)

5. 부모에게 정신건강센터, 의사, 개인 치료사 또는 이전 학교로부터 자녀에 관한 현존하는 진단정보를 받을 수 있도록 허용하는 정보양도계약서에 서명을 받은 후, 해당 기관에 관련 정보를 요청한다.

3. 부모는 관련 도서, 애착이나 입양 지원 그룹 혹은 기관을 통해 애착장애와 관련한 정보를 얻는다.(6, 7)

6. 애착장애와 관련하여 가족들을 교육하고 지원해주는 기관에 부모를 의뢰한다 [The Attachment Treatment and Training Institute, (303) 674-4029, www.attachment experts.com].

7. 부모에게 애착장애를 지닌 자녀양육에 초점을 맞춘 책을 읽게 한다(예 : Thomas의 *When Love Is Not Enough* 또는 Schooler의 *The Whole Life Adoption Book*).

8. 부모, 교사와 유대감의 핵심사항에 관하여 논의한다(예 : 눈 맞춤, 안고 부드럽게 흔들어주기, 미소, 적극적 경청, 상호활동, 함께 식사하기, 놀기, 자녀의 과거에 대한 지속성을 갖기 위해 노력하기).

4. 부모, 교사 그리고 상담자는 해당 학생에게 지지, 양육, 무조건적 긍정적 존중과 사랑을 제공한다.(8, 9, 10)

9. 매주 지정된 시간에 부모가 다른 사람 동석 없이 해당 자녀를 만나서 자녀가 보인 진전사항들을 살펴보고, 자녀를 격려해주고, 지속적인 관심을 보여주고, 상담자나 개인 치료자와 공유할 진전사항들을 기록하게 한다.

5. 부모와 교사는 부모와 교사가 확실한 한계를 설정하고, 책임 있는 행동을 촉진할 수 있도록 구조화된 훈육체계를 만들어낸다.(11, 12, 13)

10. 해당 학생과 관련하여 경험할 수 있는 만성적이고 빈번한 도전과 좌절에도 불구하고, 부모와 교사가 학생과 긍정적이며 애정 어린 관계를 유지할 수 있도록 부모와 교사에게 치료적 지지를 제공한다.

11. 부모가 활용할 수 있는 긍정적 훈육 기술을 배울 수 있도록 부모를 구조화된 양육교실에 의뢰한다[예 : Dinkmeyer와 McKay의 *Systematic Training for Effective Parenting(STEP),* Cline과 Fay의 *Becoming a Love and Logic Parent* 또는 Moorman과 Knapp의 *The Parent Talk System*].

12. 부모가 양육교실이나 권장 양육도서 혹은 테이프를 통해 학습한 긍정적 훈육 양육전략을 실행할 수 있도록 부모와 만나는 시간을 갖는다(예 : Barkley의 *Your Defiant Child: Eight Steps to Better Behavior* 또는 Moorman의 *Parent Talk,* 또는 Koplewicz의 *It's Nobody's Fault: New Hope and Help for Difficult Children*).

13. 애착장애와 학생 관리로 인한 결과에 대해 교사와 논의한다(예 : 고도로 구조화된 환경을 구축하고, 모든 특권들을 얻을 수 있도록 요구하며, 항상 교사가 관리할 수 있도록 유지하고, 서서히 신뢰를 구축하며, 칭찬보다는 격려를 활용하고, 극도의 도전들이 주어지더라도 무조건적인 긍정적 존중을 제공하며, 교사가 과로로 기력을 소진하지 않도록 지원

요청).

6. 가족 단위 구성원들과 유대감을 촉 진시키기 위한 일상 활동들에 참여 하게 한다.(14, 15, 16)

14. 부모와 학생이 지정된 기간 동안 매일 애착을 촉진하기 위한 유대감 형성 활동 을 하도록 격려한다(예 : 꼭 껴안아주는 시간 갖기, 상호작용을 필요로 하는 게 임하기, 등이나 발 마사지하기, 매일 밤 기도하기, 서로 책 읽어주기, 함께 노래 부르기, 요리하기, 청소하기 또는 협력과 상호작용이 필요한 일이나 게임하기).

15. 부모가 자녀와 유대감을 촉진하는 데 있 어서 개인적 접촉의 기술을 이해할 수 있도록 부모에게 *Holding Time*(Welch) 을 읽게 하고, 다음 회기에 이러한 개념 의 실행과 관련하여 논의하는 시간을 갖 는다.

16. 부모가 자녀와 함께 아기 때 사진이나 가족 사진을 보고, 어렸을 때 이야기를 해주고, 생애 초기 몇 년간의 삶에 대해 이야기해주고, 적절한 경우, 과거에 인 연을 맺었던 의미 있는 사람들과 연락을 하게 함으로써 해당 자녀의 과거와 지속 감을 가질 수 있도록 한다.

7. 교실에서 소속감을 촉진하는 일상적 인 활동에 참여한다.(17, 18)

17. 교사와 다른 학교 교직원들이 학생을 소 속감과 자부심을 강화시키는 상호활동 에 참여하게 하도록 장려한다(예 : 일대 일 대화, 하이파이브, 일상적인 인사, 상 호간의 미소, 상호작용이 필요한 과제나 활동 참여하기, 학생이 잘한 일을 찾아 내서 지지해주기, 조용히 칭찬해주기).

18. 학생을 학교 집단상담에 참여시켜서 자 신의 부정적인 자기패배적 행동을 발견

하게 하고, 이러한 행동을 긍정적이고 생산적인 행동으로 대체할 수 있는 방법을 가르친다(Moorman의 *Parent Talk* 중 Red Light, Green Light 기법 참고).

8. 학교와 지역사회에서 또래들과 적절한 사회적 상호작용 기술을 사용한다. (19)

19. 학생과 함께 학교나 지역사회에서 교우관계를 시작하기 위한 전략에 대한 아이디어를 도출해보고(예 : 휴식시간에 같은 반 친구와 놀이하기, 방과 후에 친구를 집으로 초대해서 같이 놀기), 직접 리스트를 작성해보게 한다. 학생에게 다음 한 주간 해볼 수 있는 한 가지 전략을 선택하게 한 후, 다음 상담회기에 그 결과에 대해 함께 이야기한다.

9. 확실한 한계를 설정하고 자기통제를 가르치는 학교 내 특별 프로그램에 참여한다.(20, 21, 22)

20. 학생이 파괴적인 행동을 하거나 비협조적인 행동을 할 때, 교사나 관리자가 학생이 일상적인 교실 활동에 참여하기 전에 진정을 하고 보다 적절한 행동을 계획할 수 있는 타임아웃 공간을 마련해줄 수 있도록 조언을 해준다.

21. 학생이 성공적으로 학업을 수행할 수 있도록 돕기 위해 특수교육이나 Section 504 적용을 추천한다(예 : 작은 규모의 교실, 도구적 혹은 행동적 준전문가의 조력, 단축 수업, 일대일 지도, 사회복지 서비스).

22. 애착장애에 대해 다루고, 애착과 관련된 어려움을 경험하고 있는 학생들을 다루는 전략을 가르쳐주는 워크숍이나 세미나에 교사가 참석할 수 있도록 장려한다.

10. 규칙 준수와 행동 관련 이슈들을 다루기 위해 가족상담 회기에 참석한다.(23, 24)

23. 학교에서 해당 학생이 애착장애로 인해 경험하는 도전들에 관해 논의하기 위해 해당 부모와 학생을 월 단위로 만나는

시간을 갖는다.

24. 가정 내 규칙 미준수 행동과 관계 관련 이슈들에 대해 다루기 위해 가족상담을 제공하는 개인 치료사 혹은 사설 기관에 부모를 의뢰한다. 부모에게 이러한 심각한 정서장애를 바로잡기 위해서는 지속적인 치료와 모든 가족구성원의 개인적인 노력이 중요하다는 점을 강조한다.

11. 자신의 생각, 감정 그리고 두려움이나 분노, 불신과 관련된 중요한 사건들을 기록할 수 있도록 매일 개인일지를 쓴다.(25, 26)

25. 학생이 자신의 생각, 감정, 성공 경험들 그리고 애착 관련 이슈들을 가지고 살아가는 것과 관련된 도전들을 기록할 수 있도록 '신뢰에 대해 배우기'라는 제목의 개인일지를 기록하게 한다.

26. 학생이 개인일지에 화나 분노를 유발하는 매일, 매주, 매월의 상황들을 기록하고, 이러한 좌절감에 대처할 수 있는 적절한 대안들(예 : 산책하기, 대안적인 활동을 계획하기, 타임 아웃하기, 책 읽기, 문제해결 기법들을 적용하기)에 대한 아이디어를 기록하게 한다.

12. 자신의 행동이나 말이 다른 사람에게 문제나 고통을 유발하였을 때 가족, 상담자, 교사 혹은 친구들에게 죄책감을 표현한다.(27, 28).

27. 학생과 함께 다른 사람에게 디스트레스를 유발했을 수 있는 부적절한 결정사항들을 검토해보고, 죄책감을 적절하게 표현할 수 있는 방법에 대한 아이디어를 도출해본다. 학생이 자신의 행동이 유발한 문제에 대해 사과하고 적절한 보상을 제공하게 하고, 학생의 개인일지에 결과를 기록하게 한다.

28. 학생이 공감, 죄책감과 관련된 감정을 이해하고 표현하도록 돕기 위해 집단상담 회기 중에 Gardner의 The Talking,

Feeling and Doing Game(한국판 '말하고, 느끼고, 행동하기 게임'. 마인드 프레스-역주)을 실시한다.

13. 발음과 언어패턴을 개선시킨다.(29, 30)

29. 해당 학생의 언어능력 평가를 요청하고, 학생에게 이 영역의 서비스 제공이 필요한지 여부를 결정한다.

30. 부모와 교사에게 눈 맞춤 지속, 듣기 연습 참여, 확고한 지시 활용, 정중하고 차분한 반응을 함으로써 '발화패턴을 통해 존중하는 법'을 가르친다(Thomas의 *When Love Is Not Enough* 참고).

14. 부모의 요청들을 준수하는 빈도가 증가하고, 가정의 책임자로서 부모의 역할에 대해 존경심을 표현한다. (31, 32)

31. 부모, 학생이 규칙을 준수하기 위한 계획을 세우는 것을 돕기 위해 부모, 학생과 함께 가족규칙을 검토한다. 학생이 진전 상황을 차트로 만들게 한다.

32. **공평함 대 동등함**에 대하여 학생과 논의하고, 공평한 것이 동등한 대우를 의미하지 않는다는 것을 설명해준다(예 : 모든 가족구성원들이 같은 사이즈의 옷을 입지 않고, 같은 양의 음식을 먹지 않고, 같은 시간에 잠자리에 들지 않으며, 같은 일을 하지 않는다). 따라서 가족들이 공평하더라도 개개인이 정확히 똑같은 대우를 받지 않는다는 것에 대해 설명해준다.

15. 자신의 행동에 대한 책임, 분노폭발에 대한 긍정적인 대안들을 말로 표현한다.(33, 34)

33. 학생에게 교실 책상이나 개인 수첩에 붙여둘 자기점검 차트를 만들어서, 자신의 정서적 반응과 행동, 사회적 상호작용의 변화 상황을 살펴볼 수 있게 한다(Knapp의 *School Counseling and School Social Work Homework Planner*에 수록된 'Student

Self-Report'참고).

34. 학생이 개인행동에 대해 책임을 지는 것의 중요성을 이해하도록 하기 위해 학생과 함께 *Everything I Do You Blame on Me*(Aborn)를 읽고 함께 논의한다.

16. 교사, 상담자, 부모, 지역사회에 영향을 미치는 기만, 절도 사건의 수가 감소한다.(35, 36, 37)

35. 부모와 교사가 애착장애를 경험하는 아동을 다룰 때에는 적절한 정도의 회의적인 태도가 필수적이며, 만성적인 거짓말도 흔히 나타날 수 있다는 점을 이해하도록 돕는다. 부모와 교사에게 거짓말이 의심될 때 판단을 보류하고, 학생이 정직함을 보여줄 때에는 고마움을 표현하라고 조언한다.

36. 부모와 교사에게 거짓말, 절도 혹은 부정직함이 의심될 때 이를 입증할 책임과 이로 인해 야기된 손해에 대해 배상할 책임을 학생에게 주라고 조언한다(예 : 부가적인 임무나 집안일, 자신의 소유물이나 용돈에서 배상금 상환, 피해자를 돕기 위해 개인적인 시간 할애).

37. 학생과 개인적으로 혹은 집단상담 회기 중에 절도나 거짓말을 유발하는 근본적인 미충족 욕구에 대해 논의해본다(예 : 통제욕구, 사랑받지 못하고 있거나, 소중히 여겨지지 않거나, 부당한 대우를 받는다는 느낌). 학생에게 일지에 이와 관련된 아이디어를 기록해보게 하고 이후 상담회기 중에도 추가적인 아이디어를 계속 적어보게 한다.

17. 건강한 식습관을 기르고, 가정과 학교에서 음식물을 모아두지 않는다.

38. 교사와 부모에게 음식을 먹을 수 있는 지역과 음식을 금지하는 지역을 설정하

(38, 39)

고, 음식은 지정된 장소에서만 적절한 방법으로 먹을 수 있게 하라고 조언한다.

39. 부모에게 규칙적인 가족 식사 시간을 정하고, 식사 중에는 다양한 음식을 제공하고, 식사 예절을 지키며, 즐거운 대화가 오가고, 식사가 끝날 때까지 해당 학생이 자리를 지키고 있게 하라고 요청한다. 식사 중에 부모가 학생에게 차려놓은 모든 음식을 먹으라고 요구하면서 음식과 관련된 이슈에 관한 통제 싸움을 하지 않도록 주의한다.

18. 직업, 가족, 친구, 여가활동, 평생학습, 정신적/인성 발달 영역에서 미래의 긍정적 목표를 세운다.(40)

40. 학생과 자신의 미래 계획 그리고 이러한 목표를 달성하기 위한 방법들에 대해 논의한다. 또는 학생에게 Knapp의 *School Counseling and School Social Work Homework Planner*에 수록된 'My Predictions for the Future'라는 활동을 해보도록 한다.

—. _____
   _____
—. _____
   _____
—. _____
   _____

—. _____
   _____
—. _____
   _____
—. _____
   _____

진단적 제안

ICD-9-CM	ICD-10-CM	DSM-5 장애, 조건 또는 문제
313.89	F94.1	반응성 애착장애
314.9	F90.9	명시되지 않는 주의력결핍 과잉행동장애
296.3x	F33.x	주요 우울장애, 재발성 삽화
300.4	F34.1	지속성 우울장애(기분저하증)

309.4	F43.25	적응장애, 정서 및 품행 장애 함께 동반
309.81	F43.10	외상후 스트레스장애
300.3	F42	강박장애
313.81	F91.3	적대적 반항장애
———	———	————————————————
———	———	————————————————

06 주의력결핍 과잉행동장애 (ADHD)

행동적 정의

1. 주의를 지속적으로 유지하는 데 어려움이 있다.
2. 외부 또는 내부 자극에 의해 주의가 쉽게 산만해진다.
3. 한 가지 행동에서 다른 행동으로 빈번한 이동이 나타난다.
4. 신체적으로 과잉행동을 보이며, 가만히 앉아 있지 못하고 안절부절못하고 들썩인다.
5. 사회적 충동성을 보이며, 사회적으로 적절한 행동을 잘하지 못한다.
6. 규칙을 기억하고 따르는 데 어려움이 있다.
7. 상대방의 말을 잘 경청하지 못하고 정보와 지시를 처리하는 데 어려움이 있다.
8. 주의산만이나 흥미상실로 인해 임무나 활동을 완수하지 못한다.
9. 연령에 적합한 조직기술이 부족하고, 학업습관이 제대로 형성되지 못하고, 독립적으로 기능을 수행하는 데 어려움이 있다.
10. 부적절한 위험을 감수하려고 하며, 사고를 내기 쉽고, 인과관계에 관한 사고를 잘하지 못한다.
11. 목소리 크기를 알아차리지 못하고 지나치게 크게 이야기하고, 장황하고 두서없는 혼잣말이 빈번하게 나타난다.
12. 사회적 상호작용의 어려움, 책임 있는 행동의 부족으로 인해 자존감이 낮다.

—. _____

_____

—. _____

_____

—. _____

_____

장기목표

1. 주어진 임무, 활동, 과제를 완수할 수 있을 정도의 주의집중을 유지한다.
2. 신체적으로 과잉행동을 감소시키고 충동조절능력을 향상시킨다.
3. 적절한 사회성 기술을 습득하고 사용한다.
4. 학업/조직 기술을 발달시킨다.
5. 부모, 교사, 학생이 ADHD 증후군에 대해 이해한다.
6. 교사는 학생의 학업적·사회적 요구들에 대해 도움을 제공한다.

—. _____

_____

—. _____

_____

—. _____

_____

단기목표

1. 주의력결핍과 과잉행동의 원인을 규명하기 위해 생물학적·심리사회적 정보를 제공하는 데 협조한다.(1, 2)

2. 증상을 치료하기 위해 의사의 지시

치료적 개입

1. 학생, 부모, 관련 교사 또는 특수교사 등과의 논의, 학교 기록을 통해 학생의 사회적·의학적 정보와 가족, 학습, 행동적 어려움에 대한 정보를 수집한다.

2. 생화학적 요인들을 배제하고 학생의 학습·정서·행동 장애를 식별하기 위하여, 학교 정책에 따라 학교아동연구팀, 지역사회 서비스 제공자들과 협력하여 학생을 건강검진과 심리-교육적 평가에 배정하고, 윤리기준에 따라 학생, 가족, 동료들에게 평가결과를 제공한다.

3. 학교 간호사, 학생과 약물치료 일정 및

에 따라 처방된 약을 복용한다.(3, 4)

▽ **3.** 부모는 ADHD 증상들에 대해 이해
한 것들과 가능한 관리 전략들을 말
로 표현한다.(5, 6)

▽ **4.** 부모는 ADHD 증상들에 대해 더 잘
이해하고, 활용 가능한 관리 전략들
을 배우기 위해 ADHD 자녀가 있는
가족들을 위한 지지집단에 참석한다.
(7)

학교 내 효과적인 전달 방안에 관해 논
의한다. ▽

4. 긍정적/부정적 행동 변화들을 점검해보
고 학생, 부모, 교사, 의사와 정기적으로
의사소통을 한다(또는 Knapp의 *School
Counseling and School Social Work
Homework Planner*에 수록된 'Medica-
tion Monitoring Form' 참고). ▽

5. 부모, 학생과 상담을 통해, 의사에게
ADHD, 약물치료에 대한 설명을 듣고,
학교에서 ADHD로 인해 발생할 수 있는
영향에 대한 추가정보를 제공받는 것에
대해 의논한다. ▽

6. 부모가 ADHD의 속성과 관련하여 학생
과 추후 논의하는 것에 대비할 수 있도
록, 부모에게 ADHD 관련 문헌들을 읽게
한다(Silverman, Iseman 그리고 Jeweler
의 *School Success for Kids with ADHD,*
Barkley의 *Taking Charge of ADHD,*
Hallowell과 Ratey의 *Delivered from Dis-
traction,* Ingersoll의 *Your Hyperactive
Child* 참고). ▽

7. 부모를 ADHD 부모 지지 집단에 의뢰한
다[예 : Children with Attention Deficit
Disorders(CHADD)], 800-233-4050 또는
www.chadd.org로 연락, The Attention
Deficit Disorder Association(ADDA), 800-
939-1019 또는 www.add.org로 연락,
The Attention Deficit Information Network
(AD-IN), 781-455-9895로 연락, The
Learning Disabilities Association, 412-341-

5. 학생의 가족들이 ADHD 증상 관리에 도움을 주는 가족치료에 참석한다.(8)

▽ 6. ADHD 증상, 관리전략, 사회적/정서적 영향에 대한 지식을 증진시킨다. (9, 10)

▽ 7. ADHD 관리전략에 대해 배우고, 증상으로 인한 사회적/정서적 영향에 대해 다루기 위해 집단상담, 개인상담에 참여한다.(11, 12)

1515 또는 www.ldanatl.org로 연락. ▽

8. ADHD와 관련하여 학생과 가족들이 경험하는 어려움에 대하여 논의하고, 학생과 가족의 적응을 돕는 전략들을 구상하고, 관련 정보들을 가족들에게 제공하기 위해, 학생과 가족을 가족치료에 의뢰한다.

9. ADHD 및 관련 증상에 대한 관리방법과 관련된 지식을 향상시킬 수 있도록, 학생에게 발달에 적합한 자료를 읽게 한다 (예 : Taylor의 *The Survival Guide for Kids with ADD or ADHD*, Quinn Stern의 *Putting On the Brakes*, Shapiro의 *Sometimes I Drive My Mom Crazy, but I Know She's Crazy About Me*, Quinn의 *Adolescents and ADD*). ▽

10. 어린 아동의 경우, ADHD에 대해 설명해주고, 감정을 탐색하며, 관리전략을 알려주는 아동문학작품을 읽게 한다(예 : Kraus의 *Cory Stories: A Kid's Book About Living With ADHD*, Nadeau와 Dixon의 *Learning to Slow Down and Pay Attention*, Quinn과 Stern의 *Putting on the Brakes*). ▽

11. 학생의 감정을 탐색해보고, 질문에 답하고, 약물치료 일정을 관리하기 위한 계획을 세우기 위해 학생과 만난다. ▽

12. 학생을 ADHD의 본질, ADHD로 인해 겪는 어려움, 성공적인 대처 전략에 대해 논의하는 학교 내 ADHD 상담집단에 참여시킨다. ▽

▽ **8.** 교사는 학생의 성공을 지원하기 위한 관리전략과 개입을 실시한다.(13, 14)

9. 침착함과 편안함을 유지하고, 지정된 장소에서 머무르며, 주의집중을 유지하는 능력의 개선상황을 기록하기 위해서 자기감시 도표를 사용한다.(15, 16)

▽ **10.** 학교에서 부과된 과제를 완수하는

13. 학교 동료들과 협력하여 '긍정적인 행동 개입과 지원'을 실시한다 : (1) 근거에 기반한 행동적/학업적 개입 사용 (2) 자료를 통한 의사결정 및 문제해결 (3) 문제 행동을 예방하기 위한 환경 조성 (4) 교사들의 친사회적 기술 (5) 학생의 수행과 진전사항 확인 및 추적관찰(www.pbis.org 참고). ▽

14. 효과적인 교실관리 기법 전략들을 검토하기 위해 교사들과 정기적으로 만난다(예 : Rief의 *How to Reach and Teach Children with ADD/ADHD*, Zeigler-Dendy의 *Teaching Teens with ADD, ADHD, and Executive Function Deficits*, 제2판, Parker의 *The ADD Hyperactivity Handbook for Schools*). ▽

15. 학생과 개별적 또는 집단 내에서 만나서, 특정한 장소(예 : 책상, 집단 활동, 저녁식사 테이블, 카시트 등)에 가만히 있는 능력의 향상 정도를 추적할 수 있는 도표를 만들고, 매주 회기 중에 자기점검 결과에 대해 논의한다.

16. 학생에게 교사의 지도, 혼자 책상에 앉아서 하는 활동, 협력 집단 및 대규모 집단 활동과 같은 학교 활동 중에 자신의 주의집중 시간 범위를 그래프로 그려보게 한다(또는 Knapp의 *School Counseling and School Social Work Homework Planner*에 수록된 'Sustained Attention Span Grape' 참고).

17. 부모와 교사가 학교공부를 규칙적으로

빈도가 증가한다.(17, 18, 19, 20)

하는 순서와 방법, 일정을 계획하고, 매일 학생의 과제 계획표를 점검하고, 필요할 경우에는 격려와 방향을 제시하도록 요청한다. ▽

18. 학생의 성공을 격려하기 위해 필요한 방안들에 대해 교사, 부모와 상의한다 (예 : 한 번에 한 가지 임무 부과하기, 자주 점검하기, 학생을 앞줄에 앉히기, 단호한 태도 취하기, 필요한 경우 과제 변경하기, 학생이 맡겨진 임무에 복귀하도록 하기 위해 사전에 협의된 신호 사용하기, 일정한 휴식시간 제공하기, 필요한 경우 추가시간 허용하기, 자주 피드백 제공하기, 일일 행동기록 카드 활용하기 등). ▽

19. 부모와 교사가 학생의 적절한 행동과 과제완수를 강화하기 위해 교실 행동 개입 (예 : 학교 계약 및 보상 체계)을 활용하도록 장려한다(또는 학생에게 Knapp의 *School Counseling and School Social Work Homework Planner*에 수록된 'My Personal Best' 활동을 하게 한다). ▽

20. 부모와 교사가 학생의 학업과 행동적 · 정서적 · 사회적 진전사항에 대해 정기적으로 의사소통을 하도록 장려한다. ▽

▽ 11. 학업 수행을 향상시키기 위해 효과적인 학업기술을 활용한다.(21, 22)

21. 목표 설정, 진전사항 모니터링, 성공경험 공유, 메모리 기술 개발, 건강한 낙관주의 등에 대해 가르쳐주는 '학생 성공기술 프로그램'과 함께 교실 및 소집단 학업기술 개발 수업을 제공한다(www.studentsuccessskills.com 참고). ▽

22. 학생의 조직기술과 학업기술을 향상시키기 위해 학생에게 Woodcock의 *Study Skills*를 읽게 한다(또는 Jongsma, Peterson 그리고 McInnis의 *Child Psychotherapy Homework Planner*, 제2판에 수록된 'Establish a Homework Routine'을 부과한다). ▽

▽ 12. 부모는 학생이 학교 과제, 잔심부름, 가사책임들을 잘 관리하도록 돕기 위해 조직화된 체계를 개발하고 활용한다.(23)

23. 부모가 학생의 바른 행동 증가, 학교 과제, 잔심부름, 가사 책임 완수를 지원하기 위해 정기적인 업무 일정표와 조직 체계를 개발하는 것을 돕는다(예 : 달력, 계획표, 도표, 공책, 강의계획표 활용). ▽

13. 가정 내에서 부과된 잔심부름을 완수한다.(24)

24. 학생에게 매주 부과된 잔심부름, 임무에 사용한 시간, 부모와 학생이 부과한 점수를 점검하는 도표를 만들고 사용하게 한다(Knapp의 *School Counseling and School Social Work Homework Planner*에 수록된 'Chore Report Card' 참고).

14. 과외활동에 참석하고, 학교, 스포츠 팀, 교회, 지역사회에서 적극적으로 또래와 교우관계를 맺기 위해 노력한다.(25, 26, 27)

25. 학생과 함께 다양한 관심집단을 탐색해 보고(예 : 스포츠, 취미, 교회, 운동 등), 참석할 집단을 선택하고, 적당한 지속시간을 결정하고, 참석현황을 도표로 기록한다.

26. 개별 혹은 집단 회기 중에, 교우관계나 활동집단에 지속적으로 참여하는 것의 긍정적 측면과 어려운 점 등을 학생이 발견하고, ADHD 개인일지에 수기나 그림으로 이와 관련된 아이디어들을 기록하는 것을 돕는다.

27. 개별 혹은 집단 회기 중에 학생과 함께 학교나 지역사회에서 교우관계를 시작

하기 위한 전략들에 대한 아이디어를 도출해보게 한다(예 : 휴식시간에 같은 반 친구와 놀이하기, 게임 공유하기, 방과 후에 친구를 집으로 초대해서 같이 놀기). 학생에게 다음 한 주간 해볼 수 있는 한 가지 전략을 선택하게 한 후, 다음 상담회기에 결과에 대해 함께 이야기한다.

15. 사회적 상호작용에 있어 자신감을 기르기 위해 사회성 기술을 배우고 실행한다.(28, 29, 30)

28. 학생이 보편적이고, 발달에 적합한 사회성 기술, 의사소통 기술을 기르도록 하기 위해 지도, 모델링, 역할극을 활용한다.

29. 모든 학생들에게 효과적인 사회성 기술을 가르치는 교실 기반 개입을 실시한다[www.safe andcaringschools.com 중 *Safe and Caring Schools* curriculum(grades P-8) 참고].

30. 학생에게 자신의 강점이나 관심사를 5~10가지 찾아오는 과제를 부과한다. 다음 회기에 학생이 적어온 목록을 검토하고 교우관계를 구축하는 데 자신의 강점이나 관심사를 활용해보도록 격려한다(또는 Knapp의 *School Counseling and School Social Work Homework Planner*에 수록된 'Building on Strengths Exercise'를 부과한다).

16. 원하는 결과를 달성하는 데 도움이 되는 자기통제 전략을 배운다.(31, 32)

31. 보다 의미 있고 장기적인 목표들을 달성하게 하기 위해, 충동을 억제하기 위한 자기통제 전략들을 학생에게 가르친다(또는 학생에게 Jongsma, Peterson 그리고 McInnis의 *Child Psychotherapy Homework Planner*, 제2판에 수록된 'Stop,

Think, and Act'를 부과한다). ▽

32. 부모가 학생이 장기목표를 달성하기 위해 만족을 지연시키는 것을 배우는 데 도움이 되는 체계를 구축할 수 있도록 돕는다(예 : 친구들과 놀거나 외출하기 전에 과제나 잔심부름을 완수하는 것). ▽

▽ 17. 효과적인 문제해결 전략들을 배우고 활용한다.(33, 34)

33. 모든 학생들에게 효과적인 문제해결 전략들을 가르쳐주는 교실기반 개입을 실시한다[www.researchpress.com/product/item/4628/ 중 *I Can Problem Solve* 커리큘럼(grades P-6) 참고]. ▽

34. 학생에게 효과적인 기본적 문제해결 기술들을 가르친다(예 : 문제 확인, 대안 탐색, 옵션 선택, 행동방침 실행, 결과 평가, 필요한 경우 변화 창출). ▽

18. 자신의 행동에 적용할 수 있는 인과관계를 이해한다는 것을 말로 표현한다.(35, 36)

35. 행동의 원인과 이로 인한 결과를 이해하게 하기 위해 아동문학 작품을 활용한다[예 : Moser와 Pilkey의 *Don't Pop Your Cork on Mondays*, Moser와 Thatch의 *Don't Feed the Monster on Tuesdays!*, Espeland와 Verdick의 *Dude, That's Rude! (Get Some Manners)*].

36. 학생에게 ADHD 일지에 문제가 되었던 경험들을 몇 가지 기록하게 하고, 이것을 A(선행 혹은 이전 상황), B(자신의 행동), C(이로 인한 결과)에 맞추어 분석하게 한다. 집단 혹은 개인상담 회기 중에 개일일지에 적은 항목들에 대해 다룬다.

19. 긍정적인 결과가 발생할 확률을 증가시키는 대체 가능한 긍정적 행동들이 무엇인지 알아보고 활용한다.

37. 개인적 혹은 ADHD 집단회기 중에 학생에게 충동적 선택으로 인해 부정적인 결과가 유발되었던 경험을 되돌아보게 하

(37, 38)

고, 보다 적절한 행동이 무엇이고, 이로 인한 결과는 어떠할지 예측해보게 한다 (Knapp의 *School Counseling and School Social Work Homework Planner*에 수록된 'Rewind Game' 참고).

38. 학생에게 가정, 학교 혹은 친구들과의 관계에서 최근에 문제가 되었던 상황을 생각해보게 하고, 서론(상황), 본론(행동 또는 선택), 결론(결과)이 포함된 스토리텔링 접근을 활용해서 긍정적인 결론을 창출해내게 한다. 또는 ADHD 집단회기 중에 이 활동을 실시하고, 학생들이 번갈아가면서 차례대로 이야기의 서론, 본론, 결론을 말해보게 한다.

20. 신체활동과 충동성을 관리하기 위해서 이완 및 스트레스 감소 기법을 실시한다.(39, 40)

39. 학생에게 근육을 먼저 수축시킨 후에 이완시키고, 과잉행동이 특징적으로 나타나는 영역(예 : 다리, 어깨, 복부 등)에 각별한 주의를 기울임으로써 신체의 각기 다른 영역을 이완시키는 방법을 가르친다.

40. 학생이 매일 심호흡과 근육이완을 연습할 수 있는 계획을 만들고, 실행하고, 강화한다.

21. 에너지와 긴장을 감소시키기 위해 유산소 운동 빈도를 증가시킨다.(41)

41. 학생이 일주일에 3~4번, 30분 동안 유산소 운동을 하도록 권장한다.

—. _____

—. _____

—. _____

—. _____

—. _____

—. _____

진단적 제안

ICD-9-CM	ICD-10-CM	DSM-5 장애, 조건 또는 문제
314.01	F90.1	주의력결핍 과잉행동장애, 과잉행동/충동 우세형
314.01	F90.9	명시되지 않는 주의력결핍 과잉행동장애
314.01	F90.8	달리 명시된 주의력결핍 과잉행동장애
314.00	F90.0	주의력결핍 과잉행동장애, 주의력결핍 우세형
313.81	F91.3	적대적 반항장애
312.9	F91.9	명시되지 않는 파괴적, 충동조절 및 품행장애

07 관심을 끌기 위한 행동

행동적 정의

1. 관심을 끌기 위한 행동(예 : 과시하기, 큰소리 내기, 불필요한 도움을 요청하기, 말이 되지 않거나 관계없는 질문하기)의 빈도가 잦다.

2. 다른 사람들에게 자신을 위해 더 많은 것을 하도록 끊임없이 요구한다.

3. 자신을 알아차리게 하는 초기 시도로 충분히 관심을 끌지 못하게 되면 부정적인 행동이 증가한다.

4. 다른 사람이나 집단의 욕구보다 자기 자신에게 초점을 두게 하는 말을 자주 한다.

5. 가족, 학급, 또래집단에서 다른 사람들보다 특별하게 느끼고자 하는 열망이 크기 때문에 칭찬과 인정을 받으려고 한다.

6. 관심의 중심에 있을 때에만 자신이 가치 있다고 믿는 잘못된 내적 신념을 표현한다.

7. 소속되지 못하거나 적합하지 못할 것에 대해 지속적으로 두려워한다.

8. 자기를 비하하는 말들과 새로운 시도가 거부당한 경험 등으로 인해서 낮은 자기존중감을 보여주며 능력에 대한 확신이 부족하다.

—. _____
  _____

—. _____
  _____

—. _____
  _____

장기목표

1. 사랑받는 존재, 유능한 존재로서의 자신에 대한 믿음을 말로 표현한다.
2. 적절한 인간관계 기술, 자기표현, 자신에 대한 확신, 다른 사람과 집단의 욕구와 감정에 대한 공감을 보여준다.
3. 긍정적이고 적절한 전략을 사용하여 필요한 인정을 얻는다.
4. 외부로부터의 인정을 얻으려는 시도를 없애고 본질적인 만족을 활용하는 것을 배운다.
5. 자신을 가족, 학급 또래집단에서 필요한 존재로 여긴다.
6. 부모와 교사는 학생이 인정을 얻기 위해 부적응적인 행동을 할 때는 소거 작업을 하고, 적절하게 행동했을 때는 긍정적인 관심을 보여준다.

—. _____
   _____
—. _____
   _____
—. _____
   _____

단기목표

1. 사회적 · 정서적 · 행동적 적응을 평가하는 데 협조한다.(1, 2, 3)

치료적 개입

1. 사회적/정서적 관심사의 구체적 영역을 결정하기 위해 학생에게 자기보고식 평가 척도(예 : Coopersmith Self-Esteem Inventory, Reynolds와 Richmond의 Children's Manifest Anxiety Scale, Achenbach의 Youth Self-Report 또는 Piers-Harris Self-Concept Scale)를 실시한다.
2. Dreikurs의 잘못된 행동에 관한 이론에 따라 부적절한 행동을 야기할 수도 있는 학생의 현재 잘못된 인식을 파악하기 위해 'Goals of Misbehavior Inventory(Manly)'나 다른 인덱스를 집행한다(Dreikurs와 Soltz의 *Children: The Challenge* 참고).

2. 자신의 사랑스러운, 호의적인 개인 특성을 인식한다.(4, 5)

3. 낮은 자존감의 원인을 파악한다.(6, 7)

4. 사랑과 돌봄을 나누는 중요한 사람들을 파악한다.(8, 9)

3. 학생과 관련 있는 개인 신상에 관한 정보를 상세히 보여줄 서식을 완성하게 한다. 또는 Knapp의 *School Counseling and School Social Work Homework Planner*의 'Personal Profile'을 사용한다.

4. 학생과 함께 치료 워크시트가 포함되고, 진척상태를 기록할 상담일지를 만든다.

5. 학생에게 자신의 긍정적인 특성 목록을 작성하여, 상담일지에 옮겨 적고, 그 목록을 눈에 띄는 곳에 붙이도록 한다.

6. 좀 더 긍정적 자아를 재구성하고 구축하기 위한 과정을 시작하기 위해 자기 평가 척도와 'Goals of Misbehavior Inventory(Manly)'에서의 질문과 답을 하는 과정을 거친다. 낮은 자기존중감이나 관계의 어려움의 원인을 파악하고 명료화하기 위해 학생에게 그 답변들에 대해 자세히 설명하도록 한다.

7. 학생이나 부모들과 함께 필사적인 방법으로 관심을 끌 필요가 있었던 가족관계나 상황(예 : 자기 자신의 욕구와 자녀들의 특정 욕구들 간의 갈등에 집착한 부모들, 가족 내의 약물남용, 매우 부정적이고 비난적이거나 과잉 보호 양육 방식)에 대해 탐색을 한다.

8. 학생에게 가족, 친구, 교사, 멘토 그리고 역할모델들을 포함하여 그의 인생에 중요한 사람들의 목록을 작성하게 한다. 그리고 그 사람들이 보여준 지지, 친밀감 또는 긍정적인 영향력 정도를 등급을 매기게 한다(또는 Knapp의 *School Coun-*

5. 부모와 교사는 아동들이 좀 더 자신
   감 넘치고 책임감 있는 사람이 될 수
   있도록 지도하는 방법을 알려주는
   연수에 참여하고 관련 책을 읽는다.
   (10, 11)

6. 교사는 학생이 독립적이고 조직적이
   며 자신감을 갖도록 격려하는 학급
   개입을 한다.(12, 13)

*seling and School Social Work Home-work Planner*의 'Important People in My Life' 활동을 완성한다.

9. 학생에게 무조건적인 사랑(예 : 기질, 태도, 행동 또는 성과와 상관없이 주는 완벽하고 일관된 사랑)에 대한 정의를 상담일지에 쓰게 하고, 학생에게 무조건적인 사랑을 보여준 중요한 사람들의 목록을 작성하게 한다.

10. 학부모가 아동의 자신감을 키워주는 방법을 가르쳐주는 프로그램에 참여하도록 한다(예 : Dinkmeyer와 Mckay의 *Systematic Training for Effective Parenting/STEP*과 Cline, Fay, Botkin 그리고 Reynoso-Sydenham의 *Becoming a Love and Logic Parent* 그리고 Moorman과 Knapp의 *The Parent Talk System*).

11. 교사에게 아동의 독립성과 책임감 있는 행동을 촉진하는 방법을 가르쳐주는 연수에 참가하거나 책을 읽도록 한다[예 : Fay Funk의 *Teaching with Love and Logic*, Moorman과 Moorman의 *Teacher Talk*, Knapp의 *Positive Discipline-What Does and Does Not Work*(workshop)].

12. 교사들에게 학생이 앞으로 긍정적인 노력들을 보일 수 있도록 '하지마'라는 문구 대신 '다음에는'이라는 문구로 바꿔 쓰도록 한다(예 : "맨 위에 네 이름을 쓰지 않은 채로 이 보고서를 제출하지 말아라." 대신 "다음번 보고서를 제출할 때는 맨 위에 네 이름을 꼭 쓰렴.", Moorman

과 Moorman의 *Teacher Talk* 참고).

13. 교사에게 학생이 실패의 두려움에도 불구하고 시도하도록 격려하기 위해서 '마치 ~처럼 행동하기' 기법을 사용하도록 한다(예 : 당신이 그 나무를 그리는 방법을 아는 것처럼 행동하라. 당신이 점프할 수 있는 것처럼 행동하라. 전에 해본 적이 있는 것처럼 연주하라. 당신이 그것을 만들어낼 때까지 가장해봐라. Moorman과 Moorman의 *Teacher Talk* 참고).

7. 부정적인 자기암시 언어를 긍정적이고 현실적인 메시지로 재구성할 수 있도록 한다.(14, 15)

14. 학생에게 자신에게 적용할 수 있는 긍정적인 격려의 말에 대해 생각해보도록 한다. 그러한 긍정적인 문구들을 상담일지에 기록하게 한다.

15. 학생이 불안, 열등감 또는 거절감을 느꼈던 상황을 평가함으로써 학생으로 하여금 자신의 부정적 자기암시 언어를 사용하는 경향을 파악하도록 한다. 그리고 학생의 생각을 좀 더 긍정적이고 현실적인 자기진술로 재구성하도록 한다.

8. 다른 사람들의 격려의 말을 알아차리고 인정할 수 있도록 한다.(16)

16. 학생이 다른 사람들로부터 칭찬과 격려를 받았던 상황에 대한 역할극을 하게 한다. 그리고 그런 칭찬을 무시하지 말고 오히려 수용해줄 필요를 강조한다. 칭찬해준 사람에게 감사해 하고, 그런 메시지가 그 학생의 자기개념으로 통합되게 한다. 한 주간 동안 실제로 다른 사람들로부터 받았던 격려의 말을 상담일지에 기록하게 한다.

9. 학급친구들 그리고 친구들과의 사회적 상호작용을 증가시킨다.(17, 18)

17. 학생이 방과 후나 주말에 친구들과의 활동 계획을 세우도록 돕는다. 그리고 학

10. 학교나 지역사회에서 또래들과의 적절한 사회적 상호작용 기술들을 활용한다.(19, 20)

11. 다중지능 영역의 강점들을 파악한다. (21, 22)

생에게 활동한 내용을 상담일지에 사진이나 글 또는 그림으로 기록하게 한다.

18. 학생이 사교모임이나 동호회에 참여하도록 격려한다. 학생이 여러 가지 경우들을 생각해보고 선택할 수 있도록 도와준다.

19. 학생에게 부적절한 행동이 부정적인 대인관계 문제를 만들었던 경험을 떠올리도록 한다. 그다음 좀 더 적절한 행동을 선택하게 하고, 그에 따른 결과를 예측해보도록 한다(또는 Knapp의 *School Counseling and School Social Work Homework Planner* 중 'Rewind Game' 과제를 내준다).

20. 학생에게 최근 문제 상황을 친구들과 논의하고, 시작(상황), 중간(행동 또는 선택) 그리고 결말(결과 또는 결론)을 포함한 스토리텔링 접근법을 활용하여 긍정적인 결말을 만들어내도록 한다. 이 활동은 집단상담 때 활용하고, 학생들이 세 부분을 차례로 돌아가며 라운드 로빈 방식(여러 사람이 돌아가며 이야기를 만들거나 쓰는 방식)으로 이야기할 수 있도록 한다.

21. 다중지능의 각 영역별로 최근에 완수한 기술들, 현재 학습하고 있는 기술들 그리고 장차 필요한 기술들의 목록을 작성하여 학생과 함께 적성검사를 실시한다 (Gardner의 *Intelligence Reframed: Multiple Intelligences for the 21st Century* 참고). 기술 획득은 평생 동안 이루어지는 과정

이며 노력과 끈기가 필요한 과정이라는 것에 대해 나눈다.

22. 학생으로 하여금 본인이 현재 보유한 기술, 배우고 있는 기술 그리고 장차 필요한 기술을 그림으로 그려보도록 한다. 그리고 상담 중에 이러한 기술들의 중요성에 대해 이야기한다(또는 Knapp의 *School Counseling and School Social Work Homework Planner* 중 'Skill Assessment'를 완성한다).

12. 학업적 · 사회적 대인관계 문제가 발생했을 때 지속적이고 체계적인 문제해결 방법을 제시한다.(23, 24)

23. 학생에게 'I-메시지'(Gordon의 *Teacher Effectiveness Training* 참고)와 'Bug-Wish 기법'[예 : "It bugs me when you… I wish you would…(당신이 ~할 때 나는 괴로워요. 나는 당신이 ~해주길 바라요)"]을 가르친다. 타인의 행동으로 인해 받는 스트레스에 반응하고, 개인 감정이나 걱정을 명료화하기 위해 이러한 기법을 사용한 역할극을 실시한다.

24. 학생으로 하여금 스스로 문제를 파악하고 잠재적 해결책을 생각해보고, 각 잠재적 해결책의 장단점을 적어보고, 그 결과를 평가할 수 있도록 문제해결 개요서를 작성하도록 한다. 학생에게 개인적인 문제를 혼자서 해결하거나 누군가의 도움을 받아서 해결할 때 이 방법을 사용하도록 한다(또는 학생에게 *School Counseling and School Social Work Homework Planner* 중 'Personal Problem Solving' 활동을 완수하도록 과제를 내준다).

13. 선을 지킬 수 있는 능력이 발전하고

25. 학생과 함께 학교 책상이나 개인적인 수

있음을 보여줄 수 있는 도표를 활용하여 어른들과 또래집단과 함께 개인행동과 상호작용을 지켜본다.(25, 26)

14. 부모와 교육자 간 긍정적인 상호작용의 횟수를 증가시킨다.(27, 28)

15. 부모와 교사는 학생이 적절한 행동으로 인정을 받을 수 있도록 그의 능력을 향상시키는 전략을 활용한다. (29, 30, 31)

첩 등에 두고 정서적 반응, 행동, 사회적 상호작용을 기록할 수 있는 자기모니터링 표를 만든다(또는 Knapp의 *School Counseling and School Social Work Homework Planner* 중 'Student Self-Report' 활동을 활용하는 과제를 내준다).

26. 매주 이루어지는 상담시간에 학생의 자기모니터링 표를 보면서 발전된 부분은 칭찬하고, 발전이 없거나 적은 부분은 지도한다.

27. 학생에게 관심을 끌기 위한 긍정적 행동과 부정적 행동을 적게 한다. 두 목록의 길이를 비교해보고 어떻게 하면 관심을 끌기 위한 긍정적 행동을 더 자주 취할 수 있을지 이야기해본다(또는 Knapp의 *School Counseling and School Social Work Homework Planner* 중 'Positive vs Negative Attention-Seeking Behavior' 활동을 과제로 내준다).

28. 학생에게 관심을 끌기 위한 긍정적인 행동과 부정적 행동의 효과를 평가해봄으로써 통찰력을 기를 수 있도록 한다 (또는 Knapp의 *School Counseling and School Social Work Homework Planner* 중 'Criticism, Praise, and Encouragement' 활동을 과제로 내준다).

29. 학생이 개인행동에 대해 책임을 지는 것이 얼마나 중요한가를 깨닫게 하기 위해 집단상담 시간에 Aborn의 *Everything I do You Blame on Me*를 읽는다.

30. 학부모와 만나서 학생의 독립심을 기르

고, 집안일과 숙제를 끝내고, 상호협력 행동을 하는 전략들에 대해서 논의한다 (예 : 지시할 때는 눈을 보며 할 것, 질문을 활용할 것, 지시는 간단하게 할 것, 필요한 도움이 어떤 유형인지 말해 달라고 부탁할 것).

31. 학생이 그 문제가 애쓰고 노력해야 하는 것이며, 실수가 있어 그를 통해 배워야 하더라도 도움을 받아 그 문제에 대한 자신만의 해결책을 찾을 수 있도록 부모와 교사를 독려한다.

16. 학교 내에서 적극적으로 협력하려는 노력을 보이고, 그 노력의 결과를 상담자에게 알려주도록 한다.(32, 33)

32. 부모에게 학생이 앞으로 다가올 행사와 개인적 경험들을 잘 준비할 수 있는 능력을 기르는 데 도움이 되도록 'Check Yourself' 기법을 활용하도록 안내한다 (예 : "오늘은 수업에서 공유하는 날이다. 당신이 나눌 차례가 될 때 당신이 필요한 것을 가지고 있다고 확신하는지 스스로 점검한다.")(Moorman의 *Parent Talk: How to Talk to Your Children in Language that Builds Self-Esteem and Encourages Responsibility* 참고).

33. 교사들로 하여금 교실에서 하나의 공동체 의식을 가지고 책임감을 나눌 수 있는 분위기를 조성할 수 있도록 Gibbs의 *Tribes: A New Ways of Learning and Being Together*에 있는 활동들을 사용하도록 권장한다.

17. 상담자, 교사 부모와 함께 학생으로 하여금 교실과 가정에서 리더 역할을 감당하는 계획을 세운다.(34, 35)

34. 학생으로 하여금 집단상담 시간에 협동심과 책임감을 나누는 것이 필요한 활동 (예 : 상호적인 스토리텔링, 퍼즐 맞추기,

팅커토이를 활용하여 구조 만들기, 지역 사회 프로젝트 기획하기 등)에 참여하도 록 한다. 또한 학생의 협력하려는 노력 을 자세히 알아보고, 그에 대해 이야기 를 나눈다.

35. 학생, 부모, 교사들과 만나 학생이 리더 십과 책임감을 기를 수 있는 장소를 생 각해본다(예 : 아기 돌봄, 학급수업에서 가르치기, 학교 동물이나 집의 동물을 돌보기, 일거리 갖기). 또한 학생에게 그 러한 것들 중 하나를 골라 참여하도록 하며, 부모나 교사의 도움을 받을 수 있 도록 한다.

18. 책임감 있는 행동을 발달시키기 위 한 보상과 장애물을 파악한다.(36, 37, 38)

36. 학생에게 매달 새로운 책임감 한 가지씩 부여한다. 학생에게 자신의 변화를 상담 일지에 기록하고, 그것을 개인상담 혹은 집단상담 시간에 나눌 수 있도록 한다.

37. 개인 상담시간 혹은 집단상담 시간에 학 생과 함께 개인적 즐거움이 책임감 있는 행동의 발달을 얼마나 방해하는지 알아 본다(예 : 좀 더 조직적인 일상습관, 가 족, 친구들에 대한 존중, 증가된 개인적 자유 등).

38. 학생에게 자신의 상담일지에 자신이 사 립성과 책임감을 보여준 일에 대해서 글 이나 그림으로 표현하도록 한다.

19. 부모, 교사, 상담자는 학생이 책임을 맡고, 독립을 획득하는 데 있어서 진 보한 것을 인정한다.(39, 40)

39. 학생으로 하여금 가정, 학교, 지역사회 내에서 개인적 책임감과 자신감을 기르 면서 보였던 성과들에 대해서 스스로 인 정할 수 있도록 하고, 자신의 성공경험 을 부모, 교사, 상담자와 함께 나누도록

한다.

40. 교사, 학부모와 함께 학생이 적합한 행동을 하거나 독립적으로 기능을 할 때 개별적이고, 'low-key 방식'으로 자주 인정을 해주는 것이 얼마나 중요한가에 대해 논의한다.

—. _____   —. _____
   _____   _____

—. _____   —. _____
   _____   _____

—. _____   —. _____
   _____   _____

진단적 제안

ICD-9-CM	ICD-10-CM	DSM-5 장애, 조건 또는 문제
300.23	F40.10	사회불안장애(사회공포증)
314.01	F90.2	주의력결핍 과잉행동장애, 복합형
300.02	F41.1	범불안장애
309.21	F93.0	분리불안장애
312.9	F91.9	명시되지 않는 파괴적, 충동조절 및 품행장애
313.81	F91.3	적대적 반항장애

08 혼합가족

행동적 정의

1. 이전 가정의 해체는 슬픔, 애통, 죄책감, 두려움, 혼란, 자기존중감의 손상을 유발한다.
2. 새 가정에서의 빈약한 역할 규정은 혼란, 분노, 불안정감을 불러일으킨다.
3. 새 부모에게 반항하고 불신하며 반대한다.
4. 혼합가족 형태로 같이 살고 있는 이복형제들 간에 갈등이 생기고 부적절한 관계를 맺는다.
5. 부모들 간에 양육권 및 방문권과 관련된 법적 이슈들로 인해 나누어진 충성심에 대한 감정을 불러일으킨다.
6. 가정의 규칙과 문화에 적응하기 어렵고, 이전 가족의 의식으로 되돌아가려고 한다.
7. 이상화시킨 이전 가족과 혼합가족을 비교한다.
8. 계부모와 계자녀들은 상대방을 배우자 또는 친부모와의 친밀한 관계를 맺는 데 방해꾼이나 경쟁자로 여긴다.

—. _____
_____

—. _____
_____

—. _____
_____

장기목표

1. 최초 가족의 상실을 애도할 필요성을 수용한다.
2. 부모와 계부모와의 긍정적인 작업 관계를 발전시킨다.
3. 이복 형제자매들과 적절한 형제관계를 형성한다.
4. 가족구성원들의 새로운 역할들을 수용한다.
5. 가족구성원들은 불가피하게 일어나는 가족 간의 갈등을 해소한다는 것에 동의한다. 그리고 필요시 전문가의 도움을 받는 것에 동의한다.
6. 부모와 계부모들은 자녀들이 적응할 수 있도록 공동의 노력을 한다.

—. _____
_____
—. _____
_____
—. _____
_____

단기목표

1. 이전 가족과 관련된 슬픔의 감정을 말로 표현한다.(1, 2, 3)

치료적 개입

1. 학생에게 부모의 죽음 혹은 부모의 이혼 전과 후의 삶에 대해서 그리고 현재 혼합가족과의 삶에 대해서 이야기하게 한다.
2. "나는 _____ 때문에 _____을/를 느낀다." 라는 형식을 활용하여 학생에게 원가족을 상실한 것과 관련된 모든 두려움과 감정들(예 : 슬픔, 죄책감, 분노, 혼란 등)에 대해 이야기하도록 한다.
3. Sobieski 각본의 'Sarah, Plain and Tall Trilogy' DVD를 시청하고, Sarah가 어머니의 사망 이후에 현 가족과 살러 왔을 때 느꼈던 아이들과 성인들에 대한 감정 그리고 서로에게 적응하기까지 걸린 시간에 대해서 이야기를 나누어본다.

2. 부모의 사망이나 이혼 후에 새로운 가족에게 적응하는 데 시간이 걸린다는 사실을 이해하고 수용하고 있다는 것을 말로 표현한다.(4, 5)

3. 원가족 및 혼합가족에게 긍정적인 감정을 형성한다.(6, 7)

4. 부모(들)와 불안정감, 두려움 또는 상실감을 공유한다. 그리고 부모와 자녀 사이의 견고한 관계를 지속시킬 수 있다는 것을 확신할 수 있도록 한다.(8, 9)

4. 학생에게 시간이 걸리는 걸 견디는 것이 그만큼 가치 있는 것들을 열거해보게 한다(예 : 나무의 성장, 읽기를 배우는 것, 자전거 타기, 성장하는 것). 그런 다음, 새 가족을 수용하고 종국에는 돌보기까지 얼마나 걸릴지 예상해볼 수 있도록 한다.

5. 학생에게 혼합가족으로 살고 있는 또래들과 이야기를 나누고, 그것을 통해서 계부모와 긍정적인 관계를 형성하는 데 얼만큼의 시간이 걸리는지 알아보게 한다. 또한 그 결과를 상담시간에 상담자와 이야기 나누도록 한다.

6. 학생에게 원가족과의 소중한 순간들을 찍은 사진과 추억으로 콜라주를 만들도록 한다.

7. 학생에게 하트를 그리고 그 안에 원가족 구성원들의 이름을 적도록 한다. 그 후 새로운 가족들의 이름을 추가해서 적어봄으로써 사랑할 수 있는 마음의 크기가 매우 크다는 것을 보여준다(또는 Knapp의 *School Counseling and School Social Work Homework Planner*에 있는 'Many Rooms in My Heart' 활동을 하는 과제를 준다).

8. 부모로부터 얻고자 하는 안정성과 마찬가지로 부모를 공유함으로써 생기는 두려움이나 감정들을 열거하게 한다.

9. 학생이 부모에게 새 가정 상황에 대한 감정을 나눌 수 있는 시간을 가졌으면 좋겠다는 메모를 작성하게 한다.

5. 부모와 계부모는 학생에게 가족 합의에 대하여 솔직해질 것과 학생의 감정이 무엇인지 들어볼 것에 합의한다.(10, 11, 12)

6. 계부모에 대해 긍정적인 감정이 점차 증가하고 있음을 말로 표현한다. (13, 14)

7. 가족에서의 자기 자신의 역할이 원가족으로부터 혼합가족에 이르기까지 어떻게 변경되어 왔는지 정리해본다.(15, 16)

8. 부모와 계부모는 혼합가족 형성과

10. 양부모를 함께 또는 (필요하다면) 개별적으로 만나서 현재 가족 상황과 학생이 혼합가족에서 어떻게 적응하고 있는지를 나눈다.

11. 부모들에게 학생과 직결된 계획(예 : 양육권, 방문, 이동 가능성 등)을 상세하게 세울 것을 요청한다.

12. 부모에게 부모가 학생의 신변안전에 대해 학생을 안심시켜주고, 학생의 두려움과 감정들을 알아차리고 있고, 공감하고 있음을 표현하도록 격려한다.

13. 학생에게 활동, 글, 그림으로 혼합가족에 적응하는 과정을 표현할 때 떠오르는 개인의 생각, 감정, 두려움을 개인일지에 표현하도록 지원한다.

14. 학생과 함께 계부모를 부를 호칭(예 : 아빠, 엄마, 새엄마, 새아빠 등)에 대해 브레인스토밍을 하고, 친부모와 계부모와의 대화를 통해 호칭에 대해 상호 합의한다.

15. 학생이 새로운 혼합가족에서 요구되는 역할을 정할 수 있도록 지원한다. 그리고 혼합부모들과 이러한 견해들을 논의하거나 가족모임에서 논의하도록 준비시킨다.

16. 학생에게 원가족과 새롭게 구성된 가족 내에서 자신의 역할이 어떻게 유사하고, 또 어떻게 다른지 목록을 작성해보도록 한다. 또한 그것을 상담일지에 기록할 수 있도록 한다.

17. 혼합가정의 부모를 만나, 학생이 보는

가족들과의 관계에 대한 자녀들의 정서적 반응들을 공감하고 말로 표현한다.(17, 18)

9. 부모와 계부모는 양육권, 방문권, 가족에게 영향을 주는 다른 법적 이슈를 해결하기 위해 함께한다.(19)
10. 부모와 계부모는 어른의 갈등에 아이를 끼지 않게 하는 것과 삼각관계에 연루되지 않도록 할 것에 합의한다.(20, 21, 22)

앞에서 로맨틱하고 성적인 표현을 하는 것이 부정적인 영향(예 : 질투, 자신의 성적 발달에 대해 궁금해하기, 미래의 성적 관계)을 줄 수 있음을 이야기한다. 그리고 이러한 행동에 대한 학생과 이복형제들의 감수성을 존중해줄 것에 합의한다.

18. 친부모와 계부모에게 *Living in Step* (Roosevelt와 Lofas)을 읽고 다양한 가족 구성원들이 혼합가족의 형성에 어떻게 반응하는지 이해할 수 있도록 하며, 그 내용을 상담자와 이야기하게 한다.
19. 친부모와 계부모는 양육권과 방문권의 경우 어른들보다 자녀의 욕구를 고려하여 정하는 것에 합의한다.
20. 모든 가족구성원들에게 친부모와 계부모, 아이들, 다른 가족구성원들에게 무시의 말이나 무례한 말을 쓰지 않을 것 그리고 감정이 상했을 때에는 그것에 대해 1 : 1 또는 가족회의에서 공개적으로 이야기할 것에 대해 합의를 끌어낸다.
21. 혼합가족의 구성원들과 친부모가 학생의 인생에서 얼마나 절대적인 역할을 하는가에 대해 이야기를 나누고, 이러한 관계는 도전받거나 대체될 수 없음을 인식하게 한다.
22. 친부모에게 학생의 계부모와의 긍정적 관계 형성에 대한 바람을 수용할 뿐만 아니라 오히려 더 권장하고 있음을 (언어적으로나 비언어적으로) 학생에게 표현하도록 권한다.

11. 부모들은 자녀 관리 문제에 대해서는 서로 지지해줄 것과 자녀와 전 배우자(들)의 저항, 조종, 경쟁에 대해서 함께 대응할 것을 합의한다.(23, 24)

12. 부모는 조부모에게 계손자들과 긍정적인 관계를 형성하고 유지하도록 권유할 것에 합의한다.(25)

13. 친부모와 계부모는 학생에게 전문가의 도움이 필요할 수 있는 신호를 보여주는 행동적·정서적 신호를 열거한다.(26, 27)

14. 혼합가족 자녀를 위한 지지집단에 참여한다.(28)

15. 혼합가족 구성원들에게 존재하는 수많은 독특한 강점들의 목록을 작성한다.(29)

16. 적응과정에서 극히 정상적으로 나타나는 혼합가족 구성원들에 대한 양가적이고 부정적인 감정을 말로 표

23. 부모에게 모든 자녀들이 하는 긍정적인 행동은 강화시켜야 하고, 모든 자녀들을 공정하고 논리적인 방식으로 훈육해야 함을 가르친다.

24. 양육권을 가진 부모나 양육권을 갖지 못한 부모나 자녀가 거주하고 있는 집의 행동규칙을 존중해주도록 한다.

25. 학생의 새로운 조부모와의 관계를 탐색하고, 학생에게 그 관계를 사진 또는 개인일지를 통해 표현해보도록 한다.

26. 학생과 부모를 만나 문제행동을 논의하고, 부정적이고 자기패배적인 행동이 불안감, 비틀어진 충성심, 전치, 잘못된 대상을 향한 분노 등의 증상으로 나타날 수 있음을 알려준다.

27. 학생이 심각한 적응의 어려움(예 : 우울, 철회, 과다행동 분출, 후회감)을 겪고 있다는 것을 보여줄 수 있는 증상과 행동을 파악할 수 있도록 부모들을 상담한다. 그리고 필요하다면 사설 가족치료자에게 의뢰한다.

28. 학생을 혼합가정에 살고 있는 아동의 지지집단에 의뢰하고, 상담시간에 정보와 반응을 다룬다.

29. 학생에게 혼합가족의 각 구성원의 이름을 큰 종이에 쓰거나 그림을 그리게 하고, 구성원들 각각의 강점이나 긍정적인 특징들을 작성하고, 상담시간에 나눈다.

30. 학생에게 *School Counseling and School Social Work Homework Planner*(Knapp)에 나와 있는 'I Statements' 활동이나 'I

현한다.(30, 31)

17. 가족구성원들은 가족회의에서 가사 분담을 협상하고 갈등 문제를 해결 한다.(32)

18. 친부모와 계부모는 사랑과 균형을 이루고, 건강한 자아존중감과 책임 감 있는 행동을 촉진하도록 설계된 긍정적 훈육 중 사전대응체계를 수 립한다.(33)

19. 모든 새로운 혼합가족 구성원들과의 연합을 공고히 해준 경험들의 목록 을 작성한다.(34, 35)

Statements'를 활용하는 역할극 그리고 모든 가정에서 일어날 수 있는 거절, 소 외감, 질투, 분노 혹은 좌절감과 같은 일반적인 감정을 나눌 때에 적극적으로 경청하게 한다(참고 : Gordon의 *Parent Effectiveness*).

31. 부모에게 자녀들과의 긍정적인 의사소 통 기술을 발전시킬 수 있도록 *How to Talk So Kids Will Listen and Listen So Kids Will Talk*(Faber와 Mazlish)를 읽게 한다.

32. 가족구성원들은 가사업무 분장, 가족문 제 논의 및 해결, 용돈 결정, 할당된 일 들에 대해 가족들이 인정할 때까지 매주 가족회의를 개최할 것에 합의한다.

33. 부모에게 아동 관리 부모역할 수업에 의 뢰하거나, *Parenting with Love and Logic* (Cline과 Fay), *Parent Talk System*(Moorman 과 Knapp), *Parent Talk*(Moorman), *The Kazdin Method for Parenting the Defiant Child*(Kazdin), 또는 *Parenting Stong Will Child*(Forehand와 Long)를 읽게 한다.

34. 학생에게 상담일지에 모든 가족구성원 들과 친밀한 관계를 갖는 것이 주는 이 점에 대해 목록을 작성하게 하고, 가족 구성원들과의 관계를 발전시킬 수 있는 방법을 파악하도록 한다(예 : 도움, 지지, 스트레스 감소, 가족의 하모니).

35. 학생에게 Knapp의 *School Counseling and Social Work Homework Planner*에 있는 'New People in My Family' 활동을

완수하도록 하거나, 학생의 삶에 새롭게 함께 하게 된 새로운 혼합가족 구성원들이나 친지들의 목록을 작성하게 한다.

20. 사랑하고, 조화를 이루는 가족의 분위기를 조성하기 위해 혼합가족 구성원들이 애쓴 노력을 확인한다.(36)

36. 긍정적인 관계를 구축하려는 시도로 부모와 다른 혼합가족 구성원들이 행한 지지적이고 돌보는 제스처들을 파악하도록 학생에게 요청한다.

21. 혼합가족에 적응하는 과정에서 생긴 부정적인 감정에 대처하는 방식들의 목록을 작성한다.(37)

37. 학생에게 혼합가족에 적응하는 과정에 생긴 감정 다섯 가지를 파악하도록 한다. 그리고 나서 그 감정들을 각각 표현할 수 있는 적절한 방법 다섯 가지에 대해 브레인스토밍을 한다(예 : **화**—돌봐주는 어른과 대화하기, **질투**—한 부모를 게임에 초대하기, **슬픔**—개인의 감정을 표현하는 그림을 그리기).

22. 친부모와 계부모는 혼합가족 구성원들 사이에 사생활을 보호하고 성적인 금기를 명시하기 위해 명확한 경계를 만들고, 이를 공고히 한다.(38, 39)

38. 부모는 모든 형제가 사생활을 보호받고 개인물건들을 둘 장소를 확보할 수 있게 하기 위해 잠잘 곳과 활동할 곳을 정하기로 합의한다.

39. 부모에게 형제간에 성적으로나 사적으로 접촉하는 행동에 경계를 정하게 한다. 그리고 사생활 욕구를 충족시키기 위해 모든 가족구성원들이 참여하는 가족회의를 제안한다.

23. 부모의 재혼 결정을 수용한 것과 이 결정은 자녀가 아니라 어른들이 내려야 할 결정임을 인정한 것을 말로 표현한다.(40)

40. 부모가 재혼을 결정한 이유들에 대해 브레인스토밍을 한다. 그리고 재혼은 어른들이 결정할 일임을 강조한다.

—. _____

_____

—. _____

—. _____

_____

—. _____

—. _____   —. _____
_____   _____
_____   _____

진단적 제안

ICD-9-CM	ICD-10-CM	DSM-5 장애, 조건 또는 문제
309.0	F43.21	적응장애, 우울 기분 동반
309.3	F43.24	적응장애, 품행장애 동반
309.24	F43.22	적응장애, 불안 동반
309.81	F43.10	외상후 스트레스장애
300.4	F34.1	지속성 우울장애(기분저하증)

09 괴롭힘 가해자[*]

행동적 정의

1. 욕하기, 나쁜 소문 퍼뜨리기, 모욕하기 등의 공격적인 말을 반복한다.
2. 자기보다 더 약한 사람, 어린 사람, 작은 사람, 사회적으로 고립된 사람을 위협한다.
3. 타깃이 된 학생을 고의로 따돌린다.
4. 동일한 학생에게 반복해서 밀치기, 움켜잡기, 발로 차기 등과 같은 공격적인 행동을 한다.
5. 타인의 고통에서 만족을 느끼는 것으로 보인다.
6. 부모가 자녀의 공격적 행동을 통제할 수 없다.
7. 인터넷을 통해 '적으로 간주된 학생'에 관한 잘못된 정보를 퍼뜨리거나 위협한다.

—. _____

—. _____

—. _____

* 이 장의 일부 내용(일부 수정을 포함하여)은 A. E. Jongsma, Jr., L. M. Peterson, W. P. McInnis, & T. J. Bruce, _The Child Psychotherapy Treatment Planner_, 4th ed.(Hoboken, NJ: John Wiley & Sons, 2006)에서 발췌함. Copyright ⓒ 2006 by A. E. Jongsma, Jr., L. M. Peterson, W. P. McInnis, and T. J. Bruce. 허락하에 재인쇄.

장기목표

1. 위협하는 행동과 공격적인 행동을 끝낸다.
2. 타인을 존중하고 친절하게 대한다.
3. 타인에 대한 공감과 동정심을 발달시킨다.
4. 부모 또는 보호자가 긍정적인 양육방법을 사용한다.

—. _____

_____

—. _____

_____

—. _____

_____

단기목표

1. 괴롭힘 행동의 원인을 밝힐 수 있는 생물학적·심리사회적 정보를 제공한다.(1, 2, 3)

2. 괴롭히는 행동을 중단하는 것과 관련된 구체적인 행동목표를 결정하

치료적 개입

1. 학생의 사회적·의학적 정보와 가족, 학습에 대한 정보를 수집한다. 그리고 학생 당사자와 의뢰한 교사 또는 특수교사와 토의를 통해 학생의 행동적 특성에 관한 정보를 수집한다.

2. 학교정책에 따라서 학교의 아동 연구팀과 지역사회 서비스 제공자들과 협력하여 학생이 가진 문제 중 생화학적 요인을 배제하기 위하여 의료적 검사를 실시한다. 또한 정서행동적 장애가 있는지를 확인하기 위하여 심리-교육적 검사들을 받도록 한다. 검사결과는 윤리적 지침에 따라 학생, 가족, 동료에게 제공한다.

3. 학생에게 발생할 수 있는 방임이나 학대에 관한 것은 보호서비스기관에 알린다.

4. 학생, 부모, 교사와 협력하여 학생의 괴롭히는 행동에 대한 기능분석을 한다.

고, 목표달성을 위한 대안적인 전략들을 마련하기 위하여 기능분석을 한다.(4)

⩣ 3. 교사는 학생의 성공을 돕기 위한 관리전략과 개입을 실시한다.(5, 6)

⩣ 4. 괴롭히는 행동을 제거하고, 긍정적인 사회적 상호작용을 증진시키기 위해 개발된 학교 전체 프로그램에 참여시킨다.(7)

이것은 학생의 행동을 분석하여 친구들과 긍정적인 사회적 상호작용을 할 수 있도록 돕거나 또는 괴롭히는 행동을 중단시키기 위한 구체적인 개입전략을 세우기 위한 것이다(또는 Knapp의 *School Counseling and School Social Work Homework Planner*에 있는 'The Record of Behavioral Progress'를 작성하게 한다).

5. '긍정적 행동 개입과 지원' 프로그램을 실시한다. 여기엔 다음과 같은 것이 포함되어 있다 : (1) 증거에 기반을 둔 행동개입과 학습개입 (2) 문제를 해결하기 위해 자료 (3) 문제행동을 예방하기 위한 환경 개선 (4) 친사회적 행동 교수 (5) 학생의 실천과 진척 모니터링[참고 : www.pbis.org 그리고 Crone과 Horner가 쓴 *Building Positive Behavior Support Systems in Schools*]. ⩣

6. 교사가 목표행동에 대해 지속적으로 긍정적인 강화를 해주도록 하고, 긍정적 행동 결과를 모니터링 하는 'Check-In/Check-Out' 기법을 사용하도록 코치한다(참고 : Hawken, Pettersson, Mootz 그리고 Anderson의 저술 *The Behavior Education Program: A Check-In, Check-Out Intervention for Students at Risk*). ⩣

7. 학교 동료들과의 협력하에 괴롭히는 행동을 제거하고, 긍정적인 사회적 상호작용을 증진시키기 위해 개발된 학교 전체 프로그램을 제시한다. 여기에는 적극적 경청, 협력, 공감적 반응 등이 포함된다

▽ **5.** 교사는 교실에서 학생의 괴롭힘 행동을 관리하는 기술을 익힌다.(8)

▽ **6.** 괴롭히는 행동을 제거하고, 긍정적인 사회적 상호작용을 증진시키기 위해 개발된 교실차원의 개입에 참여시킨다.(9, 10, 11)

[참고 : www.olweus.org *Olweus Bullying Prevention Program*(grades K-8) 또는 www.PeaceBuilders.com *Peace Builders* (grades K-6)를 활용하기]. ▽

8. 교사에게 교실에서의 괴롭힘 예방과 개입에 관한 자료를 제공한다[참고 : Horne, Bartolomucci 그리고 Newman-Carlson의 *Bully Busters: A Teacher's Manual for Helping Bullies, Victims, and Bystanders* (grades K-5), researchpress.com에 있는 item 6517 또는 Beane의 *The Bully-Free Classroom* (grades K-8), researchpress. com에 있는 item 8029]. ▽

9. 학교 동료들과의 협력하에 괴롭히는 행동을 제거하고, 긍정적인 사회적 상호작용을 증진시키기 위해 개발된 교실 수업 중에 개입하는 프로그램을 제시한다[참고 : www.cfchildren.org/programs/ssp/ overview/에 있는 *Second Step Violence Prevention Program*(grades PreK-8) 또는 www.cfchildren.org/programs/str/overview/ 에 있는 *Steps to Respect Bullying Pre-vention Program* 또는 www.ncrel.org 에 있는 *Resolving Conflicts Creatively Program*]. ▽

10. 학생들에게 타인과의 갈등 해결 방법, 적절하게 반응하기, 긍정적으로 상호작용하기 등을 가르쳐주는 'Too Good for Violence' 프로그램을 가지고 교실 또는 소그룹으로 사회적 기술과 공감 발달 수업을 제공한다(참고 : www.mendezfound

ation.org/too_good.php) 또는 http://store. peaceeducation.org/의 *Peace Education Foundation*에 있는 *Peacemaking, Peace Schloars, Fighting Fair, and Win/Win* 자료를 가지고 갈등해결과 평화 만들기 기술에 관한 수업을 제공한다. ▽

11. 선별, 교육과정, 가족 중심 개입 등을 사용하는 *First Step to Success* 프로그램에 학생을 참여시킨다(참고 : http://ies.ed. gov/ncee/wwc/publicaions/practiceguides 또는 https://firststepto success.sri.com에 있는 "Reducing Behavior Problems in the Elementary Classroom"). ▽

▽ **7.** 부모가 학생의 문제행동을 인식하고 관리하는 기술을 배우고 활용한다. (12, 13)

12. 학생과 그의 부모를 부모 관리·훈련 전문가에게 의뢰한다. 또는 부모에게 부모와 자녀의 상호작용이 어떻게 자녀의 긍정적인 행동을 북돋우고 부정적인 행동을 줄이도록 하는지, 이 상호작용에서 변화를 위한 중요 요소(예 : 긍정적 행동을 유도하고 강화하기)가 어떻게 긍정적 변화를 가져오는지를 가르쳐준다(참고 : Forehand와 Long의 *Parenting the Strong-Willed Child*, Patterson의 *Living with Children*, Jongsma의 *Adult Psychotherapy Homework Planner*, 제2판에 있는 'Using Reinforcement Principles in Pareniting'). ▽

13. 부모에게 문제행동을 확인하고 정의하는 법, 행동에 대한 부모 자신들의 반응 확인하기, 행동을 북돋우는 반응을 할지 아니면 행동을 더 악화시키는 반응을 할

8. 부모가 학생의 문제행동을 효과적으로 관리하고 학생의 긍정적인 행동을 지지해주는 기술을 배우고 활용한다.(14, 15)

9. 괴롭힘 행동을 인정한다.(16)

10. 괴롭힘의 타깃이 되는 친구에게 공감적으로 감정을 표현한다.(17, 18, 19, 20)

지 결정하기, 문제행동에 대한 대안들을 만들어내기 등을 가르친다. ▽

14. 부모에게 효과적인 양육기술을 얻을 수 있는 책을 읽도록 권유한다(예 : Gordon의 *Parent Effectiveness Training: The Proven Program for Raising Responsible Children* 또는 Cline과 Fay의 *Parenting with Love and Logic*).

15. 부모에게 가정에서의 긍정적인 훈육전략 활용에 관한 문헌을 제공해준다(예 : Phelan의 *1-2-3 Magic* 또는 Nelson의 *Positive Discipline*).

16. 필요하다면 교사, 부모, 동료들이 증언해준 정보를 사용함으로써 학생이 자신의 괴롭히기 행동을 인정하도록 돕는다 (과제 : Jongsma, Peterson 그리고 McInnis의 *Child Psychotherapy Homework Planner*, 제2판에 있는 'Bullying Incident Report' 완성).

17. 학생의 공감능력을 향상시키기 위해 역할연기를 사용한다. 역할연기에는 문제가 있는 상호작용에 대해 상대방이 가질 생각과 감정을 예상해보기, 그 생각과 감정을 나누기, 이 과정을 통해 공격적인 반응을 줄일 수 있는지를 표현하기 등이 포함된다(과제 : Jongsma, Peterson 그리고 McInnis의 *Child Psychotherapy Homework Planner*, 제2판에 있는 'Apology Letter for Bullying' 완성).

18. 학생이 자기와 타인에 대한 자각을 증진시키도록 Gardner의 *The Talking, Feeling,*

and Doing Game을 사용한다.

19. 개인 또는 집단 회기에서 공감을 정의한다(예 : 타인의 감정과 지각을 이해하기 대 자기 생각과 감정에만 집중하기). 학생들과 함께 감정의 효과적이고 생산적인 표현에 공감하는 것의 역할에 대해 토론한다.

20. 내담자의 공감 능력을 평가한다. 동물을 잔인하게 다루거나 또는 품행장애와 같은 다른 장애가 있는지 평가한다(29장 참고).

11. 괴롭힘이나 위협하는 행동의 목표를 확인하고, 목표달성을 위한 좀 더 성공적인 방법을 확인한다.(21, 22, 23, 24)

21. 내담자가 다른 사람을 괴롭히려는 생각이 들 때 자신의 행동목표를 상기하도록 돕는다(예 : 인정을 얻기 위해 동료를 감동시키기, 다른 사람을 조절하는 방법 찾기, 공격적인 갈등을 해결하기, 취약한 감정 줄이기).

22. 내담자가 괴롭히는 사람 역할을 맡아 연습을 한다 : 내담자의 목표를 말함으로써 행동 멈추기, 그 행동이 목표를 달성할 수 있는지 질문하기, 목표달성을 위한 대안적인 방법 찾아내기.

23. 학생이 다른 사람에게 반사회적 행동을 하는 것을 감소시키는 행동기술을 익히도록 Berg의 'The Social Conflict Game'을 한다.

24. 괴롭힘이 일어나는 곳에서 내담자와 함께 책을 읽거나 비디오를 본다. 그에게 위협의 목적과 희생자의 감정을 물어본다.

▽ **12.** 공격적인 사고와 신념을 대체할 수

25. 공격적인 감정과 행동에 영향을 미치는

있는 긍정적 자기언어를 개발한다.
(25)

▽ **13.** 사회적 기술, 타인과 협력하기, 감정을 확인하고 말하기 등을 위한 집단에 참여시킨다.(26, 27)

▽ **14.** 좌절, 화, 불일치의 감정을 적절하게 조절된 대안적인 방법으로 표현한다.(28)

▽ **15.** 적극적으로 대인관계 문제를 관리하는 문제해결 또는 갈등해결 기술을 배우고 사용한다.(29)

▽ **16.** 상담회기 동안 침착하기, 의사소통, 갈등해결, 사고기술 등의 사용을 연습한다.(30, 31, 32)

학생의 신념을 탐색한다. 그리고 인지적 편견을 변화시키고, 좌절이나 화에 대해 보다 더 유연하고 자기조절된 반응을 할 수 있는 긍정적인 자기언어를 만들도록 돕는다. ▽

26. 문제해결, 타인에게 존경과 동정을 표현하기, 갈등해결, 사회적 기술 배우기, 감정을 확인하고 표현하기, 긍정적인 사고와 건강한 자기존중감 등에 초점을 둔 집단에 학생을 참여시킨다. ▽

27. 대인관계 기술, 적절한 대안, 갈등해결 능력을 개발할 갈등관리 훈련 프로그램에 학생을 참여시킨다(11장 참고). ▽

28. 적절한 대안적인 의사소통을 학생에게 가르치기 위해 지도, 모델링, 역할 연습을 사용한다. 필요하다면 학생을 대안 훈련 프로그램에 참여시킨다. ▽

29. 화 또는 공격성을 사회적으로 받아들여질 만한 방법으로 다루기 위해 학생과 브레인스토밍을 한다(예 : I-메시지 사용, 장소 벗어나기, 유머 사용하기, 타임아웃 사용 등). 문제해결 기술을 사용할 수 있도록 현재 가지고 있는 대인관계 갈등을 가지고 모델링과 역할연습을 한다(과제 : Jongsma의 *Adult Psychotherapy Homework Planner*, 제2판에 있는 'Problem-Sloving: An Alternative to Impulsive Action' 완성). ▽

30. 학생이 그가 필요로 할 때 신체적 · 인지적, 의사소통, 문제해결, 갈등관리 기술이 결합된 감정을 관리하기 위하여 개인

에게 적합한 전략을 만들어내도록 돕는 다(참고 : Meichenbaum의 *Treatment of Individuals with Anger Control Problems and Aggressive Behaviors*). ▽

31. 학생이 새로운 친사회적 기술, 행동관리 기술의 사용을 공고히 하도록 돕기 위하여 이완, 심상, 행동연습, 모델링, 역할연습, 비디오 녹화에 의한 피드백을 사용한다. ▽

32. 학생이 새롭게 배운 스트레스 감소, 자기주장, 갈등해결, 인지 재구성 기술 등을 집에서 연습하도록 과제를 부여한다. 결과에 따라 긍정적이거나 교정적인 피드백을 준다. ▽

17. 친사회적 상호작용을 사용하는 능력에서의 진보를 기록할 수 있는 차트를 사용하는 동료와 상호작용을 한다.(33)

33. 감정반응, 행동, 사회적 상호작용을 기록할 교실 게시판 또는 개인 플래너에 자기모니터링 차트를 만들도록 한다. 차트를 보고 긍정적이거나 교정적인 피드백을 준다. 또는 Knapp의 *School Counseling and School Social Work Homework Planner*에 있는 'Student Self-Report'를 작성하게 한다.

18. 괴롭힘의 원인과 영향에 대한 자각을 높이기 위해 책을 읽거나 치료적 게임을 한다.(34)

34. 괴롭힘의 원인과 영향을 가르치기 위해 내담자와 책을 읽고 게임을 한다(예 : Shapiro의 *Sometimes I Like to Fight, but I Don't Do It Much Anymore*, Shapiro의 *The Very Angry Day that Amy Didn't Have*, Searle와 Streng의 *No more Bullies Game, The Anti-Bullying Game*). 내담자의 일상생활에 책이나 게임으로부터 배운 원칙을 적용하도록 한다.

19. 괴롭힘이나 위협하는 행동에 기여하는 가족문제를 확인한다.(35)

35. 내담자의 괴롭힘과 위협하는 행동에 영향을 미치는 것으로 여겨지는 역동을 탐색하기 위하여 학생의 가족을 가족치료에 의뢰한다(예 : 부모의 공격적 행동 모델링, 가족의 성적 · 언어적 · 신체적 학대, 집에서의 약물남용, 방치).

20. 학생의 괴롭힘 행동에 기여하는 과거경험과 연합되어 있는 감정을 확인하고 표현한다.(36)

36. 학생이 학대, 방치, 분리, 유기와 연합되어 있는 감정을 표현하도록 지도한다(5, 20장 참고).

—. _____
_____

—. _____
_____

—. _____
_____

—. _____
_____

—. _____
_____

—. _____
_____

진단적 제안

ICD-9-CM	ICD-10-CM	DSM-5 장애, 조건 또는 문제
313.81	F91.3	적대적 반항장애
312.81	F91.1	품행장애, 아동기 발병형
312.82	F91.2	품행장애, 정소년기 빌병형
312.9	F91.9	명시되지 않는 파괴적, 충동조절 및 품행장애
314.01	F90.2	주의력결핍 과잉행동장애, 복합형
314.01	F90.9	명시되지 않는 주의력결핍 과잉행동장애
V71.02	Z72.810	아동 또는 청소년 반사회적 행동
_____	_____	_____
_____	_____	_____

10 진로 계획

행동적 정의

1. 진로에는 다양한 경로가 존재하고, 향후 취업 시 선택권이 있다는 것에 대한 인식이 부족하다.
2. 학교에서 배운 교육과정과 향후 진로 목표를 연관 짓지 못한다.
3. 업무현장에서 성공하기 위해 필요한 예의와 대인관계 기술에 대한 인식이 부족하다.
4. 학습을 일생의 과정이라기보다 단기적 생산물로 여긴다.
5. 일과 관련된 기술, 도구, 설비를 능숙하게 다루지 못한다.
6. 말하기, 듣기, 읽기, 쓰기를 활용한 전문적인 수준의 의사소통을 잘하지 못한다.
7. 학교에서 직장생활로 이행하기 위한 포괄적인 계획이 전무하다.

—. _____
_____
—. _____
_____
—. _____
_____

장기목표

1. 다양한 진로 경로와 각각에 해당하는 교육 또는 훈련 전제조건들에 대해 인식한 것들을 말로 표현한다.

2. 진로 목표와 직업 가치를 결정하기 위해, 자신의 특성, 관심, 능력, 학습 스타일에 대한 평가를 완료한다.

3. K-12 진로의식 교육과정에 참석한다.

4. 말하기, 듣기, 쓰기, 읽기 실력을 포함한 의사소통 및 글을 읽고 쓰는 능력에서 학년 수준 또는 그 이상의 능력을 발휘한다.

5. 학교에서 직장생활로 성공적으로 이행하기 위해 교육발전계획을 수립한다.

6. 일과 관련된 기술, 도구나 설비를 다루는 능력을 획득한다.

7. 일과 관련된 사회성 기술과 동료, 고객 및 관리자와 적절하게 상호작용하는 능력을 발휘한다.

___. _____
_____
___. _____
_____
___. _____
_____

단기목표

▽ 1. 발달적으로 적합한 경력개발 교육과 정에 참여한다. (1)

2. 지역사회에 있는 다양한 직업들의 목록을 작성하고, 각각의 직업에 대해 설명한다. (2, 3)

치료적 개입

1. 다양한 직업과 생활양식에 대해 알아볼 수 있는 K-12 교육과정 *The Real Game* (www.realgame.com/usa.html), 또는 종합적인 학업 계획과 진로탐색 기회를 제공하는 *Navigation 101* (www.k12.wa.us/navigation101/default.aspx)과 같은 교실, 집단, 개인 경력개발 중재과정에 학생을 배정한다. ▽

2. 학생을 잘 아는 어른이 진행하는 다양한 직업 관련 집단/학급 토론에 학생을 참가시킨다. 직업명, 업무 유형, 필요한 장비(예 : 목수는 톱, 망치, 못 등을 사용하여 시공, 회계사는 계산기, 컴퓨터, 스프레드시트를 사용하여 수를 분석, 의사는

청진기, 현미경, 체온계를 사용하여 질병을 진단) 목록을 작성하거나 Knapp의 *School Counseling and School Social Work Homework Planner*에 수록된 'Occupations Tasks and Tools'를 작성하게 한다.

3. 학생에게 직업군 분류 도표를 보여주고, 전반적인 직업 범주 개념에 대해 알려준다[예: O*NET(Occupational Information Network, http://online.onetcenter.org), Jobstar(http://jobstar.org/tools/career/index.php), ACT's Career Planning 자료(www.actstudent.org/wwm/index.html)].

3. 학교와 향후 직장에서 성공하는 데 필요한 긍정적인 업무습관에 대해 알아본다.(4, 5, 6)

4. 지역사회나 외국에서 자신이 구할 수 있는 직업에 대해 더 잘 알 수 있도록, 학생에게 학교 단위 직업 박람회 참석을 권장한다.

5. 각기 다른 직업군을 대표하는 학부모를 초청해서 개인적인 업무 경험을 듣고, 성공적인 취업을 위해 필요한 긍정적인 업무습관에 대해 알아본다. 학생과 함께 향후 직장과 학교에서 성공하는 데 중요한 개인적 습관 목록을 작성해보거나, Knapp의 *School Counseling and School Social Work Homework Planner*에 수록된 'Attributes for a Successful Career' 활동을 수행해본다.

6. '부적절한 업무 습관'(예 : 지각, 지루해함, 지나치게 피곤해 함, 험담, 무례함, 근무태만 등), '긍정적인 업무 또는 학업 습관'(예 : 신속성, 정중함, 적극적으로

4. 사람들이 일하는 이유에 대해 인식한 것을 말로 표현한다.(7)

5. 학교에서 직장생활로 연계되는 수행능력을 기르기 위해 고안된 교과과정에 참여한다.(8, 9)

6. 독해, 작문, 말하기, 청취 과목에서 핵심 교과과정 필수요건들을 충족시킨다.(10, 11)

업무에 참여함 등)에 관한 역할극을 직접 수행해보는 소집단에 학생을 배정한다.

7. 학생에게 자신의 부모나 다른 어른들이 일을 하는 이유가 무엇인지 생각해보게 한다(예 : 돈을 벌기 위해서, 다른 사람들을 돕기 위해서, 도전의식 때문에, 사회에 공헌하기 위해서, 다른 사람들과 상호작용하기 위해서 등). 현재 직업을 가지고 있는 두 명의 가족구성원 또는 다른 성인들과 논의를 통해 추가적으로 일을 하는 동기가 무엇인지 알아보고, 목록에 추가하게 한다.

8. 초등학생을 '개별 교과목과 향후 취업 및 인생 목표 달성과의 관련성'에 대한 학급토론에 참여시킨다(예 : 수학은 자산 관리, 측정, 일정관리를 용이하게 함, 독서는 지시를 따르고, 현재 사건을 지각하고, 업무 관련 지시를 이해하는 데 도움이 됨, 작문은 다른 사람들과 의사소통을 하거나 지시를 주거나 도움을 요청하는 데 도움이 됨).

9. 중고등학생을 향후 교육 목표 및 직업 목표를 준비하기 위해 특별히 마련된 교육과목 집단이나 수업에 참여시킨다.

10. 학생이 졸업요건을 충족시키고, 대학이나 고교 졸업 후 훈련과정, 직업 관련 요건들을 준비하는 데 도움이 되는 언어 및 의사소통 과목을 선택하는 데 도움을 준다.

11. 학생이 언어와 의사소통 영역에서 기본

요건들을 보충하기 위해 진로역량 및 중고교 이후 교육 역량을 지원해주는 추가 수업(예 : 외국어, 극장예술, 연설, 토론, 전문적 작문수업 등)을 선택하도록 권장한다.

7. 졸업 이후 학업 또는 훈련과정 등록에 필요한 시험을 보고, 재정지원 계획을 세운다.(12, 13, 14)

12. 학생이 졸업에 필요한 학업능력 평가시험, 대입학력고사(ACT), 수학능력평가(SAT)를 완료할 수 있게 하고, 졸업 이후의 학업과정이나 직업훈련 프로그램에 등록하게 한다.

13. 학생에게 시험 목적을 설명해주고, 샘플 테스트를 치게 하고, 질문에 답해주고, 학교에서 후원하는 수업이나 개별적인 준비 수업에 학생을 의뢰해주는 등 학생이 자신이 선택한 학업 평가시험을 준비할 수 있도록 도움을 준다.

14. 학생이 중고교 이후 학업 및 훈련 자금 마련을 위한 재정 지원, 장학금 지원 방안에 대해 알아보고 신청을 할 수 있게 도움을 준다.

8. 경력개발 수업, 직업 관련 안내서, 컴퓨터 프로그램 또는 인터넷을 통해서 진로 경로, 직종, 자격요건에 대해 팀색해본다.(15, 16, 17)

15. 학생이 인터넷을 활용하여[예 : O*NET (http://online.onetcenter.org), Jobstar (http://jobstar.org/tools/career/index.php), ACT's Career Planning resources(www.actstudent.org/wwm/index.html)] 자신이 선택한 직업군 내 어떤 선택권이 있는지 탐색해보게 한다.

16. 학생에게 직업분류 목록을 제공하고, 필수 고교 교과목, 선택과목, 직접 경험 기회(예 : 견습, 직업체험 등), 구체적인 관련 직업 등에 대해 알려주는 과정 및 진

로안내 자료를 제공한다. 학생에게 안내 자료를 검토한 뒤, 자신의 직업평가 기록장에 관심 있는 직업 몇 가지에 대해 기록하게 한다.

17. 학생이 졸업 또는 졸업 후 대학진학이나 취업으로 이행하기 위한 준비를 제대로 하고 있는지 확인하기 위하여 학생과 만나서 학생의 향후 목표, 과목 선택, 학점, 성적을 검토한다.

9. 직업 선택에 영향을 미칠 수 있는 자신의 관심사나 능력에 대해 인식하고, 말로 표현한다.(18)

18. 학생이 직업 선택을 할 때 반드시 고려해야 하는 요인들에 대해 보다 잘 이해할 수 있도록 하기 위해, 학생이 Christen과 Bolles(2010)의 *What Color Is Your Parachute? Discovering Yourself, Defining Your Future-for Teens,* O*NET(http://online.onetcenter.org/skills), Career Infonet (www.careerinfonet.org/explore/View.aspx?pageID=2) 등의 인터넷 사이트를 활용하여 자신의 관심, 능력, 진로에 초점을 맞춘 평가를 실시하도록 지도한다.

10. 졸업 후에 다닐 수 있는 가능한 전문학교 및 대학 관련 정보를 수집한다.(19, 20)

19. 학생이 사신의 구체적인 직업, 재정적·지리적 요건을 충족시키는 대학이나 훈련 프로그램을 알아보도록 하기 위해, 학생과 함께 인터넷을 활용하여[예 : The College Board(www.collegeboard.com), Act(www.act.org), Peterson's(www.petersons.com)] 전문학교 및 대학 관련 자료를 탐색해본다.

20. 학생에게 대학 안내 책자(예 : Fiske의 *The Fiske Guide to Colleges*)를 통해 자신의 목표 및 직업 기준을 충족시키는

11. 수기 혹은 전자문서로 EDP(Educational Development Plan : 7~12학년 학생이 반드시 작성해야 하는 종합적인 학업 및 진로 계획서. 매년 검토 및 보완되어야 함－역주)를 작성한다.(21, 22)

12. 방과 후 교실, 여름방학 아르바이트, 학교에서 후원하는 기술교육 등을 통하여 사무 도구나 산업 도구를 사용한 기술적인 능력과 기량을 발전시킨다.(23, 24)

13. 직무와 관련된 능력이나 기술을 가르쳐주는 특별활동 클럽이나 집단에

몇 곳의 대학을 선택하게 한 후, 해당 대학의 대표자에게 편지를 쓰고, 방문 또는 인터뷰를 해보게 함으로써 그 대학에 대한 이해도를 높인다.

21. 학생이 자신의 미래 진로, 인생 목표, 관심사, 능력 평가, 교육적 경험, 성취 경험, 이력, 대학 및 훈련 필요조건을 포함하고 있는 EDP를 작성하는 데 도움을 준다.

22. 학생이 자신이 관심 있는 직업군을 결정하도록 하기 위해 Chisten과 Bolles(2010)의 *What Color Is Your Parachute? Discovering Yourself, Defining Your Future-for Teens,* 또는 온라인[예 : O*NET(http://online.onetcenter.org), Jobstar(http://jobstar.org/tools/career/index.php)] 등을 활용하여 직업 자기평가 설문지를 작성하게 한다.

23. 학생이 직업 준비 과정에서 기술 분야(예 : 컴퓨터, 공예, 산업디자인, 컴퓨터 디자인, 멀티미디어 제작 등)에 필요한 기량을 키울 수 있도록, 핵심 교과과정과 추천받은 선택과목에 등록하는 것을 권장한다.

24. 학생을 지역 학교, 대학, 사업체에서 제공하는 방과 후 교실이나 여름방학 프로그램에 의뢰해서 전문적 기술, 사무용 기기 및 그 밖의 직무 관련 도구들을 사용하는 방법을 배우게 한다.

25. 학생이 업무와 관련된 필수적인 기술들을 배울 수 있도록, 학교나 지역사회 후

참여한다.(25, 26)

14. 관심과 적성이 있는 직업분야에서 실습경험을 쌓거나 추가적으로 공부한 기회를 가진다.(27, 28, 29)

원을 받는 특별활동 클럽이나 활동에 참여하는 것을 장려한다[예 : 4-H(Head, Heart, Hands, Health : 머리, 충성스러운 마음, 부지런한 손, 건강한 몸. 智, 德, 勞, 體 이념을 생활화하고자 하는 지역사회 청소년 교육운동 - 역주), Junior Achievement(비영리 청소년 조직. 지역 내 사업체, 기관들과 함께 지역사회의 유아~고등학생을 대상으로 경제 분야의 지식, 취업 준비, 기업가 정신 등의 주제에 대한 경험적 프로그램을 제공함 - 역주), 학생 정부, 학생 신문, 외국어 클럽 등].

26. 팀워크, 문제해결, 사회적 기술 등을 가르쳐주는 활동 참여를 장려한다(예 : 스포츠, 밴드, 합창단, 우등생 단체, 졸업앨범 제작, 드라마 클럽 등).

27. 학생이 직장에서 고용주의 훈련 및 평가를 받는 업무 경험을 쌓고, 학점도 인정받는 CBI(Career Based Instruction) 또는 인턴십 프로그램에 참여하는 일정을 잡는다.

28. 학생이 무역, 기술, 의료, 사업 고용 분야에서 입문 수준의 직무 기술을 획득할 수 있도록, 직업/기술 교과과정에 등록한다.

29. AP(advanced placement) 수업(고등학생이 대학 입학 전에 대학 인정 학점을 취득할 수 있는 고급학습과정 - 역주)을 수강하였거나, 지역 대학 수업 참여, 온라인이나 원격교육을 통해 대학 학점을 취

득하기 위한 핵심 요건을 충족시킨 학생을 초청한다.

15. 직장에서 요구하는 조건들과 직장 문화에 적합한지 평가하기 위해, 진행 중인 자기평가서 작성을 완료한다.(30, 31)

30. Christen과 Bolles(2010)의 *What Color Is Your Parachute? Discovering Yourself, Defining Your Future-for Teens*[예 : O*NET(http://online.onetcenter.org), Jobstar(http://jobstar.org/tools/career/index.php)] 등을 활용하여 학생이 자신의 관심사와 기술에 대한 자기평가를 지속적으로 수행하게 하고, 이것을 실무 연수 및 경험과 연결 지을 수 있게 한다.

31. 학생이 신흥 직업 기술들, 긍정적인 업무 태도 및 습관을 접할 수 있도록 정기적으로 진로발달 교사, 상담자, 직장 멘토와 만나는 계획을 세운다.

16. 학교와 직장에서 다함께 협력하여 일하는 것의 장점들을 알아본다.(32, 33, 34)

32. 학생에게 사람들이 협동해서 함께 일할 필요가 있는 다양한 직장(예 : 수술, 소방 활동, 경찰 수사, 사무 관리, 판매, 사회복지사업 등)에 대한 목록을 작성하게 한다.

33. 학교와 직장에서 다양성을 보다 잘 수용할 수 있도록 하기 위하여, 학교 범위의 다양성 인식 활동을 주최한다(예 : 다양성 극장, 다문화 프로그램, 비디오, 다양한 문화에 대한 인터넷 검색 등).

34. 학생에게 점심시간마다 각기 다른 친구들과 식사를 해보고, 자신과 다른 사회적·민족적·문화적 집단에 속한 학생들과 앉아보게 한다. 학생에게 이런 경험들을 자신의 직무수행 일지에 기록해보고, 이러한 활동이 학교와 직장 내부의

17. 직장에서 성공하기 위해 필요한 대인관계 기술을 발달시키기 위해, 직장생활이나 학교에 바탕을 둔 사회성 기술 수업을 수강한다.(35, 36)

18. 개인적인 관심사에 해당하고, 가능성이 있는 직업이나 직종에 대해 알아보고, 이러한 직업(직종)을 수행하기 위해 전문적으로 발달시켜야 하는 지속적 자격요건 목록을 작성해본다.(37)

19. 일생 평생학습과 지속적인 생산적 활동을 하는 것의 개인적 장점이 무엇인지 목록을 작성해본다.(38, 39,

화합과 협력에 어떻게 기여할 수 있는지 작성해보게 한다.

35. 학생들이 긍정적인 직장 태도에 대해 배우고 실행해볼 수 있는 기회를 제공하기 위해 직장생활에 바탕을 둔 사회성 기술 발달수업이나 소집단 교과과정을 운영한다.

36. 다른 사람들과 협력적으로 일하기 위해 필요한 개인적 자질에 대해 아이디어를 도출해본다(예 : 말하기와 주의 깊게 듣기, 문제해결, 신속성, 참여, 수용, 격려, 지시를 따르는 것 등). 학생에게 자신이 선택한 직업군에서 중요한 대인관계 관련 자질이 무엇인지 목록을 작성하게 한다.

37. 학생에게 자신이 인생을 살아가면서 어떤 경력들을 쌓고 싶은지 목록을 작성해보게 한다. 학생에게 20대, 30대, 40대, 50대, 60대에 자신이 어떤 경력을 쌓게 될지 생각해보고, 은퇴 이후 자신이 즐겁게 할 수 있는 생산적 활동이나 직장에 대해서도 생각해보게 한다. 이러한 경력을 성공적으로 쌓기 위해 필요한 기술이나 교육이 무엇인지 생각해본다 (또는 Knapp의 *School Counseling and School Social Work Homework Planner*에 수록된 'Careers for a Lifetime' 활동을 완료한다).

38. 학생에게 평생 배움을 추구하는 것의 긍정적 측면을 찾아보게 한다(예 : 문화적 다양성에 대한 감사, 새로운 정보 발견의

40)

즐거움, 새로운 기술 습득의 즐거움 등).

39. 학생이 향후 진로 및 직업 세계에 대한 탐색을 위해 개설된 수업을 수강하게 하거나 관련 수업에서 활동을 하게 한다. 학생, 지역사회, 전 세계적 문제와 관련시킬 수 있는 창의적이고 비판적인 기술을 학생에게 가르친다.

40. 학생이 졸업생들의 목록, 전문성 신장, 지역사회 교육과정과 성인 교육과정을 검토해보도록 하고, 학생이 경력 관련 교육이나 훈련 초기과정을 마친 후에 여가생활을 위해 수강할 수 있는 평생교육 분야를 선택해보도록 한다.

—. _____   —. _____
   _____   _____
—. _____   —. _____
   _____   _____
—. _____   —. _____

진단적 제안

ICD-9-CM	ICD-10-CM	DSM-5 장애, 조건 또는 문제
309.0	F43.21	적응장애, 우울 기분 동반
309.24	F43.22	적응장애, 불안 동반
_____	_____	_____
_____	_____	_____

11 갈등관리

행동적 정의

1. 또래들과 갈등이 자주 발생한다.
2. 또래와의 만성적인 갈등들은 가족, 사회적·학업적 기능에 해를 끼친다.
3. 나와 다른 견해를 듣고 이해하는 것이 불가능하다는 것을 보여준다.
4. 개인의 생각과 감정을 표현하는 데 어려움을 보여준다.
5. 성공(승리)하는 것은 다른 사람이 실패(패배)해야만 한다는 걸 의미한다는 신념을 보여준다.
6. 다른 사람들에 대한 공감능력이 부족함을 보여준다.
7. 대인관계 문제해결 능력에 대한 확신의 부족함이 드러난다.
8. 잘못된 행동이나 실수에 대한 비난을 다른 사람에게 투사한다.

—. _____
_____

—. _____
_____

—. _____
_____

장기목표

1. 다른 사람들과 존중하며 효과적으로 의사소통한다.

2. 가정, 학교, 지역사회에서 사용할 수 있는 갈등관리 기술을 배운다.

3. 생각과 감정을 적절하게 표현하는 것을 배운다.

4. 다른 사람들의 감정과 관심을 공감하는 것을 보여준다.

5. 긍정적인 문제해결 기술을 개발하고 실행에 옮긴다.

6. 갈등관리 과정을 사용하여 다른 사람의 대인관계 갈등해결을 돕는다.

7. 또래중재 갈등관리 과정을 사용하여 해결될 수 있는 갈등과 해결될 수 없는 갈등 간의 차이를 배운다.

—. _____

_____

—. _____

_____

—. _____

_____

단기목표

1. 갈등행동의 원인을 결정하는 데 도움이 되는 생물학적 · 심리사회적 정보를 제공하는 데 협조한다.(1, 2, 3, 4)

치료적 개입

1. 학생, 부모, 의뢰한 교사, 특수교사와의 논의를 통해 사회적 · 의료적 · 가족적 · 학습적 어려움뿐만 아니라 학생의 학교와 가정에서의 행동에 관한 정보를 수집한다.

2. 학교 정책에 따라 학교아동연구팀과 지역사회 내 서비스 제공자들과의 협력하에 잘못된 행동 양식의 신체적 원인을 파악하기 위해 학생의 의학적 검사를 의뢰한다.

3. 학습에 부정적 영향을 주는 생화학적 요인을 제거하고, 학습, 정서적 · 행동적 장애의 여부를 평가하기 위해 심리교육 검사를 의뢰한다.

4. 윤리기준에 따라 평가의 결과를 학생, 가족, 동료에게 제공한다.

▽ **2.** 긍정적인 갈등해결 전략을 배우는 학교 프로그램에 참여한다.(5, 6)

▽ **3.** 긍정적인 갈등해결 방법 사용의 이로운 점을 파악한다.(7)

▽ **4.** 인간관계상의 갈등해결 기술을 향상시키는 데 초점을 둔 상담집단에 참여한다.(8)

▽ **5.** 또래중재훈련에 참여한다.(9, 10, 11)

5. 학교 동료들과 함께 지지적이고 안전한 학교로 변화·발전시키는 데 도움이 되는 학교 프로그램을 계획하고 실행에 옮긴다. ▽

6. 효과적이고 평화로운 논쟁 해결 방법을 가르치도록 설계된 프로그램에 학생을 참여시킨다(예 : *Peers Making Peace* (http://www.paxunited.org/), *Peace Builders* (http://www.peacebuilders.com/), *Peace Works Curricula*(http://store.peaceeducation.org/peermediation.aspx) 또는 *Promoting Alternative Thinking Strategies* (http://www.channing-bete.com/prevention-programs/paths/paths.html)]. ▽

7. 학생과 함께 평화적인 합의와 문제해결의 이로운 점(예 : 존중과 존엄이 유지되고, 문제가 심각해지기보다 해결되며, 우정이 지속되고 더 돈독해지며, 사회기술을 학습하게 되고, 긍정적인 학교환경이 조성된다)과 갈등과 힘겨루기의 결과(예 : 우정에 금이 가고, 학교환경이 불안해지며, 화가 나고, 언쟁을 벌이고, 의심하고, 공격하는 성향을 보여준다)의 차이점에 대해 생각해본다. ▽

8. 갈등이나 공격적인 상호작용으로 어려움을 겪는 학생이 효과적이고 평화로운 논쟁해결 방법을 배울 수 있는 갈등해결 집단에 참여하게 한다. ▽

9. 또래중재 프로그램을 후원하고 협력한다(참고 : Cohen의 *Students Resolving Conflict: Peer Mediation in Schools: Grades*

6-12 Teacher Resource, Drew의 *A Leader's Guide to the Kids' Guide to Working Out Conflicts* 또는 School Mediation Associates(http://www.school mediation.com/index.html)]. ▽

10. 학생의 자질에 따라 선택된 또래 중재자들을 위한 훈련을 마련한다(예 : 말하기·듣기 기술, 의존하기, 다른 사람 존중하기, 비밀보장, 잠재된 리더십). ▽

11. 훈련된 갈등 관리자들이 학교현장에서 하나의 팀으로 논쟁을 중재할 수 있는 시간과 장소를 계획하도록 한다. 이것은 교사와 행정가의 충분한 지지를 받아 또래중재 프로그램의 일부로서 시행되어야 한다. ▽

6. 다른 사람의 관점을 잘 경청하는 것과 갈등의 이해당사자인 양측의 입장을 이해하는 것의 중요성을 말로 표현한다.(12, 13, 14)

12. 상담시간과 중재훈련 중에 개인적 관점(개인적 인식)과 사실적 정보(구체적 사실)의 차이점에 대해서 설명해준다. 그리고 서로 다른 관점들이 갈등을 유발할 수 있는 상황에 대해 학생과 함께 생각해본다(예 : 누가 게임에서 이겼는지, 잔디 깎기, 내 차례 등).

13. 학생으로 하여금 갈등 상황에서 다양한 관점을 이해할 수 있도록 하는 데 필요한 정보를 제공받을 수 있도록 한다(예 : 다른 사람들에게 방해받지 않고 자신의 관점에 대해 진술할 수 있도록 허용한다. 이해했는지를 확인하기 위해 각 구절을 반복해서 이야기한다).

14. 학생에게 자기 입장을 나타내는 각본으로 역할극을 해보게 한 뒤, 그 입장에 대

7. 공감에 대한 이해와 공감이 어떻게 갈등을 감소시킬 수 있는지를 말로 표현한다.(15, 16)

8. 갈등을 일으키거나 심화시키는 잠재적인 촉진제나 계기를 파악한다.(17, 18, 19)

해 이해했는지 확인한다. 그 이후에 상대방의 입장을 이해하고 깨달을 수 있도록 역할을 바꾸어 수행하도록 한다.

15. 공감을 정의하고, 우리 자신의 생각과 감정에만 초점을 두는 것 대신 다른 사람의 감정과 생각들을 이해하는 것이 얼마나 중요한가를 강조하고, 갈등 예방이나 갈등 감소에 있어서 공감의 역할에 대해 논의한다.

16. 갈등 해소에 앞서 다른 사람들의 생각, 감정 및 행동을 예견하고 강조하려는 노력의 중요성을 학생들에게 가르치기 위해 역할극을 활용한다. 이러한 기술들을 일상생활에서 나타나는 갈등 상황에서 사용해보고, 진행과정을 다음 상담시간에 검토하기로 한다(또는 Jongsma, Peterson 그리고 McInnis의 *Child Psychotherapy Homework Planner*, 제2판에 있는 'Negotiating a Peace Treaty'를 과제로 내준다).

17. 학생과 함께 학교, 가정, 지역사회에서 전형적으로 일어나는 갈등의 목록을 작성한다. 그리고 실제 갈등을 불러일으킬 만한 상황과 조건들을 파악한다(예 : 현관방으로 억지로 밀어넣기, 성적 또는 친구들과의 경쟁, 주차공간 다툼 등).

18. 갈등으로 번질 수 있는 전조현상들을 작성하고(예 : 친구 패거리들, 배제감, 과잉 경쟁, 협동 부족, 다른 사람에 대해 비난하는 문제들 등), 이러한 문제상황에서 사용 가능한 문제해결 기술을 파악한다

9. 갈등이 있는 동안에 흔히 경험하는 정서를 파악한다.(20, 21, 22)

(2, 9, 25장 참고).

19. 학생에게 갈등을 증폭시키는 발화자의 행동과 반응을 파악해보도록 한다(예 : 신체적인 접촉, 언어적 공격, 위협, 면대면 표현, 신체 언어 등). 또한 어떻게 작은 부정적 반응이 큰 갈등으로 번지는지를 보여주는 TV프로그램, 영화, 책에 대해 이야기 나눈다.

20. 감정 단어 목록을 소개하고, 학생에게 평소에 갈등과 연결되는 감정들을 선택하게 한다(과제 : Knapp의 *School Counseling and School Social Work Homework Planner*에 있는 'Feelings Vocabulary' 활동).

21. 학생에게 현재 부정적인 감정을 겪고 있는 사람을 지지하는 방법을 열거하게 한다(예 : 공감적 경청, 그 사람과 머무르기, 어떻게 도와줄지 질문하기, 성인에게 도움 요청하기 등).

22. 학생에게 갈등 상황에서 경험한 감정을 파악하노록 한다(예 : 교사가 과제를 늦게 제출한 것에 대해 혼낸다. 친구가 무시한다. 동료들이 게임에서 배제시킨다. 형제가 개인 소지품을 빼앗아간다). 또한 학생에게 그러한 상처받고 화난 감정들을 긍정적이고 적절하게 표현하는 방법을 파악하도록 한다.

▼ 10. 갈등을 공정하고 긍정적으로 해결하는 방법을 파악한다.(23, 24)

23. 학생에게 어른의 도움을 받거나 혹은 받지 않고도 또래들과의 논쟁을 중재하는 데 사용할 수 있는 갈등해결 과정을 가르친다 : (1) 이야기를 나눌 수 있는 별도

의 공간을 확보한다 (2) 판단하지 않고 문제만을 정확하게 집어낸다 (3) 선택 가능한 해결방법에 대해 생각해본다 (4) 해결방법마다 장단점을 나열해본다 (5) 양측 모두에게 적합한 해결방법을 찾는다 (6) 해결방법을 시행해본 후, 효과적이지 않다면 다시 협상한다. ▽

24. 갈등의 중재자 역할을 감당하도록 훈련받은 학생이 문제를 해결할 수 있도록 한다 : (1) 중재 과정을 소개한다 (2) 당사자들에게 중재 규칙에 대해 합의할 의사가 있는지 물어본다 (3) 당사자들이 문제에 대한 자신들의 생각을 자신들의 입장에서 방해받지 않고 표현할 수 있도록 한다 (4) 해결방법을 생각해본다 (5) 해결방법마다 장단점을 나열한다 (6) 상호간에 합의 가능한 해결책을 선택하고 실행한다 (7) 해결책에 대한 모두의 만족도를 평가한다 (8) 앞으로 이런 갈등을 어떻게 피할 수 있는지 파악한다 (9) 문제를 해결한 것에 대해서 그 당사자들을 축하해준다. ▽

11. 적극적인 경청과 효과적인 질문기법을 실시한다.(25, 26, 27, 28)

25. 학생에게 적극적인 경청에 대해 다음과 같이 정의 내려준다 : 방해 없이 경청하기, 다른 사람의 메시지를 해독하기. 이해한 것을 점검하기 위해 인식된 메시지와 기저에 깔린 감정 둘 다 반영해준다.

26. 학생과 함께 역할극을 통해 적극적 경청의 과정을 보여주고, 학생에게 적극적 청자에게 최근 있었던 일을 이야기하게 하여 이 방법을 연습해보게 한다. 그다

음에 역할을 바꾸어 실행하게 한다(참고 : Cohen의 *Students Resolving Conflict: Peer Mediation in Schools: Grades 6-12 Teacher Resource* 또는 Drew의 *A Leader's Guide to the Kids' Guide to Working Out Conflicts*, 또는 Knapp의 *School Counseling and School Social Work Homework Planner*의 'Listening Skills' 활동을 과제로 내주기).

27. 학생에게 모두가 윈-윈하는 해결책을 찾는 데 효과적인 갈등 인터뷰 기법을 소개한다. 즉, 개방형의 비판단적인 진술 또는 각자의 입장을 설명하는 데 도움이 되는 질문을 사용하기(예 : "나는 정보가 필요해요.", "내가 이해할 수 있도록 도와주세요.", "어떻게 그런 일이 일어났는지 내게 말해주세요.")(참고 : Drew의 *A Leader's Guide to the Kids' Guide to Working Out Conflicts* 또는 Schmidt의 *Mediation: Getting to Win-Win!*).

28. 학생에게 여러 가지 갈등상황을 보여주는 각본으로 역할극을 해보도록 한다. 그리고 청자와 화자의 역할을 바꾸어 역할극을 진행한다. 역할극을 할 때에는 적극적 경청과 질문방법을 사용하도록 한다.

12. 긍정적인 자기표현 전략을 말로 표현한다.(29, 30)

29. 학생에게 'I-메시지'를 가르친다 : (1) 당신의 관심을 비난적이지 않고, 비판단적인 진술로 이야기한다 (2) 구체적인 효과를 이야기한다 (3) 감정을 표현한다. 학생에게 집단에서 다음의 형식을 활용

한 'I-메시지'를 주고받는 연습을 하게
한다 : "나는 … 때 그리고 … 이유로 …
라고 느낀다"(참고 : Gordon과 Burch의
Teacher Effectiveness Training: The Pro-gram Proven to Help Teachers Bring Out the Best in Students of All Ages, 또는 과
제로 Knapp의 *School Counseling and School Social Work Homework Planner*
에 있는 'Speaking Skills' 활동).

30. 학생에게 말할 시기와 들을 시기를 더욱
    잘 구분할 수 있도록 하기 위해 Knapp의
    *School Counseling and School Social Work Homework Planner*에 있는 'Com-munication with Others' 활동을 과제로
    내준다.

13. 비언어적 의사소통 중 촉진하는 신
    호와 방해가 되는 단서를 구별한다.
    (31, 32)

31. 학생에게 비언어적 의사소통에 대해 정
    의를 내려준다. 그리고 의사소통을 촉진
    하는 비언어적 의사소통 단서들을 파악
    하도록 한다(예 : 미소, 눈 맞춤, 말하는
    사람 쪽으로 몸을 기울이기, 고개 끄덕
    이기). 또한 의사소통을 방해하는 비언
    어적 의사소통 단서를 파악하도록 한다
    (예 : 눈을 굴리기, 손가락질하기, 눈썹을
    올리기, 팔짱 끼기). 학생에게 두 가지
    방식의 비언어적 의사소통을 모두 시연
    해보고 그에 따른 반응을 보이도록 한다.

32. 학생에게 갈등상황 역할극에서 의사소
    통을 촉진하는 비언어적 신호를 사용하
    게 한 후, 의사소통을 방해하는 비언어
    적 단서를 사용해보도록 한다. 학생으
    로 하여금 역할극에 충분히 반응할 수 있

도록 하고, 그 느낌을 갈등해결 일지에 작성하게 한다(과제 : Knapp의 *School Counseling and School Social Work Homework Planner*에 있는 'Cases of Conflict' 활동).

14. 양측 모두 수용 가능한 해결책(원-윈)을 찾아가는 것을 시연한다.(33, 34)

33. 학생에게 양측 모두가 만족하는 것(원-윈)과 한쪽은 만족하지만 다른 한쪽은 만족하지 못하는(원-루즈) 것의 차이점을 설명해준다(예 : "Jimmy가 먼저 하고 Janice는 그렇지 못하다."와 "Jimmy와 Janice가 돌아가며 한다.", "Britney가 Latricia를 놀이에 초대했고 Jenny를 무시한다."와 "3명이서 함께 할 수 있는 놀이를 고른다."). 그리고 학생으로 하여금 각각의 결과를 반영한 상황을 파악할 수 있도록 한다. 각각의 상황을 나열한 후 학생에게 각 상황에 처한 사람이 취할 수 있는 결과를 파악해볼 수 있도록 한다.

34. 학생에게 갈등을 해결하는 여러 가지 방법이 적힌 갈등해결 표의 모든 부분을 채우게 한다(예 : 공유하기, 교대로 돌아가며 하기, 듣기, 대체하기, 사과하기, 도움받기, 유머 사용, 다시 시작하기, 동전 던지기 등). 학생이 갈등상황에서 해결법을 찾기 어려울 때 이 표를 사용하도록 한다.

15. 프로그램 훈련자와 다른 또래 중재자들과 함께 긍정적인 의사소통 기법들과 갈등해결 과정을 실천한다. (35, 36)

35. 학생들을 4명이 한 조(갈등 관리자 2명, 논쟁자 2명)가 되도록 나누고, 학생들이 갈등해결 과정을 활용하여 여러 가지 갈등상황을 해결해보는 역할극을 할 수 있도록 한다(과제 : *School Counseling and*

School Social Work Homework Planner
에 있는 'Cases of Conflict' 활동).

16. 학생이 중재할 수 있는 적절한 그리고 적절하지 않은 갈등 사이의 차이를 말로 표현한다.(37)

36. 학생에게 모두가 만족하는 결과에 초점을 둔 갈등해결 과정을 집에서 가족구성원들과 연습해보게 한다. 또한 학생이 각 중재의 결과를 학생의 갈등관리 일지에 기록하고, 다음 상담시간에 나눈다.

37. 또래 중재자에게 몇몇 갈등은 갈등관리 프로그램의 영역 밖에 있고, 교사, 부모, 행정가 또는 법집행자의 개입이 필요함을 가르친다(예 : 약물 논쟁, 무기 쟁점, 성적 괴롭힘, 성적 학대). 갈등상황이 위와 같은 것들 중 하나라도 연관이 되어 있다면 중재를 멈추고 프로그램 담당자에게 즉시 보고할 수 있도록 한다.

17. 갈등 관리자로 또는 또래 중재자로 다른 학생을 훈련시키는 것을 지원한다.(38)

38. 학생에게 훈련에 참석하고 갈등해결의 각본을 가지고 역할극을 하고, 배운 기술들과 기법들을 활용한 예시들을 제시하게 함으로써 미래의 또래중재자 훈련에 참여할 수 있도록 한다.

—. _____
_____
—. _____
_____
—. _____
_____

—. _____
_____
—. _____
_____
—. _____
_____

진단적 제안

ICD-9-CM	ICD-10-CM	DSM-5 장애, 조건 또는 문제
312.8	F91.x	품행장애
312.9	F91.9	명시되지 않는 파괴적, 충동조절 및 품행장애

300.02	F41.1	범불안장애
314.01	F90.2	주의력결핍 과잉행동장애, 복합형
314.9	F90.9	명시되지 않는 주의력결핍 과잉행동장애
V71.02	Z72.810	아동 또는 청소년 반사회적 행동
_____	_____	_____
_____	_____	_____

12 우울

행동적 정의

1. 만성적으로 슬픈 감정을 느끼고 눈물이 난다.
2. 밤에 수면장애가 있고, 낮잠을 과하게 잔다.
3. 식욕, 식습관 패턴의 변화, 체중 변동을 보여준다.
4. 만성 피로를 느끼고 신체적으로 불편감이 있으며, 편치가 않다.
5. 압도적으로 비관적이며, 무력감과 절망감을 느낀다.
6. 나이에 적합한 활동에 관심이 부족하고 참여를 잘 하지 않는다.
7. 과민하고, 화를 잘 내며, 사소한 불만에도 과도한 반응을 보인다.
8. 병적인 생각, 죽음, 자살에 대해 사로잡혀 있다.
9. 건망증이 나타나고 우유부단하며 집중력이 떨어진다.
10. 가족이나 동료들로부터 고립되어 있다.
11. 말로 자존감이 낮다는 것을 표현하고, 눈 맞춤을 잘 하지 않는다.
12. 학업의 성취가 저하된다.
13. 미해결된 죄책감이나 슬픔에 대한 이슈를 가지고 있다.
14. 기분을 상승시키기 위해 불법 약물을 사용하거나 음주를 한다.

—. _____

—. _____

—. _____
    _____

장기목표

1. 식사와 수면습관을 정상화시킨다
2. 일상적인 활동, 학교활동, 사회활동에 참여한다.
3. 기분의 동요를 안정화시키고 퇴행적 행동과 신체적 불편감을 완화시킨다.
4. 우울의 원인을 파악하고 해결한다.
5. 적개심의 수위를 낮추고, 중요한 사람들과의 긍정적인 관계를 형성하거나 회복시킨다.
6. 현재 상황과 미래에 대해 낙관적인 감정을 개발한다.

—. _____
    _____
    _____
—. _____
    _____
    _____
—. _____

단기목표

▽ 1. 우울에 결정적 원인이 되는 생물심리사회적인 정보를 제공하는 데 협조한다.(1, 2)

치료적 개입

1. 학생, 부모, 의뢰한 교사, 특수교사와의 논의를 통해 학생의 사회적·의학적, 가족, 학습, 행동적 어려움에 대한 정보를 수집한다. 고학년 학생의 경우에는 약물 사용 여부를 탐색한다. ▽

2. 학교정책에 따라 그리고 학교아동연구팀과 지역사회 서비스 제공자들과의 협력하에 생물화학적 요인들을 밝혀내기 위해서 의학적 검사를 실시하고, 학습, 정서적·행동적 장애의 유무를 평가하기 위해 정신적-교육적 검사를 실시한다. 평가결과는 윤리기준에 따라 학생, 가족, 동료들에게 제공한다. ▽

2. 우울 증상과 사회적·정서적 기능 수준을 포괄적으로 평가하는 것에 협조한다.(3, 4, 5)

▽ **3.** 항우울제 처방의 필요를 결정하기 위해 의학적 개입을 받도록 하고, 의학적 처방에 협조한다.(6, 7)

▽ **4.** 정기적으로 유산소 운동을 한다.(8, 9)

3. 우울 증상과 정도를 알아보기 위해 학생과 함께 우울 증상 척도[예: 청소년을 위한 아동의 우울 척도(CDI-Y), Beck의 우울 척도 II(BDI-II) 또는 역학 연구 우울 척도 CES-D(Center for Epidemiological Studies Depression Scale)] 검사일정을 정한다. 그리고 학생에게 그 검사결과를 설명해준다.

4. 학생의 우울감과 관련 있는 정보들에 주목하여 학생에 대해 축적되어 있는 기록들을 꼼꼼히 살펴본다. 또한 우울 증상들이 학생의 학교적응과 학업에 어떠한 영향을 끼쳤는지 살펴본다.

5. 부모, 의뢰한 교사, 다른 교사들이 이야기하는 학생의 우울 증상, 사회적·정서적·행동적·학업적 어려움에 대한 우려사항들을 평가한다. 그리고 고학년의 경우에는 약물 사용에 대한 평가도 포함시킨다.

6. 학생과 부모로 하여금 항우울제 처방이 필요한지 또는 다른 의학적 개입이 필요한지 결정하기 위해서 의사와 상담할 수 있게 한다.▽

7. 항우울제 처방이 학생의 사고방식과 사회적·정서적 적응에 효과가 있는지 관찰하기 위해서 의사와 협력한다.▽

8. 학생에게 1주일에 3~4회, 1일 30분씩 유산소 운동을 할 것을 권유한다.▽

9. 학생에게 에너지 수준을 높이고 긴장을 감소시킬 수 있게 체육교실이나 스포츠 활동에 등록할 것을 과제로 내준다.

5. 과다한 낮잠을 줄이고, 규칙적인 저녁 수면 습관을 키운다.(10, 11)

6. 부모와 다른 가족구성원들은 학생의 우울과 우울의 원인 그리고 치료전략에 대해 좀 더 깊이 이해한 것이 무엇인지 말로 표현한다.(12, 13, 14).

10. 학생이 긴장 완화와 숙면을 위해 규칙적인 수면습관을 기를 수 있도록 돕는다 (예 : 목욕 또는 샤워하기, 부드러운 음악 듣기, 독서, 긍정적인 자기진술 문구를 반복하기 또는 잠이 올 때까지 숫자를 뒤로 세기).

11. 학생이 낮잠을 줄이고 밤에 잠을 잘 수 있도록 하기 위해 낮에 활동량을 늘릴 수 있는 계획을 학생이나 부모와 함께 계획을 세운다.

12. 학생과 부모에게 우울 대처에 도움을 받기 위해 정신건강 전문의, 정신건강클리닉, 정신건강기관에서 개인상담 또는 가족상담을 받을 수 있도록 한다.

13. 학생과 부모에게 아동과 청소년 우울과 관련한 연구기반 예방법, 개입, 치료법에 대한 정보를 얻을 수 있는 곳을 안내한다[예 : American Academy of Child and Adolescent Psychiatry(www.aacap. org), Child and Adolescent Bipolar Foundation(www.bpkids.org), American Psychiatric Association(www.psych.org)].

14. 학생 그리고/또는 가족에게 우울, 우울의 원인, 그리고 대처 전략에 대한 책을 읽도록 한다(예 : Fassler와 Dumas의 *"Help Me I'm Sad": Recognizing, Treating and Preventing Childhood and Adolescent Depression,* Ingersoll과 Goldstein의 *Lonely, Sad and Angry: How to Help Your Unhappy Child,* Barnard의 *Helping Your Depressed Child: A Step-by-Step*

7. 슬픈 감정을 언어로 표현하고 우울의 원인(들)을 파악한다.(15, 16)

8. 현재나 과거에 자살을 생각했거나 시도한 적이 있는지 분명하게 확인하고, 현재 위험에 대처한다.(17)

▼ **9.** 중요한 사람을 파악하고 그 사람과 친밀한 정도 또는 소외감 정도를 파악한다.(18)

Guide for Parents).

15. 우울척도, 혹은 개인정보를 가지고 학생과 질의응답 시간을 갖는다. 또한 긍정적 자아상을 구축하기 위해 긍정적인 생각과 신념을 개발하는 과정을 시작한다. 또한 우울의 원인을 명확히 하기 위해서 학생에게 좀 더 상세하게 반응에 대해 설명하도록 한다.

16. 학생에게 자신의 슬픈 감정과 원인을 보여줄 수 있도록 그림을 그리거나, 작사를 하거나 시를 쓰거나, 음악을 연주하거나 조각 혹은 모래놀이를 하게 한다. 또한 학생에게 이러한 개인감정에 대한 예술적 표현들을 집단상담 또는 개인상담 시간에 나눌 수 있도록 한다.

17. 외부 치료팀들과 협력하여 학생의 현재와 이전의 자살 위험성을 조사하고, 만약 현재 위험하다면 안전계약을 맺고, 안전계획을 수립한다. 만약 위험수위가 높아 급박하다면 부모와 다른 치료진과의 협력하에 응급처치를 시행하고 그리고 필요시에는 안전한 환경(예 : 정신병동, 그룹홈, 주거형 치료시설 등)에 보호조치를 한다.

18. 학생에게 자신의 인생에서 중요한 사람들의 목록을 작성하게 하고, 그 사람의 지지 정도, 친밀감 정도 또는 그 사람이 미친 영향 정도를 평가하도록 한다[또는 Knapp의 *School Counseling and School Social Work Homework Planner* 중 'Important People in My Life' 활동을 완

10. 교사, 부모, 다른 가족구성원들은 학생에게 그들이 지지하고 있음에 대해 확신을 준다.(19, 20, 21)

11. 어떠한 학대 경험이 있었는지 알아보고 이야기할 수 있도록 한다.(22)

▽ 12. 우울을 촉발하는 생각들을 파악하고 그러한 생각을 수정해주며, 문제해결 기술을 향상시키는 데 목적을 둔 집단에 참여한다.(23, 24)

수하기]. ▽

19. 부모, 가족구성원, 교사와의 자문을 통해 학생의 감정을 적극적으로 경청하는 것과 감정을 표현하는 시간을 갖는 것이 얼마나 중요한가를 강조한다. 부모와 교사에게 학생의 사소한 것까지도 알아차리고, 매일 학생의 노력과 활동을 알아차리고 있음을 언어로 표현하여 학생의 존재를 인정해줄 것을 요청한다.

20. 부모에게 학생과의 긍정적인 의사소통 기술을 향상시키기 위해서 *How to Talk So Kids Will Listen and Listen So Kids Will Talk*(Faber와 Mazlish)를 읽을 것을 과제로 내준다.

21. 부모와 다른 가족구성원들이 학생의 신변안전을 확보하고, 학생의 두려움과 무기력, 절망감을 알아차리고 공감한다는 것을 말로 표현할 수 있도록 돕는다. 안도감을 주고 공감을 표현하는 역할극을 한다.

22. 학생이 학대 피해자인지 파악한다. 그리고 그에 적합한 보호 서비스 기관에 학생이 입은 방임이나 학대에 대해 신고한다.

23. 인지적 재구조화 기법(우울을 촉발하는 사고들이 파악되고, 좀 더 긍정적인 인지로 수정된다)과 문제해결 기법, 그리고 갈등해결 기법들을 가르치는 집단이나 개인 상담에 대해 학생에게 안내하거나 의뢰한다. ▽

24. 대인관계기술, 적절한 자기표현, 갈등해

13. 자기 자신, 부모, 가족, 학교 또는 친구와 관련된 정서를 파악하고, 이러한 이슈와 관련하여 좀 더 긍정적이고 현실적인 자기진술을 말로 표현하는 것을 배운다.(25, 26)

14. 급우들과 친구들과의 긍정적인 사회적 상호작용을 증가시킨다.(27, 28, 29)

15. 우울 극복을 위해 즐거운 활동을 실시한다.(30)

16. 사회적 상호작용에서의 성공을 증진

결 능력들을 향상시키는 갈등관리 훈련 프로그램에 참여할 수 있도록 학생에게 안내하거나 의뢰한다(11장 참고).

25. 우울에 기여할지도 모르는 갈등, 상처, 거부, 상실, 학대, 버려짐, 또는 낙담의 원인을 찾기 위해 학생의 또래관계와 가족과의 관계를 탐색한다.

26. 학생이 자기와 타인 그리고 세상에 대하여 현실적이고도 긍정적인 생각을 할 수 있도록 돕는다(또는 Knapp의 *School Counseling and School Social Work Homework Planner*에 있는 'Re-Framing Your Worries' 활동을 과제로 내준다).

27. 학생이 친구들과 함께 할 방과 후 또는 주말활동을 계획할 수 있도록 지원한다. 그리고 그 일들을 개인일지에 사진, 일기, 그림 등으로 기록하게 한다.

28. 학생에게 매일 점심시간에 친구들과 어울리도록 한다. 사회기술 연습을 위해 역할극을 하거나 행동예행 연습을 해보도록 한다. 성공에 대해 보상해준다.

29. 학생이 학교나 종교집단 또는 지역사회에서 후원하는 여가활동 집단에 참여하도록 격려하고 강화한다.

30. 학생에게 결과적으로 긍정적인 경험이 될 가능성이 높은 활동에 참여하도록 돕는다. 그리고 학생이 자신의 일상생활에서 이러한 활동을 실천할 때 도움이 필요하다면 실습과 역할극을 활용한다. 그리고 성공에 대해 보상해준다.

31. 어린 학생에게는 애완견이나 역할극을

시킬 수 있는 사회기술을 실천한다.
(31)

17. 매월 조직적이거나 비공식적인 여러 가지 여가활동에 참여한다.(32)

18. 수업 참여를 높이고 매일 학교 숙제를 완수한다.(33, 34, 35, 36)

19. 사회적 관여를 증가시키도록 유도하

통해 눈 맞춤과 미소 짓기 연습을 하게 하고, 그다음에는 다른 관계로 옮겨서 이런 기술들을 사용하게 한다.

32. 학생에게 매월 한 명의 친구 또는 여러 명의 친구집단과 함께 학교에서 지원하는 행사에 최소 2회 이상 참여해야 하는 과제를 준다. 이러한 행사를 계획하기 위해 개인일지를 활용하거나 또는 Knapp의 *School Counseling and School Social Work Homework Planner*의 'Planning for Fun' 활동을 완수하게 한다.

33. 학생이 수업 참여를 높이는 방법(예 : 적극적인 경청, 질문하기, 수업의 내용을 받아들일 준비하기)을 파악하도록 도와준다. 그리고 개인일지에 매일의 진행과정을 그래프로 그리게 하고, 성공에 대해 보상을 해준다.

34. 교사가 학생을 협동학습집단에 포함시킬 수 있게 독려한다.

35. 모든 학급과제 및 숙제를 수행할 계획을 세우도록 학생을 도와준다. 개인일지에 계획과 진행과정을 기록하도록 하고, 성공에 대해서 보상을 해준다.

36. 자부심을 갖게 하는 완성된 프로젝트를 그림으로 그리고, 사진을 찍음으로써 학생의 학업적 · 가정적 · 사회적 성공에 대해 보상을 해준다. 또는 Knapp의 *School Counseling and School Social Work Homework Planner*의 'Accomplishments I Am Proud Of' 활동을 완성하게 한다.

37. 기술 발달을 필요로 하는 새로운 취미나

는 새로운 기술, 취미 또는 흥미를
갖는다.(37, 38)

20. 개인목표들을 정하고, 개인의 소망
과 꿈을 설명하고, 미래에 대한 낙관
주의를 표현한다.(39)

♈ 21. 미래의 우울한 삽화를 예방하는 데
도움이 되는 기법을 배운다.(40)

22. 우울을 극복한 아동과 십 대의 이야
기가 담긴 책을 읽는다.(41)

외부활동을 개발하도록 지원한다. 그리
고 그 진행과정과 감정들을 글이나 그
림, 또는 사진으로 일지에 기록하도록
한다.

38. 학생이 현재 보이고 있는 흥미, 과거에
보였던 흥미, 미래에 보이게 될 흥미에
대해 학생과 함께 생각해본다. 학생의
흥미 개수와 각 발달단계마다 활동의 개
수를 비교하여 우울감이 흥미 감소와 연
관이 있는지 파악한다. 또한 개인의 활
동수준 증가가 어떻게 우울을 감소시키
는 데 도움이 되는지 이야기를 나눈다.

39. 학생에게 관계, 가족, 직업목표, 그리고
개인적 열망에 초점을 둔 5년 후의 그의
삶의 비전을 수립하게 하고, 개인일지에
기록하게 한다. 또는 긍정적인 미래목
표를 설정하기 위하여 Knapp의 *School
Counseling and School Social Work
Homework Planner*의 'My Predictions
for the Future' 활동을 완수하도록 학생
에게 과제를 내준다.

40. 학생이 우울의 초기신호를 알아차리고,
대처 행동을 의식적으로 사용하고, 재발
방지계획을 세우도록 돕는다. ♈

41. 학생에게 우울 대처와 예방을 다룬 책을
읽을 것을 과제로 내준다(예 : Burns의
Feeling Good, Seligman의 *The Optimistic
Child: A Proven Program to Safeguard
Children against Depression and Build
Lifelong Resilience* 또는 Fassler와 Dumas
의 *Help Me I'm Sad : Recognizing,*

Treating and Preventing Childhood and Adolescent Depression). 그리고 그 책들의 내용을 살펴본다.

—. _____   —. _____
_____   _____

—. _____   —. _____
_____   _____

—. _____   —. _____
_____   _____

진단적 제안

ICD-9-CM	ICD-10-CM	DSM-5 장애, 조건 또는 문제
300.4	F34.1	지속성 우울장애(기분저하증)
296.2x	F32.x	주요우울장애, 단일 삽화
296.3x	F33.x	주요우울장애, 재발성 삽화
296.89	F31.81	제II형 양극성장애
301.13	F34.0	순환성장애
309.0	F43.21	적응장애, 우울 기분 동반
309.28	F43.23	적응장애, 불안 및 우울 기분 함께 동반
310.1	F07.0	다른 의학적 상태로 인한 성격 변화
V62.82	Z63.4	단순 사별
_____	_____	_____
_____	_____	_____

13 파괴적 교실 행동*

행동적 정의

1. 교육 장면을 파괴하는 방식으로 빈번하게 행동한다(예 : 부적절한 소음 만들기, 교실에서 자기, 너무 많이 말하거나 시끄럽게 말하기, 미성숙하게 행동하기).
2. 방해하기, 다른 사람 무시하기, 계속 지각하기, 갈등 만들기 등과 같은 부정적인 방법으로 다른 사람의 주목을 끄는 행동을 한다.
3. 공유하기 또는 차례를 지키기 등과 같은 기본적인 사회 규칙을 따르지 않는다.
4. 무시하거나 대항하여 논쟁하거나, 교사 또는 관리자의 합리적인 요청에 반항한다.
5. 학교와 학급에 적합한 행동과 관련된 사회적 단서 및 규칙을 무시한다.
6. 친구들과 부적절한 신체적 접촉을 한다.

—. _____

—. _____

—. _____

* 이 장의 일부 내용(일부 수정을 포함하여)은 A. E. Jongsma, Jr., L. M. Peterson, W. P. McInnis, & T. J. Bruce, *The Child Psychotherapy Treatment Planner,* 4th ed.(Hoboken, NJ: John Wiley & Sons, 2006)에서 발췌함. Copyright ⓒ 2006 by A. E. Jongsma, Jr., L. M. Peterson, W. P. McInnis, and T. J. Bruce. 허락하에 재인쇄.

장기목표

1. 긍정적인 교실 행동을 증가시킨다.
2. 긍정적인 사회적 행동을 통해 다른 사람들로부터 집중력, 인정, 수용을 얻는다.
3. 친구들과 긍정적이고 지속적인 우정을 세워나가고 유지시킨다.
4. 규칙적인 기반을 지닌 학교 장면에서의 규칙과 기대에 따른다.
5. 파괴적인 행동표출, 적대성, 대들기 또는 부정적으로 다른 사람의 주목을 끄는 데 기여하는 핵심갈등을 해결한다.
6. 중요한 사회적 단서에 적절하게 반응하고 놀이와 교실, 과외활동 또는 사회적 활동과 관련된 규칙을 따른다.

—. _____

—. _____

—. _____

단기목표

▽ 1. 파괴적 행동의 원인을 결정하는 데 필요한 생물학적·심리사회적 정보 제공에 협조한다.(1, 2)

▽ 2. 교사는 학생의 행동을 긍정적으로

치료적 개입

1. 학생, 부모, 의뢰한 교사, 특수교사와 논의를 통해 학생의 사회적·의학적, 가족, 학습, 행동적 어려움과 관련된 정보를 수집한다. ▽

2. 학교 정책에 따라서, 학교아동연구팀과 다른 지역사회 봉사자와 협조하여 생화학적 요소를 배제하기 위해 의학적 검사를 실시하고, 학습, 정서, 행동적 장애 여부를 판단하기 위해 심리-교육적 검사를 실시한다. 학생과 가족, 동료들에게 윤리적인 기준에 따라 평가 결과를 제공한다. ▽

3. 교사들이 _Positive Behavioral Interventions_

발달시키는 관리전략과 개입을 시행한다.(3, 4)

▽ **3.** 교사는 교실에서의 부적절한 사회적 행동을 관리하기 위해 입증된 기술을 시행한다.(5)

▽ **4.** 교실 안과 밖 모두에서 긍정적이고 사회적인 상호작용의 빈도를 증가시킨다.(6, 7, 8, 9)

and Supports 프로그램[www.pbis.org와 *Building Positive Behavior Support Systems in Schools*(Crone과 Horner) 참고] 또는 *Open Circle* 프로그램(www.open-circle.org/index.html 참고)을 실시하도록 한다. ▽

4. 교사들이 Check-In/Check-Out을 시행하도록 지도한다. 이 기술은 목표된 행동을 지속적이고 빈번하게 정적 강화하는 데 사용되고, 긍정적 행동의 결과를 반복적으로 모니터링하는 데 사용된다[*The Behavior Education Program: A Check-In, Check-Out Intervention for Students at Risk*(Hawken, Petterson, Mootz 그리고 Anderson) 참고]. ▽

5. 교사들에게 학생의 교실 행동을 관리하고 학생의 성공을 향상시키는 기술을 제공한다[예: *1-2-3 Magic for Teachers*(Phelan과 Schonour), Positive Discipline in the Classroom(Nelson, Lott 그리고 Glenn), *The Key Elements of Classroom Management: Managing Time and Space, Student Behavior, and Instructional Strategies*(McLeod, Fisher 그리고 Hoover), *Discipline in the Secondary Classroom*(Sprick)]. ▽

6. 학교 동료의 협조 속에서, 긍정적이고 사회적인 상호작용을 증진시키기 위해 고안된 교육과정개입을 학급에 제공한다. ▽

7. First Step to Success 프로그램에 학생을

참석시킨다. 이 프로그램은 문제 행동을 바꾸기 위해 학생, 친구, 교사, 부모와 함께 작업하는 행동지도를 사용한다('Reducing Behavior Problems in the Elementary Classroom' 참고). ⑬

8. 의사소통 및 사회기술 기르기, 감정을 확인하고 표현하기, 긍정적 인지와 건강한 자아존중감 발달시키기에 초점을 둔 사회기술 발달 집단을 지도하거나 상담을 제공한다[예 : Botvin의 *Life Skills Training*(www.lifeskillstraining.com), Greenberg의 *Promoting Alternative Thinking*(www.prevention.psu.edu/projects/PATHS.html)]. ⑬

9. 개인 및 그룹 회기에서 모델링과 역할연기를 사용하고 학생에게 의사소통과 친사회적 기술을 가르친다. ⑬

⑬ 5. 교사와 부모는 적절한 경계를 세우기 위해 함께 노력하고, 명확한 규칙을 만들고, 학생이 학교와 집에서 보이는 파괴적이거나 도전적인 행동의 결과에 대해 지속적으로 후속조치한다.(10, 11, 12, 13)

10. 학교에서 지킬 명확한 규칙을 수립한다. 학생에게 기대하는 바에 대해 이해했는지 확인하기 위해 규칙에 대해 반복적으로 묻는다. ⑬

11. 학생, 부모, 교사가 합의하여 만든 만일의 사태에 대한 계약의 긍정적·부정적 결과와 함께 행동 지침을 기록한다. 고학년 학생들은 계약의 공동 작성자가 되도록 하고, 저학년 학생들은 계약을 잘 준수할 수 있도록 지도한다. ⑬

12. 적절한 학급 품행, 과제 완료, 충동 조절 등과 같은 세부적이고 긍정적인 행동을 지지하기 위해 강화 시스템 또는 토큰 이코노미를 만든다(또는 Knapp의 *School*

*Counseling and School Social Work Homework Planner*의 'The Problem Solving Worksheet' 활동을 하도록 한다). ▽

13. 성공 단계를 증가시키고 실패를 피하기 위해 행동 계획과 관련된 변화에 대한 기대가 현실적이 될 수 있도록 한다(예 : 구체적인 행동 목표를 세우기, 증가하는 진척 인식하기, 진척을 반영하고 남아 있는 문제를 해결하기 위해 계획을 자주 수정하기). ▽

6. 학업수행 증진을 보여준다.(14, 15, 16)

14. 교실-기반 개입을 만들고 시행하기 위해 교사와 학교 공무원들과 협의하여(예 : 앞줄에 앉게 하기, 피드백 자주하기, 학생 자주 부르기, 학습 문제를 돕기 위해 보조 교사 활용하기) 학급에서 긍정적 상호작용을 증가시키고, 학업수행을 향상시킨다. ▽

15. 교사에게 학생의 학업 결과를 증가시킬 수 있는 방법을 제공한다(예 : Rathvon의 *Effective School Interventions: Evidence-Based Strategies for Improving Student Outcomes*, Miller의 *Validated Practices for Teaching Students with Diverse Needs and Abilities*, Franklin, Harris 그리고 Allen-Meares의 *The School Services Source-book: A Guide for School-Based Professionals*). ▽

16. 학생의 학업 성과 증진을 위해 교사들이 긍정적 강화를 제공하도록 한다(예 : 칭찬하기, 개인적 지지, 알림장). ▽

7. 부모, 교사, 상담자는 학생이 행동 관

17. 행동 계획을 검토하고 학생과 주중 회기

리, 학문적 성취, 적절한 사회적 상
호작용을 만들어가는 과정을 지지한
다.(17, 18, 19)

8. 행동 통제를 하기 위해 타임-아웃 구
역을 사용한다.(20)

9. 학업에 초점을 맞춘 특성화되고 구
조화된 학습센터를 활용한다.(21)

10. 교사는 학생에게 개인적인 특수교육
숙소를 제공한다.(22)

11. 학교 규칙을 잘 준수할 수 있는 방법

를 약속한다. 진척이 있을 때 칭찬하고
재인식시켜주며 관심 영역이 유지될 수
있도록 지도한다. 성공적이고 진척이 있
는 행동전략을 개인일지에 기록하도록
한다. ▽

18. 학생에게 진척을 위해 개인적인 방법으
로 자주 확신을 주는 것의 중요성을 교
사, 부모와 논의한다. ▽

19. 부모와 교사에게 학생의 행동 약속 및
일일 과제계획을 검토하도록 요청하고
필요한 격려와 지침을 제공한다. ▽

20. 타임-아웃 구역 또는 학생책임센터를 교
사 및 관리자와 함께 세운다. 학생책임
센터는 학생의 행동이 파괴적이거나 진
정되지 않을 때 갈 수 있는 곳이며, 일상
적인 학급 활동으로 돌아가기 전에 보다
적절한 행동을 계획하는 곳이다.

21. 교사들이 문제행동으로 인해 정규 수업
에 참석하는 대신에 학업을 따라잡는 데
시간을 소비하며 학업수행 문제를 경험
하는 학생들이 있는 학급이나 학교에 구
조화된 학습센터를 세울 수 있도록 지원
한다.

22. 만약 평가에서 조짐이 보인다면, 학생이
학업환경에 성공적으로 참여하는 것을
돕기 위해 특수교육 또는 Section 504 시
설 이용을 추천한다(예 : 소규모 학급, 교
육 보조교사 또는 행동 보조교사의 지
원, 학업 일수 줄이기, 1 : 1 지도, 상담
및 사회복지 서비스).

23. 학생과 학교 규칙에 대해 토론한다(예 :

을 설명한다.(23, 24, 25).

지키기 어려운 규칙을 확인하기, 도전적인 영역 안에서 잘 준수할 수 있는 계획을 세우도록 학생을 돕기, 진척상황을 차트로 만들기).

24. 성공적인 규칙 준수 및 학업수행을 격려하기 위한 학급 공간을 결정하기 위해 교사와 학생과의 만남을 조율한다(예 : 과도기 동안에 학생을 가깝게 지도하기, 집중이 잘 되는 공간 안에서 교사 책상 근처에 앉게 하거나 좋은 모델이 되는 학생 옆에 앉게 하기, 수업에 학생을 참여시키기, 간단하게 제시하기, 명료하게 지시하기, 교정을 돕는 개인교사를 붙여주기).

25. 학생이 스스로의 정서적 반응, 행동, 사회적 상호작용을 확인하기 위해 학급 또는 개인계획 안에서 지속해온 셀프-모니터링 차트를 만들도록 한다(또는 Knapp의 *School Counseling and School Social Work Homework Planner*의 'Student Self Report' 활동을 하게 한다). 주중 상담회기 중에 셀프 모니터링 차트를 점검하고 진척에 대해 확신을 주고 진척이 없거나 적은 영역에 대해서 지도해준다.

▽ 12. 감정을 확인하고 적절하게 표현한다.
(26, 27)

26. 감정 단어 목록을 소개하고 학생이 학급 또는 파괴적 경험 속에서 느꼈던 감정을 고르도록 한다(또는 Knapp의 *School Counseling and School Social Work Homework Planner*의 'Feeling Vocabulary' 활동을 하게 한다). ▽

27. 학생이 학급의 문제행동을 발전시킬 수

있는 상황 속에서 경험했던 이면의 감정을 확인하고 적절하게 의사소통하도록 하기 위해 상담을 진행한다(예 : 숙제를 하지 못한 것에 대해 교사에게 반항한 것은 공포, 죄책감, 혼란, 수치심, 거절감, 상처, 억울함을 느낄 수 있음, 게임할 때 친구들로부터 소외당한 것은 외로움, 환영받지 못함, 모욕감 등을 느낄 수 있음). ▽

13. 충동적인 행동을 조절하기 위해 자기조절 전략을 사용한다.(28, 29)

28. 학생이 감정 및 충동적인 행동을 자각하고 관리하는 것을 돕기 위해 자기조절 전략을 가르친다(예 : 생각 멈추기, 이완, '멈추기, 보기, 듣기, 생각하기').

29. 학생이 자기조절 전략을 읽고 연습하도록 한다(Berger의 *Calm Down and Play: Activities to Help Impulsive Children*과 Shapiro의 *Learning to Listen, Learning to Care: A Workbook to Help Kids Learn Self-Control and Empathy* 참고).

14. 적극적인 경청 기술을 배우고 실천한다.(30)

30. 학생에게 적극적 경청 기술과 감정 반영 기술을 가르치기 위해 역할연기와 모델링을 사용한다(또는 Knapp의 *School Counseling and School Social Work Homework Planner*의 'Listening Skills' 활동을 하게 한다).

15. 공감을 정의하고 표현한다.(31, 32)

31. 상담회기 동안 공감을 정의한다(예 : 다른 사람의 감정과 자각을 이해하기 vs 오직 누군가의 생각과 감정에 집중하기). 감정을 효과적이고 생산적으로 표현하는 데 공감이 어떤 역할을 하는지에 대해 학생과 토론한다.

32. 갈등이 발생하기 전에 스스로와 다른 사람의 생각, 감정, 행동을 예상하는 것의 진정효과를 설명하기 위해서 역할연기를 사용한다. 학생에게 예상되는 생각과 감정을 공유해줄 것을 요청하고, 이러한 과정이 어떻게 분노 반응과 파괴적 행동을 감소시키는지 보여준다.

16. 과거에 성공적이었던 사회적 · 학업적 전략을 실천하도록 한다. (33)

33. 해결중심상담 전략을 사용하여, 학생이 사회적 · 학업적 성공을 경험했던 때와 장소를 확인한다. 맥락 요인을 확인하고, 가능한 상황에서 그 상황과 맥락 요인을 되풀이하여 사용한다.

17. 긍정적 교실 행동이 학습과 관계를 어떻게 지지해주는지, 파괴적 행동이 스스로와 다른 사람에게 어떻게 부정적인 영향을 주는지에 대해 자각하고 말로 표현하게 한다. (34)

34. 친사회적이고 긍정적인 교실 행동을 했을 때의 긍정적인 결과를 친구 및 교사와 확인하도록 학생을 지지하고, 파괴적이고 부정적인 행동의 부정적인 결과를 확인하도록 돕는다. 학생이 양쪽의 행동과 결과를 어떻게 선택할 수 있는지 알려주고 언제, 어디에서 새로운 선택을 할 수 있는지 전략을 짜게 한다.

18. 교과 외 사회활동 참여를 늘린다. (35, 36)

35. 학생이 사회기술과 자존감을 향상시키기 위해 교과 외 활동 또는 긍정적인 또래 집단 활동에 참여하는 것을 격려한다.

36. 사회기술 집단/친목 집단을 운영하고 학생이 사회적 판단력과 대인관계 기술을 향상시키기 위해 집단에 참여하도록 초대한다.

—. _____

—. _____

—. _____

—. _____

—. _____   —. _____

_____   _____

진단적 제안

ICD-9-CM	ICD-10-CM	DSM-5 장애, 조건 또는 문제
312.9	F91.9	명시되지 않는 파괴적, 충동조절 및 품행장애
314.01	F90.2	주의력결핍 과잉행동장애, 복합형
312.81	F91.1	품행장애, 아동기 발병형
313.81	F91.3	적대적 반항장애
309.3	F43.24	적응장애, 품행장애 동반
309.4	F43.25	적응장애, 정서 및 품행 장애 함께 동반
V71.02	Z72.810	아동 또는 청소년 반사회적 행동
_____	_____	_____
_____	_____	_____

14 다양성과 관용 훈련

행동적 정의

1. 지역사회와 세계인들의 다양한 문화, 전통, 종교, 관습, 역사에 대한 지식이 결핍되어 있다.
2. 특정인의 관습과 행동이 회피되거나 배척되어야 한다는 식의 부정적 고정관념을 가지는 경향이 있다.
3. 다른 인종, 문화, 사회집단 출신의 사람과 함께 하려 하지 않는다.
4. 자신의 집단이 다른 집단에 비해 더 우월하다는 관점을 가지고 있다.
5. 다른 문화, 경험, 배경 출신의 개인이나 집단을 차별한다.
6. 자신과 다른 사람에게 공공연하게 편견을 드러내는데, 상대방을 무시하는 말을 하거나 신체적 갈등을 유발한다.

—. _____

_____

—. _____

_____

—. _____

_____

장기목표

1. 다양한 인종, 종족, 종교, 문화에 친숙해지는 것에 높은 우선순위를 둔다.

2. 다양한 사회, 종교, 종족, 문화 집단 간 유사성과 차이를 인지하고 고정관념을 버린다.

3. 다른 집단과 개인에 대한 행동에 영향을 미치는 의식적·무의식적 편견을 자각하고 버린다.

4. 자신의 사회적 소속 집단을 인식하고, 이것이 다른 집단과 개인에 대한 행동에 어떻게 영향을 미치는지를 안다.

5. 다른 사회와 문화적 배경 출신의 집단이나 개인과 긍정적인 관계를 형성할 수 있다.

6. 학교 환경 내에서 공동체 의식을 적극적으로 발전시키고, 특정 집단이나 개인에 대한 차별, 숨겨진 편견을 버린다.

—. _____
_____

—. _____
_____

—. _____
_____

단기목표

1. 아동 초기에 학습된 개인적 편견을 인식한다.(1, 2)

2. 교실과 학교 공동체 내에서 개인 간 유사성과 차이를 목록으로 만든다. (3, 4, 5)

치료적 개입

1. 이른 시기에 발달된 다문화 인식을 다양성 일지에 작성하도록 학생에게 요청한다. 그리고 그런 다문화 인식의 원천을 확인하게 한다(예 : 가족구성원이나 친구들의 말, 아동기 책이나 게임).

2. 학생의 다문화와 다양성 이슈를 평가하기 위하여 학생에게 가족을 인터뷰하도록 한다.

3. 학생에게 자기와 매우 다른 학생을 선택하고, 그들 사이의 유사성을 적도록 한다. 그리고 자기와 매우 유사한 학생을 선택하고, 그들 사이의 차이를 적도록 한다(참고 : Knapp의 *School Counseling and School Social Work Homework Planner*에 있는 'Similar Yet Different').

3. 고정관념과 편견이 긍정적인 사회적 상호작용을 어떻게 방해하는지를 말하게 한다.(6, 7)

4. 학교가 다른 배경을 가진 학생과의 긍정적 상호작용, 존중과 관용을 증진시키는 데 기여한 점을 목록화한다.(8, 9)

4. 학생과 영화 'Different and the Same: That's Us!'(Family Communications, Inc)를 보고, 학생에게 모든 사람들이 완벽하게 같은 세상을 묘사하도록 요청한다.

5. 만약 학생이 다른 사회, 인종, 문화 집단에 속한 다양한 학생과 같이 앉아서 점심을 먹으면 별도의 점수를 준다. 그리고 자신의 경험을 다양성 일지에 기록하게 하고 학급토의 시간에 발표하게 한다.

6. 다른 문화집단에 대해 가지고 있는 일반적인 고정관념(예 : 아프리카계 미국인은 공격적이다, 아시아계는 부지런하다, 유태계는 남을 음해한다, 히스패닉계는 히스테리컬하다 등)을 학생과 함께 브레인스토밍한다. 그리고 이러한 고정관념이 어떻게 대인 간 생각과 행동에 영향을 미치는지 토의한다.

7. 학생이 자신의 행동에 영향을 미친 고정관념과 편견을 경험한 자신의 사례를 확인하도록 돕는다.

8. 학생과 함께 학교와 지역사회에서 일체감을 방해하는 장벽을 자유롭게 찾아보고, 다른 집단 간에 다리를 놓을 수 있는 방법을 목록화한다(예 : 민속음식 나눠 먹기, 민속언어 배우기, 다문화 축제 참가하기, 다른 문화적 관습 탐색하기, 민속의상 입기).

9. 학생이 학교 공동체 안에서 이용 가능한 지지, 격려, 일체성들을 결정해주는 자산을 평가하도록 돕는다(예 : Search Institute의 *40 Developmental Assets*).

5. 다양성의 관용에 영향을 미치는 개인의 강점과 약점을 목록화한다.(10, 11)

6. 다양한 연령대, 종교, 사회적 · 인종적 배경을 가진 사람들이 모이는 활동이나 행사에 참여한다.(12, 13)

7. 제2언어를 배운다.(14, 15)

8. 학교, 교회/회당, 지역사회에서 다양성 프로그램이나 집단에 참여한다.(16, 17)

10. 다른 사람들과의 차이를 수용하는 것에 영향을 미치는 자신의 강점과 약점을 적도록 한다. 그리고 그것들 중 한 가지를 선택하여 매주 제거하도록 요청한다.

11. 학생이 가족, 친구, 다른 문화집단의 사람으로부터 보다 더 관용적이 되는 방안을 찾도록 한다. 그리고 관용 목록을 만들고, 이 아이디어를 학급소식지에 포함시킨다.

12. 학생이 종파를 초월한 모임에 참여하게 하거나 다양한 교회, 회당, 절에 가게 함으로써 다른 종교와 신념에 관하여 배우도록 한다.

13. 노인요양센터를 방문한 후 거주자들을 인터뷰하여 노년에 대한 정보를 모으고 구술된 역사를 수집하도록 한다.

14. 학생이 외국어 수업에 등록하도록 하고, 다문화집단 회기에서 그의 지식을 나누도록 한다.

15. 학생이 수화를 배워서 수화로 청각장애를 가신 학생이나 공동체 구성원들과 의사소통을 하도록 한다.

16. 다문화집단이나 수업시간에 다양한 문화유산으로부터 강사를 초빙하여 야사, 종족의 의식에 대해 토의하고, 학생과 전통음식을 나누도록 한다.

17. 교사가 학교나 지역사회의 다문화적 배경을 탐색할 교실 또는 집단 프로그램을 구안하도록 제안한다. 그리고 학생에게 지역사회 다양성의 역사에 관하여 보고하도록 한다.

9. 교사가 정규수업 과정의 한 부분으로 다양한 문화체험을 하도록 한다. (18, 19)

10. 지역 매체나 전국적인 매체에 의해 교묘하게 사용되는 편견이나 고정관념을 인지한다.(20)

11. 긍정적인 학교 분위기를 방해하는 선입견과 무의식적 편견에 대해 학교 공동체를 분석한다.(21, 22)

12. 자신의 종족에 대해 조사하고 학교 공동체에서 다른 사람과 나눈다.(23,

18. 교실 안에 있는 학생들의 다양한 인종적 배경을 보여주는 특징적인 이야기와 공예품을 '보여주고, 발표하게 하기' 계획을 교사가 세우도록 권유한다. 그리고 많은 문화집단을 표현한 게시판이나 벽화를 교실에 설치하도록 한다.

19. 교사가 학생들에게 다문화 문제에 초점을 둔 웹사이트를 북마크하도록 하고, 수업에서 찾은 것을 공유하게 한다.

20. 학생들이 대중적인 미디어(예 : TV프로그램, 연극, 비디오, 컴퓨터 게임, 잡지)를 보고 그것들을 수업시간에 만든 관용 척도로 측정하도록 지도한다(참고 : Knapp의 *School Counseling and School Social Work Homework Planner*에 있는 'Media Assessment').

21. 교사가 다양한 종족이나 사회적 배경을 가진 학생, 교수단, 지역사회 구성원을 초대하도록 한다. 그들을 관용과 다양성에 대한 교실 토의에 참여시킨다. 수업과 학교 공동체에서 가치의 다양성을 제시하고 학생들의 질문에 답하게 한다.

22. 학생이 학교의 다양한 집단(예 : 인종적·문화적·신체적 장애, 성적기호, 가족, 성, 종교적 기호)에 대한 지원과 수용에 대해 비형식적 평가를 진행하도록 한다(참고 : Knapp의 *School Counseling and School Social Work Homework Planner*에 있는 'Diversity Support Scale').

23. 학생이 자신의 가족의 기원, 이 나라로 이민 와서 정착하게 된 과정을 조사하게

24)

한다. 그 결과를 개인 다양성 일지에 기록하고 집단회기 중에 역사를 나누게 한다.

24. 학생이 조상의 경험과 생활 스타일에 관한 이야기를 모으고, 각 학생의 가족사에 나타나는 다양성의 본질을 기록하여 수업시간이나 집단에서 나누게 한다.

13. 관용, 편견, 선입견을 테스트한다.(25)

25. 학생이 숨어 있는 편견을 테스트 받도록 한다(예 : 흑백인종 편견, 연령 편견, 성 편견, 피부색 편견, 아시아계 편견). 무의식적 편견과 선입견을 확인하기 위해 http://www.tolerance.org를 활용하게 한다.

14. 가족, 친구, 친척, 학교 공동체의 관용 수준을 확인한다.(26, 27)

26. 학생으로 하여금 교사, 가족, 친구로부터 개인적 편견에 관한 정보를 구하도록 하고 그 결과를 개인 다양성 일지에 기록하도록 한다.

27. 학생에게 그의 가족, 친구들, 학교를 관용, 관용에서의 진보라는 측면에서, 수업시간에 만든 질문을 사용하여 관용에 대해 측정하도록 한다(참고 : Knapp의 *School Counseling and School Social Work Homework Planner*에 있는 'Respect and Tolerance Rating Index').

15. 다른 문화적 배경을 가진 학생과 함께하는 활동을 계획한다.(28, 29)

28. 점심시간 동안 다문화 활동과 토론이 포함된 프로그램을 계획한다.

29. 학생으로 하여금 다른 나라에 살고 있는 학생과 펜팔을 하도록 한다(참고 : http://www.Tolerance.org, Forum).

16. 다문화 협력 학습 집단과 활동에 참여한다.(30)

30. 문제해결, 사회화, 협동 학습을 목적으로 하는 협력 집단에 학생이 참여하는 TRIBES(참고 : Gibbs의 *TRIBES: A New*

Way of Learning and Being Together)를 계획한다.

17. 종족 간 또래교수에 참여한다.(31, 32)

31. 종족 간, 문화적으로 다른 학생들을 긍정적인 관계로 만들어주는 고학년과 저학년을 짝으로 하는 또래교수 또는 멘토링 프로그램을 지원한다.

32. 초등학교 또는 특수교육 교실에서 자원봉사를 하도록 한다.

18. 인종 비방, 비관용적 행동, 종족 멸시를 없앤다.(33, 34)

33. 학생으로 하여금 그가 다문화 일지에서 들었던 선입견 진술이나 문화적 비방을 기록하도록 한다. 비관용적 언급에 직면했을 때 사용할 적절한 반응을 역할 연습한다.

34. 학교에서 다문화적 갈등을 학생이 다룰 수 있는 갈등해결 또는 또래중재 프로그램을 장려한다. 학생이 개인적인 갈등 또는 비관용이란 상황이 발생했을 때 갈등 조정자로 역할을 할 것을 격려한다.

19. 학교 관리자, 위원회, 부모, 학생, 직원은 비관용적인 행동을 은밀하게 보고하도록 하고, 희생자와 가해자 모두에게 2차적 개입을 하도록 한다. (35, 36)

35. 피해자와 가해자 모두를 위한 2차적 개입뿐만 아니라 비관용적 행동에 대한 은밀한 보고를 하도록 하는 광범위한 괴롭힘에 대한 학교의 정책을 따른다. 학생이 종족, 인종, 문화, 사회, 성적 학대 또는 피해를 당하고 있다고 느낄 때마다 이 정책을 활용하도록 한다.

36. 학대의 희생자와 가해자 모두와 함께 그들의 사회적 상호작용 기술을 향상시키고, 적절한 대안을 만들어내며, 학대와 위협을 더 선호하는 경향을 감소시키는 작업을 한다.

20. 학교 공동체에서 다양성의 강점을

37. 학생에게 모두가 스타라는 다양성 잡지

장려하고 홍보한다.(37, 38)

를 만들도록 한다. 이 잡지에서는 다문화적 활동과 학교 공동체 내 일치를 증진시킨 학생을 특집으로 다루도록 한다.

38. 지역사회의 다른 문화로부터 모은 음식, 예술품, 활동, 연극을 내용으로 하는 다문화 축제를 개최하도록 돕는다.

—. _____

_____

—. _____

_____

—. _____

_____

—. _____

_____

—. _____

_____

—. _____

_____

진단적 제안

ICD-9-CM	ICD-10-CM	DSM-5 장애, 조건 또는 문제
V71.02	Z72.810	아동 또는 청소년 반사회적 행동
V62.4	Z60.3	문화 적응의 어려움
_____	_____	_____
_____	_____	_____

15 이혼

행동적 정의

1. 부모의 별거는 버림받을 것에 대한 두려움, 불안정감, 충격, 깊은 상실, 취약성을 유발한다.
2. 부모의 이혼은 한 부모 또는 양부모를 향한 강한 분노감을 유발한다.
3. 학업성적이 저하되고 학업과 이전에 즐기고 도전해왔던 다른 사회활동에 대한 흥미를 상실한다.
4. 이혼에 대해 죄의식이나 책임감을 느끼며, 부모의 재결합에 대한 비현실적인 기대감을 갖는다.
5. 한 부모에 대한 충성심 관련 문제로 내적 갈등을 겪는다.
6. 기분 동요, 방심, 조직기술 상실, 피곤, 우울감이 있고 포기하려는 경향을 보인다.
7. 현재와 미래의 가족, 대인관계에 대해 환멸감을 느낀다.
8. 공격적이고 부적절한 행동, 충동적이거나 반항하는 반응들을 보인다.
9. 자멸적이고 자기파괴적인 행동(예 : 신체적 불편감, 퇴행, 성적 저하, 강박적인 행동, 무단결석, 가출, 약물남용, 자해, 부적절한 성적행동)을 보인다.

— . _____
_____
_____

— . _____
_____
_____

— . _____

장기목표

1. 분노, 죄책감, 우울감 없이 부모의 별거와 이혼 결정을 수용한다.
2. 개인의 신변에 대한 안전감을 증진시키고, 부모의 사랑과 관계를 확인할 수 있도록 한다.
3. 기분을 안정화시키고, 퇴행적이고 반항적이며 공격적인 행동을 완화시킨다.
4. 학교나 사회활동에 대한 흥미와 관여를 재수립한다.
5. 이혼과 관련된 감정들을 부모와 상담자에게 표현할 수 있다.
6. 부부갈등으로부터 학생을 배제시키고, 이혼에 대해서 진실된 태도로 논의할 것에 대해 부모와 학생의 합의를 도출한다.

—. _____
   _____
—. _____
   _____
—. _____
   _____

단기목표

1. 부모의 별거 결정에 대해 논의한다. 그리고 개인적으로 두려운 영역과 상실감을 말로 표현한다.(1, 2, 3)

치료적 개입

1. 학생에게 이혼 전, 이혼 중, 이혼 후의 가족생활을 이야기하게 함으로써 부모의 이혼이 그의 생활에 어떤 영향을 미치는지 나누도록 한다. 이혼이 아동들에게 미치는 일반적인 영향과 해당 학생에게 미치는 특별한 영향에 대해 생각해본다. 이것을 이혼 집단활동으로 활용한다.
2. 학생에게 부모의 이혼과 관련된 감정을 표현하고 명확하게 할 수 있도록 한다.
3. 학생에게 활동, 글쓰기, 그림 등을 통해 이혼 적응과정에서 나타나는 생각, 감정, 두려움들을 일지에 작성하게 한다.

2. 부모는 상담자와 최근의 별거나 이혼에 대해 논의하고, 별거나 이혼이 학생과 가족에게 미치는 영향에 대해 알려준다.(4, 5, 6)

3. 부모가 학생에게 신변 안전에 대해 확인을 시켜주도록 하며, 부모가 학생의 두려움에 대해 인식하고, 공감을 표현하고, 학생과 친밀하고 사랑하는 관계를 유지할 것임을 확인시켜주도록 한다.(7, 8)

4. 학생의 인생에서 얼마나 많은 사람들이 그를 돌보고 지지했는지를 말로 표현하고 인식할 수 있도록 한다.(9)

5. 이혼 관련 감정들을 탐색하고 이러한 감정들을 표현할 수 있는 적절한

4. 부모를 같이 만나거나, 필요시에는 개별적으로 만나서 최근의 가족 상황과 별거나 이혼이 학생에게 어떤 영향을 미치고 있는지(예 : 일상생활, 정서적 안정, 학교 적응, 부모와의 관계)에 대해서 이야기를 나눈다.

5. 부모에게 양육권, 방문, 이사 가능성, 기타 등등을 포함한 학생에 대한 즉각적인 계획에 대해 상세하게 이야기하게 한다.

6. 부모에게 이혼이 아동에게 미치는 영향에 대해 설명하고 있는 책을 읽게 한다.

7. 부모가 학생에게 개인 신변에 대한 안정감을 줄 수 있는 시간과 방법을 계획하도록 돕는다. 또한 부모가 학생의 두려움과 감정에 대해 알고 있고, 공감하고 있음을 말로 표현하도록 도와준다.

8. 이혼과 가족계획에 대해 학생과 논의할 때 사용할 수 있는 'I-메시지'와 적극적 경청 기술을 주제로 부모와 이야기를 나누고, 역할극을 해본다(참고 : Gordon의 *Parent Effectiveness Training*과 Faber와 Mazlish의 *How to Talk So Kids Will Listen and Listen So Kids Will Talk*).

9. 학생에게 자신의 삶에서 중요한 사람으로 남아있는 사람의 목록을 작성하도록 한다(과제 : Knapp의 *School Counseling and School Social Work Homework Planner* 'Important People in My Life' 활동).

10. 학생에게 이혼과 관련된 다섯 가지 감정을 파악하도록 하고, 각 감정을 표현하

방법을 찾는다.(10, 11)

6. 부모는 학생의 감정을 수용한 것을 표현하고 학생에게 앞으로도 적절한 감정 표현을 지속해달라고 격려한다. (12)

7. 이혼은 부모 자신의 결정이었지 자녀로 인해 벌어진 결과가 아니라는 걸 확인한다.(13, 14)

8. 부모 모두와의 관계를 개선할 수 있는 방법들을 개발하고 설명한다.(15, 16)

는 적절한 방법에 대해서 생각해 보도록 한다(예 : **분노**–보호자와 이야기를 나누기, **질투**–부모를 게임에 초대하기, **슬픔**–개인감정을 그림으로 표현하기).

11. 학생에게 다음 주에 부정적인 감정이 강하게 올라올 때 그 감정에 대처하는 방법을 정할 수 있도록 도와주고, 다음 상담시간에 그 성과에 대해 이야기 나눈다.

12. 부모를 만나서 학생의 감정을 적극적으로 경청하고, 정서를 표현할 수 있는 시간을 주는 것이 중요하다는 것을 강조한다.

13. 학생과 함께 부모가 이혼한 이유를 있는 대로 모두 찾아본다. 그리고 이혼은 어른의 결정이었지 아이들에게 원인이 있는 것이 아니라는 걸 강조한다.

14. 자신이 이혼의 원인이 되었다는 학생의 죄책감을 줄이고, 부모를 재결합 하도록 하려는 학생의 시도가 헛된 것임을 알려주기 위해 Lansky의 *It's not Your Fault, Koko Bear—A Read—Together Book for Parents and Young Children during Divorce*를 읽도록 한다.

15. 학생에게 부모 한 명 한 명과 상호작용할 수 있는 활동에 참여할 날짜를 정하도록 한다(예 : 저녁식사, 산책, 함께 독서하기 또는 게임하기).

16. 학생에게 부모에게 사랑과 관심을 표현할 수 있는 작은 일들을 할 수 있도록 한다(예 : 요리하기, 어린 동생 봐주기, 또는 감사의 메모 전하기).

9. 형제들과의 상호작용을 설명하고, 이런 관계들을 견고하게 할 수 있는 방법들의 목록을 작성한다.(17, 18)

10. 조부모, 고모, 삼촌과 같은 친지로부터 지원을 얻을 수 있는 방법들을 찾는다.(19, 20)

11. 양육권과 방문권 합의에 대해 어떤 감정이 드는지 말로 표현한다.(21, 22)

12. 부모는 이혼 사유를 파악하며, 학생과 관련된 가족의 문제에 대해서 차분하게 이야기한다.(23, 24)

13. 부모는 이혼이 모든 연령의 아이들

17. 학생이 이혼 관련한 감정을 예상해보거나, 자신의 형제들과의 관계에서 경험했던 반응들을 표현해볼 수 있도록 돕는다. 그리고 그것을 개인일지에 기록하게 한다.

18. 학생이 형제들과의 관계를 견고하게 할 수 있는 활동들을 열거할 수 있게 도와준다(예 : 함께 산책하기, 함께 게임하기, 함께 감정의 콜라주 만들기, 함께 사진 찍기, 함께 쿠키나 디저트 만들기 등).

19. 학생에게 조부모, 이모, 삼촌에게 전화를 걸어 밖에서 만나자고 요청하게 한다.

20. 학생에게 친지들에게 감정을 나누고 함께 할 시간이 필요하다는 내용의 편지나 카드를 보내게 한다.

21. 양육권과 방문권 합의에 대한 학생의 감정을 알아본다. 학생이 양측 부모와 그러한 감정들을 나눌 수 있도록 도와준다.

22. 학생이 양측 부모와 친밀한 관계를 유지하는 것의 장점을 말할 수 있도록 도와주고, 부모와 학생의 유대감을 증진시킬 수 있는 방법들을 파악하게 한다.

23. 학생이 이해할 수 있는 언어로 이혼의 사유를 설명하고, 이혼 결정에 학생의 책임이 없음을 설명할 수 있도록 부모와 학생이 함께 참여하는 회의를 주선한다.

24. 학생으로 하여금 이혼 후 가족의 삶을 보여주는 것들을 이야기할 수 있도록 하며, 부모의 결정이 변하지 않음을 받아들일 수 있도록 도와준다.

25. 부모와 만나서 그들이 감정의 변화를 최

에게 심각한 정서적 혼란을 야기할 수 있음을 표현한다. 또한 함께 하고, 변덕과 변화를 최소화시키는 것이 스트레스를 줄일 수 있다는 것을 알게 되었음을 표현한다.(25, 26)

14. 공격적이고 자기파괴적인 행동의 원인이 되는 근본적 감정과 두려움을 표현할 건설적인 방법을 파악한다. (27, 28, 29)

15. 부정적인 정서와 두려움들이 신체적 고통의 원인이 됨을 알게 되었음을 말로 표현한다.(30, 31)

소화하고, 필요한 변화에 대해서는 학생과 논의할 수 있게 한다.

26. 부모가 학교 관련 문제들을 협력적으로 관리할 수 있도록 이혼 후의 계획을 세우는 것을 도와준다(예 : 학교활동에 참석하기, 성적표 검토하기, 학교회의 참석하기, 학교 정보 받아보기 등).

27. 학생의 정서적 반응(예 : 소리 지르기, 때리기, 철수하기 또는 재산 파괴하기)을 탐색하고 그의 감정들을 표현하는 좀 더 합리적인 방법(예 : 'I-메시지' 사용하기, 개인노트에 쓰기, 감정그림 그리기, 산책하기)을 제안한다.

28. 부모로 하여금 학생의 부정적 행동 증가, 거절, 공격적 행동을 관리하는 방법을 배울 수 있는 책을 읽도록 한다(예 : Phelan의 *1-2-3 Magic: Effective Discipline for Children 2-12*). 부모가 읽은 내용을 실천할 수 있도록 한다.

29. 부모와 함께 분노를 조절하는 좋은 방법과 부정적이고 적대적이며 공격직인 행동을 멈출 수 있도록 하는 보상제도나 만일의 사태에 대비한 계획을 세운다.

30. 학생의 신체적 불편함(예 : 두통, 복통, 또는 목 통증)을 확인하고, 그것의 정서적 원인(예 : 부모의 논쟁, 버림받을 것에 대한 두려움, 부모에 대한 분노)을 파악한다.

31. 학생으로 하여금 신체적 스트레스를 줄일 수 있는 활동에 참여하도록 한다 (예 : 산책, 달리기, 농구, 줄넘기, 근력운

16. 연령에 적합한 반응의 빈도는 증가
시키고, 부적절한 또는 퇴행행동의
빈도는 감소시킨다.(32)

17. 이혼가정의 아동들의 지지집단에 참
여한다.(33)

18. 시간 내에 학급과제와 숙제를 완수
한다.(34, 35, 36)

19. 이혼이 학업성취에 미치는 영향력을
교사와 논의한다. 그리고 개선전략

동, 유산소운동 등).

32. 학생이 퇴행적 행동을 연령에 적합한 행
동으로 바꿀 수 있도록 도와준다(예 : 부
모 침대에서 같이 자는 대신에 자기 침
대에서 자기, 부모가 학교에 차로 데려
다주는 것 대신에 버스 타고 학교 가기,
욕실을 사용할 때 부모의 도움을 받는
것 대신에 스스로하기, 아침에 부모가
옷을 챙겨주는 대신 스스로 챙겨 입기
등). 그리고 개인노트에 독립적으로 행
동한 것의 진행과정을 그래프로 그린다.

33. 학생이 이혼가정 아이들의 모임에 참석
할 수 있도록 하거나 관련 정보를 알려
주고, 상담 시간에 자신의 감정을 나눌
수 있도록 한다.

34. 학생으로 하여금 숙제를 우선순위에 두
고, 학습계획과 마감일 등을 보여줄 수
있는 표를 작성하도록 한다. 그리고 그
것을 주기적으로 평가하여 긍정적인 노
력에 대해서는 인정해주고, 부족한 부분
은 보완할 수 있도록 한다.

35. 학생의 활동을 평가하기 위해서 교사에
게 학생의 경과메모를 요청한다. 상담
시간에 경과 메모에 대해서 학생과 이야
기를 나눈다.

36. 학생이 학업과 과제를 완수하고 학업 성
취를 증진시킬 수 있는 보상계획과 만일
의 사태에 대비한 계획을 수립하고 실천
할 수 있도록 한다.

37. 학생으로 하여금 이혼이 학교와 조직력
에 미치는 영향을 담임교사에게 알리도

을 개발한다.(37, 38)

20. 긍정적이거나 부정적인 행동에 개인
적 책임이 따름을 표현하고, 학생과
가족에게 미치는 결과를 표현한다.
(39, 40)

록 하고, 담임교사에게 도움과 조언을
받을 수 있도록 한다.

38. 학생과 함께 학업에 집중할 수 있는 방
법에 대해 생각해본다(예 : 학교에서 과
제 마무리하기, 자신의 성적을 올리기
위해서 노력하기, 교사에게 개인교습 요
청하기 등).

39. 긍정적 행동과 부정적 행동에 따른 사건
을 이야기해보고, 학생으로 하여금 자신
과 가족에게 일어난 결과에 대해 말할
수 있도록 한다. 또한 학생으로 하여금
다양한 상황들을 일지에 기록할 수 있도
록 한다.

40. 학생으로 하여금 행동과 그에 따른 결과의
관계를 밝힐 수 있도록 도와준다(과제 :
Knapp의 *School Counseling and School
Social Work Homework Planner*에 있는
'Positive and Negative Consequences'
활동).

___. _____   ___. _____
   _____   _____
___. _____   ___. _____
   _____   _____
___. _____   ___. _____
   _____   _____

진단적 제안

ICD-9-CM	ICD-10-CM	DSM-5 장애, 조건 또는 문제
309.0	F43.21	적응장애, 우울 기분 동반
309.24	F43.22	적응장애, 불안 동반
309.28	F43.23	적응장애, 불안 및 우울 기분 함께 동반

309.3	F43.24	적응장애, 품행장애 동반
309.4	F43.25	적응장애, 정서 및 품행 장애 함께 동반
300.4	F34.1	지속성 우울장애(기분저하증)
300.02	F41.1	범불안장애
309.21	F93.0	분리불안장애
313.81	F91.3	적대적 반항장애

16 슬픔 및 상실

행동적 정의

1. 죽음, 별거, 이혼, 정서적 유기로 인한 중요한 관계의 상실이 있다.
2. 성적이 떨어지고, 학교활동이나 사회활동에 대한 관심이 줄어든다.
3. 사랑하는 사람을 잃어버린 깊은 슬픔으로 정상적인 일상생활로 회복되기가 어렵다.
4. 충격, 깊은 상실, 취약함, 혼돈, 두려움의 감정이 나타난다.
5. 기분 동요, 피곤함, 우울, 철수 경향을 보여준다.
6. 중요한 관계 상실로 인한 깊은 슬픔을 표현하기 어렵다.
7. 강한 고통으로부터 깊은 비애로까지의 슬픔의 단계를 거쳐 수용과 평화와 혼합된 슬픔으로 이동한다.

—. _____
_____
—. _____
_____
—. _____
_____

장기목표

1. 깊은 슬픔과 상실에 대한 감정을 파악하고 상담자나 부모에게 그런 감정들을 표현한다.
2. 일상활동, 학업, 사교모임에 관한 관심으로 돌아갈 수 있게 한다.

3. 중요한 관계의 상실을 점진적으로 수용한다.
4. 기분 동요를 안정화시키고 퇴행행동과 신체적 불편감을 감소시킨다.
5. 부적절하거나 자기파괴적인 행동에 대한 자기통제감을 획득하고 분노, 혼돈, 불확실성의 긍정적 배출구를 찾는다.
6. 미래를 향한 낙천적인 감정을 발달시킨다.

—. _____

_____

—. _____

_____

—. _____

_____

단기목표

1. 배려심이 많고, 공감적이며 지지적인 청자에게 상실에 대해서 이야기한다.(1, 2)

2. 상실 관련 감정을 탐색하고 이러한 감정들을 표현할 적절한 방법을 찾는다.(3, 4)

치료적 개입

1. 학생에게 죽음이나 상실의 이야기를 상담시간에 나누도록 하고, 또 감정이입을 잘하는 다른 사람에게 그 이야기를 반복하도록 한다. 상실에 대한 글을 쓰게 하거나 사랑하는 사람의 사진을 가져오도록 과제를 준다.

2. 개인생활, 가정생활이 어떻게 바뀌었는지 알아보기 위해서 학생에게 상실 이전, 상실 중, 상실 이후의 개인생활과 가정생활에 대해 이야기하게 한다.

3. 학생에게 그림 그리기, 노래나 시 쓰기, 음악 연주 또는 조각이나 모래놀이를 통해 상실에 대한 개인적인 반응을 표현하도록 한다. 상실에 대한 이러한 예술적 표현들을 상담자나 슬픔 및 상실 지지집단 구성원들과 공유하도록 한다.

4. 학생으로 하여금 감정의 반응이 강하게 일어날 때 대처할 수 있는 계획을 세울

3. 슬픔과 슬픔의 과정을 정의한다.(5, 6)

4. 부모나 다른 가족들이 학생의 감정을 수용한 것을 표현하고, 현재 일어나고 있는 감정을 표현할 것을 권장한다.(7, 8)

5. 상실에 슬퍼하고 적응하려면 시간과 노력이 필요하다는 것을 이해할 수 있도록 하고, 이해한 것을 말로 표현할 수 있도록 한다.(9, 10)

수 있도록 돕는다(예 : 가족, 친구들과 이야기하기, 그림 그리기, 개인일지 쓰기, 심호흡 10회 하기 등). 그리고 다음 상담 시간에 진행사항에 대해 이야기한다.

5. 학생에게 슬픔에 대해 간단한 정의를 내려준다(예 : 변화나 상실에 대한 개인적인 반응). 그리고 학생으로 하여금 좀 더 개인적으로 해당되는 정의를 내릴 수 있도록 돕는다.

6. 죽음이 일반적인 아동과 해당 학생에서 특별히 미치는 영향에 대해서 생각해본다(과제 : Knapp의 *School Counseling and School Social Work Homework Planner* 중에서 'My Evolving Feelings about Change, Loss, and Grief' 활동).

7. 부모, 가족구성원, 교사를 만나 학생의 감정을 들을 수 있는 준비를 하게 하고, 감정 표현을 위한 시간을 제공해주는 것의 중요성에 대해 강조한다.

8. 부모에게 학생과의 긍정적인 의사소통 능력을 더욱 향상시키기 위해서 Faber와 Mazlish의 *How to Talk So Kids Will Listen, How to Listen So Kids Will Talk* 를 읽게 한다.

9. 학생에게 슬픔의 단계를 가르쳐준다 (예 : 슬픔을 수용하고, 고통을 경험하고, 변화에 적응하고, 변화된 삶의 형태를 갖기). 학생에게 현재 어느 단계에 있는지 파악하게 하고 앞으로 다가올 단계에 대해 계획할 수 있게 한다(과제 : Knapp의 *School Counseling and School Social*

*Work Homework Planner*에 있는 'Climb the Mountain' 활동).

10. 개인상담이나 집단상담에서 학생과 함께 Playhouse Video의 'The Secret Garden'을 시청한 후, 동영상 안의 아이와 보호자 그리고 아빠가 사랑하는 사람을 잃은 후 겪었던 슬픔의 단계를 주제로 이야기를 나눈다. 또한 학생으로 하여금 슬픔의 단계 그리고 아이와 성인이 사용했던 슬픔에 대처하는 방법에 대해 이야기할 수 있도록 한다.

6. 슬픔 지지집단에 참여한다.(11)

11. 학생으로 하여금 큰 상실을 경험한 다른 학생들이 있는 모임에 참여하게 하거나, 해당 학생이 포함된 모임을 운영한다.

7. 힘든 날이나 슬픔이 고조된 기간에 대처할 수 있는 전략을 계획한다.(12, 13)

12. 학생과 함께 기념일, 생일, 기일 등을 맞이하는 방법을 생각해본다(예 : 친구와 함께 할 활동을 계획하기, 가족과 좋은 기억들을 나누기, 묘지를 방문하여 고인이 된 사랑하는 사람과 이야기하기, 기도하기, 추억에 감사하는 시를 쓰기, 선행을 베풀기).

13. 학생으로 하여금 기일, 생일, 돌아가신 이와 함께 경험했던 특별한 추억과 이야기가 있는 기념일에 대한 계획을 세울 수 있도록 한다.

8. 슬픔과 상실에 대한 공통적인 반응의 목록을 적는다.(14, 15)

14. 학생이 슬픔과 상실에 대한 보편적인 반응을 파악할 수 있도록 한다(예 : 충격, 분노, 죄책감, 수치심, 집중력 저하, 행동 변화, 기분 동요, 퇴행, 집착). 또한 학생에게 자신이 경험한 증상과 가족구성원 또는 친구들 사이에서 관찰된 증상들을

덧붙일 수 있도록 한다.

15. 학생이 죽음이나 상실과 관련된 감정을 파악하고 표현하는 것을 돕기 위해서 Talking, Feeling, and Doing Game(Gardner)을 개인상담 혹은 집단상담 때에 진행한다.

9. 가족, 학교 그리고 지역사회 내에서 편안함을 느낄 수 있는 자료들을 파악한다.(16, 17)

16. 학생으로 하여금 자신이 죽음과 상실을 이겨내는 데 도움이 되고 힘이 되었던 가족과 친구들의 행동을 파악할 수 있도록 한다. 또는 개인적인 지원구조를 파악할 수 있도록 Knapp의 *School Counseling and School Social Work Homework Planner*에 있는 'Important People in My Life' 활동을 과제로 내준다.

17. 학생에게 조부모, 이모, 삼촌 또는 다른 친지에게 전화를 걸어 대화나 만남을 요청하게 한다.

10. 죽음 또는 상실과 관련하여 영적 관점에 대해 논의하기 위해 목사를 만난다.(18, 19)

18. 가족의 유대교회의 주관자, 신부, 목사 또는 교회 청년지도자와의 만남을 주선하여 영적 관점에서 상실을 이야기하고 지도와 지지를 받을 수 있도록 한다.

19. 학생에게 학생 가족의 교회, 이슬람 사원, 불교사원 혹은 유대교 회당 등에서 주관하는 모임에 참석하게 한다.

11. 부모나 가족들이 학생의 두려움을 알아차리고 공감할 수 있도록 하며, 그와 친밀하고 사랑하는 관계를 유지할 것임을 확실히 말해줄 수 있도록 한다.(20, 21)

20. 학생의 부모에게 슬픔과 상실이 아동에게 미치는 영향에 대해 기록한 책을 읽게 한다(예 : Grollman의 *Talking About Death* 혹은 Emswiler와 Emswiler의 *Guiding Your Child through Grief*).

21. 부모나 다른 가족구성원들로 하여금 학생에게 개인의 신변안전을 확인시켜주고, 학생의 두려움과 슬픔의 감정을 이

12. 부모와 교사들이 학생의 슬픔에 주어진 발달적 관점과 적용 전략에 따라 반응하며, 학생이 슬픔을 이겨낼 수 있도록 돕는다.(22, 23)

13. 슬픔이 집중력과 조직력에 미치는 부정적인 영향에 대해 교사와 이야기를 나눈다. 그리고 그들의 도움을 구한다.(24)

14. 매달 여러 가지 조직적이고 비공식적인 과외 활동에 참석한다.(25, 26)

15. 부모와 교사들은 애도과정이 정상적으로 진행되지 않는 위험신호 목록을 작성하도록 한다.(27, 28)

해하고 공감을 표현할 수 있는 시간들과 방법들을 계획할 수 있도록 한다.

22. 부모와 교사로 하여금 학생이 슬픔에 대처하도록 하기 위해서 나이에 따른 적절한 개입을 할 수 있도록 돕는다(예 : 적극적 경청, 잦은 칭찬, 질문에 답하기, 슬픔과 상실에 대한 책을 함께 읽기, 계속해서 지지하고 응원하는 표현하기 등).

23. 부모와 교사로 하여금 학생과 함께 슬픔과 상실에 관한 책을 읽거나 영화를 보도록 한다(예 : Buscaglia의 *The Fall of Freddie the Leaf,* Walt Disney Production의 'Lion King', 혹은 Moser의 *Don't Despair on Thursdays!* 등).

24. 학생으로 하여금 상실이 그의 학업과 조직력에 미치는 부정적인 영향에 대해 담임교사와 이야기를 나눌 수 있도록 하고, 조언이나 지원을 받을 수 있도록 한다.

25. 학생으로 하여금 체육팀, 학교 동아리, 교회 혹은 동호회에 가입함으로써 사회적 은둔을 피할 수 있도록 도와준다. 학생의 참석을 확인하고, 상담 시에 개인적 감정을 이야기할 수 있도록 한다.

26. 사회활동에 참여하기 위한 친구 초청계획을 학생과 함께 수립한다.

27. 학생의 부모와 교사로 하여금 지속적이거나 비정상적인 슬픔 반응을 관찰하도록 한다(예 : 일상활동에 대한 지속적인 무관심, 식욕 상실, 수면 곤란, 확장된 퇴행, 관계 단절, 등교나 학업에 참여 거부). 그리고 그들로 하여금 정신건강 전

문가에게 그들의 걱정을 이야기할 수 있도록 한다.

28. 부모에게 학생의 슬픔에 대한 감정을 매일 개인일지에 기록하도록 하고, 상담 시에 그것을 가지고 이야기하거나, 가족 심리치료사에게 보일 수 있도록 한다.

16. 마술적 사고를 공유하고 재구성한다. (29, 30)

29. 학생으로 하여금 개인 슬픔을 기록하는 곳에 상실에 대한 생각, 이론, 감정들을 모두 기록할 수 있도록 한다. 다음 상담 시간에 어떠한 마법적 생각도 재구성할 수 있게 하는 해석을 사용하여 그 기록물을 가지고 이야기한다.

30. 학생이 가족이나 사회의 권위자로부터 정확한 정보를 구하게 함으로써 잘못된 생각이나 관점을 바꿀 수 있도록 도와준다.

17. 연령에 적절한 반응의 빈도를 증가시킨다. 그리고 부적절한 또는 퇴행 행동의 양을 감소시킨다.(31, 32)

31. 학생이 퇴행적 행동을 연령에 적합한 행동으로 바꿀 수 있도록 도와준다(예 : 부모 침대에서 같이 자는 대신에 자기 침대에서 자기, 부모가 학교에 차로 데려다주는 것 대신에 버스 타고 학교 가기, 욕실을 사용할 때 부모의 도움을 받는 것 대신에 스스로 하기, 아침에 부모가 이 옷을 챙겨주는 대신 스스로 챙겨 입기 등).

32. 학생이 보이는 정서적 과잉반응을 알아본다(예 : 소리 지르기, 때리기, 단절 또는 재물 파손). 학생으로 하여금 슬픔을 더 합리적인 방법으로 표현할 수 있도록 한다(예 : 'I-메시지' 사용하기, 개인일지 쓰기, 감정그림 그리기, 산책하기).

18. 부정적인 정서와 두려움이 신체적 우울을 자극할 수 있다는 것을 깨닫고, 그것을 표현할 수 있도록 한다. (33, 34)

19. 그러한 상실이 인생에 불가피한 일임을 인정할 수 있도록 돕는다.(35)

20. 개인 목표를 설정한다. 희망과 꿈을 묘사하고, 가족과 미래의 개인적 인간관계에 대한 긍정적인 부분을 표현한다.(36)

—. _____
_____
—. _____
_____
—. _____
_____

33. 학생의 신체적 불편함(예 : 두통, 복통, 또는 목 통증)을 확인하고, 그것의 정서적 원인(예 : 부모의 논쟁, 버림받을 것에 대한 두려움, 죄책감, 다가오는 기념일이나 특별한 행사에 대한 감정 등)을 파악한다.

34. 학생으로 하여금 신체적 스트레스를 줄일 수 있는 활동에 참여하도록 한다(예 : 산책, 달리기, 농구, 줄넘기, 근력운동, 유산소운동 등).

35. 학생으로 하여금 중요한 일을 중심으로(예 : 출생, 사망, 결혼, 졸업 등) 가족 연대표를 만들어보게 함으로써 주고받는 삶의 관점을 시각적으로 받아들일 수 있도록 한다(과제 : Knapp의 *School Counseling and School Social Work Homework Planner*에서 'Ebb and Flow' 활동).

36. 학생으로 하여금 가족 내에서 또는 가족 외에서 일어나는 개인적인 관계들을 중심으로 하여 앞으로 5년 후의 자신의 모습과 가족의 모습을 묘사하도록 한다(과제 : Knapp의 *School Counseling and School Social Work Homework Planner*에서 'My Predictions for the Future' 활동).

—. _____
_____
—. _____
_____
—. _____
_____

진단적 제안

ICD-9-CM	ICD-10-CM	DSM-5 장애, 조건 또는 문제
296.xx	F32.x	주요우울장애, 단순 삽화
296.xx	F33.x	주요우울장애, 재발성 삽화
V62.82	Z63.4	단순 사별
309.0	F43.21	적응장애, 우울 기분 동반
300.4	F34.1	지속성 우울장애(기분저하증)
————	————	———————————————
————	————	———————————————

17 학습장애

행동적 정의

1. 학교에서 독해, 수학 또는 문어체 학습에 어려움이 있고, (연령이나 학년 수준 이하의) 부적절·부적합한 수행을 보인다.
2. 개별적으로 수행된 표준화된 IQ 테스트에서 한 가지 혹은 몇 가지 영역에서 평균 이하의 지적 기능이 보고된다.
3. 개별적으로 수행된 표준화된 IQ 테스트에서 학업수행 수준이 현저히 전반적 능력 수준 이하로 보고된다.
4. 개인적인 관리, 시간 관리, 공부 방법과 관련한 어려움이 있다.
5. 청각장애나 언어발달 지체가 나타난다.
6. 학교나 업무 환경에서 순조로운 진행이 이루어지기 위해서는 별도의 시설이나 장비가 요구된다.
7. 주의집중 기간이 짧고, 쉽게 산만해지며, 충동적이다.
8. 미성숙한 행동, 사회성 기술의 부족, 다른 사람의 사회적 신호를 알아차리는 데 어려움이 있다.
9. 자존감이 낮고, 학업적·사회적 독립적 기능 수행에 있어서 무능력감을 느낀다.

—. _____

_____

—. _____

_____

—・ _____

_____

장기목표

1. 증상에 대해 종합적인 사회적・심리적・의학적 평가를 실시한다.
2. 부모, 교사와 함께 학습장애(Learning Disabilities, LD)나 정신적 손상(Mentally Impaired, MI) 증후군에 대한 이해도를 높인다.
3. 학업성취와 독립적 기능수행을 위해 IEPC(Individualized Education Planning and Placement Committee)에서 지정한 특수교육 프로그램에 참여한다.
4. 학업적・사회적・행동적 성취에 도움을 줄 수 있는 교사 및 특수교육 교사와 함께 작업한다.
5. 자신을 많은 강점과 능력을 지닌 특별한 존재로 바라본다.
6. 시간 관리와 조직 기술에 대해 배운다.

—・ _____

_____

—・ _____

_____

—・ _____

_____

단기목표

1. 학습장애의 원인을 알아내기 위한 심리적・사회적/정서적・의학적 평가를 완료한다.(1, 2)

2. 학습능력의 차이에 대한 일반적/개인적 인식, 관리 전략, 사회적/정서

치료적 개입

1. 학생, 학생의 부모, 의뢰한 교사 또는 특수교사와 논의를 통해 학생의 학업 성취, 사회적 혹은 행동적 어려움에 대한 정보를 수집한다.

2. 부모나 학교가 적절하다고 판단하는 경우, 학교 또는 사설 심리학자와 함께 학생의 사회적/정서적・심리적 평가를 실시한다.

3. 학습장애(LD)나 정신적 손상(MI)의 본질, 관련된 문제들, 성공적인 대처 전략

적 영향에 대해 알기 위해 개인상담이나 집단상담에 참여한다.(3, 4)

3. 부모와 교사는 학습능력의 차이가 학생에게 미치는 영향에 대해 이해한 것을 언어로 표현하고, 관리전략을 실행하는 것에 동의한다.(5, 6, 7)

에 대한 논의가 이루어지는 학교 내 상담집단에 학생을 참여시킨다.

4. 학생과 함께 학습능력의 차이에 대해 설명하고, 이와 관련한 감정을 탐색하고, 관리전략을 제안해주는 아동도서를 읽는다(예 : Dwuer의 *What Do You Mean, I Have a Learing Disability*?, Gehret와 DaDuka의 *The Don't-Give-Up Kid and Learning Differences*).

5. 부모가 학습능력 차이의 본질에 관해 학생과 향후 논의할 수 있도록, 부모에게 Cronin의 *Helping Your Dyslexic Child: A Step-by-Step Program for Helping Your Child Improve Reading, Writing, Spelling, Comprehension and Self-Esteem*, Silver의 *The Misunderstood Child: A Guide for Parents of Children with Learning Disabilities*, 또는 다른 도서들을 읽게 한다.

6. 학생의 부모를 학습장애(LD) 또는 정신적 손상(MI) 부모 지지집단에 의뢰한다[예 : 특수아동위원회, 학습장애분과(Council for Exceptional Children, Division of Learning Disabilities, 1-703-620-3660, www.cec.sped.org) 또는 LDA(Learning Disabilities Association of America, 미국 학습장애협회, 412-341-1515, www.ldanatl.org)].

7. 정기적으로 교사를 만나서 Winebrenner의 *Teaching Kids with Learning Difficulties in the Regular Classroom* 또는 학습적 차이가 있는 학생의 지도 및 격려를 위한 교실활동 기법을 제공하고 있는

4. 부족한 학문 영역에서 추천받은 개
   별 혹은 소집단 지도를 받는다.(8, 9)

5. 언어치료, 직업치료, 물리치료 또는
   사회복지 치료에 참여한다.(10)

6. 자기관리, 독립적 기능수행, 향후 취
   업에 도움이 되는 프로그램에 참여
   한다.(11, 12, 13)

7. 학생이 지도를 받고, 과제를 완수하
   고, 시험을 보는 능력을 강화하는 데

다른 우수운영 사례도서에 수록되어 있
는 전략들을 검토한다.

8. IEPC에 참석하고, 학생의 특수교육 서비
   스 적격성을 판단하며, 학습, 사회적/행
   동적 결함이 있는 영역의 수행목표 및
   목적을 수립하는 자리에도 참여한다.

9. 다른 IEPC 구성원들과 협력하여 학생에
   게 도움이 될 수 있는 특별 프로그램을
   알아본다(예 : 특별구성 프로그램, 학습
   도움실, 개별 또는 소집단 지도, 일반 교
   실 내 지지).

10. 필요할 경우, 학생이 학교에서 제공하는
    서비스들을 받을 수 있는 자격 여부를
    결정하고, 학생에게 도움을 줄 수 있도
    록 하기 위해, 학생을 언어치료사, 직업
    치료사, 물리치료사가 실시하는 평가에
    의뢰한다.

11. 학생이 향후 독립을 준비하는 데 도움이
    되는 과목들을 선택하는 것을 권장한다
    (예 : 아동발달, 자립생활, 가정학, 개인
    재무관리).

12. 학생이 취업에 도움이 되는 기술이나 현
    장실습을 제공하기 위해 개설된 지역사
    회 기반 강좌나 학교 진로 프로그램에
    등록한다.

13. 손기술을 기반으로 한 기법 훈련 프로그
    램(예 : 자동차 정비, 건설, 패션 디자인,
    접대, 방문객 서비스 또는 미용 훈련)에
    학생을 의뢰한다.

14. 특수교육 교사와 협력하여 학생의 일상
    적 학업 수행 및 평가에 도움을 줄 수 있

도움이 되는 시설이나 장비를 활용한다.(14, 15)

8. 구체적인 학업적·행동적 목표를 설정하고, 목표성취를 위한 전략을 고안하기 위해 기능분석(수정해야 할 행동이 어떤 상황에서 시작되며, 어떤 결과를 초래하는지 분석하는 절차—역주)에 참여한다.(16, 17)

9. 모든 사람들은 특별하고, 다른 방식으로 배우며, 다양한 강점과 약점을 지니고 있다는 것에 대한 인식을 말로 표현한다.(18, 19)

는 장비를 제공한다(예 : 녹음기, 컴퓨터, 계산기, 교사 목소리 개선장치).

15. 학생의 학업성취를 장려하기 위해 필요한 편의를 도모하기 위하여 학생, 교사, 부모와 협의한다(예 : 한 번에 한 가지 과제 부과, 긍정적 태도, 필요한 경우 과제 변경 및 추가 시간 허용).

16. 학습, 행동과 관련된 문제를 정의하고, 가능한 원인을 분석하고, 문제를 바로잡기 위한 강화개입 방안을 마련하기 위해, 학생에 대한 기능분석을 완료한다.

17. 학생의 행동을 분석하고 학생이 긍정적인 대안 행동들을 발전시키는 데 도움이 되는 구체적인 개입전략 계획을 세우기 위하여, MET(multidisciplinary evaluation team) 구성원들과 협력하여 Knapp의 *School Counseling and School Social Work Homework Planner*에 수록된 'The Record of Behavioral Progress'를 작성한다.

18. 다중지능 측면(Gardner, 1993)에서 학생이 지니고 있는 능력을 평가하기 위하여, 학생에게 Knapp의 *School Counseling and School Social Work Homework Planner*에 수록된 'Skill Assessment' 활동을 실시하게 한다.

19. 학생이 자신의 강점을 발견하고, 목표에 도달하기 위해 자신의 강점을 어떻게 활용할 수 있는지 알아갈 수 있도록 하기 위해, 학생에게 Knapp의 *School Coun-seling and School Social Work Home-*

10. 사회성 기술 집단에 참여한다.(20)

11. 사회적 유대관계를 구축하기 위해 의사소통 기술을 활용한다.(21, 22)

12. 또래 집단에서 적극적으로 교우관계를 구축한다.(23, 24)

13. 부모, 교사, 다른 중요한 성인들과 긍정적인 관계를 맺는다.(25, 26)

14. 수업 중 부과된 임무와 과제를 완료하는 비율이 증가한다.(27, 28)

*work Planner*에 수록된 'Building on Strengths' 활동을 실시하게 한다.

20. 학생을 사회성 기술 치료 집단에 의뢰한다.

21. 학생에게 'I-메시지'와 반영적 경청(참고 : Gordon의 *Teaching Children Self-Discipline at Home and School*), 또는 'Bug-Wish 기법'을 사용하는 방법을 가르친다.

22. 사회적 자기주장 및 갈등관리 기술을 발달시키기 위해서 Schmidt, Friedmann, Brunt 그리고 Scolotoff의 *Peacemaking Skills for Little Kids Student Activity Book*을 활용한다.

23. 학생의 교사가 학생을 협동학습, 활동 집단에 참여시키도록 장려한다.

24. 학생이 학교, 교회 또는 지역사회의 후원을 받는 특별활동 집단에 참여하는 것을 지원한다.

25. 학생이 자신에게 특별한 의미가 있는 성인과 자신의 감정을 적절히 공유할 수 있도록 하기 위해, 손인형이나 역할극을 활용한다.

26. 학생이 부모, 교사 또는 친구와 개인적인 문제들에 대해 논의하게 하고, 다음 상담회기 중에 그 결과에 대해 다룬다.

27. 학생이 학습 계획서를 활용하여 자신에게 부과된 모든 과제 목록을 작성하고, 과제를 하는 데 소요된 시간을 기록하고, 과제를 완료했을 때 체크 표시를 하게 한다. 부모와 교사가 학생의 계획서

를 매일 점검하고, 필요한 경우 격려 또는 지시를 하게 한다.

28. 학생이 학업기술, 이해력, 시험 실시, 기억력 등을 개발하는 것을 돕기 위하여 학생에게 Abbamont와 Brescher의 *Study Smart*에 수록되어 있는 활동을 하게 한다.

29. 학생이 가정, 학교, 지역사회의 중요한 일과들의 목록을 적고 우선순위를 정하는 것을 돕는다. 일정을 완수하기 위해 필요한 시간을 할당하고 계획표에 기록한다.

15. 중요한 일과들을 구조화하고 우선순위를 정하기 위하여 일상활동이나 일정을 정한다.(29, 30)

30. 학생에게 잔심부름, 자신에게 부과된 임무나 과제를 완수하였을 때 각각 목록 옆에 별표나 스티커, 웃는 얼굴을 붙이게 하고 부모, 교사 또는 상담자와 기쁨을 공유하게 한다.

16. 사회적 상호작용, 학교 내 성과, 자신감을 향상시키기 위한 문제해결 전략을 실행한다.(31, 32)

31. 학생이 자신의 문제를 해결하기 위한 전략들의 개요를 서술할 수 있도록 하기 위해, Knapp의 *School Counseling and School Social Work Homework Planner*에 수록된 'Personal Problem-Solving Worksheet'를 작성하는 것을 돕는다.

32. 문제해결과 구체적인 행동의 결과를 예측하는 것을 가르쳐 주기 위해 Shure의 *I Can Problem Solve* 프로그램에 수록된 활동들을 소개한다.

17. 부모와 교사가 학생에게 개인의 책임, 행동하기 전에 결과를 고려하는 것의 장점을 강조하고, 학생에게 자율권을 부여한다.(33, 34)

33. 학생이 책임감을 발달시킬 수 있도록, 교사와 부모가 긍정적인 훈육 전략을 활용하는 것을 장려한다(예 : 잔심부름, 과제, 임무, 실수를 통해 배울 수 있게 하는 것, 결과, 선택, 다음 기회에 다시 시

18. 부모, 교사, 상담자가 책임을 지고 독립적으로 학생의 진행 상태를 확인한다.(35, 36)

19. 학습장애와 학업문제로 어려움을 겪고 있는 다른 학생들에게 조언과 도움을 제공한다.(37, 38)

—. _____
   _____
—. _____
   _____
—. _____
   _____

도해볼 수 있는 기회 제공 등).

34. 학생이 자신의 선택과 이로 인한 구체적인 결과와의 관계를 보다 잘 이해할 수 있게 하기 위해, Knapp의 *School Counseling and School Social Work Homework Planner*에 수록된 'Decision Making' 활동을 개별적으로 또는 소집단 회기 중에 해보게 한다.

35. 교사나 부모가 학생의 진행 상태를 사적이고 조용한 방식으로 자주 확인해보게 한다.

36. 상담회기 중에 학생이 학교, 가정, 사회적 적응이 진행되고 있는 상태를 스스로 확인해보고, 부모, 교사, 상담자, 집단 구성원들과 성공경험을 공유할 수 있는 시간을 마련한다.

37. 교사는 학생이 다양한 학습장애로 어려움을 겪는 학급동료나 후배들에게 도움을 줄 수 있게 한다.

38. 새롭게 형성된 학습장애 집단에 속한 다른 학생들에게 자신의 전략과 성공경험을 나눌 수 있도록 학생을 초청한다.

—. _____
   _____
—. _____
   _____
—. _____
   _____

진단적 제안

ICD-9-CM	ICD-10-CM	DSM-5 장애, 조건 또는 문제
315.00	F81.0	특정학습장애, 읽기 손상 동반
315.1	F81.2	특정학습장애, 수학 손상 동반
315.2	F81.1	특정학습장애, 쓰기 손상 동반
317	F70	지적장애(지적발달장애), 경도
318.00	F71	지적장애(지적발달장애), 중등도
299.00	F84.0	자폐스펙트럼장애
———	———	———————————————
———	———	———————————————

18 적대적 반항장애(ODD)*

행동적 정의

1. 분노 조절에 어려움이 있고, 화를 잘 내며, 쉽게 좌절한다.
2. 어른들과 자주 대립하며 논쟁을 벌인다.
3. 어른의 지시나 요청에 따르는 것을 거부한다.
4. 고의적으로 다른 사람의 기분을 상하게 하거나 귀찮게 한다.
5. 다른 사람으로 인해 쉽게 화를 내거나 짜증을 낸다.
6. 다른 사람의 잘못된 행동이나 실수에 대해 비난을 한다.
7. 화내거나 억울해하는 태도를 자주 보인다.
8. 앙심을 품고 보복하기 위해, 다른 사람에게 복수할 기회를 노린다.
9. 자신을 진정시키기 위해 활용할 수 있는 전략이 부족하다.
10. 극도의 통제가 필요하다.
11. 가족 사회, 학업적 기능수행에 있어 중요한 어려움에 직면해 있다.

—. _____

_____

—. _____

_____

---

* 이 장의 일부 EBT 내용(일부 수정을 포함하여)은 A. E. Jongsma, Jr., L. M. Peterson, W. P. McInnis, & T. J. Bruce, *The Child Psychotherapy Treatment Planner*, 4th ed.(Hoboken, NJ: John Wiley & Sons, 2006)에서 발췌함. Copyright ⓒ 2006 by A. E. Jongsma, Jr., L. M. Peterson, W. P. McInnis, and T. J. Bruce. 허락하에 재인쇄.

—. _____

_____

장기목표

1. 어른 및 또래와 협력하는 행동이 증가한다.

2. 성질을 폭발시키는 것이 줄어든다.

3. 권위 있는 대상에 대해 긍정적이고 정중한 태도를 기른다.

4. 자신의 행동에 대해 책임을 진다.

5. 사회적 상호작용을 함에 있어서, 갈등관리와 적절한 대인관계 기술을 활용한다.

6. 자기통제감을 기르고, 기꺼이 다른 사람들과 통제권을 공유하고자 하는 마음을 가진다.

—. _____

_____

_____

—. _____

_____

—. _____

_____

단기목표

▽ 1. 반항적인 행동의 원인을 찾기 위해, 생물학적·심리사회적 정보를 제공하는 데 협조한다.(1, 2)

치료적 개입

1. 학생, 부모, 의뢰한 교사, 특수교육 교사와 논의를 통해 학생의 사회적·의학적, 가족, 학습, 행농적 어려움에 관한 정보를 수집한다. 고학년인 경우, 마약사용 관련 정보도 수집한다. 만약 약물남용이 의심되는 경우 학생보호서비스(Child Protective Service)에 의뢰한다. ▽

2. 생화학적 요인들을 배제하고, 학습, 정서, 행동장애가 있는지 알아보기 위하여, 학교 정책에 따라 학교아동연구팀, 지역사회 서비스 제공자와 협력하여 학생을 건강검진과 심리-교육적 평가에 배정하고, 윤리기준에 따라 학생, 가족, 동료들

2. 부모와 학생은 ODD와 관리전략, 사회적/정서적 영향들에 대해 이해한 것을 말로 표현한다.(3, 4, 5, 6)

3. 부모와 학생이 ODD에 대한 도서를 읽는다.(7, 8)

▽ 4. 부모가 긍정적인 훈육과 효과적인 양육 기법들을 배우기 위해 양육 프

에게 평가결과를 제공한다. ▽

3. 학생의 행동에 대처하는 데 도움을 주기 위해 개인상담, 가족상담을 제공하는 정신건강 전문가, 병원 혹은 기관에 학생과 부모를 의뢰한다.

4. 부모와 학생이 매주 지정된 시간에 만나서 경과 검토, 격려 제공, 지속적인 문제점에 대한 언급, 상담자나 개인 치료자와 공유할 수 있도록 서면으로 경과를 작성하는 것을 제안한다.

5. 학생과 만나서 학생이 느끼는 감정을 탐색하고, 질문에 답해주고, ODD 증상을 성공적으로 관리하기 위해 학생의 협력과 참여를 이끌어낸다.

6. ODD의 본질, 관련된 문제들, 성공적인 대처전략들에 대해 논의하는 학교 내 ODD 상담집단에 학생을 참여시킨다.

7. 부모가 ODD에 대해 이해하고, 대처전략을 얻을 수 있도록, 부모에게 ODD에 대한 도서를 읽게 한다(예 : Koplewicz의 *It's Nobody's Fault: New Hope and Help for Difficult Children and Their Parents*).

8. ODD에 대해 설명해주고, 감정을 탐색하고, 관리전략을 제안해주는 아동도서를 학생과 함께 읽는다(예 : Agassi의 *Hands Are Not for Hitting*, Greene의 *The Teen-ager's Guide to School Outside the Box*, Aborn의 *Everything I DO You Blame on Me*).

9. 부모를 효과적인 양육과 긍정적인 훈육 기법들을 기르기 위해 고안된, 근거 기반

로그램에 참여한다.(9)

5. 긍정적인 행동들을 늘려나가기 위해 고안된 학교기반 긍정적 강화 프로그램에 참여한다.(10, 11, 12)

6. 부모가 학생의 문제행동을 인지하고 관리하기 위해서 부모관리훈련기술 (Parent Management Training Skill)을 배우고 활용한다.(13, 14)

양육 프로그램에 의뢰한다[예 : Webster-Stratton과 Reid의 *The Incredible Years: Parents, Teachers, and Children Training Series*(http://www. Incredibleyears.com), Mologaard와 Spoth의 *The Strengthening Families Program*(http://www.strengthen ing familiesprogram.org), Bavolek의 *The Nurturing Parent Program*(http://www. nurturingparenting.com/)].

10. Webster-Stratton과 Reid의 *The Incredible Years Program* 중 학교를 기반으로 한 프로그램을 시행한다.

11. 표적행동을 식별하기 위해 기능적 행동분석을 실시하고, 바람직한 행동빈도를 증가시키기 위해 정적강화를 제공한다(참고 : Crone과 Horner의 *Building Positive Behavior Support Systems in Schools: Functional Behavioral Assessment*).

12. 교사가 표적행동에 대해 일관적이고 빈번한 정적강화를 제공하고, 긍정적 행동을 지원하기 위해 반복적으로 결과를 모니터링하는 'Check-In/Check-Out 기법'을 도입할 수 있도록 지도한다(참고 : Hawken, Pettersson, Mootz 그리고 Anderson의 *The Behavior Education Program: A Check-In, Check-Out Intervention for Students at Risk*).

13. 학생과 부모를 부모관리 훈련 전문가에게 의뢰하거나, 부모에게 '부모와 자녀의 행동적 상호작용이 어떻게 긍정적 또는 부정적 행동을 고무시키거나 좌절시

킬 수 있는지 그리고 이렇게 변해가는 상호작용의 핵심요소(예 : 긍정적 행동의 촉구와 강화)가 긍정적 변화를 촉구하는 과정에서 어떻게 사용될 수 있는지'에 대해 알려준다(예 : Forehand와 Long의 *Parenting the Strong-Willed Child*, Patterson의 *Living With Children* 참고). ▽

14. 부모에게 문제행동을 분명하게 정의하고 식별할 수 있는 방법, 문제행동에 대한 부모 자신의 반응을 식별할 수 있는 방법, 부모의 반응이 그 행동을 고무시키는지 좌절시키는지 알 수 있는 방법, 문제행동에 대한 대안을 만드는 방법에 대해 가르친다. 또는 부모가 Webster-Stratton과 Reid의 *The Incredible Years* 중 양육 부분에 참여하게 한다. ▽

▽ 7. 부모가 효과적인 양육기술을 가르쳐주는 도서를 읽거나 양육교실에 참석한다.(15, 16)

15. 부모가 학생과 함께 사용할 수 있는 효과적인 기술들을 습득할 수 있도록 부모에게 양육도서를 읽게 한다(예 : Gordon의 *Parent Effectiveness Training: The Proven Program for Raising Responsible Children*, Coloroso의 *Kids Are Worth It!*). ▽

16. 부모에게 가정 내 긍정적 훈육 전략 실행에 관한 도서를 제공한다(예 : Phelan의 *1-2-3 Magic*, Cline과 Fay의 *Parenting with Love and Logic*, Nelson의 *Positive Discipline*, Dreikurs와 Soltz의 *Children: The Challenge*). ▽

▽ 8. 화내는 행동의 구성요소와 발달단계를 확인한 후, 행동을 보다 신중하게

17. 화내고 적대적인 행동이 다른 (인지적 · 생리적 · 정서적 · 행동적) 요소들과 관련

관리한다.(17, 18)

▽ **9.** 좌절과 반항에 대한 반응을 관리하는 새로운 방법의 일환으로 스스로를 진정시키는 전략을 배우고 실행한다.(19)

▽ **10.** 학교와 가정에서 협력적이고 성공적으로 행동하는 데 초점을 맞춘 행동계획을 공동으로 작성한다.(20, 21)

되어 있고, 예측 가능한 단계들을 거치며, 각 단계들은 관리와 변화가 가능하다는 것을 학생이 깨달을 수 있게 돕는다(예 : 지나치게 큰 기대가 충족되지 않을 경우 더 흥분을 하게 되고, 화가 나게 되면 행동으로 나타남). ▽

18. 학생이 분노와 잘못된 행동을 관리하게 되면 긍정적인 결과가 유발된다는 것을 알 수 있게 돕는다(예 : 다른 사람과 자신으로부터 존중받고, 다른 사람들로부터 협력을 끌어내며, 신체적 건강도 좋아짐). 학생이 분노와 잘못된 행동을 개념화하고 관리할 수 있는 새로운 방법들을 배우는 것에 대해 동의할 수 있게 한다. ▽

19. 학생에게 분노나 반항하는 감정이 생겼을 때 적절하게 반응하는 의식적 전략의 일환으로 스스로를 진정시킬 수 있는 기법들을 가르친다(예 : 근육 이완, 단계별 호흡법, 진정 형상화). ▽

20. 학생이 학교와 가정에서 바람직한 긍정적 행동과 피해야 할 부정적 행동, 발생 가능한 어려움에 대한 해결방법 등을 적은 계획서를 활용하여 행동관리계획에 대한 아이디어를 정립할 수 있도록 돕는다(또는 Knapp의 *School Counseling and School Social Work Homework Planner*에 수록된 'The Problem Solving Work-sheet'를 활용한다). ▽

21. 성공 가능성을 높이고, 실패를 면하기 위하여 학생, 부모, 교사가 반드시 행동

계획서에 현실성 있는 기대들을 갖도록 한다(예 : 구체적인 표적 행동, 달성 가능한 목표, 진전 사항 인지, 진행 경과를 반영하고, 남아 있는 문제들을 다루기 위해 계획을 자주 수정함). ▽

▽ **11.** 분노, 반항적인 인식과 신념을 대체할 수 있는 건설적이고 긍정적인 자기대화를 개발한다.(22)

22. 학생의 분노 감정과 행동에 영향을 미치는 학생의 신념을 탐색하고, 인지적 편향을 찾아내어 이의를 제기하며, 학생이 편향을 바로잡고 불만에 대해 보다 유연하고 자기통제적인 반응을 촉진할 수 있는 보다 정확한 판단과 자기대화를 만들어낼 수 있도록 돕는다. ▽

▽ **12.** 불만, 의견 충돌, 분노감을 자제력을 잃지 않고 적극적인 방식으로 언어화한다.(23)

23. 학생에게 적극적인 의사소통을 가르치기 위해 설명, 모델링, 역할극을 활용한다. 필요한 경우 학생을 자기주장 훈련 교실/집단에 의뢰한다. ▽

▽ **13.** 대인관계 문제를 건설적으로 관리하기 위해 문제해결 및 갈등해결 기술을 배우고 실행한다.(24, 25)

24. 학생과 분노폭발의 계기와 대상을 다루는 적절하고 사회적으로 용인할 수 있는 방법들에 대한 아이디어를 도출해본다(예 : 'I-메시지' 활용, 잠시 상황에서 벗어남, 유머 활용, 개인적으로 타임아웃 시간 갖기 등). 현재 갈등을 다루기 위해 모델링과 역할극을 활용한다. ▽

25. 학생이 자신의 욕구에 적절한 신체, 인지, 의사소통, 문제해결 및 갈등해결 기술을 결합한 맞춤형 전략들을 만들어내도록 돕는다(참고 : Meichenbaum의 *Treatment of Individual with Anger Control Problems and Aggressive Behaviors*). ▽

▽ **14.** 상담회기, 과제활동 중에 진정, 의사소통, 갈등해결, 사고력을 사용한 연

26. 학생이 새롭게 익힌 분노와 행동관리 기술을 통합하여 활용할 수 있도록 하기

습을 해본다.(26, 27)

위해, 점점 더 어려운 상황에서, 이완하기, 형상화, 행동 시연, 모델링, 역할극, 비디오 녹화된 장면에 대한 피드백 주기 등을 활용해본다. ▽

27. 학생이 새롭게 배운 스트레스 감소, 자기주장, 갈등해결 그리고 필요할 경우 인지재구조화 기술을 연습해볼 수 있도록 학생에게 실습과제를 부과하고, 결과에 대해 긍정적·수정적 피드백을 제공한다. ▽

▽ 15. 부모, 어른들과 예의 바르고 공손한 상호작용의 빈도를 증가시킨다.(28, 29)

28. 학생에게 상호주의 원칙을 가르친다. 일주일 동안 학생이 모든 사람을 존중하는 태도로 대하게 한 후, 다른 사람들도 이에 대한 보답으로 해당 학생을 더 존중하는 태도로 대하여 주는지 살펴보게 한다. 결과와 문제해결 과정을 추적해보고, 보다 서로를 존중하는 상호작용이 무엇인지에 대하여 다시 논의해본다. ▽

29. 학생이 자신의 감정을 정중하게 표현하는 능력을 확장시켜나갈 수 있도록 하기 위해 치료적 게임을 활용한다[예 : Gardner의 The Talking, Feeling and Doing Game (한국판 '말하고, 느끼고, 행동하기 게임', 마인드프레스—역주, Creative Therapeutics에서 이용 가능), Zakich의 The Ungame (The Ungame Company에서 이용 가능)을 실시한다]. ▽

▽ 16. 감정 그리고 감정과 행동, 다른 사람들의 반응 간의 관계를 정확하게 구분한다.(30, 31)

30. 학생이 감정과 욕구 그리고 감정, 욕구와 행동 간의 관계를 인식하고, 감정과 욕구를 건설적이고 정중한 방식으로 표현하는 방법을 알 수 있도록 돕는다. ▽

▽ 17. 학생이 새로운 기술을 보다 잘 실행할 수 있도록 도움이 되는 사회적 지원을 알아본다.(32)

18. 흔히 경험하는 감정들을 일지에 기록하고, 한 회기 내에서 그 감정들에 대해 다룬다.(33)

19. 적절 상태를 유지하는 능력의 향상 정도를 기록하는 도표를 사용하여 자신의 행동, 어른이나 또래와의 상호작용을 스스로 점검해본다.(34)

20. 적대적인 행동들의 순환에서 벗어나기 위한 전략들의 목록을 작성하고 실행한다.(35, 36)

31. 학생이 불평을 긍정적 변화를 위한 요청으로 재구성할 수 있도록 돕는다(또는 Jongsma, Peterson 그리고 McInnis의 *Adolescent Psychotherapy Homework Planner*, 제2판에 수록된 'Filing a Complaint' 또는 'If I Could Run My Family' 활동을 하게 한다). ▽

32. 학생이 신뢰할 수 있는 동료, 가족 또는 자신의 변화를 지지해줄 가능성이 있는 다른 중요한 사람과 함께 새롭게 익힌 분노 및 행동 관리 기술에 대해 의논하고 사용해보게 한다. ▽

33. 학생에게 자신이 보통 경험하는 감정들을 기록해놓은 감정 도표에서 감정을 선택하게 한다―선택한 감정을 개인일지에 기록하고 개인상담이나 집단상담 회기 중에 다룬다.

34. 학생에게 정서적 반응, 행동, 사회적 상호작용들을 추적 관찰하기 위한 자기점검 도표를 만들고, 교실 책상이나 개인 수첩에 붙여놓게 한다. 도표를 검토한 후, 긍정적 피드백이나 수정 피드백을 제공한다. 또는 Knapp의 *School Counseling and School Social Work Homework Planner*에 수록된 'Student Self-Report'를 활용하게 한다.

35. 학생에게 부정적 행동과 이로 인한 결과들의 순환을 그려보게 하고(예 : 사건, 학생이 부정적으로 반응함, 어른이 학생을 비난함, 학생이 부정적 행동을 더 많이 하게 됨 등), 순환을 중단시킬 수 있

21. 부모, 교육자와 긍정적 상호작용의
    빈도를 증가시킨다.(37, 38, 39)

는 전략 목록을 작성해보게 한다(예 : 10
까지 수 세기, 긍정적 자기대화하기, 말
로 반응하는 대신에 글로 적기, 잠시 마
음으로 타임아웃하는 시간 갖기).

36. 학생이 사전에 준비한 전략들(예 : 타임
    아웃, 자리 바꾸기, 산책하기 또는 행동
    전화하기)을 활용해서 부정적 행동들의
    순환을 중단시킬 필요가 있을 때 사용할
    수 있는 언어적 · 비언어적 신호를 부모,
    교사와 함께 정하게 한다.

37. 관심을 끌려는 행동의 긍정적 · 부정적 영
    향에 대해 이해할 수 있도록, 개인상담
    이나 집단상담 회기 중에 학생이 Knapp
    의 *School Counseling and School Social
    Work Homework Planner*에 수록된
    'Criticism, Praise, and Encouragement' 활
    동을 끝마치게 한다.

38. 학생과 함께 '긍정적 관심을 얻기 위해
    내가 할 수 있는 것들', '부정적 관심을
    얻기 위해 내가 할 수 있는 것들'이라는
    제목의 목록을 작성하고, 목록의 길이를
    비교해본다. '좋은 관심' 목록을 더 길게
    작성하기 위한 방법에 대한 아이디어를
    도출해본다. 좋은 관심을 얻기 위한 행
    동들을 실행해보게 한다.

39. 학생이 자신의 행동에 대한 어른들의 평
    가에 적절하게 반응하는 방법을 배울 수
    있도록, 학생에게 Knapp의 *School Coun-
    seling and School Social Work Home-
    work Planner*에 수록된 'Response to
    Prais, Criticism, and Encouragement' 활

22. 학업수행에서 만족스러운 기능 수준을 유지한다.(40)

동을 하게 한다.

40. 개인, 집단 회기 중에 학생과 함께 지속적으로 학문적 노력을 기울이고 임무를 완수하기 위해 필요한 전략에 대한 아이디어를 도출해보고(예 : 자기점검, 짧은 휴식시간 갖기, 구체적인 시간 계획 잡기, 일의 우선순위 매기기, 근육 스트레칭, 일하는 동안 서 있기 등), 이러한 목표와 관련된 개인적인 성공경험이나 어려웠던 점 등을 공유한다.

23. 학교와 지역사회에서 또래들과 함께 적절한 사회적 상호작용 기술을 활용해본다.(41)

41. 개인이나 집단 회기 중에 학생이 충동적인 선택으로 인해 부정적인 대인관계 관련 문제가 발생되었던 경험을 나누게 한 후에, 보다 적절한 행동을 선택하고 가능성 있는 결과를 예측해보게 한다(또는 Knapp의 *School Counseling and School Social Work Homework Planner*에 수록된 'Rewind Game'을 해보도록 한다).

—. _____

—. _____

—. _____

—. _____

—. _____

—. _____

진단적 제안

ICD-9-CM	ICD-10-CM	DSM-5 장애, 조건 또는 문제
313.81	F91.3	적대적 반항장애
312.89	F91.8	달리 명시된 파괴적, 충동조절 및 품행장애
312.9	F91.9	명시되지 않는 파괴적, 충동조절 및 품행장애
314.01	F90.2	주의력결핍 과잉행동장애, 복합형

314.9	F90.9	명시되지 않는 주의력결핍 과잉행동장애
___	___	___
___	___	___

19 양육기술/훈육하기

행동적 정의

1. 집과 학교에서 학생으로서 무책임한 행동을 보인다.
2. 반대로 행동하는 패턴을 보임으로써 스스로와 부모, 다른 사람에 대한 존경이 부족함을 드러낸다.
3. 집, 학교, 단체 안에서 독립적으로 기능하는 데 어려움이 있다.
4. 높은 수준의 스트레스와 불안을 보인다.
5. 부적절감과 낮은 자존감을 표현한다.
6. 집과 학급에서 태도와 관련된 규칙을 따르는 데 실패한다(예 : 차례 지키기, 경청하기, 과제 완료하기, 줄서기, 자리에 앉아 있기 등).
7. 부모는 훈육 및 다른 양육기술의 부족을 보인다.
8. 부모는 학생의 행동과 관련하여 점진적이고 적절하게 기대하는 데 부족함을 보인다.
9. 부모는 학생을 신체적 또는 정서적으로 학대한다.

—. _____

_____

—. _____

_____

—. _____

_____

장기목표

1. 집과 학교, 단체 안에서 책임감 있고 존중하는 모습으로 행동한다.
2. 긍정적이고 사회적으로 적절한 대인관계 기술을 습득한다.
3. 집과 학교, 단체의 규칙을 따르고 기대되는 행동을 한다.
4. 부모는 한계를 제시하고 독립성을 격려하는 긍정적인 훈육 전략을 습득한다.
5. 부모는 학생에 대한 적절한 기대감을 발전적으로 세운다.
6. 부모는 비효과적이고 학대적인 양육을 멈추고 긍정적 행동을 강화한다.
7. 가족 관계를 더욱 긍정적이고 사랑이 넘치도록 만든다.

—. _____
  _____
—. _____
  _____
—. _____
  _____

단기목표

1. 학생의 행동원인을 결정하는 데 필요한 생물학적·심리사회적 정보 제공에 협조한다.(1, 2, 3, 4)

치료적 개입

1. 학생의 학교와 가족 행동에 대한 정보뿐 아니라 사회적·의학적, 가족, 학습 어려움과 관련된 정보를 학생과 부모, 의뢰한 교사, 특수교사와 함께 논의를 통해 수집한다.
2. 학교 정책에 따라, 학교아동연구팀 및 다른 지역사회 봉사자와 협조하여 학생의 문제행동 패턴에 영향을 주는 다른 생화학적 원인을 배제하기 위한 의학적 검사를 준비한다.
3. 현재의 학습, 정서 또는 행동적 어려움을 평가하기 위해 심리교육적 검사를 학생에게 제공한다.
4. 윤리기준에 따라 학생, 가족, 동료들에

▽ **2.** 부모는 부모의 염려와 관련된 지지를 받기 위해 상담자를 만난다. (5, 6)

▽ **3.** 부모는 프로그램에 참여하여 긍정적 훈육기술 및 효과적인 양육기술에 대한 자료를 읽는다. (7, 8, 9, 10)

게 평가 결과를 제공한다.

5. 학생의 행동에 대처하고 양육기술의 증진을 지지하기 위해, 부모를 정신건강 전문가, 임상기관 또는 가족상담기관에 의뢰한다. ▽

6. 진척을 확인하고, 격려하고, 지속되는 염려사항을 알리고, 발생한 변화에 대한 진척 보고서를 지속적으로 만들기 위해, 주중 계획된 시간에 부모와 학생이 함께 만나는 것을 지지한다. ▽

7. 부모를 효과적인 양육기술 및 긍정적 훈육기술을 증가시키도록 고안된 증거기반 양육 프로그램에 참여시킨다[예 : Webster-Stratton과 Reid의 *The Incredible Years: Parents, Teachers, and Children Training Series*(http://www.incredible years.com/), Mologaard와 Spoth의 *The Strengthening Families Program*(http://www.strength-eningfamilesprogram.org/), Bavolek의 *The Nurturing Parent Program* (http://www.nurturing parenting.com/)]. ▽

8. 학생에게 사용하기 위한 효과적인 양육기술을 습득하도록 하기 위해 부모에게 효과적인 양육 관련 문헌을 제공한다 (예 : Gordon의 *Parent Effectiveness Training*, Wolf의 *Get Out of My Life, but First Could You Drive Me and Cheryl to the mail?: A Parent's Guide to the New Teenager*). ▽

9. 부모에게 가정에서의 효과적인 훈육 전

▽ **4.** 부모는 행동 저항을 다루기 위해 긍정적 강화와 관리 기술을 배우고 사용한다.(11, 12)

▽ **5.** 부모는 학생의 행동을 재조정하기 위해 자연스럽고 논리적인 결과를 활용한다.(13, 14, 15)

략 실행과 관련된 정보를 제공한다(예 : Phelan의 *1-2-3 magic*, Nelson의 *Positive Discipline*, Cline과 Fay의 *Parenting with Love and Logic*, Patterson의 *Living with Children: New Methods for Parents and Teachers*, 제2판, Webster-Stratton의 *The Incredible Years*). ▽

10. 더욱 효과적인 훈육 및 양육기술을 발전시키는 데 부모를 지지하기 위해 외부 치료자와 협력한다. ▽

11. 부모가 자녀와의 긍정적 행동 상호작용을 인식하고 강화하는 것과 부정적 행동 상호작용에 대해 인식하고 막는 것을 지지한다(참고 : Phelan의 *1-2-3 magic*, Nelson의 *Positive Discipline*, Cline과 Fay의 *Parenting with Love and Logic,* Webster-Stratton의 *The Incredible Years*). ▽

12. 부모에게 아이의 특정 문제행동과 아이의 반응을 어떻게 알아차릴지, 행동에 대해 부모가 어떻게 격려하고 또는 막을지, 반응에 대한 대안적인 방법을 어떻게 확인할지에 대한 정보를 제공한다(참고 : Patterson의 *Living with Children: New Methods for Parents and Teachers,* 제2판, 또는 Jongsma, Peterson 그리고 McInnis의 *Adult Psychotherapy Homework Planner*의 'Using Reinforcement Principles in Parenting'을 하게 한다). ▽

13. 부모를 위해 **자연스럽고**(환경 속에서 자연적으로 발생하는) **논리적인**(부모 또는 교사에 의해 만들어진) 결과를 정의하

고, 긍정적 훈육 전략의 일부으로서 효과성에 대해 설명한다(예 : 학생에게 적절한 행동을 가르치기, 실수로부터 배우도록 하기, 부모가 효과적인 문제해결 행동을 보여주도록 격려하기, 친절하면서도 단호한 모습을 보이도록 부모에게 요청하기). ▽

14. 가족의 조화를 방해하는 만성적 행동을 다루기 위해 다양한 논리적 결과를 만들도록 부모를 돕는다(예 : 침대 정리를 잊는다면 침대 정리를 하기 전까지 TV 보지 않기, 통행금지 시간에 늦는다면 다음 주에 통행금지 시간을 단축하기, 점심 먹기를 잊는다면 친구에게 도움을 요청하도록 지도하거나 저녁 먹기 전까지 기다리도록 지도하기, 취침 시간 동안 시간을 허비한다면 다음 날 저녁 취침 시간을 단축하기). ▽

15. 부모는 자녀가 주중에 최소 세 번의 예시 상황 속에서 개인적인 선택의 결과에 따라 생활하게 하고 다음 상담회기 동안 그 결과에 대해 보고하도록 한다. 만약 학생이 자신의 선택에 대해 불행해한다면, 부모는 "걱정하지 마렴, 다음 번에는 다른 선택을 할 수 있는 기회가 있을 거야."라고 조언한다. ▽

▽ **6.** 부모는 자녀의 부정적 행동에 비반응적 방식으로 반응한다.(16, 17)

16. 자녀의 문제행동에 대해 부모가 비반응적이고, 계획된 방식으로 반응하도록 조언한다(Jongsma, Peterson 그리고 McInnis의 *Child Psychotherapy Homework Planner*의 'Picking Your Battles'를 완성하도록

한다). ▽

17. 부모가 힘겨루기를 피하는 방법을 연습하도록 하고(예 : 같은 말 반복하기, 'I-메시지', 선택하기, 실행 가능한 진술, 논쟁 거절하기, 타임아웃, 자연스럽고 논리적인 결과 사용하기), 훈육일지에 진척사항을 기록하고 다음 상담회기 동안 진척에 대해 보고하도록 한다. ▽

7. 부모는 자녀의 독특한 성격과 관련된 기질 및 발달 전략에 대해 증가한 이해를 말로 표현한다.(18)

18. 부모에게 다루기 힘든 기질 또는 성격을 가진 자녀를 양육하기와 관련된 문헌을 제공한다(예 : Greenspan의 *The Challenging Child*, Greene의 *The Explosive Child*, Forehand와 Long의 *Parenting the Strong-Willed Child*).

8. 부모는 자녀에 대한 발전적이고 적절한 기대를 말로 표현한다.(19)

19. 부모에게 발달에 따라 양육에 변화를 줄 수 있는 방법에 대한 정보를 제공한다(예 : Wolf의 *The Secret of Parenting: How to be in Charge of Today's Kids-from Toddlers to Presenting-without Threats of Punishment*, Phelan의 *Surviving Your Adolescents: How to Manage-and Let Go of-Your 13-18 Year Olds*, 제2판, 또는 Jongsma, Peterson 그리고 McInnis의 *Adult Psychotherapy Homework Planner*의 'Transitioning from Parenting a Child to Parenting a Teen'을 하게 한다).

9. 부모는 학생이 나이에 적합한 책임감을 발달시키는 데 도움이 되는 전략을 만들도록 한다.(20, 21)

20. 부모가 '책임감을 가지는 4단계'를 시행하도록 돕는다 : (1) 학생에게 다룰 만한 과제를 준다 (2) 만약 학생이 실패하면 배울 수 있는 기회로서 실수를 확인한다 (3) 결과 및 공감을 가르친다 (4) 과제를

성공적으로 완수할 때까지 같은 과제를 준다(참고 : Cline과 Fay의 *Parenting with Love and Logic*). 학생이 책임감과 독립성을 발달시키고자 할 때 이 과정을 지속적으로 반복하도록 한다.

21. 부모를 방해하는 행동에 대해 설명할 때 첫 번째 단계로서 'I-메시지'를 사용하는 것에 대해 부모 및 학생과 논의하고 역할연기를 해본다(예 : "나는 이럴 때 이렇게 느꼈어. 왜냐하면….")(참고 : Gordon의 *Parent Effectiveness Traning*).

10. 부모는 긍정적인 훈육전략을 사용하는 데 제한을 둔다.(22, 23, 24)

22. 긍정적 자세와 함께 직접적인 행동으로 사용될 수 있는 실행 가능한 진술(참고 : Cline과 Fay의 *Parenting with Love and Logic*)에 대해 알려준다(예 : "숙제가 끝나면 자유롭게 밖에 나가도 돼." 대 "숙제가 끝날 때까지 밖에 나갈 수 없어.").

23. 학생이 책임감의 성숙도와 단계에 따라 선택을 제한하도록 통제된 선택(참고 : Moorman의 *Parent Talk*)에 대한 정보를 부모에게 제공한다(예 : "핫도그 먹을래, 구운 치즈 먹을래?" 대 "뭐 먹고 싶니?").

24. 부적절한 행동 대신 적절한 행동에 대한 그림을 스스로 그리도록 하기 위해 부모의 "다음에…" 진술(참고 : Moorman의 *Parent Talk*)에 대해 협의한다(예 : "다음에 내 도움이 필요할 때, 공손한 어투로 말해주렴.").

11. 부모는 모델링을 보여주고 기대하는 것이 무엇인지 정의해줌으로써 학생에게 적절한 행동을 가르친다.(25, 26)

25. 학생의 부정적인 행동을 긍정적인 행동으로 바꾸는 것을 돕기 위해 부모에게 '설명하기, 설명하기, 설명하기' 기술(참

고 : Moorman의 *Parent Talk*)을 가르친다. 부모에게 다음 내용을 지도한다 : (1) 학생에게 상황에 대해 설명한다("네 자전거가 차도에 있더구나.") (2) 부모의 감정을 설명한다("나는 짜증이 났단다.") (3) 무엇이 어떻게 되었으면 좋겠는지와 이유를 설명한다("자전거가 차고에 있었으면 좋겠구나. 그러면 누군가를 치거나 도둑맞을 일이 없을 것 같아.").

26. 부정적인 대인관계 문제를 만들었던 충동적인 말이나 행동 경험에 대해 돌아보도록 학생에게 요청한다. 보다 적합한 문장 또는 행동을 선택하게 하고 예상 결과에 대해 역할연기를 해보게 한다 (Knapp의 *School Counseling and School Social Work Homework Planner*의 'Rewind Game'을 하도록 한다). 가족 갈등이 있을 때 부모에게 이 기술을 사용하도록 가르친다.

12. 부모는 사회적 목적을 가진 모든 행동 및 버릇없는 행동이 목적지향적이라는 것에 대한 인식한다.(27, 28, 29)

27. 부모와 버릇없는 행동의 네 가지 목적 (참고 : Dreikurs와 Soltz의 *Children: The Challenge*)에 대해 논의하고(예 : 주의력, 힘, 복수, 부적절감의 표현), 학생의 최근 버릇없는 행동의 목적이 무엇인지 확인한다. 이러한 버릇없는 행동을 강화하는 데 부모가 어떻게 반응했는지, 적절한 행동을 격려하는 적절한 반응을 어떻게 했는지 돌아본다.

28. 부모와 교사는 긍정적으로 강화하기, 학생의 소속감과 자기가치감을 향상시키기를 통해 학생에게 관여하도록 독려한

다[예 : 1 : 1 대화, 하이파이브, 매일 인
사하기, 서로 바라보며 웃기, 상호 과제
또는 활동, 'caught being good(긍정적
행동을 촉진하는 행동수정방법의 하나
로, 예를 들어 교사가 학생들의 이름을
적은 종이를 상자에 넣은 후 한 장을 뽑
아 그 학생이 내일 아침까지 얼마나 긍
정적인 행동을 하는지 함께 보자고 말
함. 이렇게 할 때 그 학생뿐 아니라 다른
학생들도 긍정적인 행동이 증가하게 됨.
교사는 학생들이 긍정적인 행동이 보일
때 칭찬을 해주고, 다음날 이름을 적은
종이를 학생들에게 하나씩 보여주며 공
개적으로 개인별 칭찬을 해줌−역주)' 또
는 절제된 개인적 칭찬 등].

29. 학생의 행동을 분석하고, 긍정적 대안 행
동 발달을 돕는 특정 개입 전략 계획을 세
우기 위해서 Knapp의 *School Counseling
and School Social Work Homework
Planner*의 'Record of Behavioral Progress'
를 완성하도록 부모 및 교사에게 협조를
요청한다.

13. 부모는 자신의 고유한 문제와 학생
에게 해당되는 문제를 구분한다.(30)

30. 학생 및 부모와 함께 학생에게 해당되는
문제(예 : 성적, 친구, 숙제)와 부모에게
해당되는 문제(예 : 어지러진 주방, 집에
서 존중하지 않는 행동, 부모의 물건을
잘못 두는 것)를 구분하는 작업을 한다.

14. 부모는 학생이 자신의 고유한 문제
를 풀 수 있도록 지도한다.(31, 32, 33)

31. 문제를 일으키는 행동을 변경하도록 하
기 위해 부모가 예방적이고 긍정적인 훈
육전략(예 : 'I-메시지', 결과, 실행 가능
한 진술 또는 선택)을 사용하도록 안내

하고, 문제가 있는 학생을 돕기 위해 지지적인 개입(예 : 적극적 경청, 브레인스토밍 또는 문제해결전략 독려하기)을 사용하도록 한다.

32. 부모와 교사에게 격려의 문장 사용법을 알려준다. 학생이 문제를 해결하는 상황에서 과도하게 의존적이거나 지나친 지원을 요청하는 경우에 "나는 네가 이 상황을 다룰 수 있을 거라고 생각해."라고 이야기한다.

33. 부모에게 'Guiding the Child to Solve the Problem'(참고 : Cline과 Fay의 *Parenting with Love and Logic*)의 5단계 과정을 소개한다 : (1) 공감하기(적극적 경청) (2) '힘 메시지' 보내기—"네가 무엇을 할 수 있을 거라고 생각하니?" (3) 선택 제공하기 (4) 가능한 해결책의 결과를 말해보도록 하기 (5) 학생이 문제를 해결하든지 해결하지 않든지 허용해주기. 학생이 문제 상황 속에서 지원을 요청할 때 이 과정을 사용하는 것에 대해 부모와 협의한다.

15. 부모는 격려와 지지를 사용하여 독립적인 행동을 촉진한다.(34, 35)

34. 학생이 실패의 공포에도 불구하고 노력을 기울이는 것을 격려하기 위해 'Act As If' 기술(참고 : Moorman과 Moorman의 *Teacher Talk*)을 사용하는 것에 대해 부모, 교사와 협의한다(예 : 마치 학교에 가는 것이 기분 좋은 것처럼 행동하기, 교사와 친구들을 정말 좋아하는 것처럼 행동하기, 예전에 해봤던 것처럼 행동하거나 성공할 때까지 그런 척 하기).

35. 학생이 다가올 사건과 개인적 경험에 성 공적으로 준비하는 능력을 개발하는 것을 돕기 위해서 'Check Yourself' 문장 (참고 : Moorman의 *Parent Talk*)을 사용하도록 부모에게 요청한다(예 : "이번 학교 나눔의 날에 네가 나누는 차례일 때 무엇이 필요한지 스스로 체크해보렴").

▽ 16. 부정적인 행동 사이클을 깨는 전략을 배우고 실행한다.(36)

36. 학생에게 부정적 행동과 결과의 사이클을 그려보도록 하고(예 : 사건, 학생이 부정적으로 행동한 것, 어른이 학생을 비난한 것, 학생이 부정적인 행동을 증가시키는 것 등), 그 사이클을 깨기 위한 전략을 작성하도록 한다(예 : 10까지 세기, 긍정적인 자기대화 하기, 행동을 말로 하는 대신 써보기, 잠시 정신을 안정시키는 시간 가지기). ▽

17. 부모는 학생이 부적절한 행동을 교정하는 계획을 만드는 데 관여한다. (37, 38, 39)

37. 문제를 독립적으로 해결할 수 있다는 느낌과 지지를 얻도록 하기 위해, 학생에게 Knapp의 *School Counseling and School Social Work Homework Planner*의 'Problem Ownership'을 완성하도록 한다. 결과를 부모와 공유하도록 한다.

38. 개인 문제를 해결하는 전략에 대해 윤곽을 잡도록 학생이 Knapp의 *School Counseling and School Social Work Homework Planner*의 'Personal Problem-Solving Worksheet'를 완성하게 한다. 이 과정에 대해 부모와 의사소통하도록 학생을 격려한다.

39. 학생이 집 또는 학교에서의 폭력과 관련된 규칙을 분석하고 더욱 적합한 반응을

계획하도록 하기 위해 Knapp의 *School Counseling and School Social Work Homework Planner*의 'Problem-Solving Worksheet'를 완성하게 한다.

▽ **18.** 부모는 부부 중심의 강력한 가족 환경을 유지하도록 한다.(40)

40. 의사소통 향상 및 갈등 해결 증진을 통해 부부 관계를 강화하기 위해, 부부를 부부 문제 전문 상담자에게 의뢰하거나 기술 중심의 부부 프로그램(예 : Markman, Stanley 그리고 Blumgerg의 *PREP: Prevention and Relationship Program,* www.prepinc.com)에 참여하도록 한다. ▽

19. 부모는 팀으로서 양육을 하는 전략에 대한 이해를 말로 표현한다.(41)

41. 부모에게 팀으로서 양육을 함께 한다는 것을 알리고 효과적인 양육을 위해 서로를 격려해야 한다고 조언한다(또는 Jongsma, Peterson 그리고 McInnis의 *Adult Psychotherapy Homework Planner,* 제2판의 'Learning to Parent as a Team'을 하게 한다).

20. 부모는 가족 토론, 문헌 및 미디어 분석, 애정 어린 상호작용, 공동체 참여를 통해 긍정적인 관계를 촉진시킨다.(42, 43, 44)

42. 주중 계획된 시간과 장소에서 중요한 가족 문제를 토론하는 과정을 이해하기 위해 가족회의(참고 : Dreikurs와 Soltz의 *Children: The Challenge*) 또는 가족미팅(참고 : Dinkmeyer와 Mckay의 *The Parents' Handbook: Systematic Traning for Effective Parenting*)을 하도록 한다.

43. 부모가 주간 가족미팅을 시작하며, 관심사를 논의하고, 긍정적인 사건을 반영하고, 계획을 세우고, 가치를 돌아보고, 질문에 대답하고, 연결감을 만들기 위해 책임감에 대해 논의하고, 사랑과 존중 및 협조적인 가족 환경을 만들도록 한다.

44. 가족이 개인 및 가족의 가치와 일치하는

TV나 비디오 프로그램을 시청하도록 하고, 프로그램의 결과와 의미, 도덕적 가치에 대해 토의하고, 구성원 각자의 관점을 비판 없이 표현하도록 한다.

—. ————————————

————————————

—. ————————————

————————————

—. ————————————

—. ————————————

————————————

—. ————————————

————————————

—. ————————————

————————————

진단적 제안

ICD-9-CM	ICD-10-CM	DSM-5 장애, 조건 또는 문제
314.01	F90.1	주의력결핍 과잉행동장애, 과잉행동/충동 우세형
313.81	F91.3	적대적 반항장애
312.30	F91.9	명시되지 않는 파괴적, 충동조절 및 품행장애
300.02	F41.1	범불안장애
309.21	F93.0	분리불안장애
V71.02	Z72.810	아동 또는 청소년 반사회적 행동
V61.20	Z62.820	부모-아동 관계 문제
————	————	————————————
————	————	————————————

20 신체적 · 성적 학대

행동적 정의

1. 부모나 보호자로부터 상처 또는 정서적 트라우마를 초래한 신체적 · 성적 또는 정서적 공격에 관한 자기보고가 있다.
2. 희생의 증거로서 타박상 또는 상처가 있다.
3. 우울, 과민, 불안, 무관심한 철회가 빈번하고 만성적이다.
4. 사회적 철회와 지속적인 관계 단절 문제에 의해 다른 사람을 믿지 못함을 보여준다.
5. 죄책감, 수치심, 낮은 자기존중감 등을 느낀다.
6. 또래나 어른에게 빈번하고 심각한 수준의 적대 행동이 유의미하게 증가한다.
7. 부모 또는 보호자가 아동기에 학대를 받은 적이 있으며, 학대가 순환적으로 반복되고 있다.
8. 부모는 다른 보호자로부터의 학대나 혹사에 너그럽거나 또는 신경쓰지 않는다.
9. 가족 비밀과 고립이 존중되고, 장려되며, 요구된다.

—. _____
_____

—. _____
_____

—. _____
_____

장기목표

1. 교육자, 아동보호전문가에게 학대나 방임사건을 알린다. 그리고 학대를 끝내기 위해 작업한다.
2. 더 지속될 학대로부터 보호책을 마련한다.
3. 자기 자신, 부모, 다른 가족들을 위하여 정신건강 서비스를 받게 한다.
4. 자기가치감을 높이고, 자기신뢰감을 형성한다.
5. 부모가 학생의 욕구에 대해 공감하고, 유대감, 의사소통, 적절한 경계에 대한 인식을 증진시킨다.
6. 부모가 양육기술과 가정관리 및 아동발달에 관한 지식을 습득한다.

—. _____
    _____
—. _____
    _____
—. _____
    _____

단기목표

1. 가족 문제를 토의하고 부당한 대우, 방임 또는 학대 경험을 드러낸다.(1, 2, 3)

2. 학대와 부적응적 가족 관계에 관한

치료적 개입

1. 학생을 만나서 가족구성원이나 보호자로부터 받은 부적절한 대우에 대해 토의한다. 경험을 드러내는 것이 학대를 끝내도록 도움을 받을 수 있는 첫 단계임을 학생이 확신할 수 있도록 지지적인 접근을 한다.
2. 학대의 원인을 결정할 수 있는 충분한 정보를 모은다. 학대받은 학생이 사용한 실제적인 단어들로 자료를 구성한다.
3. 이미 보고되었거나 의심스러운 이전 학대 또는 부당대우를 확인할 수 있는 학생의 기록을 숙독한다.
4. 학생이 폭로에 대해 용기를 내도록 확신

감정을 나눈다.(4, 5, 6)

3. 알려진 모든 사실과 학대가 의심되는 정황을 보고할 아동보호기관과 접촉해야만 한다는 사실을 알린다. (7, 8, 9)

4. 학대 상황을 조사하는 동안 안전한 생활환경으로 옮긴다.(10)

5. 학대 폭로 후에 보호자와 학생은 학

을 주고, 이와 관련된 감정(예 : 공포, 죄책감, 혼란, 분노, 애증 등)을 표현하도록 격려한다.

5. 학생이 학대 이야기와 그와 관련된 감정을 상담회기 동안 드러내도록 격려한다 (참고 : Knapp의 *School Counseling and School Social Work Homework Planner* 에 있는 'My Secret Story').

6. 학생에 대해 지속적인 긍정적 관심을 약속한다. 그리고 학대 보고, 조사, 개입과정을 통해 지원해주는 정기적인 상담 약속을 한다.

7. 학대를 의심하는 교사나 다른 교육자들이 정황을 살펴보고, 필요한 보고서를 작성하여 아동보호 관계자에게 알리도록 한다.

8. 학대가 의심스러운 정황을 주립 아동보호서비스(CPS) 기관이나 지역 경찰에 신고한다. 학생의 행동, 신체적 증표 또는 의심되는 학대의 다른 증거들을 기록하고 아동 보호법과 지침에 따라 기록한다.

9. 조사 동안 알게 된 학교가 원하는 것을 CPS 사례관리자에게 진술한다. 그리고 기꺼이 학생과 가족에게 필요한 지원 (예 : 특정 문제에 대한 진단과 평가, 개별화된 교육 계획, 관련 서비스)을 제공한다.

10. 학생이 친척이나 친구 또는 양육자와 지내게 할 것인지를 결정할 CPS 사례관리자에게 배경 정보를 제공한다.

11. 학생과 그의 가족을 학대로 인한 가족붕

대 행동을 제거하기 위해 구안된 가족치료에 참여한다.(11)

6. 매일 학대에 대한 정서적 반응을 기록하고 공개적으로 나눈다.(12, 13)

7. 부모가 부모교육 수업에 참석하도록 하여 긍정적인 훈육 기법을 배우도록 한다.(14, 15)

8. 부모가 형벌적이고, 학대적이며, 일관성이 없는 양육에 의해 야기된 문제를 자각하고 말하게 한다.(16, 17, 18)

괴와 역기능적 관계를 다루게 될 개업상담자 또는 상담기관에 의뢰한다. 그리고 긍정적인 가족 기능, 애정, 신뢰 등을 재구성하기 시작한다.

12. 매일 아침 학생과 함께 '감정 점검'을 시작한다. 그래프를 작성하고 학생에게 즉시 지지적인 상담이 필요한지, 필요하다면 상담약속을 잡을 것인지를 묻는다.

13. 학생에게 감정 목록에서 학대의 결과를 어떻게 극복할지를 반영하는 긍정, 부정 감정 단어를 선택하도록 요청한다(참고 : Knapp의 *School Counseling and School Social Work Homework Planner* 에 있는 'Measuring My Feelings').

14. 부모를 양육교실에 의뢰한다(예 : Dinkmeyer와 McKay의 *Systematic Training for Effective Parenting,* Fay, Fay 그리고 Cline의 *Becoming a Love and Logic Parent,* Moorman과 Knapp의 *The Parent Talk System*). 이 교실에서는 학대적인 부모-자녀 관계 싱호작용을 긍정적인 훈육 기법으로 대치하게 해준다.

15. 부모가 가족에게 긍정적인 훈육기법을 사용하도록 돕는 문헌들을 읽도록 한다 (예 : Coloroso의 *Kids Are Worth It!,* Dreikurs와 Stoltz의 *Children: The Challenge*).

16. 부모에게 오디오 테이프인 Fay의 'Helicoptes, Drill Sergeants, and Consultants'를 듣도록 한다. 이것은 자신의 양육 스타일을 확인하게 하고 문제해결을 자녀에

게 허락하는 것의 장점을 인지하게 한다. 또한 부모와 정보를 논의하고, 그것을 자신의 특정 훈육 문제에 적용하도록 하기 위해 토의한다.

17. 부모로 하여금 자녀가 설령 분투와 실수로부터 배워야 하는 문제일지라도 스스로 해결하도록 허락하는 것을 격려한다. 부모가 자녀의 문제에 대해 공감적으로 듣고 지도하거나 단지 요청되었을 때만 돕도록 권유한다. 부모에게 이 접근을 사용하도록 하고, 다음 상담회기에서 이 접근의 결과에 대해 논의한다.

18. 부모로 하여금 처벌적인 양육에 대한 자녀의 일반적인 반응(예 : 부적절한 감정, 의존, 원한, 반항)을 확인하도록 한다.

9. 한부모는 공동육아, 가족, 친구에게 지원, 격려, 위탁 등을 구하도록 한다. (19, 20, 21)

19. 한부모와 그가 아이 돌보기, 위로, 경청, 위급 상황이나 소진 시에 도움을 청할 수 있는 사람에 대해 브레인스토밍을 한다.

20. 한부모와 함께 그가 지원받을 수 있는 지역사회 기관들을 확인한다(예 : 지역사회 정신 건강센터, 일시적 위탁, 경제적 지원을 위한 사회 서비스, 학교와 교회 조직, 한부모 지원그룹 등).

21. 한부모 또는 부모와 공동육아의 중요성을 논의하고, 현재 문제들에 대해 중재를 제공하거나 공동육아 기술 훈련을 시켜줄 수 있는 개업 상담자에게 의뢰한다.

10. 부모와 학생을 지원, 지도, 위탁 등을 할 수 있는 사회서비스기관에 연계한다. (22)

22. 부모/자녀 또는 학대문제로 씨름하고 있는 가족을 지원해주는 지역사회 기관에 학생과 가족을 의뢰한다(예 : 방문간호협회, 헤드스타트, 정신건강클리닉, 가족 학

11. 급우와 친구들과의 사회적 상호작용을 증진시킨다.(23, 24)

12. 가족들을 학교활동에 참여시킴으로써 사회적 고립을 감소시킨다.(25)

13. 부모가 가족 토론, 문헌과 미디어 사례 분석, 사랑이 넘치는 상호작용, 영적 훈련, 지역사회 참여 등을 통해 긍정적인 성격을 발달시키도록 한다. (26, 27, 28)

14. 확대가족이 부모가 가족 화목을 위

대 상담서비스). 또는 국가 차원의 지원 체계에 의뢰한다(예 : Childhelp, U.S.A.: 800-4CHILD 또는 Parents Anonymous: 800-421-0353).

23. 학생과 함께 급우나 친구들과의 다양한 사회적 상호작용을 위한 계획을 세운다. 그 계획과 결과를 일지에 기록한다.

24. 학생이 사회적 집단이나 클럽에 가입하도록 한다. 가입할 클럽을 브레인스토밍으로 찾고, 학생이 선택하도록 돕는다.

25. 학생의 학교에서 열리는 활동에 가족들이 참여하도록 격려하여 사회적 고립을 감소시킨다(예 : PTA, 공개 하우스, 휴일 바자회, 축제, 스포츠 행사, 콘서트).

26. 부모에게 Moorman이 쓴 *Where the Heart Is: Stories of Home and Family* 또는 Canfield와 Hansen이 쓴 *Chiken Soup for the Soul*을 읽도록 한다. 이 책에서는 가족이 협력하는 것과 각자의 중요한 역할을 강조하고 있다.

27. 가족에게 개별 가족의 가치를 담은 TV나 비디오 프로그램을 시청하도록 한다. 그리고 비판 없이 모두가 자신의 관점을 이야기하도록 허용하는 분위기에서 프로그램의 결과, 의미, 도덕적 가치에 대해 토론하도록 한다.

28. 학생과 가족이 정기적으로 교회, 회당 또는 다른 종교집회에 참석하는 것이 그들의 성격발달, 도덕성 훈련, 가족 유대에 얼마나 중요한지를 토의한다.

29. 부모가 조부모를 방문하거나 아니면 정

해 긍정적 전략을 사용하도록 돕는다.(29, 30)

15. 부모는 자녀의 성장과 자기통제 수준에 맞는 자유를 허용한다.(31, 32)

16. 부모는 학생의 협력을 끌어내는 전략을 통해 권력 다툼이 줄었음을 보고한다.(33, 34)

서적인 건강과 가족 화목을 위한 훈육 전략을 이해하도록 돕는 다른 양육훈련이나 상담회기에 참여할 것을 제안한다.

30. 부모에게 Fay와 Cline의 책 *Grandparenting with Love and Logic*을 자신들의 부모에게 명절이나 특별한 이벤트 선물로 드릴 것을 권유한다. 그리고 정기적으로 그들의 부모와 함께 이 책의 내용을 가지고 토론하도록 권유한다.

31. 'Consultant Parenting'을 명확하게 하고(참고 : Cline과 Fay의 책 *Parenting with Love and Logic*), 아이가 발달적인 성숙을 이룬 후에 자유를 확대해준다. 특별한 특권을 부여하기 전에 자기통제가 먼저 되어야 하는 것의 중요성을 기술한다.

32. 부모에게 "곧 전부 다 네가 알아서 해야 할 거야."(참고 : Moorman의 *Parent Talk*)라는 어구를 가르친다. 이 표현은 학생이 직무를 완수하거나 독립할 수 있는 능력을 보여주는 것을 통해 부모로부터 자유를 얻는 것을 격려하기 위한 것이다. 학생이 지나치게 많은 감독에 대해 불만을 표현할 때, 부모는 "네가 그것을 다룰 수 있다는 것을 보여주면, 네 방식대로 할 수 있게 해줄게."라고 대답하도록 한다.

33. 부모에게 권력 다툼 옆으로 비켜서는 방법을 사용하도록 요청한다(예 : 반복적으로 'I-메시지', 선택권, 강요 진술, 다툼 거부, 타임아웃, 논리적 귀결과 같은 기법 사용). 이것을 훈육 일지에 기록하

고, 다음 상담회기에서 보고하도록 한다.

34. 준비된 전략(예 : 타임아웃, 장소 벗어나기, 산책하기, 활동 바꾸기)을 실행함으로써 학대적인 반응에 수반되는 부정적인 행동 사이클을 깨뜨릴 필요가 있다는 언어적 · 비언어적 단서를 확증하도록 학생과 부모를 지원한다.

17. 안전하고, 보호적이며, 사랑과 신뢰와 건강한 자기존중감의 발달을 증진시키는 장기 거주 환경을 확보하기 위하여 지역사회 기관과 협력한다.(35, 36, 37)

35. 재판 과정, 법원까지의 여행, 판사나 변호사와의 인터뷰하기 등에 관한 정보를 제공하는 것을 통해 학생이 가족과 연류된 재판을 다루도록 돕는다.

36. 자연스러운 위탁 전환, 지원 제공, 학교 이슈에 대한 협력 등을 계획하기 위하여 학생의 위탁부모를 즉시 접촉하기 시작한다.

37. 슬픔과 상실감을 표현하고, 적응 이슈를 다루고, 건강하고 학대가 없는 환경에서 생활하는 것의 긍정적인 측면들을 확인하는 것을 통해 학생이 새로운 거주환경에 적응하도록 돕는다.

—. _____

_____

—. _____

_____

—. _____

_____

—. _____

_____

—. _____

_____

—. _____

_____

진단적 제안

ICD-9-CM	ICD-10-CM	DSM-5 장애, 조건 또는 문제
309.81	F43.10	외상후 스트레스장애
308.3	F43.0	급성 스트레스장애

300.4	F34.1	지속성 우울장애
296.xx	F32.x	주요우울장애, 단일 삽화
296.xx	F33.x	주요우울장애, 재발성 삽화
309.21	F93.0	분리불안장애
995.53	T74.22XD	아동 성적 학대, 확인됨, 후속 대면
311	F32.9	명시되지 않는 우울장애
311	F32.8	달리 명시된 우울장애
300.02	F41.1	범불안장애
307.47	F51.5	악몽장애
313.81	F91.3	적대적 반항장애
312.81	F91.1	품행장애, 아동기 발병형
300.6	F48.1	이인성/비현실감 장애
300.15	F44.89	달리 명시된 해리장애
300.15	F44.9	명시되지 않는 해리장애

21 신체장애와 도전

행동적 정의

1. 한두 가지 중요한 생활상의 활동에 지속적으로 한계가 되고, 학업수행에 영향을 미치는 신체 손상이 존재한다.
2. 의사에 의해 신체장애로 진단되었다.
3. 성공적인 학업상의 진척을 위해서 Section 504에서 규정한 특수한 편의시설이 요구된다.
4. 고질적인 신체적 건강악화가 진행되고 있다.
5. IDEA(Individuals with Disabilities Education Act, 장애인교육법)에 규정된 특수교육을 받는다.
6. 생활환경에서 다른 곳으로 이동하는 데 문제가 있다.

—. _____
_____

—. _____
_____

—. _____
_____

장기목표

1. 증상에 대한 의학적 · 사회적 · 심리학적 평가에 참여한다.

2. 부모, 교사, 학생이 신체장애를 이해한다.

3. 특수교육프로그램이나 IEPC 또는 Section 504 계획에 의해 마련된 시설을 통해 학업을 성공적으로 해내는 프로그램에 참여한다.

4. 자기옹호와 타인에 대한 공감을 포함한 적절한 사회적 기술을 익힌다.

5. 조직화 기술을 익히고 독립적인 기능을 드러낸다.

6. 미래 직업 목표를 세우고 독립적인 생활 스타일에 대한 계획을 세운다.

—. _____
_____

—. _____
_____

—. _____
_____

단기목표

1. 특수교육, 관련 서비스, 필요한 시설에의 적격성을 결정할 의학적·심리학적·사회적/정서적 평가를 받는다. (1, 2)

2. 장애에 대한 이해, 사회적/정서적 영향, 가능한 관리전략을 얻도록 도와주는 개인 및 집단 상담에 참여한다. (3, 4)

치료적 개입

1. 학생, 부모, 학교 스태프들을 만나서 배경 정보를 모으고, 교육적 필요, 자원을 논의하며, 의사결정을 위해 더 이상의 정보나 평가가 필요한지를 토의한다.

2. 학생의 의사 및 학교 특수교육 담당자(예 : 심리학자, 사회사업가, 신체 및 직업 상담자, 언어 병리학자)와 협력하여 부모와 학교아동연구팀에 의해 적절하다고 여겨지는 의학적·사회적/정서적·심리적 평가를 받는다.

3. 학교 내에서 장애를 가진 학생들과 지속적으로 진행하는 상담 집단에 참여해서, 장애의 본질과 관련된 문제들 그리고 학교와 삶에서의 대처 전략에 대해 토의한다.

4. 신체장애를 설명하고, 감정을 탐색하며, 관리전략을 제안하는 책을 학생과 함께

3. 부모와 교사가 장애에서 파생한 문제들을 자각하고, 특수교육교사, 특수 상담자로부터 필요 시설과 관리 전략에 대한 도움을 받는다.(5, 6)

4. IEPC 목적과 목표, 프로그램 또는 IEPC에 의해 추천된 시설에 대한 이해와 수용을 말로 표현한다.(7, 8)

5. 표현력, 직업상담, 신체적 또는 사회 사업가 그리고 다른 관련 서비스를 위해 평가에 참여한다.(9, 10)

읽는다(예 : Abeel과 Murphy의 *Reach for the Moon*, Holcomb의 *Fair and Square*).

5. 부모를 Council for Exceptional Children (전화 1-703-620-366 또는 www.cec.sped. org)이나 NICHCY(National Information Center for Children and Youth with Disabilities, 전화 1-800-695-0285 또는 www.nichcy.org)와 같은 지지 그룹에 소개한다.

6. 교사를 정기적으로 만나서 장애 자각과 교실에서의 성공적인 적응 증진을 위해 제공된 기법들을 잘 실행했는지 검토한다(참고 : Levison과 St. Onge의 *Disability Awareness in the Classroom: A Resource Tool for Teachers and Students*).

7. IEPC에 참석해서 학생이 특수교육, 관련 서비스에 적합한지를 결정하고, 학생의 장애와 정서/행동적 결손영역에서의 목적과 목표를 수립하는 것을 돕는다.

8. IEPC 위원이 학생에게 도움이 되는 특수 프로그램을 확인하는 것을 돕는다(예 : 지지적인 서비스에 포함하기, 풀아웃 프로그램, 자료실, 개별 또는 소그룹 지도).

9. 학생이 언어 표현, 직업적 또는 신체적 치료자, 학교 사회사업가 그리고 다른 서비스 제공자에 의해 평가받도록 의뢰한다. 이것은 이 영역에서 학생에게 서비스를 제공하는 것이 적합한지를 결정하기 위한 것이다.

10. 적절하다고 알고 있다면 IEPC상의 학교 기반 특수 서비스와 시설을 이용할 수

6. 지도받는 능력을 향상시킬 뿐 아니라, 과제나 시험을 완성하는 데 도움이 되는 시설과 공학기술을 활용한다.(11, 12)

7. 행동에 대한 기능분석을 실시한다. (13, 14)

8. 자신의 독특한 학습 스타일과 다양한 감정 및 능력을 목록으로 만든다. (15, 16)

있도록 요청한다. 또는 사설 치료자에게 의뢰한다.

11. 적합한 공학기술(예 : 녹음기, 컴퓨터, 계산기, 보청기)을 제공하여 학생이 매일 학업을 수행하도록 지원하고 평가한다.

12. 학생과 교사와 부모에게 학업적 성공을 돕는 데 필요한 자문을 제공한다(예 : 한 번에 과제 한 가지 주기, 헤드폰과 핸드피젯 제공, 빈번하게 감독하기, 태도 승인해주기, 필요시 과제 변경해주기, 필요하다면 추가 시간 허용하기).

13. 학생의 신체적 · 사회적, 학습 그리고 행동 결핍을 알아보기 위하여 기능 분석을 실시한다. 문제의 원인을 분석하여 이 문제를 교정할 개입 전략을 세운다.

14. MET와 협력하여 학생의 행동을 분석하고 긍정적인 대안행동을 개발하는 데 도움이 되는 특수한 개입전략을 계획한다(참고 : Knapp의 *School Counseling and School Social Work Homework Planner* 에 있는 'The Record of Behavioral Progress').

15. 다중지능 이론을 설명해준다(참고 : Gardner의 *Intelligence Reframed*). 사람들마다 다른 방식으로 현명하다는 것을 알려주고, 학생에게 개인적으로 뛰어난 지적영역과 재능, 취약한 영역을 확인해보도록 한다. 학생이 다른 학생들 또는 상담자에게서 확인한 자신의 개인적 능력을 여기에 더하도록 한다.

16. 학생에게 Knapp의 *School Counseling and*

9. 개인적인 선택과 행동이 어떻게 특정 결과를 가져오는지에 대한 자각을 말로 표현한다.(17, 18)

10. 부정적인 자기언어를 긍정적이고, 실제적인 메시지로 바꾼다.(19, 20)

11. 다른 또래 집단에서 우정을 적극적으로 찾는다.(21, 22)

12. 부모, 교사, 다른 의미 있는 성인과 긍정적인 관계를 형성한다.(23, 24)

*School Social Work Homework Planner*에 있는 'Building on Strenths'를 작성하게 한다. 개인적 강점을 확인하고, 이들 강점을 목표달성에 어떻게 사용할 수 있는지를 탐색하게 한다.

17. 학생에게 Knapp의 *School Counseling and School Social Work Homework Planner*에 있는 'Decision Making'을 작성하게 한다. 개인의 선택과 특정 결과 간 관계에 대한 자각을 증진시킨다.

18. Shure의 *I Can Problem Solve* 프로그램을 소개하여 학생이 문제해결과 특별한 행동의 결과를 예측하도록 가르친다.

19. 학생에게 자신의 장애가 포함된 사건과 문제 기술에서 부정적 생각이나 예견을 재구성하여 좀 더 긍정적인 결과에 영향을 미치는 시나리오로 쓰는 일지 사용을 가르친다.

20. 학생이 불안, 열등감, 거절을 느끼는 상황을 리뷰하게 함으로써 부정적인 자기언어에 대한 자신의 습관을 확인하도록 한다. 그리고 좀 더 긍정적이고 실재적인 자기언어로 재구성하도록 한다.

21. 학생의 교사에게 학생의 사회화를 증진시킬 협력적 학습 집단에 학생을 참여시킬 것을 권고한다.

22. 학교에서 지내는 동안 급우의 지지나 상호작용, 쉬는 시간에 활동에 참여할 수 있는 또래 집단에 학생이 참여하게 한다.

23. 인형극이나 역할극을 통해 학생에게 어떻게 중요한 성인과 자신의 감정을 적절

히 나눌 수 있는지를 가르친다.

24. 학생이 부모, 교사, 또는 학생 등과 개인적인 관심사에 대해 토의하도록 한다. 그리고 토의 결과를 다음 상담회기에서 보고하도록 한다.

13. 장애나 관련된 문제를 극복한 다른 학생이 멘토링하게 한다.(25, 26)

25. 신체적 상태나 장애를 극복한 급우 또는 다른 학생으로 하여금 학생을 지원하도록 배치한다.

26. 지속적인 장애 집단에 개인적인 전략과 성공을 나누어줄 학생을 초대한다.

14. 학교 과업과 숙제를 성공적으로 완성한다.(27, 28)

27. 학생에게 모든 과업, 학습 시간 기록, 완료했을 때 확인 등을 목록화하는 학습플래너를 사용하도록 한다. 부모나 교사가 학생의 플래너를 매일 확인하고 칭찬과 지도를 제공하도록 한다.

28. 학생이 Abbamont와 Brescher의 *Study Smart*를 사용하도록 한다. 이것은 학생의 학습기술, 이해력, 시험 준비, 암기 등에 도움을 줄 것이다.

15. 매일의 중요한 활동을 우선시하고 조직화하는 계획을 세운다.(29, 30)

29. 가정, 학교, 지역사회에서 매일의 중요한 활동을 우선적으로 목록화하도록 학생에게 요청한다. 그리고 그것을 개인일지 또는 과업 계획서에 기록할 시간을 준다.

30. 학생이 각각의 과업이나 과제를 수행한 후에 별표, 스티커, 스마일 표시 등을 하도록 지도한다. 그리고 성취한 것을 부모, 교사, 상담자와 나누도록 한다.

16. 부모와 교사는 개인적 책임감을 강조하고, 행동 전에 결과를 고려하는 것의 이득을 강조하는 것으로 학생

31. 학생에게 Knapp의 *School Counseling and School Social Work Homework Planner*에 있는 'Personal Problem-Solving Work-

을 격려한다.(31, 32)

sheet'를 작성하게 한다. 개인의 문제를 해결하기 위한 전략의 개요가 된다.

32. 교사와 부모가 학생의 책임감을 키워주기 위하여 긍정적인 훈육 전략을 사용하도록 권유한다(예 : 학생이 조절 가능한 과업 주기, 실수로부터 배우는 것을 허용하기, 논리적 결과를 경험하고 다시 해볼 수 있는 기회를 허용하기).

17. 부모, 교사, 상담자가 학생이 책임감과 독립심을 얻는 데 진전이 있을 것이라고 확언한다.(33, 34)

33. 교사 및 부모와 함께 학생이 진전을 보일 수 있다는 확신을 자주 학생에게 주는 것의 중요성에 대해 토론한다.

34. 학생이 학교, 가정, 사회에서 적응하는 데 진전을 보일 수 있다는 개인적 확신을 발전시킬 수 있도록 상담회기 동안 시간을 허용한다. 그리고 성공한 것을 부모, 교사, 상담자, 집단원과 나누도록 한다.

18. 자기돌봄, 독립적 기능, 미래 고용을 증진시키도록 설계된 프로그램에 참여한다.(35, 36)

35. 학생이 자신의 미래 독립을 준비시켜줄 수 있는 수업을 선택하도록 한다(예 : 아동발달, 독립적인 생활, 가정 경제, 개인 재무).

36. 학생이 취업기술과 직업 체험을 제공해주는 지역사회 기반 훈련 또는 진로 프로그램에 등록하도록 한다.

19. 학생이 직업전환을 할 수 있도록 돕는 진로목표, 멘토, 역할 모델을 정한다.(37, 38)

37. 학생과 함께 진로 목표를 평가하고, 이 목표와 일치하는 교육과정을 계획한다.

38. 학생과 함께 개인적인 진로목표 달성을 도와줄 수 있는 역할 모델, 멘토, 가족 또는 지역사회 구성원을 찾기 위해 브레인스토밍을 하고, 그것을 개인일지에 적는다(참고 : Knapp의 *School Counseling* *and School Social Work Homework Planner*에 있는 'Inspirations').

—. _____   —. _____
   _____   _____

—. _____   —. _____
   _____   _____

—. _____   —. _____
   _____   _____

진단적 제안

ICD-9-CM	ICD-10-CM	DSM-5 장애, 조건 또는 문제
299.00	F84.0	자폐스펙트럼장애
299.80	F89	명시되지 않는 신경발달장애
315.4	F82	발달성 협응장애
315.31	F80.2	언어장애
315.39	F80.0	말소리장애
_____	_____	_____
_____	_____	_____

22 가난과 경제적 요인

행동적 정의

1. 가족이 복지급여, (정부가 저소득자에게 제공하는) 식료품 할인구매권, 저소득층 의료 보장제도를 받고 있고, 무상급식 또는 급식비 할인 제공 대상에 해당된다.

2. 부모가 무직이거나 빈곤 수준 이하의 소득을 벌고, 교육 수준이 낮다.

3. 부모가 교육에 중요한 가치를 두지 않고, 교육과정에 최소한도로 참여한다.

4. 낮은 학업성취도를 보이며, 학교를 기반으로 한 활동에 관심을 별로 보이지 않는다.

5. 적절한 주거, 교통, 전화, 의료지원, 학용품, 기타 필수적인 자원들이 결핍되어 있다.

6. 가족이 최근에 빈곤해졌다.

7. 가족이 한 세대 이상의 기간 동안 빈곤하게 살아왔다.

8. 모계 중심 구조, 아버지의 비일관적인 참여가 이루어지는 한 부모 가족이 수적 우위를 나타낸다.

9. 사람들은 개인자원으로 간주되며, 여분의 돈은 위급한 상황에 대처하거나 미래의 목표 달성을 위해 저축하기보다는 가족이나 친구들과 나누어 가진다.

10. 아동 훈육이 행동 변화를 위한 것이 아니라 속죄와 용서를 구하기 위해 시행된다.

11. 운명이나 숙명에 대해 강한 신념을 가지고 있다.

12. 대가족 내 십 대 임신 및 이후 학교중퇴 발생 비율이 높다.

—. _____

_____

—. _____

_____

— · _____

_____

장기목표

1. 가족과 학생이 사회적 · 경제적 · 의료적 자원을 제공하는 지역사회 및 사회복지 서비스를 이용한다.
2. 가족이 자립도를 높일 수 있는 고용상담, 재무상담 및 다른 자원들을 활용한다.
3. 학교를 잘 다니고, 학문적 성과를 달성하고, 학교에서 직장으로 이행을 준비한다.
4. 지속적으로 피임을 하거나 금욕을 하고, 장기적인 가족계획 목표를 세운다.
5. 빈곤에 의해 야기된 스트레스와 정서적 부정성을 감소시킨다.

— · _____

_____

— · _____

_____

— · _____

_____

단기목표

1. 가족구성원들이 학교 또는 지역사회 기반 지지집단에 참여한다.(1, 2)

치료적 개입

1. 부모자녀 관계를 강화하고, 부모와 학교 간 파트너십을 구축하며, 학생과 가족에게 지속적인 격려를 제공하기 위해 학생과 가족을 지지집단에 참여시킨다[예 : 아동가족 연합에서 만든 FAST(Families and Schools Together)].
2. 학생이 보다 성공적인 학교생활을 할 수 있도록 도울 수 있는 방안을 마련하기 위해, 부모와 학교 관계자가 참여하는 팀 계획 회기를 실시한다. 부모가 전략 회기에서 적극적인 역할을 하도록 장려한다.

2. 가족구성원들이 문해교육 프로그램에 참여한다.(3)

3. 부모가 활용 가능한 공적 부조 자원과 서비스에 대해 알아보고, 적합한 서비스를 이용한다.(4, 5)

4. 학교 관련 주제에 대한 부정적인 자기 대화를 발견하고, 보다 긍정적이고 현실적인 메시지를 개발한다.(6, 7)

5. 경제적 자립과 자급자족을 하는 데 필요한 기술들을 가르쳐주는 수업을

3. 읽고 쓰는 능력과 관련된 도움 및 격려가 필요한 학생, 부모와 자원봉사 교사를 연결시켜줄 수 있는 학교 전체 독서 교육프로그램을 조직한다.

4. 학생과 가족이 필요한 재정적 원조와 서비스를 받을 수 있는 계획을 세울 수 있도록 도움을 제공한다. 장애물(예 : 교통, 주간보호, 적절한 옷)에 대해 언급하고, 이러한 방해물들을 극복할 수 있는 계획을 세울 수 있도록 도와준다.

5. 가족을 사회적 · 재정적 · 경제적 서비스(예 : 공적부조, 식료품 할인구매권, 의료보장제도, 헤드스타트)를 제공하는 기관에 의뢰하고 가족들이 이러한 자원을 신청할 수 있도록 도움을 준다.

6. 학생이 자기 자신, 학교환경, 학업적 능력 또는 타인으로부터 수용받는 것 등에 적용할 수 있는 긍정적인 격려 진술에는 어떤 것들이 있을지 아이디어를 도출해 본다. 학생에게 이러한 진술들을 일지에 기록하고, 한 주 동안 다른 사람들에게서 들은 격려 문장들도 기록해보게 한다.

7. 학생이 불안감, 열등감 또는 거부감을 느꼈던 상황 등을 떠올려보면서, 학교, 자신의 능력, 사회적 수용, 또는 교사와 관련된 부정적인 자기대화 버릇이 있었는지 찾아보도록 돕는다. 자신의 사고를 기존과 다른 긍정적 · 현실적 자기대화로 재구성할 수 있게 한다.

8. 학생이 향후 자립(예 : 아동발달, 경력개발, 독립적인 삶, 가정, 개인적 재정)을

듣는다.(8)

6. 학교 환경 내에서 일상기능을 수행하는 데 있어서 빈곤으로 인해 초래된 부정적인 결과들을 확인한다.(9, 10)

7. 가난을 극복하고, 삶을 스스로 이끌고 나가는 것에 대한 만족도를 향상시키는 데 있어, 교육이 지닌 긍정적 가치들이 무엇인지 목록을 작성해본다.(11, 12)

8. 학교나 지역사회 병원에서 제공하는 가족계획과 아동발달 수업에 참여한다.(13)

9. 향후 가족 목표를 세우고, 목표달성을 위한 계획을 세운다.(14, 15)

준비하는 데 도움이 되는 수업을 선택하도록 장려한다.

9. 학교 환경에서 빈곤한 가정환경이 학생에게 어떤 영향을 미쳤는지 탐색한다(예 : 적절한 의복 및 영양가 있는 식사 부족, 또래로부터 거부당함, 빈번한 이사).

10. 빈곤하게 사는 것에 대한 학생의 정서적 반응(예 : 분노, 부끄러움, 두려움)에 대해 탐색하고, 다룬다.

11. 학생에게 교육의 다면적 가치에 대해 가르친다(예 : 각기 다른 사람들과 문화의 미묘한 차이를 알아볼 수 있음, 자신의 운명을 스스로 개척할 수 있음, 개인적 관심사를 탐색하고 확장해나갈 수 있음).

12. 학생이 자신의 대가족이나 이웃들에게서 배운 교육에 관한 부정적 태도에 대해 탐색하고, 재구조화한다.

13. 학생이 부모로서 자신의 미래 역할을 계획하고 가정해보는 데 필요한 기술들을 배울 수 있도록, 학생을 가족계획, 산전 자기관리, 출산교실, 영아 보육에 초점을 맞춘 지역사회 내 병원, 교회 프로그램 또는 의료 워크숍에 의뢰한다.

14. 스스로 자립할 수 있을 때까지 임신과 출산을 연기하는 것의 긍정적 효과와 십대에 부모가 되는 것의 부정적 측면에 대해 아이디어를 도출해본다.

15. 학생이 결혼과 출산, 분만을 졸업 이후 취업목표를 달성할 때까지 연기했던 역할모델, 멘토와 만날 수 있는 자리를 마련한다.

10. 가족구성원들과 학생이 장/단기적 · 개인적인 목표와 가족 목표를 세운다.(16, 17)

11. 부모가 효과적인 양육기법을 가르쳐 주는 것에 초점을 맞춘 수업에 참석한다.(18)

12. 학생과 가족구성원들이 학교 교직원들과 신뢰관계가 형성되었다고 보고한다.(19, 20, 21)

16. 가족의 역사에 대해 알아보고, 가족 관련 문제나 관심사를 명확히 하고, 장/단기적 목표를 세우기 위해 학생과 가족을 만난다.

17. 학생과 가족구성원이 다음의 각 단계를 활용하여 목표달성을 위한 계획을 세울 수 있도록 돕는다 : (1) 목표 목록을 적는다 (2) 자원, 장해물이 무엇인지 확인한다 (3) 성공전략을 세운다(또는 Knapp의 *School Counseling and School Social Work Homework Planner*에 수록된 'Goal Achievement' 활동을 하게 한다).

18. 부모가 활용할 수 있는 긍정적인 훈육기법을 습득할 수 있도록 부모를 양육교실에 의뢰한다(예 : Dinkmeyer와 McKay의 *Systematic Training for Effective Parenting*, Fay, Cline, Botkin 그리고 Reynoso-Sydenham의 '*Becoming a Love and Logic Parent*', Moorman과 Knapp의 '*The Parent Talk System*').

19. 학교 교직원들을 대상으로 Payne의 '*A Framework for Understanding Poverty*'에 수록된 방안들을 소개하면서 빈곤 관련 이슈를 다루는 직무연수를 실시한다.

20. 연결고리 형성을 도모한다. 또는 소속감과 공동체 의식을 강화하기 위하여, 일부 학생집단을 2년 또는 그 이상의 기간 동안 같은 교사 반에 배정한다.

21. 유대감과 신뢰를 장려하기 위하여 학교 교직원들과 학생, 학생 부모와의 관계를 추적 · 관찰한다. 학교 교직원 및 학생들

과 함께 갈등이 있는 분야에 관해 논의하고, 격려와 문제에 대한 중재를 제공한다.

13. 부모는 학교 프로그램에 대해 자신들이 우려하는 점에 관한 집단토론에 참여한다.(22, 23)

22. 학교 관련 이슈들에 대해 부모들이 우려하는 점들을 다루는 토론 포럼을 후원한다. 모임 장소, 자녀 돌봄, 다과를 제공한다. 토론이 서로를 존중하는 동시에 자연스럽게 진행될 수 있도록 하기 위해 갈등관리와 중재기법을 활용한다.

23. 학교 정책과 절차에 대해 설명하는 비디오나 DVD를 활용하여 학교 관련 정보와 부모교육을 제공한다. 비디오나 DVD는 학부모들이 빌려서 볼 수 있도록 하고, 학교 교직원들이 질의응답 시간을 통해 후속조치를 할 수 있도록 한다.

14. 부모는 학생의 행동과 학업 성과에 초점을 맞춘 학교회의에 참여한다.(24, 25)

24. 학교 관련 이슈, 학업적 · 행동적 · 사회적 진전사항들에 대한 정보를 교환하는 학생-학부모 간 회의를 학생이 주재하도록 준비하고, 교사는 참관인과 조력자 역할을 수행한다.

25. 학교 행사에 참석하는 학부모들 중 도움이 필요한 사람들을 위해 교통수단을 준비한다(예 : 버스, 택시 쿠폰 또는 승용차편 마련).

15. 사회성 기술 훈련 집단에 참여한다.(26)

26. 소속감을 기르고, 학교환경에서 적절하게 행동하게 하는 데 초점을 맞춘 사회성 기술 치료집단에 학생을 의뢰하거나 직접 사회성 기술 치료집단을 운영한다(30장 참고).

16. 학교에 꾸준히 출석한다.(27, 28)

27. 교사가 학생을 협동학습 집단에 포함시키고, 교실 내 사회적 활동에 학생이 참

여할 수 있도록 촉진하는 역할을 하도록
장려한다.

28. 학생이 학교에 규칙적으로 출석하는 것
과 관련된 일이나 장애물을 알아낼 수
있도록 돕는다(예 : 음식, 의복 또는 수
면 부족, 가족 분열, 베이비시터 역할을
해야 함, 학교를 자신과 무관한 것으로
생각함). 해결책에 대한 아이디어를 도
출해보고 도움을 제공한다(예 : 지역사
회 기관에 학생 의뢰, 과제 지원, 보육,
교통편 제공).

17. 진로 목표를 세우고 학교에서 직장
으로 이행하는 과정에서 멘토나 역
할모델의 도움을 받는다.(29, 30)

29. 학생이 자신의 진로 목표를 평가해보고,
자신의 목표와 일관된 교과과정을 계획
할 수 있도록 돕는다.

30. 학생과 함께 자신의 학업목표와 진로목
표 달성을 지원해줄 수 있는 역할모델,
멘토, 가족이나 지역사회 구성원들에는
누가 있는지 아이디어를 도출해본다.

18. 학교에서 직장생활로 이행하는 데 필
요한 기술을 가르쳐주는 수업에 참
여한다.(31, 32)

31. 학생이 자신의 진로 목표, 적성, 관심에
따라 대학준비 교과과정과 기술을 가르
쳐주는 전문 프로그램 중에 한 가지를
선택할 수 있도록 돕는다.

32. 학생이 취업 기술과 업무 경험을 제공하
기 위해 개설된 지역사회 기반 교육이나
학교에서 직장생활로 이행하기 위한 프
로그램에 등록할 수 있게 한다.

19. 학교 전체, 교실 규칙, 규율 조직과
협력한다.(33, 34, 35)

33. 적절한 교실, 학교 내 행동에 대해 가르
쳐주는 집단에 학생을 참여시킨다(예 :
방해하지 않고 지시를 경청하기, 견해를
밝히기 위해서는 손을 들기, 제 자리에
잘 앉아 있기, 필기하기, 과제 완수하

기). 집단회기 중에 이러한 행동들을 주기적으로 연습하고 역할극을 실시한다.

34. 학생과 함께 학교 규칙이 가족 규칙이나 이웃 간에 지켜야 하는 규칙과 어떻게 다른지 생각해보고, 각기 다른 상황에서 다른 규칙들을 지켜야 할 필요성에 대해 논의해본다(또는 Knapp의 *School Counseling and School Social Work Homework Planner*에 수록된 'Home/School Rules Comparison' 활동을 해본다).

35. 학교 교직원들이 학생들에게 적절하고 책임 있는 행동을 가르치기 위하여, 명확하게 규정된 원칙과 구조를 갖추고 있고, 결과가 논리적으로 적용되는 긍정적 훈육체계를 개발하는 것을 돕는다.

20. 학교 교과과정에 명시된 학년 수준 또는 개별적인 학업 기대 수준을 성취한다.(36, 37)

36. 각 집단 학생들의 능력 수준과 최적의 학업성취를 고려하여 학생들을 지도할 수 있도록 하기 위해, 읽기와 수학과목에서 능력 수준에 따라 집단을 나누어서 수업을 할 수 있도록 학교 전체 일정을 지원한다.

37. 교사들이 통합감각 기법, 구체적인 경험, 적절한 교과과정을 활용하여 학생들의 학습 스타일을 다루고, 지속적으로 학습 상황을 확인할 수 있도록 지원한다.

21. 학교나 지역사회 내 약물남용 예방 및 건강 프로그램에 참여한다.(38)

22. 가족구성원들과 학생이 약물남용 평가 및 치료서비스에 참여한다.(39, 40)

38. K-12 교과과정의 일환으로 교실 내에서 약물남용 예방 프로그램을 가르친다.

39. 학생과 학부모를 약물남용 평가 및 치료를 위한 지역사회 프로그램이나 서비스에 의뢰한다[예 : 익명 알코올 중독자 모임(AA), 알코올 중독자 구제회(Al-Anon).

정신병원, 해독 프로그램 또는 개인 치료).

40. 학생과 생활양식 선택과 관련해 논의하
고, 학생이 약물남용을 피하는 건강한 선
택을 할 수 있도록 지원하고 격려한다.

—. _____

_____

—. _____

_____

—. _____

_____

—. _____

_____

—. _____

_____

—. _____

_____

진단적 제안

ICD-9-CM	ICD-10-CM	DSM-5 장애, 조건 또는 문제
309.0	F43.21	적응장애, 우울 기분 동반
315.00	F81.0	특정학습장애, 읽기 손상 동반
315.1	F81.2	특정학습장애, 수학 손상 동반
V62.3	Z55.9	학업이나 교육 문제
313.81	F91.3	적대적 반항장애
312.9	F91.9	명시되지 않는 파괴적, 충동조절 및 품행장애
_____	_____	_____
_____	_____	_____

23 책임감 있는 행동 훈련

행동적 정의

1. 나이에 맞는 과업, 처리해야 할 일, 학교과제 등을 완성하지 못한다.
2. 낮은 조직화 기술을 가지고 있다.
3. 지지, 지시, 지도를 하는 타인에게 과도하게 의존적이다.
4. 부적절하고 자신감이 결여된 감정을 보고한다.
5. 새로운 환경이나 과업을 두려워한다.
6. 개인의 물건이나 타인의 물건에 부주의하다.
7. 집단 프로젝트를 수행할 때 비협력적이고 비생산적이다.
8. 도전적인 상황에서 지속성이 떨어진다.
9. 가정이나 학교에서 따라야 하는 규칙을 거부한다.
10. 솔선해야 하거나 리더 역할을 해야 할 때 억지로 한다.

—. _____
_____
_____

—. _____
_____
_____

—. _____
_____

장기목표

1. 집에서 해야 할 일을 완결하고, 학교에서 교사의 지시를 완결한다.
2. 과업, 활동, 자기돌봄을 조직화하는 것을 배운다.
3. 자기신뢰와 문제해결력을 보여준다.
4. 자신감과 건강한 자기존중감을 발전시킨다.
5. 자기와 타인의 소유물에 주의한다.
6. 집단활동에 협력하고, 적절한 과업을 부여받는다.

—. _____
_____
—. _____
_____
—. _____
_____

단기목표

1. 부모와 교사가 상담자를 만나서 학생의 책임감 결여에 대한 걱정을 토의한다.(1, 2)

2. 강점과 약점에 대해 솔직한 평가를 하고 책임감에 관한 목표를 말로 표현한다.(3, 4)

치료적 개입

1. 부모와 교사를 만나서 발달사 관련 정보를 수집하고 학생의 연령에 적합한 책임에 관한 구체적인 목표를 목록화한다.

2. 부모 및 교사와 협력하여 학생의 행동을 분석하고 학생이 긍정적인 대안행동을 개발하는 것을 돕는 구체적인 개입 전략을 계획한다(참고 : Knapp의 *School Counseling and School Social Work Homework Planner*에 있는 'The Record of Behavioral Progress').

3. 학생을 개인 또는 집단 회기에서 만나서 가족과 학교 영역에서 적합성을 발전시키도록 돕는 데 초점을 두고 자기 행동에 대해 책임감을 가지도록 한다.

4. 학생에게 다중지능의 관점에서 자신의 능

력을 평가하도록 요청한다(참고 : Gardner 의 *Intelligence Reframed: Multiple Intelligences for the 21st Century* 또는 Knapp의 *School Counseling and School Social Work Homework Planner*에 있는 'Skill Assessment'를 완성하도록 한다).

3. 부모와 교사가 워크숍에 참여하고 학생이 책임감을 가지도록 가르치는 것에 관한 책을 읽는다.(5, 6)

5. 아이의 책임 있는 행동을 개발하도록 하는 방법을 가르쳐주는 수업에 부모를 소개한다(예 : Dinkmeyer와 McKay의 *Systematic Training for Effective Parenting*, Fay, Cline, Botkin 그리고 Reynoso-Sydenham의 *Becoming a Love and Logic Parent* 또는 Moorman과 Knapp의 *The Parent Talk System*).

6. 교사와 부모가 아동에게 책임감을 키워주는 내용이 포함된 아동발달에 관한 책을 읽도록 한다(예 : Dreikurs와 Stoltz의 *Children: The Challenge*, Rimm의 *The Underachievement Syndrome*, Moorman 의 *Parent Talk*, Fay와 Funk의 *Teaching with Love and Logic*).

4. 부모가 책임있는 행동을 길러주는 전략을 가정에서 시작한다.(7, 8)

7. 부모가 '책임감의 4단계'를 실행한다 : (1) 자녀가 다룰 수 있는 과업을 준다 (2) 만약 실패하면, 실수를 학습 기회로 삼는다 (3) 존중과 공감으로 가르친다 (4) 같은 과업을 다시 준다. 학생이 책임감을 가지고 일을 완료할 때까지 계속적으로 이 과정을 반복하도록 한다(참고 : Cline과 Fay의 *Parenting with Love and Logic*).

8. 부모에게 자녀의 무책임한 행동을 책임

감 있는 행동으로 바꾸어 줄 'Red Light Green Light' 기법을 사용하도록 권유한다(참고 : Moorman이 쓴 *Parent Talk*) : (1) 아동에게 방금 일어난 것 같은 부스스함, 바닥에 젖은 수건 던져놓은 것, 거실에 더러운 접시 둔 것 등과 같은 부적절한 행동을 말해준다(red light) (2) 등교 전에 침대 정리, 선반에 수건 걸어두기, 주방에 접시 치워두기 등과 같은 기대하는 행동을 말한다(green light).

5. 교사가 학생으로 하여금 스스로를 신뢰하고, 정리하며, 자기확신을 가지도록 격려하는 교실 개입을 제공하도록 한다.(9, 10)

9. 교사에게 "~하지 마라(Don't)"라는 말 대신 "다음에 ~할 때"(Next time)라는 말을 사용하게 한다. 이것은 학생으로부터 향후 긍정적인 노력을 하도록 하려는 것이다(예 : "다음에 답지를 제출할 때, 네 이름을 맨 위에 적어라." 대 "네 이름을 맨 위에 적지 않으면 답안지를 제출하지 마라.")(참고 : Moorman의 *Teacher Talk*).

10. 학생이 실패에 대한 두려움에도 불구하고 노력하도록 격려하기 위하여 교사가 "마치 ~인 것처럼 행동하기(Act as if)" 구절을 사용하도록 요청한다(예 : "마치 네가 저 나무를 그리는 법을 아는 것처럼 행동해봐.", "네가 점프를 할 수 있는 것처럼 해봐.", "이전에 했었던 것처럼 해봐.", "그것을 할 수 있는 것처럼 해봐.")(참고 : Moorman과 Moorman의 *Teacher Talk*).

6. 집에서 할당된 일을 마친다.(11, 12)

11. 학생이 주 단위로 해야 할 일과 그 일을 위해 사용하는 시간을 적을 차트를 만들고, 부모와 학생이 점수를 매기도록 한다

(참고 : Knapp의 *School Counseling and School Social Work Homework Planner* 에 있는 'Chore Report Card').

12. 개별 또는 집단 회기에서 학생이 노력을 계속하고, 과업을 완수하는 것을 격려할 전략(예 : 자기 모니터링하기, 짧은 휴식 취하기, 특정 작업시간을 계획세우기, 일에 우선순위 부여하기, 근육 이완하기, 일하는 동안 서 있기 등)에 대해 학생과 함께 브레인스토밍을 한다. 그리고 이 목표를 달성하였거나 어려웠던 것을 나누도록 한다.

7. 수업시간 내 과업과 숙제를 마치는 것을 증가시킨다.(13, 14)

13. 학생이 모든 과업을 목록화하고, 작업시간을 기록하고, 각 과업을 마쳤을 때 체크하는 계획서를 사용하도록 한다. 부모와 교사에게 매일 학생의 과업 계획서를 모니터링 하고 필요하다면 격려해주거나 지도해주도록 한다.

14. 학생의 성공을 돕는 데 필요한 것들을 교사와 부모에게 자문한다(예 : 한 번에 한 가지 과업 제시하기, 향상을 모니터링하기, 확신하는 태도 보이기, 필요시 과업 변경해주기, 필요시 시간 더 주기).

8. 매일의 중요한 활동에 우선순위를 정하고 조직화하는 계획을 세우되, 아침에 관리해주거나 잠자리에 들기에 앞서 관리해준다.(15, 16)

15. 가정, 학교, 지역사회에서 매일의 중요한 활동을 우선적으로 목록화하도록 학생에게 요청한다. 그리고 그것을 개인일지 또는 과업 계획서에 기록할 시간을 준다.

16. 학생이 아침에 등교할 준비나 저녁에 잠잘 준비를 책임 있게 수행한 후에 별표, 스티커, 스마일 표시 등을 자기관리 차

9. 과업이나 학교에서 책임 있게 해야 할 일들을 정리하고 모니터링 하기 위하여 부모와 교사가 정기적으로 연락을 취한다.(17, 18)

10. 가정이나 학교에서 경험하는 개인적 문제를 독자적으로 또는 부모, 교사, 상담자의 도움을 받아 해결한다.(19, 20)

11. 교사, 상담자, 학생, 부모가 협력하여 학생이 교실에서 보다 더 성공적이 되도록 돕기 위한 계획을 수립한다.(21, 22)

트에 기록하도록 지도한다.

17. 부모와 교사가 주별/월별 또는 필요시 학교와 가정이 서로 소통할 수 있도록 자문한다.

18. 교사와 부모가 학교와 가정 두 곳에서 학생의 진보를 모니터링 할 행동일지나 체크목록을 매일, 매주, 매월 단위로 기록하여 교환하도록 한다.

19. 학생이 독자적으로 해결할 수 있는 개인적인 문제와 지원이 요구되는 문제를 목록화하도록 한다(참고 : Knapp의 *School Counseling and School Social Work Homework Planner*에 있는 'Problem Ownership').

20. 학생이 그의 개인적 문제를 해결할 전략들을 서술하도록 돕는다(참고 : Knapp의 *School Counseling and School Social Work Homework Planner*에 있는 'Personal Problem-Solving Worksheet').

21. 학생이 독립심을 획득하고 일과 숙제를 완결하게 도우며, 협력적인 행동을 획득하도록 부모와 토의한다(예 : 학생을 지도할 때 눈 맞춤 유지하기, 질문 격려하기, 필요한 경우 지도하기, 단순하게 지시하기, 어떤 도움이 필요한지 학생에게 묻기).

22. 학급 활동에 학생이 성공적으로 참여하도록 할 수 있는 것이 무엇인지 탐색하기 위하여 교사, 부모, 학생과 만나 논의한다(예 : 전환 시기에 학생을 밀접하게 슈퍼비전 해주기, 교사의 책상 또는 좋

은 역할모델에 가까이 앉히기, 수업 토론에 참여시키기, 단순하고 명료하게 지도하기).

12. 교사와 부모가 숙제를 관리 가능한 수준으로 도와준다.(23)

23. 학생이 일과 과제를 관리 가능한 수준으로 세분화하는 기술을 가르쳐준다(과제 : Knapp의 *School Counseling and School Social Work Homework Planner*에 있는 'Task Buster'를 기록하게 한다).

13. 개인적인 선택과 행동이 어떻게 특정 결과를 가져오는지에 대한 자각을 말로 표현한다.(24, 25)

24. 개별 또는 소그룹 회기에서 학생에게 개인의 선택과 특정 결과 간 관계에 대한 자각을 증진시킨다(과제 : Knapp의 *School Counseling and School Social Work Homework Planner*에 있는 'Decision Making'을 작성하게 한다).

25. Shure의 *I Can Problem Solve* 프로그램을 소개하여 학생이 문제해결과 특별한 행동의 결과를 예측하도록 가르친다.

14. 부모, 교사는 학생이 독립적으로 기능하는 능력이 있다고 확신한다.(26, 27, 28)

26. 학생이 비록 몇 가지 어려운 부분과 실수에서 배워야 한다는 점이 있다 하더라도 스스로 해결책을 찾는 것을 허용하도록 부모와 교사를 격려한다. 부모와 교사가 학생의 문제에 대해 공감적으로 듣되 학생이 요청할 경우에만 도움을 주도록 한다.

27. 학생이 지나치게 의존적이거나 너무 많은 도움을 요청할 때 부모와 교사가 다음과 같은 진술문을 사용하도록 조언한다—"나는 네가 그것을 다룰 수 있다고 생각한다."

28. 부모가 'Check Yourself' 기법을 사용하도록 한다. 이것은 학생이 임박한 이벤트

나 개인적인 경험을 성공적으로 준비하
도록 돕기 위한 것이다(참고 : Moorman
의 *Parent Talk*).

15. 가정과 학교에서 자신의 물건을 정
리하고 그것들을 잘 관리한다.(29, 30)

29. 학생에게 자신의 물건과 방을 정리하는
방법을 가르친다. 그리고 물건을 단정하
게 잘 정리할 계획을 세우도록 한다[예 :
유형 분류하기(장난감, 옷, 학습도구, 운
동기구, 책), 각각의 유형을 정리할 구체
적인 장소 정하기(책상, 옷장, 책장, 정
리박스, 장롱, 옷걸이, 창고), 안 보는 자
료 버리기, 다른 자료들은 지정된 장소
에 정리해두기, 계획서에 따라 모든 물
건들을 치우고 재정리하기].

30. 학생이 집과 학교에서 자신의 물건들을
정리할 차트를 만들도록 한다(참고 :
Knapp의 *School Counseling and School
Social Work Homework Planner*에 있는
'Personal Organization Chart').

16. 가정, 학급, 학교의 규칙과 절차를
따른다.(31, 32, 33, 34)

31. 개별 또는 집단상담 회기에서 학생과 함
께 학교 규칙에 대해 토의한다. 따르기
어렵거나 약간의 문제가 있는 규칙을 확
인한다.

32. 가정이나 학교에서 학생이 규칙을 위반
하는 것에 대해 체계적으로 분석하고,
그에게 더 적절한 반응을 찾아낸다(참
고 : Knapp의 *School Counseling and
School Social Work Homework Planner*
에 있는 'Problem-Solving Worksheet').
학생이 규칙을 위반할 때마다 교사와 부
모가 이 워크시트를 사용하도록 조언한다.

33. 학생이 절차를 무시하는 것(예 : 교실에

서 뛰어다니기, 자습시간에 떠들기, 부적절한 식사 태도, 줄 안 서기)에 대해서 부모와 교사가 연습을 시키도록 격려한다. 이 절차에는 자유시간 동안 적절한 행동을 하는 것을 포함한다.

34. 학생과 함께 가정의 규칙을 찾아보고 준수할 만한 것과 준수하지 못할 것을 확인한다. 학생이 준수할 만한 것들을 더 늘릴 계획을 세우도록 돕고, 진전 상황을 차트로 만든다.

17. 부모는 책임 있는 행동을 증진시키고 긍정적 경험을 하게 할 가정 규칙을 만든다.(35)

35. 부모가 학생과 함께 브레인스토밍을 통해서 부정적인 언어가 아닌 긍정적인 언어로 가정 규칙을 세우도록 조언한다(예 : 옷장에 옷을 걸어두기, 식사시간에 맞게 도착하기, 저녁과 주말 통행금지 지키기).

18. 책임감 결핍을 극복 중인 다른 학생을 멘토링한다.(36)

36. 책임감 있는 행동 양식의 발달에 저항하는 다른 급우나 어린 학생을 도울 수 있도록 교사가 임무를 맡긴다.

19. 부모, 교사, 상담자는 학생이 책임감과 독립심 획득에 진전이 있었음을 인정해준다.(37, 38)

37. 학생이 가정, 학교, 지역사회에서 개인적인 책임감 발달에 진전이 있었음을 확인하도록 한다. 그리고 그 성공을 부모, 교사, 상담자와 함께 나누도록 한다.

38. 교사 및 부모와 함께 학생의 진전을 자주 인정해주는 것의 중요성에 대해 토의한다.

—. _____
_____
—. _____
_____
—. _____

—. _____
_____
—. _____
_____
—. _____

진단적 제안

ICD-9-CM	ICD-10-CM	DSM-5 장애, 조건 또는 문제
300.4	F34.1	지속적 우울장애
314.01	F90.2	주의력결핍 과잉행동장애, 복합형
313.81	F91.3	적대적 반항장애
301.6	F60.7	의존성 성격장애
300.02	F41.1	범불안장애
309.21	F93.0	분리불안장애

24 등교 거부/학교공포증

행동적 정의

1. 지속적으로 학교 등교를 내키지 않아 한다.
2. 학교에 가지 않기 위해 수많은 신체적 불편감을 호소한다.
3. 울기, 투덜대기, 과도한 매달림, 부모와의 분리를 거절하는 것과 관련된 정서적인 폭발을 보인다.
4. 학과 프로그램, 교사, 친구와 관련하여 학교에 책임을 전가하는 부정적인 이야기를 한다.
5. 집과 가족을 떠날 때 잠재적인 재앙이 일어날 수 있다는 내재된 공포심이 있다.
6. 높은 수준의 불안, 낮은 자존감, 나이에 적합한 책임감 있는 행동의 부재를 보인다.
7. 학교 및 관련 활동과 연관된 실패에 대한 두려움이 있다.
8. 병, 휴가 또는 방학기간과 같은 사유로 등교 거부가 심화된다.
9. 지나치게 가까운 관계에 있는 한쪽 또는 양쪽 부모와 관련된 과도하게 의존적인 생각, 감정, 행동을 말로 표현한다.

—. _____
_____

—. _____
_____

—. _____
_____

장기목표

1. 규칙적으로 학교에 출석하도록 한다.
2. 학교 등교 및 다른 독립적인 기능과 관련된 불안과 정서적인 행동의 수준을 유의미하게 줄인다.
3. 학교와 친구, 교사에 대한 긍정적인 인식을 가진다.
4. 집과 부모를 떠나는 것에 대한 내재된 공포를 제거한다.
5. 학교 수행과 관련된 개인적인 힘과 능력을 인식한다.
6. 나이에 적합한 사회기술과 자신감을 얻는다.

—. _____
_____
—. _____
_____
—. _____
_____

단기목표

1. 가족, 학생, 교사는 학교 등교와 관련된 불안의 강도와 촉발요인을 확인한다.(1, 2, 3)

2. 부모는 반드시 학교 출석을 매일 하게 하는 것에 동의한다.(4, 5, 6)

치료적 개입

1. 만약 적절하다면, 집과 학교 행동과 관련된 등교 거부를 평가하기 위해 부모, 교사, 학생과 만난다.

2. 적절한 의학적·시각적·청각적·발달적 이야기를 포함하여 부모로부터 학생에 대한 배경 정보를 얻는다.

3. 객관적인 목록을 작성하여 학생의 불안이 촉발되는 현재 수준을 평가한다(예 : Western Psychological Service에서 구할 수 있는 Reynolds와 Richmond의 *The Revised Children's Manifest Anxiety Scale*).

4. 등교 거부 증후군을 근절하기 위해 학생을 매일 등교시키는 것의 중요성에 대해 부모에게 조언하고, 학생이 매일 학교에

출석하는 것을 확인하도록 한다.

5. 학생의 심화된 불안과 정서적으로 긴 헤어짐을 줄이기 위해 상대적으로 덜 가까운 부모가 학교로 바래다주는 것에 대해 부모에게 조언한다.

6. 부모가 학교 출석을 주장할 때 학생이 저항하는 것에 대해 직면할 수 있도록 부모를 지지하고 준비시킨다―저항에 대처하는 방법을 제안한다(예 : 조용하지만 단호하게 이야기하기, 반복해서 말하기, "네가 그렇게 느끼는 것은 유감이지만, 넌 학교에 가야 해.", "널 방과 후에 보게 되면 난 정말 행복할 거야.", 학생이 어떤 불평을 말해도 논쟁하지 않기).

3. 교사, 관리자, 상담자는 학교생활 적응기 초반에 있는 학생과 부모를 지지한다.(7, 8)

7. 학생이 학교에 도착했을 때 환영하기 위한 계획을 부모, 학교 스태프, 학생(만약 가능하다면)과 함께 고안해보고, 부모가 떠난 후 교실에 적응하도록 한다.

8. 학생이 교실 책상이나 개인계획서에 보관한 셀프 모니터링 차트를 작성하여 아침 인사에 걸리는 시간, 하루 동안 교실에서 보낸 시간, 일주일에 학교에 출석한 횟수를 세어보도록 한다(또는 Knapp의 *School Counseling and School Social Work Homework Planner*의 'Attending School Self-Report'를 작성하게 한다).

4. 일반화된 걱정에 대해 우선순위를 매기고 숫자를 줄인다.(9)

9. 개인적인 걱정거리에 대해 자유롭게 이야기해보도록 하고, 가장 큰 문제부터 가장 작은 문제에 이르기까지 우선순위를 매겨보도록 한 후, 중복되거나 겹치는 항목은 지운다.

5. 수업시간을 조직화하고 준비하기 위한 반복된 아침 일상을 만든다.(10)

6. 학교생활에 성공적으로 참여한 자신에 대해 시각화하여 이야기하도록 한다.(11)

7. 등교 거부에 영향을 줄 수 있는 자신, 부모, 가족, 학교 또는 친구와 연관된 죄책감, 불안, 공포 또는 질투의 감정을 재구성한다.(12, 13)

8. 불안 또는 공포가 발생하는 상황에 초점을 맞추고 상황에 대한 문제해

10. 수업시간을 계획하는 데 필요한 것들을 작성해보도록 하고, 준비하지 못해서 느꼈던 불안감을 줄이도록 한다(또는 Knapp의 *School Counseling and School Social Work Homework Planner*의 'Do I Have What I Need??' 활동을 하게 한다).

11. 학생에게 학교에서의 완벽한 하루가 어떻게 시각, 후각 및 청각으로 느껴지는지 상상해보도록 하고, 이 생각을 개인 일지에 적도록 한다. 완벽한 하루를 묘사한 것과 학생의 실제 경험을 비교해보고 학교에서의 일상을 향상시키기 위한 방법에 대해 브레인스토밍 한다.

12. 등교 거부에 영향을 줬던 생각과 감정을 확인하도록 학생을 돕기 위해 이성적 감정적 기법(참고 : Ellis의 *A New Guide to Rational Living*)을 사용하고, 이 추측을 보다 현실적이고 긍정적인 자세로 재평가한다(또는 Knapp의 *School Counseling and School Social Work Homework Planner*의 'Re-Framing Your Worries' 활동을 하게 한다).

13. 부모의 말이나 행동을 통해 의도치 않게 강요될 수 있는 불안 또는 공포를 확인하기 위해 가족 회기를 진행한다. 학생과 사건에 대해 이성적이고 논리적으로 논의하여, 공포와 저항을 불러일으키는 감정에 대한 지각을 재구조화하는 것을 부모가 돕도록 한다.

14. 학생이 주중에 불안을 느낀 한 가지 상황에 대해 확인한다. 문제 상황에 대한

결 및 의사결정 기술을 발달시킨다.
(14, 15)

9. 학교 출석의 현재 및 미래의 이익과
결석의 부정적인 측면에 대해 나열
한다.(16)

10. 학교 및 학급에 대한 애착과 소속감
을 이야기하도록 한다.(17, 18, 19)

가능한 처방에 대해 자유롭게 이야기하
고, 학생의 걱정 수준을 낮추기에 가장
적합한 결정을 선택하도록 한 후, 다음
상담회기 동안 결과에 대해 탐색한다.

15. 아이들이 학교에 대해 느끼는 일반적인
감정과 매일의 스트레스를 성공적으로 다
루는 방법을 탐색하기 위해 어린이 관련
참고문헌을 사용한다(예: Moser와 Pilkey
의 *Don't Pop Your Cork on Mondays!* 또
는 Moser와 Thatch의 *Don't Feed the
Monster on Tuesday!*).

16. 학교 출석의 현재 및 미래의 이익과 제
한적 출석 또는 결석의 부정적 결과에
대해 학생과 자유롭게 이야기한다. 개인
일지에 이 생각들을 적어보도록 한다.

17. 학생을 학습 집단과 학급의 사회적 활동
에 적극적으로 참여시키도록 교사를 격
려한다.

18. 학교활동을 할 때 소속감과 참여감을 발
달시키는 데 초점을 둔 사회기술 치료
집단에 학생을 의뢰하거나 집단을 운영
한다(참고: Johnson과 Johnson의 *Pro-
fessional School Counseling*의 'Group
Counseling: Beyond the Traditional' 또는
Mehaffey와 Sandberg의 *School Counselor*
의 'Conducting Social Skills Training
Groups with Elementary School Children').

19. 선택사항에 대해 자유롭게 이야기하고
학교, 교회 또는 지역사회의 지원을 받
는 정규 교과 외 집단에 학생이 참여하
도록 지지한다.

11. 교실에서 일상적인 참여를 늘리고 학과 숙제에 대한 책임감을 가진다. (20, 21)

20. 모든 학교 숙제 및 과제를 완료하기 위한 스케줄을 만들도록 학생을 격려한다― 개인일지에 계획과 진척내용을 적도록 한다.

21. 완성된 과제를 그려보거나 사진을 찍어 봄으로써 학생의 학업, 가족 및 사회적 성공을 강화하여 개인적 자신감을 증진 시킨다(또는 Knapp의 *School Counseling and School Social Work Homework Planner*의 'Accomplishments I Am Proud Of' 활동을 하게 한다).

12. 성공적인 시험 수행을 시연해본다. (22, 23)

22. 학생이 시험을 보는 동안 걱정을 예방할 수 있는 여러 가지 자기대화 문장을 확 인하고 기억하도록 격려한다(예 : "나는 이 시험을 잘 준비했어.", "난 이 과제를 잘 해낼 수 있어.", "난 집에서 이 시험을 연습해봤어." 또는 "나는 전에 이 시험을 잘 봤었어.").

23. 학생에게 시험을 준비하기 위해 사용할 수 있는 학습 방법(예 : 공부 일정 짜기, 해야 할 것 윤곽 잡기, 읽고 쓰고 말로 하기, 작은 단원으로 쪼개서 공부하기, 핵심 단어를 적은 암기카드를 만들기, 연상기호 장치 만들기)을 가르친다― 효 과성을 평가하고 다음 시험을 위해 준비 하는 일상을 반복한다.

13. 스트레스를 받는 동안 이완 기술을 실천한다.(24, 25)

24. 학생에게 근육을 긴장시킨 후 이완하는 방법을 통해 몸의 다른 영역을 어떻게 이완하는지 가르치고(참고 : Jacobson의 *Progressive Relaxation* 또는 Davis, Eshelman 그리고 McKay의 *The Relaxation*

and Stress Reduction Workbook), 스트레스가 전형적으로 나타나는 곳에 특별히 주의를 기울이도록 한다(예 : 턱, 목, 어깨, 위)—시험 기간 동안 이완 기술을 사용하도록 학생을 격려한다.

25. 학생에게 스트레스 공을 잡은 후 숨을 일정 속도로 들이마시고 내쉬면서 자신의 팔과 주먹을 쥐었다가 이완하기를 연습해보도록 한다. 시험을 보는 동안 불안을 줄이기 위해 복식 호흡을 하도록 격려한다.

14. 신체적 또는 정서적 원인을 결정하기 위해 신체적 불편사항에 대해 의사와 논의한다.(26)

26. 의사가 학생의 등교 거부와 연관된 신체 및 행동적 증상을 검토하여 정보를 찾고 신체 및 정서적 원인과 관련된 제안을 할 수 있도록 부모와 학생에게 협조를 요청한다.

15. 짝꿍 및 친구들과의 사회적 상호작용을 늘린다.(27, 28)

27. 학생에게 친구를 만들고 인정을 얻고 관계를 만들기 위해 필요한 좋은 눈 맞춤, 미소 짓기, 적절한 신체 접촉의 중요성을 가르친다—가족 및 친구들과 일주일 동안 그리고 다음 상담회기 동안에 눈 맞춤, 미소 짓기, 하이파이브를 해보도록 한다.

28. 학생과 친구와 함께 하는 방과 후 또는 주말 활동 계획을 짜본다. 개인일지에 사진, 글, 그림과 함께 있었던 일을 기록한다.

16. 다른 사람에게 받은 격려의 말을 인식하고 인정한다.(29, 30)

29. 학생이 자신에게 적용할 수 있는 긍정적인 격려의 말이 어떤 것이 있을지 자유롭게 이야기한다. 그 말들을 주중에 학교에서 다른 사람들로부터 받은 실제 격

17. 부모는 독립적이고 책임감 있는 행동을 증진시키기 위해 고안된 전략을 말로 표현하고 실행한다.(31, 32)

18. 부모는 긍정적 양육에 초점을 맞춘 수업 또는 교훈적인 연속강연에 참여한다.(33, 34, 35)

려의 말에 덧붙여 개인일지에 적는다.

30. 학생이 다른 사람에게 칭찬 또는 격려를 받는 사회적 만남과 관련된 역할 연기를 한다. 그러한 지지를 무시하지 않고 받아들여야 할 필요성에 대해 강조하고, 칭찬해준 사람에게 감사를 표하고, 메시지를 자기개념으로 통합하도록 한다.

31. 학생이 긍정적인 미래에 대한 노력을 형성하도록 하기 위해 교사에게 '하지 마' 대신에 '다음번에' 문장(참고 : Moorman의 *Teacher Talk*)을 쓰도록 요청한다(예 : "다음번에 네가 학교를 가면, 상담선생님과 선생님에게 미소를 짓고 아빠에게 인사하며 손을 흔들렴." 대 "학교 갈 때 울지 마. 그건 상황을 안 좋게 할 뿐이야.").

32. 학생이 실패에 대한 공포에도 불구하고 노력하도록 격려하기 위해서 '마치 …인 것처럼 행동하기' 기술(참고 : Moorman과 Moorman의 *Teacher Talk*)을 사용하도록 부모와 교사에게 요청한다(예 : "학교에 가는 게 기분 좋은 것처럼 행동해봐.", "네가 너희 선생님과 짝꿍을 정말 좋아하는 것처럼 행동해봐.", "네가 예전에 해봤었던 것처럼 행동해봐." 또는 "네가 해낼 때까지 할 수 있는 척해봐").

33. 자녀의 책임감 있는 행동 개발을 돕는 양육 수업에 부모가 참여하도록 한다(예 : Dinkmeyer와 McKay의 *Systematic Training for Effective Parenting*, Cline과 Fay의 *Parenting with Love and Logic* 또

는 Moorman과 Knapp의 *The Parent Talk System*).

34. 부모가 스스로의 고유한 양육 방식을 확인하고, 자녀를 과잉보호하지 않으면서 문제를 스스로 해결하게 하기의 장점을 알도록 Fay의 *Helicopters, Drill Sergeants, and Consultations* 비디오테이프를 보게 한다.

35. 상담회기 중에 과잉보호와 과잉양육이 어떻게 부적응감과 의존성에 기여할 수 있는지에 대해 부모와 논의한다. 자녀가 문제를 해결해보고 그 결과를 경험하고, 실수로부터 배우게 하여 자녀의 독립적인 기능을 강화하도록 부모를 격려한다.

19. 부모와 교사는 학생의 숙제 조직화 및 모니터링, 학교에서의 책임감 및 규칙적인 출석 유지를 지지하기 위해 규칙적인 의사소통을 한다.(36)

20. 부모, 교사, 상담자는 학생에 대한 인정과 격려를 증가시키고, 학교 출석을 위한 학생의 적극적인 노력을 강화하고, 긍정적인 자존감을 만든다.(37, 38)

36. 숙제 조직화 및 모니터링, 학교에서의 책임감 및 규칙적인 출석 유지를 위해 학교 및 집에서 주간, 월간 또는 필요시 바뀌는 일정에 대해 의사소통 방법을 부모와 협의한다.

37. 학생에게 할 수 있다는 메시지와 함께 매일 한 문장씩 긍정적 개입을 사용하도록 부모와 교사에게 안내하고(예 : "네가 매일 아침에 정가에 일어나는 걸 알고 있어.") 비판을 격려로 대체한다(참고 : Cline과 Fay의 *Parenting with Love and Logic*).

38. 규칙적인 출석을 유지하기 위해 사용하는 학생의 전략을 검토하고, 진전 사항에 대한 인정과 나머지 관심 분야에 대한 지침을 제공한다. 학생에게 성공적인 행동전략과 진행 중인 행동전략 모두를

개인일지에 적도록 한다.

___. _____   ___. _____
  _____   _____

___. _____   ___. _____
  _____   _____

___. _____   ___. _____
  _____   _____

진단적 제안

ICD-9-CM	ICD-10-CM	DSM-5 장애, 조건 또는 문제
309.21	F93.0	분리불안장애
300.02	F41.1	범불안장애
296.2x	F32.x	주요우울장애, 단일 삽화
296.3x	F33.x	주요우울장애, 재발성 삽화
300.81	F45.1	신체증상장애
309.81	F43.10	외상후 스트레스장애
_____	_____	_____
_____	_____	_____

25 학교폭력 가해자[*]

행동적 정의

1. 학생, 교사, 관리자에게 대항하여 폭력적인 위협을 행사한다.
2. 사회적 단절을 보이고 학교 내 친구들로부터 소외된다.
3. 분노 및 공격적 행동과 연관된다.
4. 약물 또는 알코올 남용 문제를 보인다.
5. 권위자와 지속적인 갈등을 보인다.
6. 동료와 어른으로부터 존중받지 못한다는 감정을 말로 표현한다.
7. 가족구성원들과 친밀한 애착이 형성되어 있지 않다.
8. 무기에 대해 강박적으로 그리거나 말한다.

___. _____

_____

___. _____

_____

___. _____

_____

_____

* 이 장의 일부 내용(일부 수정을 포함하여)은 A. E. jongsma, Jr., L. M. Peterson, W. P. McInnis, & T. J. Bruce, *The Adolescent Psychotherapy Treatment Planner,* 4th ed.(Hoboken, NJ: John Wiley & Sons, 2006)에서 발췌함. Copyright ⓒ 2006 by A. E. Jongsma, Jr., L. M. Peterson, W. P. McInnis, and T. J. Bruce. 허락하에 재인쇄.

장기목표

1. 모든 관계 안에서 위협 및 폭력의 사용을 근절한다.

2. 상처와 분노를 비폭력적인 방법으로 표현한다.

3. 친구들과 보다 긍정적인 관계를 만든다.

4. 가족과의 관계와 개입을 향상시킨다.

5. 학교 환경 내의 학업적 · 사회적 활동 관련 개입을 증가시킨다.

6. 대처방법으로 물질사용을 근절한다.

—. _____

_____

_____

—. _____

_____

_____

—. _____

_____

_____

단기목표

▽ 1. 위협적 · 폭력적 행동의 원인을 결정하는 데 필요한 생물학적 · 심리사회적 정보를 제공한다.(1)

▽ 2. 의학적 평가를 받는 데 협조한다.(2)

▽ 3. 심리교육적 평가를 완료한다.(3)

치료적 개입

1. 학생의 사회적 · 의학적, 가족, 학습 및 행동적 어려움에 대한 정보를 학생과 부모, 의뢰한 교사, 특수교사와의 논의를 통해 수집한다. 물질 사용 정보를 포함하여 상급 학생들과 함께 논의한다. 만약 의심스럽다면 학생을 어린이 보호 기관에 의뢰하고, 만약 보증이 된다면 지역사회 기반 치료 기관에 의뢰한다. ▽

2. 학교 정책에 따라, 학교아동연구팀 및 다른 지역사회 봉사자와 협조하여 행동의 생화학적 원인을 배제하기 위해 의학적 검사를 준비한다. ▽

3. 현재의 학습, 정서 또는 행동적 어려움을 평가하기 위해 심리교육적 평가 계획을 세운다. 윤리기준에 따라 학생, 가족,

동료들에게 평가 결과를 제공한다. ▽

4. 약물남용 평가를 완료하고, 평가 결과가 제공하는 권고사항을 준수한다. (4)

4. 약물남용 문제가 학생의 폭력적 행동에 영향을 주는지 여부를 평가하기 위해 약물남용 평가를 계획한다. 만약 문제가 나타난다면 학생을 약물남용 치료에 의뢰한다(31장 참고).

5. 가능한 폭력과 관련된 최근의 위험에 대해 이야기하고 공공의 안전을 위한 노력을 기울이는 데 반드시 협조하게 한다.(5, 6, 7)

5. 동료 및 가족, 약물남용, 무기 접촉기회, 폭력행동에 대한 표출 계획, 직간접적인 위협과 관련된 분노의 깊이, 연관성의 정도를 탐색 및 평가한다. 법적·윤리적 기준에 따라 위험 평가 결과를 학교 관리자와 이야기하고, 필요한 경우 공공 안전 공무원 또는 인사과에 알린다.

6. 학생이 무기에 접촉하는 기회를 없애도록 가족구성원을 격려한다.

7. 학생의 폭력을 예방하고, 교사들에게 폭력 개입에 대한 자원을 전문적으로 발달시키도록 하며, 학교 전체가 안전을 증가시키도록 한다. 이를 위해 증거기반 프로그램을 실시하는 학교 안전위원회에 참여하거나 위원회를 발족시킨다.

6. 친구와 가족에게 사회적 네트워크와 연결의 단계를 설명한다.(8, 9)

8. 심리학적 가계도 및 소시오그램을 사용하여, 학생이 자신의 삶 속에서 만들고 있는 관계의 종류를 탐색하게 한다. 친구와 가족구성원과의 긍정적 관계를 지지한다.

9. 만약 신체적·성적 또는 정서적 학대가 발생했다면, 반드시 학생의 현재의 안전을 보장하고, 가족 관련 어린이 보호 기관에 의뢰되도록 한다.

7. 학교 경험과 관련된 태도와 감정을

10. 학습과 관련된 관여, 친구 및 학교 인사

확인한다.(10)

8. 갈등의 과거 선행사건 또는 촉발요
인을 확인한다.(11)

▽ **9.** 감정이 행동과 어떻게 연관되는지
인식하고 말로 표현해본다.(12)

▽ **10.** 문제행동에 영향을 주는 비합리적인
사고와 신념을 인식하고 대체한다.
(13, 14)

▽ **11.** 상담회기 기간과 숙제 기간 동안 의
사소통법 사용, 갈등해결, 이완 기술
을 학습 및 실천한다.(15, 16, 17, 18)

과와의 관계를 포함한 학생의 학교 관련
태도와 감정을 탐색하고 평가한다.

11. 친구 및 가족구성원과의 갈등을 촉발해
왔던 상황, 행동, 사고 또는 맥락을 확인
한다. 이 촉발요인에 대한 대안적인 반
응과 대처 전략(예 : 상황에서 벗어나기,
생각 멈추기, 긍정적인 자기대화 하기,
이완 기술 등)을 세워본다(9장 참고).

12. 폭력적 또는 공격적인 행동과 연관되어
있는 근본적인 감정을 확인하도록 학생
을 지지한다. 학생에게 자신의 감정을
적절하게 표현하도록 가르치기 위해 모
델링과 역할연기를 사용한다. ▽

13. 학생이 문제행동에 영향을 주는 자신의
비합리적인 신념을 확인하도록 지지한
다(예 : 다른 사람들의 행동이 실제로는
그렇지 않음에도 나를 존중하지 않는다
고 해석하는 것, 공격하는 것이 괴롭힘
에 대처하는 효과적인 방법이라고 생각
하는 것, 필요한 것을 얻기 위한 방법 또
는 제한을 피하기 위한 방법으로 폭력을
사용하는 것). ▽

14. 학생의 인지적 오류를 해결하고, 비합리
적인 사고 왜곡을 수정하고, 어려운 상
황에 보다 유연하고 자기조절된 반응을
하도록 하기 위해 보다 적응적인 방식의
사고와 자기대화로 대체하도록 한다. ▽

15. 학생이 본인에게 필요한 신체적 · 지적,
의사소통, 문제해결, 갈등해결 기술 관
련 감정을 다루기 위해 개인적으로 맞춰
진 전략 세트를 만드는 것을 지지한다

(참고 : Meichenbaum의 *Treatment of Individuals with Anger-Control Problems and Aggressive Behavior*). ▽

16. 학생에게 점진적 근육이완, 횡경막과 함께 숨쉬기, 감정을 다스리는 기술을 향상시키기 위해 상상하기와 같은 이완 기술을 가르친다. 이 행동을 연습하고 지지한다. ▽

17. 이완, 상상하기, 행동 예행연습, 모델링, 역할연기를 사용하고, 학생의 새로운 친사회적, 행동관리 기술을 통합하기 위해 도전할 만한 상황을 녹화하여 피드백한다. ▽

18. 새롭게 학습한 스트레스 해결법, 주장하기, 갈등해결을 연습하도록 돕기 위해 학생에게 숙제를 주고, 필요한 경우 인지적 재구축 기술을 제공한다. 결과에 대해 긍정적이고 정확한 피드백을 제공한다. ▽

▽ 12. 효과적인 분노관리 기술, 갈등해결법을 가르치는 프로그램에 참여하도록 하고, 성공적이지 못한 행동을 친사회적 행동으로 대체한다. (19, 20)

19. 학생에게 어떻게 갈등을 해결하는지, 어떻게 단호하게 반응하는지, 다른 사람들과 어떻게 긍정적으로 상호작용하는지를 가르치는 *Too Good for Violence* 프로그램을 학급 및 분노 관리 소집단, 공감 개발 수업에 제공한다(www.mendezfoundation.org/too_good.php 참고). 갈등해결과 평화 만들기 기술을 평화교육재단(참고 : store.peaceeducation.org)의 평화 만들기, 평화 학자들, 공정하게 싸우기, 윈-윈 방법을 통해 제공한다. ▽

20. 학생을 First Step to Success 프로그램에 참여하도록 한다. 이 프로그램은 학생,

친구, 교사, 부모와 함께 공격적이고 반사회적인 행동을 스크리닝, CLASS, HomeBase와 같은 개입을 사용하여 변화시키는 프로그램으로 3개월 동안 50~60시간이 걸린다. ▽

▽ **13.** 문제해결, 갈등해결, 분노관리 기술의 원리와 과정을 말로 표현하고 이해한다.(21, 22, 23)

21. 학생에게 갈등관계에서 적용할 수 있는 문제해결 기술을 가르친다(예 : 문제 확인하기, 해결방법을 자유롭게 표현하기, 각 해결책의 장단점을 기록하기, 선택하기, 행동으로 실천하기, 결과 평가하기). ▽

22. 학생에게 갈등해결 기술을 가르친다(문제 확인하기, 문제에 초점 맞추기, 사람이 아닌 문제를 공략하기, 열린 마음으로 적극적 경청 실행하기, 사람의 감정을 존중하는 마음으로 다루기, 행동에 대해 책임감 가지기(Schmidt의 *Mediation: Getting to Win/Win*과 11장 참고)]. ▽

23. 학생에게 분노관리 기술을 가르친다(예 : 타임아웃 사용하기, 개인일지에 감정 적기, 믿을 만한 어른과 이야기하기, 신체운동 하기). 이 기술을 실천해보고, 성공을 강화하고 실패를 다시 실천해본다(2장 참고). ▽

▽ **14.** 다른 사람들과 연관될 때 공격, 위협 또는 폭력적 행동 대신에 친사회적 기술을 사용하여 보다 긍정적인 관계를 개발한다.(24, 25)

24. 학교, 집, 그 외 어디에서 관계를 만들든지 친사회적 기술을 학습하도록 하기 위해 역할연기, 모델링, 행동 예행연습 그리고 숙제하기를 사용한다. ▽

25. 학생의 성공적인 친사회적 기술의 사용, 친구 및 가족과의 긍정적 상호작용, 학교 참여 향상을 확인하고 긍정적으로 강화한다. 부모와 교사는 학생이 아무리

작은 친사회적 변화라도 감지가 될 때 학생을 강화하도록 한다. ▽

15. 학교 안과 밖에서 긍정적인 사회적 지지를 확인하고 증가시킨다.(26)

26. 학교 안과 밖에서 긍정적인 행동을 지지해줄 수 있는 어른과 친구 관계를 확인하도록 한다. 이러한 건설적인 관계를 만들기 위해 시간을 더 사용하도록 계획을 세운다.

16. 학급 및 학교 활동 참여를 증가시킨다.(27, 28)

27. 학생에게 약간의 성공적 학습 경험을 제공하기 위해 교사와 협의한다. 학생의 친사회적이고 책임감 있는 행동을 위해 칭찬을 자주 하고 긍정적인 강화를 제공하도록 교사를 격려한다.

28. 학생이 즐겁게 참여할 수 있는 학교 활동 또는 이벤트를 탐색한다. 학생의 사회적 참여가 높아지도록 독려한다. 성공을 강화하고 실패를 다시 실천한다.

▽ **17.** 부모는 자녀의 긍정적 행동 관리를 지지하기 위해 부모관리 훈련기술을 배우고 실천한다.(29, 30)

29. 부모와 교사에게 부모관리 훈련기술과 관련된 정보를 제공한다. 이 기술은 어른-자녀 상호관계를 변화시키는 기술로, 강화를 통해 자녀의 친사회적 행동을 증가시키고 부적절하거나 반사회적인 행동을 줄인다(Kazdin의 *Parent Management Training* 또는 http://www.oup.com/us/companion.websites/0195154290/?view=usa 참고). ▽

30. 부모와 교사에게 학생의 분노 또는 공격적 행동을 관리하기 위한 노력과 분노 폭발, 보복, 공격성에 대처하는 효과적인 대안법에 대해 말로 표현하고 적은 것을 확인하도록 요청한다. 상담회기 동안 학생에게 긍정적인 피드백에 대해 읽

18. 가족구성원과 긍정적 상호관계를 증
    가시킨다.(31, 32, 33, 34)

19. 다른 사람들과 그들의 감정에 대한
    진지한 관심과 이해가 증가한 것을
    말로 표현함으로써 공감을 정의하고
    표현한다.(35, 36, 37)

어보도록 한다. ▽

31. 학생의 공격적이고 폭력적인 행동을 완
    화하고 가족 의사소통을 증진시키기 위
    해, 가족구성원에게 효과적인 의사소통
    기술(예 : 적극적 경청)과 대처 전략(예 :
    오락활동, 숫자 세기를 통해 행동 지연
    하기)에 대한 정보를 제공한다.

32. 가족을 지역사회에 기반을 둔 치료 기관
    에 의뢰한다.

33. 가족이 학생과 함께 참여할 수 있는 활
    동과 이벤트를 확인한다(또는 Jongsma
    의 *Adults Psychotherapy Homework
    Planner*의 'Identify and Schedule Pleasant
    Activities'를 하게 한다). 성공을 강화하
    고 실패는 다시 시도해보게 한다.

34. 부모/보호자에게 학생의 긍정적 행동에
    대해 계속해서 기록하도록 요청한다. 그
    들이 보고자 하는 특정한 긍정적 행동과
    연관된 행동을 확인하고 의사소통하도
    록 격려한다.

35. 그룹 회기 동안 공감을 정의한다(예 : 다
    른 사람의 감정과 지각을 이해하는 것
    vs 오직 다른 사람의 생각과 감정에 집
    중하는 것). 분노를 생산적으로 표현하
    는 데 기여하는 공감의 역할에 대해 학
    생과 논의한다.

36. 갈등이 생기기 전에 생각, 감정, 스스로
    와 다른 사람들의 행동을 예상하기의 진
    정 효과를 설명하기 위해 역할연기와 모
    델링을 사용한다. 학생에게 예상되는 생
    각과 감정을 공유하도록 요청하고 이러

한 과정이 어떻게 분노 또는 폭력 반응을 줄일 수 있는지 보여준다.

37. 자신이 다른 사람에게 표현하는 공격성의 영향에 대해 학생이 이해하는 것을 돕기 위해 역할 바꾸기 기술을 사용한다.

20. 대인관계 갈등을 해결하기 위해 효과적인 의사소통과 친사회적 행동을 사용하는 것의 장점에 대해 나열한다.(38)

38. 평화로운 협상의 장점과 문제해결(예 : 존경과 존엄성이 유지됨, 문제가 격렬해지지 않고 해결됨, 우정이 지속되거나 더 깊어짐, 사회기술을 배울 수 있음 등) 및 갈등, 공격성, 힘겨루기의 결과(예 : 우정이 깨짐, 적대적인 학교 환경, 의심, 공격성 등)에 대해 학생과 자유롭게 이야기한다.

21. 장점, 흥미 또는 긍정적 요인에 이름을 붙인다.(39)

39. 학생에게 5~10개의 특별한 강점, 흥미 또는 긍정적 요인을 확인하게 하고 이 정보를 활동, 친구, 행동과 관련하여 지지하고 활용할 수 있는 방법을 생각해보도록 한다.

▽ 22. 자신과 자신의 능력에 대해 긍정적인 감정을 증가시키기 위해 긍정적 자기대화를 사용한다.(40)

40. 자신감을 키우고 보다 긍정적인 자기상을 가지도록 하는 방법으로 어떻게 긍정적 자기대화(예 : "나는 할 수 있어.", "난 호감 가는 사람이야.", "나는 춤을 잘 출 수 있어.")를 사용하는지를 학생에게 가르친다. ▽

—. _____
_____
—. _____
_____
—. _____
_____

—. _____
_____
—. _____
_____
—. _____
_____

진단적 제안

ICD-9-CM	ICD-10-CM	DSM-5 장애, 조건 또는 문제
312.34	F63.81	간헐적 폭발장애
312.30	F91.9	명시되지 않는 파괴적, 충동조절 및 품행장애
312.89	F91.8	달리 명시된 파괴적, 충동조절 및 품행장애
312.9	F91.9	명시되지 않는 파괴적, 충동조절 및 품행장애
v71.02	Z72.810	아동 또는 청소년 반사회적 행동
_____	_____	_____
_____	_____	_____

26 자존감 세우기

행동적 정의

1. 개인적 약점은 많이 발견하고 장점은 적게 발견하거나 전혀 발견하지 못한다.
2. 누군가가 되고 싶다는 욕구를 표현하거나 성격 자질 중 많은 부분을 바꾸고 싶어 한다.
3. 친구들에게 환영받지 못한다고 느낀다.
4. 실패에 대한 감정을 표현한다.
5. 다른 사람을 실망시키는 것에 대한 두려움과 부모, 친구, 교사의 기대에 의한 압력과 강요를 느낀다.
6. 새로운 것을 시도하기를 꺼려한다.
7. 학교활동에 대해 자신감이 부족하고 학급에 참여하기를 꺼린다.
8. 우울감, 기분부전을 나타낸다.
9. 의사결정을 할 때 다른 사람에게 의존하는 모습을 보인다.
10. 자신이 기대받는 만큼 수행을 못할 것이라는 느낌을 표현한다.
11. 스스로를 돌보는 행동이 부족하다.
12. 인식 및 인정을 얻기 위해 자기패배적 행동을 보인다(예 : 성적 행동화, 약물남용, 반사회적 모습, 부정적으로 주목 끌기 등).

—. _____

_____

—. _____

_____

—. _____

_____

장기목표

1. 개인적 강점 영역을 확인하고 내면화한다.
2. 스스로를 사랑받을 만한 사람, 문제에 대처할 수 있는 사람이라고 믿는다.
3. 중요한 사람들이 주는 사랑과 인정을 받아들인다.
4. 대인관계 기술 및 긍정적인 사회 상호작용 기술을 증가시킨다.
5. 적절하게 자기주장을 하고 스스로에 대한 자신감을 가진다.
6. 다양한 기능적 상황 속에서 주장성과 자신감을 표현한다.

—. _____

_____

—. _____

_____

—. _____

단기목표

▽ 1. 자존감 문제의 정도와 가능한 원인을 결정하는 데 필요한 생물학적·심리사회적 정보를 제공한다.(1, 2, 3)

치료적 개입

1. 학생의 사회적·의학적, 가족, 학습 및 행동적 어려움에 대한 정보를 학생과 부모, 의뢰한 교사, 특수교사와의 논의를 통해 수집한다. ▽

2. 학교 정책에 따라, 학교아동연구팀 및 다른 지역사회 봉사자와 협조하여 행동의 생화학적 원인을 배제하기 위해 의학적 검사를 준비한다. ▽

3. 학교 정책에 따라, 학교아동연구팀 및 다른 지역사회 봉사자와 협조하여 현재의 학습, 정서 또는 행동적 어려움을 평가하기 위해 심리교육적 평가 계획을 세운다. 윤리기준에 따라 학생, 가족, 동료

2. 자존감 관련 평가를 완료한다.(4)

3. 낮은 자존감에 기여하는 상황 또는 관계를 확인한다.(5, 6, 7)

▽ **4.** 긍정적 관계를 발전시키는 데 목표를 둔 가족상담에 참여한다.(8, 9)

들에게 평가 결과를 제공한다. ▽

4. 낮은 자존감과 연관된 특정 영역을 결정하기 위해 학생에게 자존감 평가(예 : Piers Harris Self-Concept Scale 또는 Coopersmith Self-Esteem Inventory)를 실시한다(또는 Knapp의 *School Counseling and School Social Work Homework Planner*의 'Personal Profile' 활동을 하게 한다).

5. 보다 긍정적인 자아상을 재구성하고 세우는 과정을 시작하기 위해, 자존감 검사의 질문, 답변, 개인적 정보 시트를 확인한다. 학생의 낮은 자존감을 유발하는 원인을 명확하게 확인하기 위해서 학생에게 반응을 더 자세하게 설명하도록 요청한다.

6. 낮은 자존감에 기여하는 상황 또는 관계를 학생과 탐색한다(예 : 노력 실패, 학업적 성공 부족, 비난적 또는 학대적인 부모, 눈에 띄게 성공적인 손윗 형제, 사회기술 부족, 친구의 거절 또는 놀림 등). 만약 학대가 의심된다면 어린이 보호기관에 의뢰한다.

7. 낮은 자존감을 유발할 수 있는 갈등, 상처, 거절, 상실, 학대, 방임 또는 실망의 원인에 대해 학생의 친구 및 가족 관계를 탐색한다.

8. 가족상담을 지원하는 외부 사설 치료자 또는 기관에 학생과 가족을 의뢰하고 긍정적인 상호작용을 개발하도록 가족을 지원하기 위해 외부 치료자와 협력한다. ▽

5. 부모는 양육 프로그램에 참여하거나 긍정적 훈육과 양육 기술을 가르쳐 주는 문헌을 읽는다.(10, 11)

6. 효과적인 학업 및 대인관계 기술을 향상시키기 위해 구조화된 긍정강화 프로그램에 참여한다.(12, 13, 14)

9. 진척을 확인하고, 격려하고, 지속되는 어려움을 나누기 위해 부모와 학생에게 계획된 시간에 주중 가족 만남을 하도록 제안하고, 상담자 또는 개인 치료사와 나누기 위해 진척 사항을 지속적으로 기록하도록 한다.

10. 효과적인 양육 및 긍정적 훈육 기술을 증진시키기 위해 부모를 구조화된 양육 프로그램에 참여하도록 한다(예 : Webster-Stratton의 *The Incredible Years: Parents and Children Training Series*(http://www.incredibleyears.com/), Mologaard와 Spoth의 *The Strengthening Families Program* (http://www.Strengtheningfamilyprogram.org/), Bavolek의 *The Nurturing Parent Program*(http://www.nurturingparenting.com/), Gordon의 *Parenting Wisely*(http://www.parentingwisely.com/)].

11. 가족 안에서 긍정적인 훈육전략을 실행하기 위한 정보를 부모에게 제공하거나 (예 : Phelan의 *1-2-3 Magic*, Nelson의 *Positive Discipline*, Fay의 *Discipline with Love and Logic*, Forehand와 Long의 *Parenting the Strong-Willed Child*, Patterson의 *Living with Children*, Webster-Stratton의 *The Incredible Years*) 19장을 참고하라.

12. 목표 설정, 진도 모니터링, 성공 공유, 기억 능력 개발 및 건강한 낙관주의에 대한 교실 및 소집단 학습 개발 수업을 Bringman과 Webb의 *Student Success*

Skills 프로그램을 통해 제공한다(참고 : www.studentsuccessskills.com). ▽

13. 학교 전체의 행동적 · 학업적 성취 프로그램을 실천하기 위해 교사와 협력한다 [예 : *Positive Behavioral Interventions and Supports*(http://www.pbis.org/), Allred의 *Positive Action* 프로그램(http://www.positiveaction.net/), Battistich의 *Caring School Community*(www.devstu.org/cssrd/cdp_index), 1장 참고]. ▽

14. 목표한 행동을 일관되고 빈번하게 강화하는 데 사용되는 Check-In/Check-Out 기술을 교사에게 가르치고, 결과 모니터링을 반복하여 학업 성취 행동을 지지한다(Hawken, Pattersson, Mootzm 그리고 Anderson의 *A Check-In, Check-Out Intervention for Students at Risk* 참고). ▽

▽ 7. 낮은 자존감을 지지하는 자신 및 관계에 대한 역기능적 인지를 확인하고 대체한다.(15, 16, 17, 18)

15. 학생이 낮은 자존감을 강화하는 자동적이고 부정확한 생각을 인식하고 바꾸도록 돕기 위해 인지 재구조화 기술을 사용한다. 인지를 시험할 수 있는 행동적 실험을 계획하고 실시한다. ▽

16. 자신과 다른 사람, 세계에 대한 현실적이고 긍정적인 인식을 개발하도록 학생을 지지한다(또는 Knapp의 *School Counseling and School Social Work Homework Planner*의 'Re-Framing Your Worries' 활동을 하게 한다). ▽

17. 학생이 불안감과 열등감 또는 거절감을 느낀 상황을 다시 돌아봄으로써 자신의 부정적인 자기대화를 확인하도록 한다.

인지 재구조화, 자신의 생각을 좀 더 긍정적으로 재구성하기, 현실적인 자기대화를 사용한다. ▽

18 학생이 자신의 삶 속에 있었던 사건을 묘사하고 더 건강한 해석을 반영하여 이야기를 다시 써보도록 함으로써 재구성 과정을 강화하는 개인일지를 쓰도록 한다. ▽

▽ 8. 에어로빅 운동에 정기적으로 참여한다.(19, 20)

19. 학생에게 일주일에 적어도 30분씩, 서너 번 정도 에어로빅 운동에 참여하도록 격려한다. ▽

20. 학생이 체육 수업 또는 에너지 수준을 높이기 위한 스포츠 활동에 등록하도록 한다. ▽

▽ 9. 의사소통 및 우정 만들기 기술을 향상시키기 위한 긍정적 사회 기술을 배우고 실천한다.(21, 22, 23)

21. 의사소통 및 사회기술을 향상시키고, 표현한 감정을 확인하고, 긍정적 인지와 건강한 자존감을 발전시키는 데 목적을 둔 상담을 제공하거나 사회기술 개발 집단을 운영한다[예 : Botvin의 *Life Skills Training*(http://www.lifeskillstraining.com/), Greenberg의 *Promoting Alternative Thinking Strategies*(www.prevention.psu.edu/projects/PATHS.html)]. ▽

22. 개인 및 집단 상담회기에서 모델링과 역할연기를 사용하여 의사소통과 친사회 기술을 연습한다. ▽

23. 학생이 성공 가능성이 큰 사회활동에 참여하도록 지도한다. 이 활동에 필요한 기술을 제공하기 위해 예행연습과 역할연기를 사용하고, 참여에 대한 긍정적인 피드백을 제공한다. ▽

▽ **10.** 친구와 함께 학교에서 사용할 수 있는 긍정적 사회 상호작용을 증가시킨다.(24)

11. 정규 교과 외 사회활동에 참여한다. (25, 26)

12. 사회적 상호작용을 위해 눈 맞춤과 미소 짓기를 연습한다.(27, 28)

13. 중요한 주변 사람 중 무조건적인 사랑과 돌봄으로 의사소통하는 사람이 누구인지 확인한다.(29, 30, 31)

24. 학생을 점심시간 친구 모임에 참여하도록 한다. 필요한 경우, 사회 기술을 연습하기 위해 역할연기 또는 행동 예행연습을 사용하고 성공을 강화한다. ▽

25. 학생에게 친구와 함께 하는 방과 후 또는 주말 활동을 계획해보도록 격려한다. 상담을 통해 활동을 잘하기 위해 어디를 가야할지 논의한다.

26. 학교, 종교 단체 또는 지역사회의 후원을 받은 정규 교과 외 활동 참여를 격려하고 강화한다. 사회적 상호작용을 처리하고, 어려운 문제를 해결하기 위해 역할연기를 사용한다.

27. 눈 맞춤과 미소 짓기를 연습하기 위해 인형 또는 역할연기를 사용하고 이 기술을 다른 사람과의 관계에 적용해본다.

28. 친구 사귀기, 인정 얻기, 관계 만들기에 영향을 주는 좋은 눈 맞춤과 미소 짓기, 적절한 사회적 신체 접촉의 중요성을 가르친다. 학생이 주중에 가족, 친구와 눈 맞춤과 미소 짓기를 연습하도록 하고, 다음 상담회기에서도 연습하도록 한다.

29. 학생에게 가족구성원, 친구, 교사 뜨는 멘토와 롤모델을 포함하여 중요한 주변 사람의 목록을 작성하도록 하고, 그들이 주는 지원의 정도, 가깝게 느끼는 정도 또는 그 사람이 가지고 있는 영향력의 정도를 매겨보도록 한다(또는 Knapp의 *School Counseling and School Social Work Homework Planner*의 'Important People in My Life'를 완성하도록 한다).

30. 학생에게 '나는 누구인가'라는 제목으로 사진을 선택하거나 그림을 그려서 개인 일지를 써보도록 한다. 가족과 함께한 사진, 학교에서 친구와 함께 활동을 하고 있는 사진 등이 포함될 수 있다. 긍정적인 경험과 관계를 확인하고 논의한다.

31. 학생에게 자존감 개인일지에 무조건적인 사랑의 정의를 써보도록 하고 무조건적인 사랑을 줄 수 있는 중요한 사람들을 나열해보도록 한다.

14. 자신의 긍정적인 개인적 자질과 기술을 인정한다.(32, 33, 34)

32. 학생의 치료적 활동지가 포함된 자존감 개인일지를 써보게 하고, 진척의 기록으로서 제공한다. 정기적으로 점검해본다.

33. 학생이 자존감 개인일지에 자신의 긍정적인 개인 자질을 기록하도록 한다. 학생에게 적어도 하루에 한 번 목록을 확인하게 하고 집에 잘 보이는 곳에 복사해서 붙여 두도록 한다.

34. 현재 습득한 학생의 목록 작성 기술, 과거에 습득한 기술, 미래에 필요한 기술을 평가하여 학생에게 각 기술의 그림을 그리도록 요청한다. 이 기술의 중요성과 기술의 습득이 노력과 지속성을 요구하는 평생 과정이라는 개념에 대해 논의한다(또는 Knapp의 *School Counseling and School Social Work Homework Planner*의 'Skill Assessment'를 하도록 한다).

15. 개인적 감정을 확인하고 말로 표현한다.(35, 36, 37)

35. 학생에게 다양한 감정을 묘사한 광범위한 형용사 목록을 검토하도록 하여 개인 감정에 이름 붙이기를 가르친다. 학생이 개인 감정을 묘사한 단어를 확인하고,

매일 개인일지에 적도록 한다.

36 학생이 자신의 감정에 이름을 붙이고 묘사하도록 돕기 위해 다양한 얼굴 감정을 그린 차트를 사용한다.

37. 학생이 부모, 교사와 함께 감정 또는 어려움을 묘사하는 것에 대해 토론하는 것을 준비하도록 돕는다. 이 메시지를 어떻게 전달할 것인지 역할연기를 해보고, 역할 연기 후 경험을 검토하고, 성공을 강화하고, 실패한 부분은 다른 방식으로 시도하도록 한다.

16. 다른 사람이 주는 격려의 말을 인식하고 인정한다.(38, 39)

38. 학생이 다른 사람으로부터 칭찬 또는 격려를 받는 사회적 만남을 역할연기로 해본다. 이런 칭찬을 무시하기보다 받아들여야 할 필요성을 강조하고, 이야기해준 사람에게 감사를 표시하고, 그 메시지를 자신의 자기개념으로 통합한다.

39. 학생이 스스로에게 적용할 수 있는 긍정적인 격려의 말에 대해 자유롭게 이야기해본다. 주중에 다른 사람들에게 실제로 들은 격려의 말에 덧붙여서 확인된 내용을 자존감 개인일지에 써보도록 한다.

17. 일상적인 학급활동 참여를 증가시키고, 매일의 학업 숙제에 대한 책임감을 가지도록 한다.(40, 41)

40. 학급활동 참여를 증가시키기 위한 방법을 학생과 자유롭게 나누고, 매일의 진척 상황을 자존감 개인일지에 그래프로 그려보도록 한다.

41. 학생이 모든 학급 과제 및 숙제를 완료하기 위한 계획을 세우도록 돕는다. 개인일지에 계획과 진척을 기록하도록 한다.

—. _____

_____

—. _____

_____

—. _____ —. _____
 _____   _____
—. _____ —. _____
 _____   _____

진단적 제안

ICD-9-CM	ICD-10-CM	DSM-5 장애, 조건 또는 문제
300.4	F34.1	지속성 우울장애
314.01	F90.2	주의력결핍 과잉행동장애, 복합형
300.23	F40.10	사회불안장애(사회공포증)
296.xx	F32.x	주요우울장애, 단일 삽화
296.xx	F33.x	주요우울장애, 재발성 삽화
307.1	F50.02	신경성 식욕부진증, 폭식/제거형
307.1	F50.01	신경성 식욕부진증, 제한형
309.21	F93.0	분리불안장애
300.02	F41.1	범불안장애
_____	_____	_____
_____	_____	_____

27 성적 책임감

행동적 정의

1. 피임도구를 사용하지 않은 성적인 적극성은 임신과 STDs(Sexually Transmitted Diseases, 이하 성병)의 결과를 낳는다.

2. 성적으로 난잡한 행동 패턴은 진지한 관계에 대한 헌신이 매우 적거나 전혀 없음을 나타낸다.

3. 유혹적인 옷을 입고, 행동을 하고, 말을 한다.

4. 알코올 및 약물 사용은 위험을 각오한 행동을 촉진시키고 자연적인 억제를 감소시킨다.

5. 원치 않는 성적 접근의 가해자 또는 피해자가 되거나, 데이트 강간, 성적 괴롭힘, 성적 학대 등이 일어난다.

6. 성적 발달, 임신, 성병과 관련된 사실에 대한 정보가 부족하다.

7. 도덕적 가치와 개인적 책임감과 함께 성적 행동의 통합을 반영하는 개인적 행동 규칙이 없다.

8. 사춘기 이전 시기의 성숙 단계에서 성과 성관계에 대해 과도한 흥미를 보인다.

9. 신뢰할 만한 어른과 성 윤리와 성적 가치에 대해 이야기하는 것을 싫어한다.

___. _____
_____

___. _____
_____

—. _____
_____

장기목표

1. 성적 발달 및 사춘기 성생활에 대한 사실을 배운다.
2. 부모는 그들의 성 윤리와 가치를 나누고 사춘기 성 행동에 대한 명확한 기준을 제시한다.
3. 도덕적 또는 종교적 가치에 의해 지도받은 자기절제의 표현으로서 성적 금욕을 유지한다. 금욕은 사춘기 성생활을 다루고 임신과 성병을 예방하는 데 안전하고 가장 효과적인 방법이기 때문이다.
4. 만약 성적으로 적극적이라면, 안전하면서도 의학적으로 추천된 피임방법과 성병 예방법을 선택한다.
5. 개인적 성 책임감을 표현하고 자신과 타인의 성 윤리와 가치를 존중한다.
6. 원치 않는 성적 접근이 있을 때 사용하기 위한 효과적인 거절 기술을 개발한다.

—. _____
_____
_____

—. _____
_____

—. _____
_____

단기목표

1. 학교, 지역사회 기관 또는 종교단체가 제공하는 청소년 성 생활 수업에 등록한다.(1, 2)

2. 믿을 만한 어른과 성생활에 대한 개

치료적 개입

1. 학생이 자신의 믿음에 기반한 조직 또는 학교 내에서 접근 가능한 성 교육 기회를 탐색하도록 지지한다.

2. 청소년의 심리성적 관심사 주제에 초점을 맞춘 집단상담 회기에 참여하도록 한다(예 : 청소년 데이트, 신체적 성숙, 성생활, 성적 통합, 책임감 있는 사회적 상호작용).

3. 학생이 부모 및 다른 믿을 만하고 지식

인적 관심에 대해 논의한다.(3, 4)

3. 성에 대한 근거 없는 믿음을 확인하고 성과 성생활의 실체에 대해 표현하고 이해한다.(5, 6)

4. 부모는 친밀하고 신뢰로운 양육 환

이 있는 어른과 성적 책임감에 대한 대화를 하도록 격려한다. 학생이 믿을 만한 어른과 할 수 있는 전형적인 대화를 역할연기로 해보고(예 : 부모, 친척, 의사, 신부님, 교사 또는 상담자) 다음 주중에 적어도 한 번의 학생-어른 간 토론을 해보도록 한다.

4. 성과 관련된 토론을 할 때 부모, 종교적 조언자, 의사 또는 교사에게 적절한 질문을 어떻게 할 것인지 자유롭게 이야기한다(예 : 사랑이란 뭐지요? 아이들은 언제 데이트를 시작하나요? 성관계를 가져도 괜찮은 때는 언제인가요? 피임과 금욕에 대한 선생님의 의견은 무엇인가요?).

5. 학생에게 성과 성생활에 대해 일반적으로 반복되는 정보를 작성해보도록 하고 그 정보가 사실인지 근거 없는 믿음인지 확인한다[예 : 요즘 십 대들은 모두 성관계를 가진다(근거 없는 믿음), 임신은 첫 성관계 때는 발생하지 않는다(근거 없는 믿음), HIV(에이즈 바이러스)는 이성애와 동성애 양쪽 모두에게 작용할 수 있다(사실)].

6. 학생과 *Sexuality and Teens: What You Schould Know About Sex, Abstinence, Birth Control, Pregnancy, and STDs (Issues in Focus Today)*(Feinstein)에서 발췌한 내용을 보고 청소년들에게 혼란과 성적 문제를 불러일으키는 전형적인 근거 없는 믿음에 대해 논의한다.

7. 부모에게 자녀와 성적 책임감에 대해 의

경 속에서 지속적인 모습으로 자녀
와 함께 성 윤리와 가치에 대해 토론
하고자 하는 의지를 표현한다.(7, 8)

5. 부모는 청소년에게 통행금지 시간,
복장, 데이트 지침, 약물남용 및 성
행동 영역과 관련하여 명확한 기대
를 말로 표현한다.(9, 10)

사소통하는 데 열린 자세를 유지하는 것
의 중요성을 가르친다. 부모에게 토론
동안 받게 되는 전형적인 질문을 알려주
고 준비하게 한다(예 : 내 몸에서 무슨
일이 일어나고 있는 거죠? 어떻게 하면
임신을 예방할 수 있어요? 성병과 에이
즈의 원인은 무엇이죠? 성 책임감이 진
짜로 의미하는 바가 무엇이죠?).

8. 부모에게 'I-메시지'와 적극적인 경청,
중단하지 않기, 항상 또는 절대와 같은 확
고한 단어 피하기, 모든 주제를 한 가지
대화로 해결하려고 하지 않기, 이후의
대화 가능성을 열어두기의 방법을 사용
하는 역할연기 대화를 통해 효과적인 의
사소통 기술을 가르친다.

9. 부모가 자녀에게 성 책임감과 건강한
자존감 확립을 위한 중요한 방법으로서
확실한 지침(예 : 복장, 데이트, 약물남
용, 성 행동)을 주도록 한다. 합리적인
제한선에 대해 논의하고 부모의 모니터
링이 어린 청소년들의 성행동을 감소시
키고 십 대 후반 청소년들이 고위험으로
빠질 확률을 감소시킨다는 것을 알린다
(National Research Council의 *Risking the
Future: Adolescent Sexuality, Pregnancy
and Childbearing* 참고).

10. 확실한 제한과 부모의 통제가 십 대 임
신, 성병 및 십 대의 다른 역기능적 행동
을 주요하게 제지한다는 것을 알리는 과
정에서 십 대들의 저항이 일어날 때, 부
모의 해결책이 강하게 유지되도록 한다.

6. 적용을 위한 개인적인 성 책임감 규칙과 행동 계획을 작성한다.(11, 12)

7. 데이트 파트너 및 친구들과 함께 성 책임감과 적절한 성적 행동에 대한 개인적인 견해를 나눈다.(13, 14)

8. 청소년 성과 관련된 위험을 피하기 위한 안정적인 선택으로서 금욕에 대해 말로 표현한다.(15, 16, 17)

11. *Everyone Is Not Doing: Parts I, II, and III*(Long) 비디오를 보여주고 학생에게 임신 또는 성병을 일으킬 수 있는 약물 남용, 옷 입을 때의 규칙, 통행금지, 성적 행동의 금지 영역과 관련된 합리적인 제한선에 대해 자유롭게 이야기하도록 한다.

12. 청소년 성 영역과 관련된 학생의 긍정적인 의도에 대해 개인일지에 적어보도록 지도한다(또는 Knapp의 *School Counseling and School Social Work Homework Planner*의 'My Personal Responsibility Code' 활동을 하게 한다). 학생에게 성교육 교사 또는 상담자와 함께 개인일지를 검토하도록 하고 규칙에 서약함으로써 약속을 지키도록 한다.

13. 교실 내 소집단 형태 또는 상담집단 안에서 친구들과 함께 성 책임감에 대한 자신의 생각을 토론하도록 한다.

14. 자신의 성 윤리와 도덕적/종교적 기준에 대해 데이트 파트너, 부모, 친구와 함께 이야기하도록 지도하고, 개인일지에 반응을 기록하거나 상담회기 동안 반응에 대해 나눈다.

15. 청소년 성 교류의 위험을 피하기 위한 우선적인 방법으로 금욕을 선택하는 많은 이유에 대해 적어보도록 한다(예 : 임신 예방, 성병 예방, 성 책임감 유지하기, 건강한 자존감 높이기, 청소년 성에 대한 정서적 외상 피하기, 개인의 성적/종교적 규칙의 통합을 유지하기).

16. 학생에게 성 관계에 준비되지 않았음을

나타내는 초기 지표를 가르치고(예 : 부모가 되기에는 책임감이 부족함, 사귀는 대상과의 관계에 대한 확신이 없음, 의사에게 임신에 대해 질문하기 두려워함, 성병을 피하고 싶은 욕구, 성관계를 가질 정서적인 준비가 되지 않음, 결혼 때까지 기다리고 싶은 욕구, 죄책감), 학생의 의견을 덧붙이도록 한다.

17. 금욕이 흔들리게 될 때 해결할 수 있는 힘을 기르고 상황에 대비하도록 하기 위해, 학생에게 금욕 서약을 유지하기 위한 예행연습 또는 역할연기 기술을 연습하도록 한다(예 : 술과 마약 사용 피하기, "안돼, 나는 기다리기로 약속했어." 라고 말하기, "난 널 좋아하지만 난 내 마음을 바꾸지 않을 거야."라고 말하기, "네가 날 좋아한다면 성관계를 가지도록 나에게 강요하지 말아줘."라고 말하기).

9. 성으로부터 자유로운 즐거운 대안을 확인하며, 애정 표현 및 건강한 청소년 관계를 증진시킨다.(18, 19)

18. 금욕 서약을 깨지 않으면서 데이트 또는 데이트 대상자와 사랑하는 방법에 대해 학생과 자유롭게 이야기한다(예 : 포옹하기, 이야기하기, 꽃 선물하기, 함께 요리하기, 산책하기, 편지 또는 카드 보내기, 성숙한 존중 보여주기)[CCC of America의 *If You Love Me··· Show Me*(VHS) 참고].

19. 친구 관계 확장을 위해 다른 성을 가진 구성원과 성적 관련성 없이 친구가 되는 것의 가치, 어떤 성격이 매력적이고 매력적이지 않은지 명확히 하는 것의 가치, 한 사람과 지나치게 가까워져서 성적인 관계로 발전하는 기회를 줄이려는

노력의 가치에 대해 논의하라.

10. 인생을 변화시키고 생명을 위협하는 성적 위험을 나열한다.(20, 21)

20. Alfred Higgins Productions의 *Teens At Risk: Breaking the Immortality Myth*를 시청하고, 성적 위험감수의 잠재적인 결과(예 : 임신, 성병, 정서적 외상, 미래 목표를 제대로 성취하지 못함)를 분명하게 밝히기 위해 집단 또는 학급 토론을 진행한 후 그 결과가 현재 미래 생활 방식과 웰빙에 미치는 영향에 대해 토의한다.

21. 결혼, 가족, 건강, 교육, 경력, 여가 활동 영역과 관련한 미래 목표를 적어보도록 지도하고, 청소년의 성행동이 이 목표 달성에 어떻게 영향을 주는지를 확인한다.

11. 무방비 상태의 성적 관계와 관련된 부정적인 결과를 예방하기 위한 성행동 계획을 세운다.(22, 23)

22. 무방비 상태의 성적 교류로 원치 않는 결과가 생기지 않도록 하기 위해 학급 또는 집단 토론 기간 동안 다양한 선택사항에 대해 토론한다(예 : 금욕, 콘돔, 피임약, 사후피임약). 각각의 피임 방법의 장점과 문제점을 나열한다(예 : 100% 피임은 안 됨, 성병을 부분적으로 예방함, 청소년 성과 관련된 죄책감과 불안으로부터 보호해주지 못함).

23. 만약 학생이 성적으로 활성화되어 있다면, 피임 및 성병 예방에 대한 정보를 얻을 수 있는 지역 의료 기관에 대해 토의한다(예 : 계획된 부모되기, 건강 관련 부서, 의사, 병원에서 지원하는 클리닉).

12. 성적으로 활성화된 이후에도 금욕이 지속적인 선택사항이 될 수 있다는 인식을 말로 표현한다.(24, 25)

24. 학생이 성적으로 활성화된 이후에도 금욕이 선택사항이 될 수 있다는 것을 학생에게 가르친다.

25. Corenna의 *S.E.X.: The All-You-Need_to*

_Know Progressive Sexuality High School and College_의 관련 섹션을 학생과 검토하고 학생이 초기 성경험 이후 개인적인 경계를 세우는 것을 돕는다.

13. 성과 성생활이 2개의 분리된 주제라는 점을 말로 표현하고 각각을 청소년 성숙이라는 관점에서 정의해본다.(26, 27, 28)

26. 학생에게 성생활의 다양한 측면 및 우리의 삶을 통해 성적 태도와 행동에 영향을 주는 행동, 감정, 생물학적 발달의 전체적인 범위를 나열하도록 지도하고(예 : 데이트하기, 키스하기, 다른 사람에게 신체적으로 호감 느끼기, 손 잡기, 친밀한 스킨십, 성 관련 기관의 성숙) 성적 상호관계(예 : 임신의 결과를 낳을 수 있는 신체적 성관계)와 구별한다.

27. 사춘기, 성, 성생활에 대한 정보를 가르치기 위해 VHS _First Comes Love_(Connect with kids)를 보고, 청소년 성생활에 대해 학급 토론을 진행한다.

28. 학생에게 사랑하는 것과 사랑받는 것의 필요성, 성적 욕구를 각각의 예와 장기 효과를 나열함으로써 구분하도록 한다.

14. 데이트 파트너와의 잠재적 폭력의 징후를 적어본다.(29, 30)

29. 학대 예방 프로그램을 소개하여 관세 학대에 대한 정보를 제공한다(Weisz와 Black의 _Programs to Reduce Dating Violence and Sexual Assult: Perspectives on What Works_ 참고).

30. 데이트 파트너 또는 친구와의 사이에서 잠재적인 폭력 징후에 대해 학생과 자유롭게 이야기한다(예 : 어린 시절 학대의 희생자, 빈번한 흥분, 약물남용, 위협, 조종하려는 행동)[Educational Video Network의 _Teenage Sexual Harassment_(VHS) 참고].

15. 학대적인 관계를 없애고 학대의 이면에 있는 심리를 이해하기 위해 상담을 받도록 한다.(31, 32, 33)

16. 성희롱에 이름을 붙이고 가해자에게 행동을 하지 말아줄 것을 요구함으로써 성희롱에 대항한다.(34, 35)

31. 학대의 이면에 있는 심리를 탐색하고 폭력의 원인과 폭력 경향, 피해 예방에 대해 이해하기 위해 학생을 개인 또는 집단 상담에 의뢰한다.

32. 청소년 학대와 학대가 일어나는 과정에 대한 보다 깊은 이해를 돕기 위해 학생에게 *Out of Bounds: Teenage Sexual Harassment*(Phoenix Learning Group) DVD를 보여준다.

33. 개인적인 서약서를 쓰고, 사인을 하고, 학급 또는 집단에서 읽음으로써 데이트 폭력에 대처하기 위한 개인적인 제로 관용 정책(절대묵인 불가정책이라고도 하며, 범법자에 대한 처벌을 대단히 엄격하게 가하는 정책을 말한다-역주)을 활용하도록 격려한다.

34. 성희롱에 대해 정의한다(예 : 개인의 학교 또는 직장에서의 수행을 방해하거나 적대적 또는 위협적인 환경을 만드는 원치 않는 언어적 또는 신체적인 성적 행위). 학생에게 다양한 예를 확인하도록 한다(예 : 신체적 위협, 성적 농담 또는 발언, 더듬기 또는 불쾌한 접촉, 성적인 활동과 관련된 압박).

35. 문제가 되는 행동에 이름을 붙임으로써 성희롱을 설명하고 문제가 되는 행동을 하는 사람에게 멈추라고 단호하게 요청하도록 학생을 격려한다. 성적으로 무례한 행동이 어떤 것인지 구별하고 희롱에 대항하는 거절하기 기술을 역할연습 한다(예 : "이건 성희롱이에요. 이건 불법

이에요. 멈춰주세요!").

17. 어른 또는 친구에게 받은 성학대 또는 성희롱을 교사, 상담자, 관리자 또는 다른 믿을 만한 어른에게 신고한다.(36, 37)

36. 성희롱과 성학대에 대한 학교 정책을 학생과 검토하고 어떠한 사건이든지 신고하도록 관련 정보를 학생에게 제공한다(예 : 언제 신고할지, 문제에 대해 어떻게 말할지, 누구와 접촉해야 할지, 말로 할지 글로 할지).

37. 성희롱 가해자에게 맞서는 용기를 가질 수 있는 방법을 찾도록 학생에게 상담을 제공하고, 만약 성희롱이 지속적이라면 신고과정을 지원하는 방법을 찾는다.

18. 건강한 자존감, 정의된 긍정적 미래 목표, 성적 진전 또는 성적 관계를 거절하거나 연기할 수 있는 능력 사이의 연관성에 대해 말로 표현한다.(38, 39)

38. 청소년이 자신의 성적 운명에 대한 통제를 가질 수 있는 영역과 이것이 건강한 자존감과 어떠한 상관관계가 있는지를 확인하도록 학생을 지도한다(또는 Knapp의 *School Counseling and School Social Work Homework Planner*의 'Control of My Sexuality and Healthy Self-Esteem' 활동을 하게 한다).

39. 학생이 자신의 성생활에 대한 통제를 가질 수 있는 영역에 대해 학생과 브레인스토밍 한다(예 : 성희롱에 대항하기, 성학대를 거절하기, 금욕 선택하기, 적절한 방어를 사용하기).

—. _____

—. _____

—. _____

—. _____

—. _____

—. _____

진단적 제안

ICD-9-CM	ICD-10-CM	DSM-5 장애, 조건 또는 문제
300.4	F34.1	지속성 우울장애
314.00	F90.0	주의력결핍 과잉행동장애 주의력결핍 우세형
314.9	F90.9	명시되지 않는 주의력결핍 과잉행동장애
313.81	F91.3	적대적 반항장애
312.30	F91.9	명시되지 않는 파괴적, 충동조절 및 품행장애
300.02	F41.1	범불안장애
309.21	F93.0	분리불안장애
305.00	F10.10	알코올사용장애, 경도
V71.02	Z72.810	아동 또는 청소년 반사회적 행동
V61.20	Z62.820	부모-아동 관계 문제
————	————	————————————————
————	————	————————————————

28 형제간 경쟁

행동적 정의

1. 형제간에 적대감을 드러내는 말을 주고받는 일이 흔히 있고, 서로 거리를 두려고 한다.
2. 형제간에 어른들의 개입이 필요한 신체적 공격행동이 자주 발생한다.
3. 아주 어렸을 때부터 형제간에 적대심을 가지고 있었다.
4. 한정적인 가족 자원에 대해 형제간 경쟁을 한다(예 : 시간, 관심, 사랑, 인정, 특권, 물적 자원).
5. 첫째 자녀가 동생들에게 주어진 시간과 관심에 분개한다.
6. 어린 동생들이 첫째 자녀에게 주어진 지위에 분개한다.
7. 형제들이 부모의 사랑을 위해 경쟁을 하고, 사랑을 받는 자녀가 되고 싶어 한다.
8. 부모가 형제들을 비교하고 공개적 혹은 은밀하게 선호도를 표현한다.
9. 어리거나 덜 공격적인 형제가 나이가 더 많거나 더 공격적인 형제에 대해 자신을 보호하기 위한 방어방법을 개발한다.
10. 형제가 자신들의 상호작용에 영향을 미치게 되는 '이기고 진다'는 태도를 발달시키게 되고, 이러한 태도는 흔히 부모에 의해 지지된다.

—. _____
_____

—. _____
_____

—. _____

장기목표

1. 형제간 상처를 주는 언어적 · 신체적 상호작용을 중단한다.
2. 갈등관리 기법을 배우고, 중재전략을 활용하여 형제간 분쟁을 해결한다.
3. 가족 단위 내에서 형제들이 평화롭게 공존하고 상호 간 긍정적인 관계를 구축한다.
4. 부모는 형제들을 서로 비교하거나 편애를 하지 않는다.
5. 부모는 각각 형제를 존중하고 각 자녀들의 강점과 능력에 초점을 맞춘다.

—. _____
_____
—. _____
_____
—. _____
_____

단기목표

1. 부모와 자녀들이 현재 가족 갈등 수준과 갈등의 근본적 원인을 확인한다.(1, 2)

2. 부모가 형제간 경쟁, 경쟁의 원인 및 해결방법에 관한 양육수업에 참여하거나 관련 문헌을 읽는다.(3, 4)

치료적 개입

1. 부모를 만나서 학생과 형제들의 발달사, 가정이 화목한 정도, 형제간 상호작용, 훈육에 대한 정보를 수집한다.

2. 학생을 만나서 형제간 문제가 무엇인지 그리고 이러한 문제가 다른 기능 영역의 적응과 수행에 어떠한 영향을 미쳤는지 질문한다.

3. 부모에게 긍정적인 훈육전략에 대해 가르쳐주고, 형제간 경쟁에 관해 다루는 양육집단에 부모를 의뢰한다(예 : Faber와 Mazlish의 *Siblings Without Rivalry Workshop*).

4. 부모가 자녀들에게 활용할 수 있는 긍정적 의사소통 기술과 긍정적인 형제관계를 촉진하기 위한 전략들을 부모에게 가

3. 형제간 적개심, 부정적 형제 상호작용을 다루기 위해 학교상담이나 가족치료를 받는다.(5, 6)

4. 형제에 관한 생각과 감정을 언어로 표현하고, 갈등을 촉발시키는 사안들을 확인한다.(7, 8, 9)

르쳐준다(또는 부모에게 Faber와 Mazlish의 *How to Talk So Kids Will Listen and Listen So Kids Will Talk* 또는 *Siblings Without Rivalry*를 읽게 한다).

5. 학생과 함께 개방적 의사소통과 갈등관리 기법 전략을 활용하여 형제간 어려움을 평가하고 이를 반전시키기 위한 개인상담이나 집단상담 일정을 잡는다.

6. 가족상담을 통해 형제간 경쟁을 야기하는 근본적인 시나리오, 행동, 사고과정 및 역기능적 상호작용에 대해 다룰 수 있도록, 부모를 사설 치료사에게 의뢰한다.

7. 부모가 학생이 자신의 형제자매에 관한 감정을 표현할 때 적극적으로 경청할 수 있도록 준비시키고, 정서적 표현을 하기 위한 시간 또는 판단을 배제하고 경청하는 시간을 갖는 것의 중요성을 강조하기 위해 부모를 만난다.

8. 학생에게 부정적인 형제간 상호작용의 결과로 인해 발생할 수 있는 거부감, 무시, 질투, 분노나 좌절을 다룰 때, '나'로 시작하는 문장을 사용하게 한다(또는 Knapp의 *School Counseling and School Social Work Homework Planner*의 'I Statement' 활동을 하게 한다).

9. 학생에게 큰 백지에 각각 형제들의 이름을 그리거나 적고, 각각 형제들의 강점이나 긍정적 특성, 각각 형제간에 흔히 발생하는 마찰이나 문제들의 목록을 작성하게 하고, 상담회기 중에 이러한 점

5. 부모의 관심과 애정을 잃는 것에 대한 두려움과 불안감을 공유하고, 부모와 굳건하고 긍정적인 관계를 지속할 수 있다는 안도감을 갖게 한다.(10, 11)

6. 부모의 관심을 원하는 욕구에 대처하기 위한 건설적인 방법들의 목록을 작성한다.(12)

7. 모든 가족구성원들이 가족의 정서적 시간과 재정적 자원을 공유하는 것의 필요성을 이해했다는 것을 말로 표현한다.(13)

8. 가족회의에서 가족들이 가사일을 분담하고, 가족들의 책임 및 다른 가족 관련 사안들에 대해 논의한다.(14, 15)

들에 대해 논의한다.

10. 부모를 공유한다는 것 그리고 부모에게서 사랑을 받을 수 있다는 확신과 관련된 두려움, 감정, 걱정거리들의 목록을 작성하기 위한 아이디어를 도출한다.

11. 학생이 형제와 관련된 어려움들로 인해 느끼는 감정들에 대해 논의하기 위해 부모님께 만남을 요청하는 글을 적는 것을 도와준다. 부모와 만난 후, 그 과정에서 발생한 감정들을 다룬다.

12. 부모가 형제와 상호작용을 하고 있을 때, 부모님의 관심을 받기 원하는 마음을 누르기 위한 방법들에는 어떤 것들이 있는지 학생과 아이디어를 도출해본다(예 : 과제 끝마치기, 책 읽기, 친구와 전화통화 하기, 이메일 읽기 등).

13. 가족 자원에 대한 각각 가족구성원들의 요구사항을 보다 잘 이해할 수 있도록, 학생에게 자신이 부모와 다른 가족구성원들에게 요구하는 사항들과 필요로 하는 사항들이 무엇인지 목록을 작성하게 하고(예 : 부모의 관심, 사랑, 시간, 재정적 지원), 각각 가족구성원들의 입장에서 비슷한 목록을 작성해보게 한다(또는 Knapp의 *School Counseling and School Social Work Homework Planner*에 수록된 'We Each Have Family Needs' 활동을 해보게 한다).

14. 가족구성원들이 매주 가사일은 분담하고, 가족 문제를 논의 및 해결하고, 용돈을 나누어주고, 각각 가족구성원들의 노

력을 인정해주는 모임을 갖도록 한다.

15. 학생이 상담회기 중에 가족회의에서 공유할 수 있는 걱정거리와 생각들에 대해 논의하고, 논의한 내용을 개인일지에 기록하면서 가족회의를 준비할 수 있게 돕는다.

9. 공감이 무엇인지, 그리고 공감이 형제간 갈등을 감소시키는 데 어떤 역할을 할 수 있는지에 대해 이해한 내용을 말로 표현한다.(16, 17)

16. 학생에게 공감의 정의를 알려주고(예 : 다른 사람의 감정과 인식을 이해하는 것 대 자신의 생각과 감정에만 초점을 맞추는 것), 형제간 갈등을 예방하고 해결하는 데 있어서 공감의 역할이 무엇인지 학생과 함께 논의한다.

17. 형제간 경쟁을 다루는 이야기를 읽고 (예 : Blume과 Trivas의 *Pain and the Great On* 또는 Mario의 *I'd Rather Have an Iguana*), 공감, 의사소통 그리고 다른 사람의 관점에 대한 인식이 갈등과 질투를 어떻게 예방하고 감소시킬 수 있는지 학생과 함께 논의해본다.

10. 형제간 갈등을 공정하고 긍정적으로 해결할 수 있는 방법들이 무엇인지 목록을 작성한다.(18, 19)

18. 어린 학생들이 형제 또는 동료와의 갈등을 해결하는 데 활용할 수 있는 간단한 절차를 가르쳐준다 : (1) 문제가 무엇인지 정의한다 (2) 다른 사람의 관점을 경청한다 (3) 문제에 대한 감정을 공유한다 (4) 문제를 해결하기 위한 아이디어를 도출한다 (5) 해결책에 합의하고, 이를 실행한다.

19. 초등학교 고학년 학생, 중고등학생이 형제간 분쟁을 해결하는 데 활용할 수 있는 갈등해결 과정을 가르쳐준다 : (1) 대화를 나눌 수 있는 사적인 장소를 찾는

다 (2) 판단을 배제하고 문제에 대해 논의한다 (3) 가능한 해결책들에 대한 아이디어를 도출한다 (4) 양쪽 모두를 위한 해결책에 동의한다 (5) 해결방안을 위해 노력하고, 만약 이 방안이 효과적이지 않을 경우 재협상을 하는 것에 동의한다.

11. 부모가 긍정적 인정, 공정한 대우, 고유한 욕구에 대한 인식, 가족 내부 활동을 통해 형제간 경쟁을 완화시키고 형제간 애착을 강화한다.(20, 21, 22)

20. 부모가 모든 자녀들의 긍정적 행동을 강화하고, 각각 개별적인 상황에 적합한 결과를 적용하여 공평하고 논리적인 방식으로 자녀들을 훈육할 수 있도록 격려한다.

21. 부모가 사랑, 관심, 시간, 신체적 욕구를 나누기 위해 '동등함' 대신 '독특함'이라는 개념을 적용할 수 있게 한다(예 : "나는 너희들 한 명 한 명을 고유한 방식으로 사랑한단다.", "너는 숙제를 할 때 내 도움이 필요하고, 네 여동생은 피아노 레슨을 할 때 내 도움이 필요하구나.", "너는 새 잠옷이 필요하고, 너희 형은 새 청바지가 필요하구나.").

22. 가족을 만나서 가족구성원들이 각자 즐길 수 있는 활동 목록을 작성하게 한다. 가족들이 목록에 적힌 활동을 최소 한 주에 한 가지는 실행할 수 있도록 일정을 잡는다.

12. 형제간 경쟁을 완화시키고 자신의 개인적 관심사를 발달시키기 위해 사회적 활동이나 취미활동에 참여한다.(23, 24)

23. 자신의 개인적 관심을 반영하는 새로운 취미나 외부 활동이 있는지 학생과 함께 알아본다. 학생이 서술적인 문장, 그림, 또는 사진을 활용해서 자신의 진행사항과 감정들을 일지에 기록하게 한다.

13. 부모가 사랑으로 균형 잡히고, 건강한 자존감과 책임감 있는 행동을 촉진하기 위한 긍정적인 훈육체계를 확립한다.(25, 26, 27)

14. 부모는 가족 내에서 각각의 자녀가 자신만의 개성, 목표, 포부를 가지고 있다는 것을 확인하고, 형제간 비교나 경쟁을 줄이기 위해 노력한다.(28, 29)

24. 학생이 관심과 사랑을 받을 수 있는 학교, 지역사회 내 사회적 집단이나 흥미 관련 집단에 참여하도록 격려한다(예 : 스페인어 클럽, 합창단, 밴드, 드라마 클럽, 축구).

25. 부모에게 부모/자녀 상호작용에 관한 책을 읽게 하고(예 : Moorman의 *Parent Talk*), 상담자와 함께 이 책에서 제안하고 있는 전략들이 부모자녀 관련 이슈들과 형제간 불화를 조정하는 데 어떤 도움이 될 수 있는지에 대해 논의한다.

26. 부모에게 형제간에 협력이 필요한 훈육조치를 활용하도록 제안한다(예 : 형제가 싸울 경우, 갈등이 해결될 때까지 1000조각 그림 맞추기를 함께하기, 싸우는 대신에 집안일을 함께 완수하기).

27. 형제가 서로 부정적인 말을 주고받을 경우, 자녀들에게 상대방을 비난하거나 바보로 만드는 말들을 바꾸어 말할 수 있는 기회를 주게 한다(또는 Knapp의 *School Counseling and School Social Work Homework Planner*에 수록된 'Rewind Game'을 하게 한다).

28. 부모에게 자녀들의 긍정적 혹은 부정적 행동이나 특성을 다룰 때 비교하는 말 대신에 설명해주는 말을 활용하라고 알려준다(예 : "네가 숙제를 거의 다 끝낸 것을 알고 있단다." "네 방은 세심한 주의가 필요한 상황이구나." 대 "너는 숙제를 거의 다 끝냈는데 네 동생은 시작도 안했구나.", "형 방은 티끌 하나 없는데

네 방은 엉망진창이구나.").

29. 부모에게 각각 자녀의 장점이나 잘한 점에 기초해서 자녀들의 노력과 경과를 알아주고, 절대 형제간에 성취나 실패를 비교하지 말라고 가르쳐준다.

15. 친밀한 가족관계의 장점이 무엇인지, 이러한 화합을 달성할 수 있는 방법이 무엇인지 목록을 작성한다. (30)

30. 학생에게 모든 가족구성원과 친밀한 관계를 맺는 것의 장점이 무엇인지 개인일지에 목록을 작성하게 하고(예 : 도움과 지원을 받을 수 있음, 개인적 스트레스가 줄어 듦, 가족 간의 화합), 부모, 형제와의 상호작용을 개선시킬 수 있는 방법이 무엇인지 아이디어를 도출해본다(예 : 상대방을 바보로 만드는 것을 그만두기, 방해하지 않기, 공유하기, '나'로 시작하는 문장 활용하기).

16. 부모의 사랑과 인정은 누구 하나도 부족함 없이 모든 형제가 공유할 수 있는 풍족한 자원이라는 것을 이해했다는 것을 말로 표현한다.(31)

31. 사랑은 위대하다는 것을 보여주기 위해, 학생에게 하트를 그리고 각각 가족구성원들의 이름으로 하트를 채우게 한다(또는 Knapp의 *School Counseling and School Social Work Homework Planner*에 수록된 'Many Rooms in My Heart' 활동을 완료하게 한다).

17. 미래를 위한 목표로 긍정적인 형제관계를 위한 바람이 무엇인지 적게 한다.(32, 33)

32. 학생에게 현재 형제와의 관계와 앞으로 10년 후 바라는 관계에 관해서 '나의 형제자매와 함께한 하루'라는 제목으로 글을 쓰게 한다. 가능한 많은 감정 단어들을 활용해서 적을 수 있도록 격려하고, 이 이야기를 향후 상담회기 중에 다룬다.

33. 학생에게 과거, 현재, 미래에 형제와의 관계를 설명하거나 상상해보게 한다(또는 Knapp의 *School Counseling and School*

18. 전체 가족구성원이 함께 할 수 있는 활동과 가족구성원 간에 일대일 상호작용 활동이 모두 포함된 긍정적 활동에 참여한다.(34, 35)

19. 다른 가족구성원들에게서 받은 사랑 표현을 확인한다.(36)

20. 부모가 문제해결 기법을 가르치는 수단으로 형제간 갈등을 활용한다.(37)

21. 부모가 형제간 문제를 다룰 때 단일팀으로 함께 노력할 필요가 있다는 것을 확인한다.(38, 39)

*Social Work Homework Planner*에 수록된 'Sibling Relationships, An Amazing Evolution' 활동을 하게 한다).

34. 학생이 부모와 형제에게 사랑과 보살핌을 전하는 개인적 호의를 베푸는 계획을 세우도록 돕는다(예 : 식사 준비하기, 어린 동생과 놀아주기 또는 손윗형제가 집안일 하는 것을 도와주기).

35. 가족 간 협력과 공유를 촉진하기 위해 학생이 모든 가족구성원들과 함께 Zakich, Western Psychological Services의 *The Ungame*을 하게 한다.

36. 학생에게 부모나 형제가 학생과 긍정적인 관계를 맺기 위해 제공한 지지, 보살핌의 표현들을 찾아보게 한다.

37. 문제해결 방법을 가르치기 위해 형제간 다툼을 어떻게 활용할 수 있는지 부모가 이해할 수 있도록, 부모에게 Crary와 Katayama의 *Help! The Kids Are at It Again*을 읽게 한다.

38. 부모가 부부가 중심이 되는 접근을 유지함으로써 긍정적인 가족 분위기를 만드는 전략을 배울 수 있도록 Covey의 *The Seven Habits of Highly Effective Families*를 읽게 한다.

39. 학부모, 학생, 형제들과 함께 가족 내에서 발생하고 있는 삼각관계나 고의적인 방해 행위가 일어나고 있는지 확인하고, 개방적 논의, 상호 간의 문제해결을 통해 그리고 부모가 단결된 모습을 보이고, 각 자녀들의 독특한 자질을 중요하

22. 부모와 형제가 부정적이거나 엄격한 규칙들 속에 가족구성원들을 가두는 것의 위험성에 대해 이해한 것을 언어로 표현하고, 가족구성원들이 가족에 독특하게 기여한 점을 소중하게 생각하도록 한다.(40, 41)

게 여김으로써 이러한 삼각관계나 방해행위를 중단시킬 수 있는 계획을 세운다.

40. 학생, 학부모, 형제와 함께 부정적인 가족 규칙들이나(예 : 괴롭히는, 공격적인, 비열한, 신뢰할 수 없는, 패배자), 지나치게 긍정적인 가족 규칙으로 인해(예 : 가장 재능 있는, 음악에 재능이 있는, 체격이 좋은, 아름다운, 매력적인) 형제들의 자존감, 가족관계 및 목표 성취에 끼친 손해가 무엇인지에 대해 논의한다.

41. 부모가 각 자녀의 부정적인 특성(예 : 포기, 의무를 다하지 않음, 관심 부족, 자기중심적으로 행동하는 것) 대신 각 자녀가 발휘하기 원하는 긍정적 행동들(예 : 인내심, 책임감, 자부심, 협동)을 가르치고, 시범을 보이고, 확인할 수 있도록 격려한다.

—. _____

—. _____

—. _____

—. _____

—. _____

—. _____

진단적 제안

ICD-9-CM	ICD-10-CM	DSM-5 장애, 조건 또는 문제
313.81	F91.3	적대적 반항장애
312.82	F91.2	품행장애, 청소년기 발병형
312.81	F91.1	품행장애, 아동기 발병형
312.9	F91.9	명시되지 않는 파괴적, 충동조절 및 품행장애
314.01	F90.2	주의력결핍 과잉행동장애, 복합형

314.9	F90.9	명시되지 않는 주의력결핍 과잉행동장애
309.0	F43.21	적응장애, 우울 기분 동반
309.3	F43.24	적응장애, 품행장애 동반
309.24	F43.22	적응장애, 불안 동반
V71.02	Z72.810	아동 또는 청소년 반사회적 행동

29 사회적 부적응(품행장애)*

행동적 정의

1. 학교 규칙, 가족 규칙 및 사회적 규칙을 심각하게 위반한다(예 : 가출, 통금 위반, 무단 결석, 수업에 지장을 주는 행동 등).

2. 가정, 학교, 직장 또는 지역사회 내 권위 있는 인물과의 대립이 반복된다.

3. 학교 내에서 낮은 학업성취도, 다수의 규율 위반, 낮은 성취 욕구를 보인다.

4. 협박, 몸싸움, 악담, 무기 사용 또는 괴롭힘을 통해 다른 사람들을 위협하려는 시도를 반복한다.

5. 사람이나 동물을 학대한다.

6. 쾌락을 추구하며, 죄책감이나 다른 사람들의 감정, 환경, 욕구에 대한 공감이 부족하고 자기중심적이다.

7. 반사회적 행동에 대한 책임을 수용하려고 하지 않으며, 다른 사람들의 실수와 문제를 탓하고, 부정행위에 대한 죄책감을 보이지 않는다.

8. 결과를 고려하지 않고, 과도한 위험부담 및 충동적 행동을 보인다.

9. 반사회적 행동들이 반사회적 하위문화나 범죄 집단 구성원들인 또래들에 의해 인정받고 강화된다.

---

* 이 장의 일부 EBT 내용(일부 수정을 포함하여)은 A. E. jongsma, Jr., L. M. Peterson, W. P. McInnis, & T. J. Bruce, *The Adolescent Psychotherapy Treatment Planner,* 4th ed.(Hoboken, NJ: John Wiley & Sons, 2006)에서 발췌함. Copyright © 2006 by A. E. Jongsma, Jr., L. M. Peterson, W. P. McInnis, and T. J. Bruce. 허락하에 재인쇄.

10. 절도, 공공기물 파손, 방화, 약물남용 또는 폭행과 같은 범죄행위를 저지른다.

—. _____

_____

—. _____

_____

—. _____

_____

장기목표

1. 학교 규칙과 가족 규칙을 준수한다.

2. 잔인하고, 파괴적이며, 불법적이고 반사회적인 모든 행동들을 제거한다.

3. 학교를 규칙적으로 다니고, 개별화된 기대치 또는 학년 수준의 학업 기대치에 도달하며, 졸업을 할 수 있도록 노력한다.

4. 부모와 교사는 학생이 자아를 통제하고 책임감 있는 행동을 발달시킬 수 있도록 돕기 위해, 긍정적 강화와 확고한 제한을 동반한, 고도로 구조화된 훈육체계를 사용한다.

5. 인정을 받고, 분쟁을 해결하기 위해, 적절한 갈등관리 기법을 활용한다.

6. 발달적으로 적합한 수준의 양심 발달, 공감, 죄책감을 느낄 수 있는 능력을 보여준다.

—. _____

_____

—. _____

_____

—. _____

_____

단기목표

▽ **1.** 사회적 적응을 잘 못하는 원인을 규명하는 데 도움을 주기 위하여 생물학적·심리사회적 정보를 제공하는 데 협조한다.(1, 2, 3)

치료적 개입

1. 학생, 부모, 의뢰한 교사, 특수교사와의 논의를 통해 학생의 사회적·의학적, 가족, 학습, 행동적 어려움에 대한 정보를 수집한다. ▽

2. 행동에 영향을 미치는 생화학적 요인들을 배제하기 위하여, 학교 정책에 따라

학교아동연구팀, 지역사회 서비스 제공자와 협력하여 학생의 건강검진 계획을 세운다. ▽

3. 학생의 학습, 정서, 행동 장애 존재 여부를 판별하기 위하여 학교 정책에 따라, 학교아동연구팀, 지역사회서비스 제공자와 협력하여, 학생의 심리교육적 평가 계획을 세운다. 윤리기준에 따라 학생, 가족, 동료들에게 평가 결과를 제공한다. ▽

2. 심리사회적 평가를 완료하는 데 협조한다.(4, 5, 6)

4. 학생의 발달사에 대한 정보를 수집하고, 학생의 낮은 학업성취 및 부적응적 행동에 대한 학교의 우려사항들을 검토하기 위하여 부모를 만난다.

5. 행동평가목록을 작성하기 위하여, 학생, 부모, 교사에게 질문을 통해 학생의 학업적 · 사회학적/정서적 · 행동적 기능을 평가한다(예 : Achenbach의 'Achenbach System of Empirically Based Assessment'). 차후 상담회기 중에 학생과 함께 구체적인 반응들을 비교하고 다룬다.

6. 학생이 기분 조절과 관련된 약물을 사용한다는 의심이 될 경우, 학생의 현재 및 과거 기분 조절 약물 사용 정도를 평가하고, 치료 권고사항들을 작성하기 위하여, 학생과 학생의 가족을 자격을 갖춘 약물남용 상담자가 수행하는 종합 약물 의존 평가에 의뢰한다(31장 참고).

▽ **3.** 긍정적 목표 달성을 지원하기 위한 전략들을 고안하기 위하여 기능분석에 참여한다.(7)

7. 환경적 선행사건, 나타난 행동, 학생의 부적응적 행동에 대한 자극 결과를 포함하여, 학생의 문제적인 행동에 대한 ABC

기능분석을 완료하기 위해 학생, 부모, 교사와 협력한다. 학생이 긍정적인 사회적 상호작용 및 책임감 있는 행동을 발달시킬 수 있도록 돕기 위해 선행사건이나 결과를 변화시킬 수 있는 구체적인 개입전략 계획을 세운다(또는 Knapp의 *School Counseling and School Social Work Homework Planner*에 수록된 'The Record of Behavioral Progress' 활동을 완료하게 한다). ▽

▽ **4.** 긍정적 관계를 재건하고, 가족 간 화합을 달성하는 데 초점을 맞춘 가족상담에 참여한다.(8, 9)

8. 학생과 가족이 단기 전략적 가족치료나 다중체계적 치료를 받을 수 있도록 외부 개인 치료사나 치료기관에 의뢰하고, 부모가 보다 효과적인 훈육과 양육기술을 발달시킬 수 있도록 도움을 주기 위해 외부 치료 제공자와 협력한다. ▽

9. 부모와 학생이 매주 지정된 시간에 만나서 경과 검토, 격려 제공, 지속적인 문제점에 대한 언급, 상담자나 개인 치료자와 공유할 수 있도록 서면으로 경과를 작성하는 것을 제안한다. ▽

▽ **5.** 부모는 긍정적인 훈육과 효과적인 양육 기법들을 가르쳐주는 프로그램에 참여하고, 관련 도서를 읽는다.(10, 11)

10. 부모를 효과적인 양육과 긍정적인 훈육 기법들을 기르기 위해 고안된, 근거 기반 양육 프로그램에 의뢰한다[예 : Webster-Stratton과 Reid의 *The Incredible Years: Parents, Teachers, and Children Training Series*(http://www.Incredibleyears.com), Mologaard와 Spoth의 *The Strengthening Families Program*(http://www.strengthening familiesprogram.org), Bavolek의 *The Nurturing Parent Program*(http://www.

nurturingparenting.com/)]. ▽

11. 부모에게 가정 내에서 긍정적인 훈육 전략을 시행하는 것과 관련된 정보를 제공한다(예 : Phelan의 *1-2-3 Magic*, Nelson의 *Positive Discipline*, Cline과 Fay의 *Parenting with Love and Logic*, Forehand와 Long의 *Parenting the Strong-Willed Child*, Patterson의 *Living with Children*, Webster-Stratton의 *The Incredible Years*). 또는 19장을 참고하라. ▽

▽ **6.** 친사회적 행동을 증가시키기 위해 고안된 근거기반, 학교기반 또는 다중 체계 프로그램에 참여한다.(12)

12. 학생에게 긍정적인 사회적 행동을 촉진하고, 문제행동을 감소시키기 위한 가족기반, 학교기반 개입들을 제공하거나, 학생을 해당 프로그램에 의뢰한다[예 : Battistich의 *Caring School Community* (www.devstu.org/csrd/cdp_index), Webster-Stratton과 Reid의 *The Incredible Years: Parents, Teachers, and Children Training Series*(www.incredibleyears.com), Henggeler의 *Multi-systemic Therapy* (www.mstservices.com)]. ▽

▽ **7.** 분노와 잘못된 행동을 유발하는 자기대화를 확인하고 이의를 제기하고, 이러한 자기대화를 보다 건설적인 반응을 끌어내는 자기대화로 대체한다.(13, 14)

13. 인지적 재구조화 기법을 활용하여, 학생의 분노 감정과 행위를 중재하는 학생의 자기대화를 탐색한다(예 : '~해야만 한다, ~해야 한다.' 문장에는 '상대방에게 요구하는 바가 많은 기대'가 반영되어 있음). 편견을 확인하고 이의를 제기하고, 학생이 편견을 바로 잡고, 보다 적응적인 행동을 촉진시킬 수 있는 평가 및 자기대화를 계발할 수 있도록 돕는다.

14. 지도, 모델링, 역할극을 통해 학생이 긍

8. 관련 도서를 읽으면서 습득한 정서 조절 기법을 실행한다.(15)

9. 과거에 발생한 방임, 학대 또는 외상과 관련된 감정을 확인하고 표현한다.(16, 17, 18)

10. 교사들은 학생의 성공을 지원하기 위한 관리 전략들과 개입들을 실행한다.(19, 20)

정적 자기대화, 사고중단, 이완 기법, 감정을 언어로 표현하기 등과 같은 정서적 통제기술을 발달시킬 수 있도록 돕는다 (2, 18장 참고). ▽

15. 학생과 함께 감정과 결과적 행동을 탐색하고, 관리전략들을 제안해주는 아동도서를 읽는다(예 : Agassi의 *Hands Are Not for Hitting*, Greene의 *The Teenager's Guide to School Outside the Box*).

16. 학생의 행동적·관계적 문제들에 기여했을 수 있는 방임이나 학대 전력이 있었는지에 관하여 학생의 가족 배경을 탐색한다.

17. 법률이 규정하는 바에 따라, 적절한 보호 서비스 기관에 학생에 대한 방임 혹은 학대 가능성에 대해 보고한다.

18. 학생이 과거에 발생한 어떤 방임, 학대 또는 외상과 관련된 감정들을 확인하고 표현하는 것을 돕기 위해 상담을 제공한다.

19. 긍정적인 학습 행동들을 강화하는 학교 전체 및 교실 프로그램을 실행한다[예 : *Positive Behavioral Interventions and Supports Program*(www.pbis.org), Crone과 Horner의 *Building Positive Behavior Support Systems in School*](1, 13장 참고). ▽

20. 교사가 표적행동에 대해 일관적이고 빈번한 정적 강화를 제공하고, 긍정적 행동을 지원하기 위해 반복적으로 결과를 모니터링하는 'Check-In/Check-Out 기

법'을 도입할 수 있도록 지도한다(참고 : Hawken, Pettersson, Mootz 그리고 Anderson의 *The Behavior Education Program: A Check-In, Check-Out Intervention for Students at Risk*). ▽

▽ **11.** 교사들은 학생의 책임감 있는 행동을 촉진하기 위한 구조화된 훈육 체계를 만든다.(21)

21. 교사들과 사회적 부적응 및 효과적인 교실 훈육 실행에 관하여 협의한다(예 : 고도로 구조화된 환경을 구축하고, 모든 특권들이 반드시 주어지며, 항상 교사가 관리할 수 있도록 유지하고, 서서히 신뢰를 구축하며, 칭찬보다는 격려를 활용하고, 극도의 도전들이 주어지더라도 무조건적인 긍정적 존중을 제공하며, 교사가 과로로 기력을 소진하지 않도록 지원을 요청하는 것 등). ▽

▽ **12.** 분노 조절, 갈등 해결, 충동 조절을 보다 잘하기 위한 긍정적인 사회적 기술들과 문제해결 기술들을 배우고 실행한다.(22, 23, 24)

22. 문제해결, 다른 사람에 대한 존중과 연민 표현, 사회성 기술 구축, 충동 조절, 감정에 대한 확인과 표현, 긍정적인 인지 및 건강한 자존감 발달에 초점을 맞춘 상담을 제공하거나 사회성 기술 발달 집단을 운영한다[예 : Botvin의 *Life Skills Training*(www.lifeskillstraining.com), Glick의 *Aggression Replacement Rraining* (http://uscart.org/new/), Greenberg의 *Promoting Alternative Thinking Strategies* (www.prevention.psu.edu/projects/PATHS.html](이 책의 2, 25, 30장 참고). ▽

23. 대인관계 기술, 적절한 자기주장 및 갈등해결 능력을 발달시키기 위해, 갈등관리 훈련 프로그램을 운영하거나, 학생을 해당 프로그램에 의뢰한다[예 : Committee for Children의 *Second Step: A Violence Prevention Curriculum* (www.cfchildren.org), Discovery Education의 *Get Real About Violence* (www.discoveryeducation.com), Olweus의 *Olweus Bullying Prevention Program* (www.olweus.org)](11장 참고). ▽

24. 학생에게 문제해결 기술들을 가르친다 (예 : 문제를 정확하고 행동적인 방식으로 기술하고, 가능한 해결방안들에 대한 아이디어를 도출하고, 각각 가능한 해결방안에 대한 장단점 목록을 작성하고, 해결방안을 선택하고 실행한 후, 결과를 평가하고, 필요한 경우, 양쪽을 다 만족시킬 수 있도록 조정한다). 실생활에서 일어날 수 있는 갈등에 이 기술을 적용하는 역할극을 해본다. ▽

▽ **13.** 자기통제, 확실한 한계 및 분명한 결과 설정에 대해 가르쳐주는 학교 내 특별 프로그램에 참여한다.(25, 26, 27)

25. 교사와 관리자에게 학생이 파괴적인 행동을 하거나 비협조적인 행동을 할 때, 일상적인 교실 활동에 참여하기 전에 진정을 하고 보다 적절한 행동을 계획할 수 있도록 타임아웃 공간이나 학생책임센터를 마련하도록 요청한다(13장 참고). ▽

26. 교사들이 교실이나 학교 내에 문제행동으로 인해 학업성취 문제들을 경험하고 있는 학생들이 정규 수업에 참여하는 대신에 학교 성적을 따라잡기 위한 시간을 보낼 수 있는 구조화된 학습 센터 영역을 만들 수 있도록 돕는다. ▽

27. 만약 평가에 권고되어 있는 사항이라면,

학생이 성공적으로 학업을 수행할 수 있도록 돕기 위해, 특수교육이나 Section 504 적용을 추천한다(예 : 작은 규모의 교실, 도구적 혹은 행동적 준전문가의 조력, 단축 수업, 일대일 지도, 사회복지 서비스). ▽

▽ 14. 학교와 가정에서 규칙을 보다 잘 준수하기 위한 계획을 언어로 표현하고, 작성을 완료한다. (28)

28. 학생과 함께 학교 규칙 및 가족 규칙들에 대해 논의하고, 따르기 어려운 규칙들이 무엇인지 확인하고, 학생이 어려움을 겪고 있는 영역에서 보다 규칙을 잘 준수하기 위한 계획과 관련된 계약을 작성하는 것을 돕고, 이후 경과를 점검하고, 기록한다. ▽

▽ 15. 학교와 가정에서 학생이 협력적이고 성공적으로 참여할 수 있도록 하는 데 초점을 맞춘 행동계획들을 학생과 공동으로 작성한다. (29, 30, 31)

29. 학생이 문제와 제안된 해결방안들을 간결하게 기재할 수 있게 되어 있는 기록지를 활용하여, 학교, 가정 내 행동조절 계획에 관한 아이디어를 정립할 수 있도록 돕는다(또는 Knapp의 *School Counseling and School Social Work Homework Planner*에 수록된 'The Problem Solving Worksheet' 활동을 활용하게 한다). ▽

30. 성공 수준을 높이고 실패를 방지하기 위하여, 행동계획에 있는 변화 기대들은 반드시 현실적으로 작성한다(예 : 구체적인 행동들을 표적행동으로 삼고, 표적행동에 점진적으로 접근하는 것을 강화해주고, 점점 좋아지는 진행사항을 인지하고, 경과를 반영하여 자주 계획을 수정하고, 남아 있는 문제들을 다룬다). ▽

31. 현존하는 문제에 대해 다루고 있는 행동

계획은 학생이 어떤 불필요한 가족활동이나 학교활동을 즐기거나 참여하기 전에, 학생이 작성을 완료하고, 부모나 교사가 수락해야만 한다는 점을 권고한다(예 : 휴식, TV, 컴퓨터, 가족이나 같은 반 친구와 같이 식사하기, 게임하기, 물자 활용하기 등). 만약 계획이 효과가 없다면, 실행 가능한 계획이 마련될 때까지 학생에게 주어졌던 특권들은 다시 유예된다. ▽

16. 부모와 교사가 수용할 수 있는 학업 성적 수준을 유지한다.(32, 33)

32. 학생, 부모, 교사와 학생의 학습 잠재력에 대해 논의하고, 상호 동의한 학업성적 수준을 결정한다. 가정이나 학교에서 특권을 누리기 위해서는 이러한 성적 수준이 반드시 유지될 수 있도록 한다(1장 참고).

33. 학생이 성공적으로 학업을 수행할 수 있도록 하는 데 필요한 방안들을 결정하기 위하여 교사, 학부모, 학생과의 면담을 주선한다(예 : 수업 간 이동을 하는 시간에 학생을 면밀하게 감독하고, 학생의 주의가 덜 산만해질 수 있도록 지역 내에 있는 교사의 책상 근처나 좋은 역할 모델 근처에 학생을 앉히고, 학생을 수업 토론에 참여시키고, 간단명료하게 지시하고, 보충 개인교습 계획을 세운다).

▽ 17. 행동에 대해 책임을 지는 능력을 키운다.(34)

34. 학생이 부정적인 결과를 유발하는 자신의 행동들을 확인하고, 행동에 대한 책임을 지고, 비난을 중단하도록 돕는다. 다른 사람들과의 관계 및 학교생활에 있어서 이러한 변화들이 유발한 긍정적 결

▽ **18.** 또래, 부모, 교육자와 긍정적인 상호 작용의 빈도를 증가시킨다.(35, 36, 37)

35. 학생이 개인상담 및 집단상담 중에 긍정 적인 사회성 기술들을 연습해보게 한 후, 교실 및 사회적 상황에서도 긍정적 인 사회성 기술들을 연습해보게 한다. 학생이 사회성 기술들을 잘 수행하고 있 는지 자주 추적 · 관찰하고, 검토하고, 보 상을 준다. ▽

36. 학생에게 새로운 기술의 사용, 이와 관 련된 정서적 반응 및 사회적 상호작용들 을 살펴보기 위한 자기점검도표를 만들 게 한다. 상담회기 중에 도표를 검토하 고, 진전된 사항은 지지해주고 진전이 전혀 없거나 약간의 진전이 있었던 영역 에 대해서는 지도를 해준다(또는 Knapp 의 *School Counseling and School Social Work Homework Planner*에 수록된 'Student Self-Report' 활동을 해보도록 한 다). ▽

37. 사회적/정서적 · 학업적 · 행동적 목표들 을 달성하기 위한 학생의 전략적 계획들 을 검토해보고, 진전된 사항에 대해서는 인정을 해주고, 아직 남아 있는 문제 영 역에 대해서는 지도를 해준다. 학생에게 성공적인 행동전략 및 진행 중인 행동전 략을 모두 개인일지에 기록하게 한다. ▽

▽ **19.** 부모, 교사, 상담자가 학생이 행동 조절, 학업 성취, 적절한 사회적 상 호작용에 있어서 보인 진전사항들을 구두로 확인한다.(38, 39)

38. 교사, 부모와 함께 학생이 보인 진전사 항들에 대해 사적이고 조용한 방식으로 자주 지지해주는 것의 중요성에 대해 논 의한다. ▽

39. 부모와 교사에게 매일 학생의 과제 계획

▼ **20.** 개인의 결정으로 인한 결과와 결과적인 행동을 예측할 수 있는 능력을 발휘한다.(40)

21. 교사, 상담자, 부모에게 거짓말하는 빈도를 감소시킨다.(41, 42)

22. 자신의 행위나 말로 인해 다른 사람에게 디스트레스, 문제 또는 고통을 유발하였을 경우, 가족, 상담자, 교사 또는 친구들에게 뉘우침과 공감을 표현한다.(43, 44)

표를 점검하고, 필요한 경우 격려를 해주고 방향을 제시해주도록 요청한다. ▼

40. 학생에게 개인일지에 문제를 일으켰던 경험들을 기록하게 하고, 이러한 경험을 A(선행사건 또는 이전의 환경), B(학생의 행동), C(결과)의 측면에서 분석하게 한다. 개인의 결정으로 인해 유발된 장/단기적 결과에 대해 논의한다. ▼

41. 부모와 교사가 행동장애를 경험하는 아동을 다룰 때에는 적당히 회의적인 태도를 가질 필요가 있으며, 만성적인 거짓말도 흔히 나타날 수 있다는 점을 이해할 수 있도록 돕는다. 부모와 교사에게 학생이 거짓말을 한다고 의심될 때에는 회의적인 태도를 취하고, 학생이 정직함을 보일 때에는 고마움을 표현하라고 조언한다.

42. 부모와 교사에게 거짓말, 절도 혹은 부정직함이 의심될 때 이를 입증할 책임과 이로 인해 야기된 손해에 대해 배상할 책임을 학생에게 주라고 조언한다(예 : 부가적인 임무나 집안일, 자신의 소유물이나 용돈에서 배상금 상환, 피해자를 돕기 위해 개인적인 시간 할애 등).

43. 학생에게 감정도표에서 학생이 흔히 경험하는 정서를 잘 나타내고 있는 감정들을 선택하게 한다. 이후 논의를 통해, 교사, 가족구성원 또는 또래들도 이러한 감정들을 경험할 수 있는 상황이 있는지 알아본다.

44. 학생과 함께 현명하지 못했던 결정들로

인해 다른 사람들의 디스트레스를 유발
했었던 경험들을 검토해보고, 뉘우침을
적절하게 표현하는 방법에 대한 아이디
어를 도출해본다(또는 Knapp의 *School*
Counseling and School Social Work
*Homework Planner*에 수록된 'Recipes
for Restitution' 활동을 해보게 한다).

—. _____
_____

—. _____
_____

—. _____
_____

—. _____
_____

—. _____
_____

—. _____
_____

진단적 제안

ICD-9-CM	ICD-10-CM	DSM-5 장애, 조건 또는 문제
313.81	F91.3	적대적 반항장애
312.81	F91.1	품행장애, 아동기 발병형
312.9	F91.9	명시되지 않는 파괴적, 충동조절 및 품행장애
314.01	F90.2	주의력결핍 과잉행동장애 복합형
314.9	F90.9	명시되지 않는 주의력결핍 과잉행동장애
V71.02	Z72.810	아동 또는 청소년 반사회적 행동
V61.20	Z62.820	부모-자녀 관계 문제
_____	_____	_____
_____	_____	_____

30 사회성 기술/또래 관계

행동적 정의

1. 학교나 지역사회에서 또래들과 사회적 관계를 시작하거나 유지하는 것을 거부하고, 이로 인해 고립된다.
2. 자존감이 낮고, 다른 사람과 잘 어울리거나, 사회적으로 성공할 수 있는 능력에 대한 자신감이 부족하다.
3. 어색함이나 창피함을 당할 수 있다는 두려움 때문에 사회적 활동에 참여하는 것을 현저하게 꺼린다.
4. 또래들에게 희생양이 되거나 괴롭힘을 당한다.
5. 사회적으로 부적절한 행동에 대한 책임을 지지 않으려고 하고, 이로 인해 야기된 결과에 대해 다른 사람을 비난하는 경향이 있다.
6. 미성숙한 사회성 기술을 보유하고 있고, 공손한 행동이나 사회적으로 기대되는 행동이 빈약하게 나타난다.
7. 자신의 생각과 감정을 표현하는 데 어려움이 있다.
8. 다른 사람의 상황이나 감정에 대한 공감능력이 부족하다.
9. 분노 조절에 어려움이 있고, 화를 잘 내고, 쉽게 좌절한다.
10. 대립적이고 공격적인 전략들을 활용하여 갈등을 해결하려고 시도한다.

—. _____
_____
—. _____

—.
_____

_____

_____

장기목표

1. 대인관계의 질을 향상시키는 필수적인 사회성 기술들을 익힌다.
2. 직계가족 이외의 대인관계 또는 또래와의 교우관계를 맺고, 장기적으로(예 : 6개월) 그 관계를 유지한다.
3. 지나치게 두려워하거나 불안해하지 않고, 지속적으로 또래들과 사회적인 상호작용을 한다.
4. 적절한 자기표현 기술 및 적극적 경청 기술을 획득한다.
5. 공감능력과 다른 사람이나 집단의 관점을 이해하는 능력을 발달시킨다.
6. 가정, 학교, 지역사회에서 활용할 수 있는 갈등관리 기술을 익힌다.

—.
_____

_____

—.
_____

_____

—.
_____

_____

단기목표

1. 사회적 · 정서적 · 행동적 적응에 관한 평가에 협조한다.(1, 2)

치료적 개입

1. 사회적/정서적 문제 중 구체적으로 어떤 영역에 어려움이 있는지 파악하기 위하여, 학생에게 표준화된 자기보고식 평가 척도를 작성하게 한 후(예 : Coopersmith의 *Coopersmith Self-Esteem Inventory*, Reynolds의 *Revised Children's Manifest Anxiety*, Achenbach의 *Richmond, the Youth Self-Report*, Piers와 Harris의 *Piers-Harris Self-Concept Scale*), 학생에게 결과에 대한 피드백을 제공한다.

2. 성공적인 사회적 상호작용에 중요한 역할을 하는 긍정적인 개인적 자질들을 확인한다.(3, 4)

3. 현재 학생이 유지하고 있는 긍정적인 관계들이 있는지, 학생을 수용해 주고 우정을 나누는 중요한 사람이 있는지 확인한다.(5)

4. 교우관계를 구축하는 방법들의 목록을 작성한다.(6)

2. 학생에게 제공한 양식에, 관련 개인정보를 상세하게 기입하게 한다(또는 Knapp의 *School Counseling and School Social Work Homework Planner*에 수록된 'Personal Profile' 활동을 하게 한다).

3. 학생이 긍정적인 개인적 자질에 관한 목록을 작성하는 것을 돕는다. 해당 목록을 사회성 기술 일지에 저장하고, 집에서 눈에 잘 띄는 곳에 목록을 붙여놓는다.

4. 보다 긍정적인 자아상을 형성하고, 재구조화하는 과정의 일환으로, 개인정보 용지 및 자기보고 척도에 대해 질문하고 답하는 시간을 갖는다. 학생의 낮은 자존감과 관계적 어려움에 기여한 가능한 원인들을 밝히고, 명시하기 위하여 학생에게 자신이 적었던 내용들을 더 자세히 설명하게 한다.

5. 학생에게 가족구성원, 친구, 교사, 멘토, 역할 모델을 포함하여, 자신의 삶에서 긍정적으로 중요한 의미를 갖는 사람들의 목록을 작성하게 하고, 그들에게 받은 지지와 친밀감, 자신에게 미친 영향이 어느 정도인지 평가하게 한다(또는 Knapp의 *School Counseling and School Social Work Homework Planner*에 수록된 'Important People in My Life' 활동을 하게 한다).

6. 학생이 사회성 기술 일지에 교우관계를 구축하는 방법들의 목록을 적는 것을 돕는다(예 : 미소, 대화하기, 공통의 관심사와 활동 공유하기, 정서적인 지지 제공

하기)(또는 Knapp의 *School Counseling and School Social Work Homework Planner*에 수록된 'The Art of Creating and Maintaining Friendships' 활동을 하게 한다).

5. 사회성 기술들과 갈등해결 기법들을 가르쳐주는 데 초점을 둔 상담집단에 참여한다.(7)

7. 학교나 지역사회 내에서 대인관계, 사회적으로 용인되는 행동, 갈등해결과 관련한 어려움을 겪고 있는 학생들을 위해 사회성 기술 집단을 활성화시킨다.

6. 갈등을 해결하기 위해 공격적인 상호작용을 하는 빈도를 줄일 수 있는 방법들의 목록을 작성한다.(8)

8. 학생과 함께 학생의 공격적이거나 부적절한 사회적 상호작용들을 유발하는 계기와 대상을 다루는 보다 적절하고 사회적으로 용인되는 방법들에 대한 아이디어를 도출해본다(예 : '나'로 시작하는 문장 사용하기, 힘든 상황에서 벗어나 있기, 유머 활용하기, 개인적으로 타임아웃 시간 갖기).

7. 공감에 대해 정의하고, 설명해준다.(9, 10)

9. 집단회기 중에 공감의 정의를 알려주고(예 : 다른 사람의 감정과 인식을 이해하는 것 대 자신의 생각과 감정에만 초점을 맞추는 것), 다른 사람의 태도와 행동을 이해하는 데 있어서 공감이 어떤 역할을 하는지 학생과 함께 논의한다.

10. 다양한 사회적 상황에서 학생 자신과 다른 사람들의 생각, 감정, 행동을 예측하는 기술을 가르쳐주기 위해 역할극을 활용한다. 학생에게 예상되는 생각과 감정들을 공유하게 하고, 이러한 과정이 어떻게 공감을 강화하고 긍정적 관계를 촉진할 수 있는지 보여준다.

8. 감정을 직접적이고 분명하게 표현한

11. 학생에게 'I-메시지'(참고 : Gordon의

다.(11, 12)

9. 다른 사람의 견해를 경청하고, 이슈에 대한 양측 입장을 이해하는 것의 중요성을 이해했다는 것을 말로 표현한다.(13, 14)

Teacher Effectiveness Training)와 'Bug-Wish 기법'을 사용하는 방법을 가르친다. 다른 사람이 스트레스를 유발하는 행동을 하는 것에 대응할 때, 혹은 자신의 감정이나 우려를 분명하게 전달할 때 이러한 기법들을 사용하는 역할극을 해본다.

12. 학생에게 친구와 함께 최근에 있었던 문제 상황을 설명해보고, 서론(상황), 본론(행동 또는 선택), 결론(결과)이 포함된 스토리텔링 접근을 활용해서 긍정적인 결론을 끌어내보도록 한다. 집단회기 중에 학생들이 번갈아 가면서 차례대로 이야기의 서론, 본론, 결론을 말해보도록 지도한다.

13. 학생들을 위해 적극적 경청의 정의를 알려준다(예 : 상대방의 말을 방해하지 말고 잘 듣고, 상대방이 전달하는 메시지를 잘 이해하고, 자신이 이해한 것을 확인하기 위하여 자신이 인지한 메시지와 이면의 감정들을 반영하는 것)(참고 : Gordon의 *Teacher Effectiveness Training*). 학생이 역할극 형식을 활용해서 이 기법을 연습해보도록 지도한다.

14. 의견이 서로 다르거나 갈등이 있을 때 양측의 견해를 이해하기 위해 필요한 단계가 무엇인지 목록을 작성해본다(예 : 상대방의 말을 방해하지 말고, 각자 자신의 견해를 말해보게 한다. 제대로 이해했는지 확인하기 위해, 각자의 진술을 다시 반복해본다 등).

10. 비언어적 의사소통이 개인적인 분노와 대인관계 갈등을 유발하거나 해결하는 데 있어서 어떤 영향을 미치는지 이해했다는 것을 말로 표현한다.(15, 16)

▽ 11. 사회적 불안과 회피의 순환을 정확히 이해했다는 것을 말로 표현한다.(17, 18)

15. 학생을 위해 비언어적 의사소통의 정의를 알려주고(예 : 얼굴 표현, 눈 맞춤, 자세, 손의 사용), 어떻게 얼굴 표현과 신체 언어가 갈등을 평화적으로 해결하는 것을 도울 수도 있고, 어렵게 만들 수 있는지에 대해 가르쳐준다.

16. 상대방을 격려하는 비언어적 의사소통 신호들(예 : 미소, 눈 맞춤, 말하는 사람 쪽으로 몸을 기울이기, 머리를 끄덕이기) 대 상대방을 좌절시키는 비언어적 의사소통 신호들(예 : 눈 굴리기, 손가락질하기, 눈살을 찌푸리기, 팔짱 끼기)의 예가 무엇이 있는지 아이디어를 도출해본다. 학생에게 두 가지 유형의 비언어적 신호들을 실제로 해보고, 반응도 해보도록 한다(또는 Knapp의 *School Counseling and School Social Work Homework Planner*에 수록된 'Cases of Conflict' 활동을 해보도록 한다).

17. 학생, 학부모와 함께 사회적 불안이 다른 사람들의 부정적인 평가를 과대평가하고, 자신을 과소평가하며, 흔히 불필요한 회피를 유발하는 인지적 편견들로부터 어떻게 파생되었는지에 대해 논의한다. ▽

18. 학생과 부모에게 사회적 불안과 회피의 순환 및 치료의 근거에 대해 설명하는 책들의 심리 교육적인 부분 또는 사회적 불안 치료 매뉴얼을 읽게 한다(예 : Rapee, Wignall, Spence, Lyneham 그리고 Cobham의 *Helping Your Anxious Child*, 제2판). ▽

▽ **12.** 사회적 불안의 치료 근거를 이해했다는 것을 말로 표현한다.(19)

▽ **13.** 사회적 불안이 발생할 때 불안 증상들을 관리하기 위한 진정 전략 및 대처 전략들을 배우고 실행한다.(20)

▽ **14.** 편향되고, 두려움에 찬 자기대화를 확인하고, 이의를 제기하며, 이러한 자기대화를 현실에 기반한 긍정적인 자기대화로 대체한다.(21, 22)

▽ **15.** 치료과정 중에 두려움을 유발하는 사회적 상황에 점진적·반복적인 노

19. 학생, 학부모와 함께 인지적 재구조화와 노출이 어떻게 학습된 두려움을 둔감하게 만들고, 사회성 기술들과 자신감을 구축하게 하며, 편향된 사고들에 대한 현실 검증을 하게 해주는지에 대해 논의한다. ▽

20. 사회적 불안 증상들을 회피하지 말고 관리할 수 있도록 하기 위해, 학생에게 이완과 주의 집중 기술(예 : 외부 및 행동적 목표들에 초점을 맞추기, 근육 이완, 안정된 페이스로 복식 호흡하기, 불안의 흐름을 느끼기)을 가르친다(경미한 불안에 노출되는 것은 불안을 극복하는 데 있어 중요함). ▽

21. 사회적 공포 반응을 중재하는 학생의 신념들과 자기대화를 탐색해보고, 학생이 지닌 편견에 이의를 제기한다. 학생의 부정적인 편견들을 바로잡고, 자신감을 구축할 수 있게 해주는 사회적 상황들에 대해 학생이 평가를 할 수 있게 돕는다. ▽

22. 학생에게 두려움에 찬 자기대화를 확인하고, 현실에 기반한 대안을 만들어내는 연습과제를 부과한다. 과제를 검토하고 성공경험을 강화한다. 실패한 부분에 대해서는 수정적 피드백을 제공한다(참고 : Antony와 Swinson의 *The Shyness and Social Anxiety Workbook*, Rapee, Wignall, Spence, Lyneham과 Cobham의 *Helping Your Anxious Child*, 제2판). ▽

23. 학생이 공포반응과 관련된 불안을 유발하는 사회적 상황들의 위계를 설정하게

출을 경험한다.(23, 24, 25)

하고, 도움을 제공한다. ▽

24. 실제 상황 또는 학생에게 성공적인 경험이 될 가능성이 높은 역할극 상황을 선택한다. 노출 상황과 이후에 인지적 재구조화를 시행하고, 노출을 촉진하기 위해 행동적 전략들(예 : 모델링, 예행연습, 사회적 강화)을 활용한다[참고 : Barlow (Ed.)의 *Clinical Handbook of Psychological Disorders*에 수록된 'Turk, Heimberg'와 Hope의 'Social Anxiety Disorder', Kendall, Choudhury, Hudson 그리고 Webb의 *The C. A. T. Project Workbook for the Cognitive-Behavioral Treatment of Anxious Adolescents*]. ▽

25. 학생에게 치료에 필요한 상황에 노출되는 연습을 해보고, 이에 대한 반응들을 기록해보는 과제를 부과한다(참고 : Antony 와 Swinson의 *The Shyness and Social Anxiety Workbook*). 과제를 검토하고, 성공경험을 강화하고, 향상을 위한 수정적 피드백을 제공한다. ▽

16. 교실과 지역사회에서 소속감을 기를 수 있는 일상 활동에 참여한다.(26, 27)

26. 교사와 다른 교직원들이 소속감과 자기가치감을 강화시키는 상호적 사회활동에 학생을 참여시킬 수 있도록 장려한다 (예 : 일대일 대화, 하이파이브, 일상적인 인사, 상호간의 미소, 상호작용을 하는 임무나 활동, 선행이나 작은 성과에 대한 인정과 강화, 개인적인 지지).

27. 학생이 성공적으로 학교에서 생활할 수 있도록 돕기 위해, 특수교육이나 Section 504 적용을 추천한다(예 : 작은 규모의

17. 적절 상태를 유지하는 능력의 향상 정도를 기록하는 도표를 사용하여 자신의 행동, 어른이나 또래와의 상호작용을 스스로 점검해본다.(28)

18. 대인관계 갈등의 근본 원인들이 무엇인지 목록을 작성한다.(29)

19. 분쟁을 해결하기 위한 방법으로 권력투쟁, 분노, 공격, 논쟁 대신, 갈등해결을 활용할 때의 장점이 무엇인지 목록을 작성한다.(30, 31)

교실, 도구적 혹은 행동적 준전문가의 조력, 단축 수업, 일대일 지도, 사회복지 서비스).

28. 학생에게 정서적 반응, 행동, 사회적 상호작용들을 추적·관찰하기 위한 자기점검 도표를 만들고, 교실 책상이나 개인 수첩에 붙여놓게 한다. 도표를 검토한 후, 긍정적 피드백이나 수정 피드백을 제공한다(또는 Knapp의 *School Counseling and School Social Work Homework Planner*에 수록된 'Student Self-Report'를 활용하게 한다).

29. 학생이 갈등에 기여한 기존의 상황들(친구들 간의 파벌, 배제당한 느낌, 과도한 경쟁, 협력의 부재, 다른 사람의 문제에 대한 비난, 조화로운 교실, 학교 또는 가족 분위기를 강조하지 못함)의 목록을 작성하는 것을 돕는다.

30. 의사소통과 합의를 거치지 않고(윈-루즈) 의사결정을 하는 것이 갈등을 양산하는 반면, 합의에 의한 문제해결(윈-윈) 방식이 사람들을 화합시키는 데 어떻게 도움이 되는지 알기 위해, Meyers의 *Mop, Moondance, and the Nagasaki Knights*를 읽는다.

31. 학생과 함께 갈등과 권력투쟁의 결과(예 : 단절된 교우관계, 적대적인 학교환경, 의심, 공격)와는 대조적인, 평화적인 협상과 문제해결의 장점들(예 : 존중과 품위가 유지되고, 문제들이 심화되는 대신에 해결되고, 우정이 지속되거나 발전되

20. 개인적인 갈등을 공정하고 긍정적으로 해결하는 방법이 무엇인지 목록을 작성해본다.(32, 33)

21. 상호 수락할 수 있거나, 양측 모두에게 이익이 돌아오는(윈-윈) 해결방안을 도출해낼 수 있는 능력을 발휘한다.(34, 35, 36)

고, 사회성 기술들이 학습됨)이 무엇인지 아이디어를 도출해본다.

32. 학생에게 정정당당하게 싸우기 위한 규칙들을 가르쳐준다(참고 : Schmidt의 *Mediation: Getting to Win/Win*). 문제가 무엇인지 확인한다. 문제에 초점을 맞춘다. 사람이 아닌 문제를 공격한다. 열린 마음으로 경청한다. 상대방의 감정을 존중하며 다룬다. 자신의 행동들에 대한 책임을 진다.

33. 학생이 도표의 각각 다른 부분에 논쟁을 해결하기 위한 다양한 방법들의 목록을 작성해놓은 갈등해결 도표를 만들 수 있도록 돕는다(예 : 공유하기, 교대로 번갈아가면서 하기, 경청하기, 서로 이야기하기, 사과하기, 도움받기, 유머 활용하기, 다시 시작하기, 동전 던지기). 학생이 문제를 해결할 때 화를 내는 대신에 활용할 수 있는 대안들을 결정하려고 할 때, 이 도표를 활용하도록 지도한다.

34. 학생과 함께 누군가에게 좋으면 누군가에게는 나쁜(윈-루즈) 시나리오(예 : 지미가 먼저 가게 되고, 제니스는 못 감. 자무엘은 공을 가지고 놀 수 있고, 데릭은 그렇지 못함)와 양쪽에게 다 좋은(윈-윈) 시나리오(예 : 지미와 제니스가 번갈가가면서 교대로 함. 자무엘과 데릭이 함께 공을 가지고 놂. 신시아가 셜리와 라트리샤 두 사람 모두에게 같이 놀자고 함)에 대한 아이디어를 도출해본다. 학생에게 윈-윈 해결방법으로 인해 유발된

감정들에 비해 윈-루즈 결과로 인해 유
발된 감정들이 어떻게 다른지 확인해보
도록 한다.

35. 문제해결을 하는 데 있어서, 윈-루즈 접
근에 비해 윈-윈 접근이 장/단기적으로
대인관계에 어떤 영향을 미치는지 가르
쳐준다(또는 Knapp의 *School Counseling
and School Social Work Homework
Planner*에 수록된 'Win/Win vs. Win/Lose'
활동을 해보도록 한다).

36. 학생에게 개인적 분쟁을 해결하거나 또
래 간 갈등을 중재하는 데 활용할 수 있
는 문제해결 기술을 가르쳐준다 : (1) 문
제가 무엇인지 정확하게 기술한다 (2)
가능한 해결방안이 무엇인지 아이디어
를 도출한다 (3) 각각 가능한 해결방안
의 장단점을 검토한다 (4) 해결방안에
동의하고 실행한다 (5) 실행된 해결방안
의 결과를 평가하고, 조정이 필요할 경
우 재협상을 한다.

22. 교실과 가정에서 리더십을 보여줄
수 있는 행동을 개시한다.(37)

37. 학생이 리더십과 책임감을 실행해볼 수
있는 영역(예 : 아이 돌보기, 누군가를
가르쳐보기, 교실에서 기르는 애완동물
이나 집에서 기르는 애완동물 돌보기)에
대한 아이디어를 도출해보기 위해 학생,
학부모, 교사와 만난다. 학생에게 자신
이 참여해볼 영역을 선택하게 하고, 부
모와 교사의 지원을 요청한다.

23. 또래들과 사회적인 접촉을 시작한
성공경험을 보고한다.(38, 39)

38. 학생이 매주 하나의 새로운 사회적 상호
작용을 시작하게 한다(예 : 친구들과 함
께 앉아서 점심식사 하기, 운동장에서

친구들과 함께 놀기, 친구와 전화통화하기, 방과 후 활동에 참여하기). 상담일지에 진행경과를 기록하고 개인회기나 집단회기 중에 상담자와 공유한다.

39. 학생에게 부적절한 행동이 부정적인 대인관계 문제를 일으켰던 경험을 되돌아보게 한 후, 보다 적절한 행동을 선택하고 가능한 결과를 예측해보게 한다(또는 Knapp의 *School Counseling and School Social Work Homework Planner*에 수록된 'Rewind Game'을 해보게 한다).

24. 다른 사람과 협력이 필요한 활동에 참여한다.(40)

40. 학생이 협력과 팀플레이가 필요하며, 다른 사람들을 도와주기 위한 자원봉사 활동에 참여하게 한다(예 : 학교 급식 배식하기, 어린 학생 지도하기, 갈등 관리자 되기, 해비타트 운동에 참여하기).

25. 자신의 행동에 대한 책임을 수용하고, 사회적으로 부적절한 행동에 대해 긍정적인 대안을 개발한다.(41)

41. 학생이 '다른 사람의 피해를 보상하는 과정'을 역할극으로 연습해볼 수 있도록 지도한다 : (1) 부적절한 자신의 행동에 의해 유발된 피해를 언급하고 (2) 사과한 후 (3) 상처를 준 행동을 바로잡겠다고 약속한다(또는 Knapp의 *School Counseling and School Social Work Homework Planner*에 수록된 'Problem Solving Worksheet' 활동을 해보게 한다).

—. _____

    _____

—. _____

    _____

—. _____

    _____

—. _____

    _____

—. _____

    _____

—. _____

    _____

진단적 제안

ICD-9-CM	ICD-10-CM	DSM-5 장애, 조건 또는 문제
300.4	F34.1	지속성 우울장애
300.23	F40.10	사회불안장애(사회공포증)
300.00	F41.9	명시되지 않는 불안장애
314.01	F90.1	주의력결핍 과잉행동장애, 과잉행동/충동 우세형
314.01	F90.9	명시되지 않는 주의력결핍 과잉행동장애
314.01	F90.8	달리 명시된 주의력결핍 과잉행동장애
300.02	F41.1	범불안장애
312.9	F91.9	명시되지 않는 파괴적, 충동조절 및 품행장애
312.89	F91.8	달리 명시된 파괴적, 충동조절 및 품행장애
V71.02	Z72.810	아동 또는 청소년 반사회적 행동
————	————	—————————————————
————	————	—————————————————

31 약물 사용과 남용*

행동적 정의

1. 알코올 또는 불법 약품을 중독될만큼 또는 격하게 사용한다.
2. 학생 개인 또는 학교와 가정에서 알코올이나 약물을 사용한 신체적 증거가 남아 있다.
3. 화학약품 의존 지향성을 가진 또래집단, 흥미, 활동에 의미 있게 옮겨간다.
4. 집이나 학교에서 적대적인 반항을 보이고, 학년 올라가기에서의 낙오, 무단결석, 법률 위반 등을 한다.
5. 기분의 두드러진 변화, 성급함, 정서적 괴리, 고립, 우울을 보인다.
6. 자살생각을 하거나 시도한다.
7. 신체적인 외모와 건강상태가 나쁘다(예 : 출혈된 눈, 콧물이 나오는 코, 목이 쉼, 기침, 체중 감소 등).
8. 계획, 활동, 친구, 소재에 관하여 거짓말하고 회피한다.
9. 먹고 자는 패턴이 변한다.
10. 위험 행동(예 : 성적 문란, 약물 상태에서의 운전, 절도, 통행금지 위반, 권위에 대한 도전 등)이 증가한다.
11. 음주나 과음에 관해 빈번하게 이야기한다.

---

* 이 장의 일부 증거 기반 내용(일부 수정을 포함하여)은 A. E. Jongsma, Jr., L. M. Peterson, W. P. McInnis, & T. J. Bruce, *The Adolescent Psychotherapy Treatment Planner,* 4th ed.(Hoboken, NJ: John Wiley & Sons, 2006) 에서 발췌함. Copyright ⓒ 2006 by A. E. Jongsma, Jr., L. M. Peterson, W. P. McInnis, and T. J. Bruce. 허락하에 재인쇄.

—. _____
_____
—. _____
_____
—. _____
_____

장기목표

1. 건강하고 약물로부터 자유로운 생활을 할 뿐만 아니라 사회와 학교의 학업 측면에서도 정상적인 생활을 한다.
2. 기분에 영향을 미치는 중독과 이와 관련된 심리적 장애들로부터 맨 정신을 성취하고 회복을 유지하도록 디자인된 치료프로그램에 참여한다.
3. 약물로부터 자유로워진 또래집단과 어울린다.
4. 가족들이 학생의 자제를 위해 지속적인 지지 체계를 구축한다.
5. 재발을 막고, 중독으로부터 오랜 기간 맨 정신과 회복 상태가 유지되도록 계획을 세운다.
6. 자율감과 건강한 자아개념을 북돋울 사회적 기술과 대처 기법들을 익힌다.

—. _____
_____
. _____
_____
—. _____
_____

단기목표

1. 약물 사용/남용의 가능한 원인을 밝힐 수 있는 생물학적·심리사회적 정보를 제공한다.(1, 2, 3, 4)

치료적 개입

1. 학생, 부모 의뢰한 교사 또는 특수교사와의 토의를 통해 학생의 약물 사용뿐만 아니라 사회적·의학적 정보와 가족, 학습, 행동상 어려움에 대한 정보를 수집한다. 만약 중독이 심각하다면 아동보호기관에 의뢰한다.

2. 약물남용 상담자가 실시하는 화학의
   존평가에 참여한다.(5, 6)

2. 학교정책에 따라 그리고 학교의 아동 연
   구팀과 지역사회 서비스센터 직원과 협
   력해서 약물 사용이나 남용의 신체적 영
   향을 확인하기 위하여 의료적 검사를 실
   시한다.

3. 학생이 가진 문제 중 부정적으로 학습에
   영향을 미치는 생물화학적 요인들을 배
   제하고 학습·정서·행동상 장애의 존재
   를 확인하기 위하여 심리교육학적 검사
   에 의뢰한다.

4. 학생, 가족, 동료들에게 윤리기준에 따
   라 평가 결과를 제공한다.

5. 학생의 기분에 영향을 미치는 현재와 과
   거의 약물을 사정하기 위하여 그리고 치
   료계획을 세우기 위하여 약물남용 상담
   자 자격을 가진 전문가에게 화학 의존 평
   가를 받도록 학생과 가족을 의뢰한다.

3. 필요한 의료적 치료에 참여한다.(7)

6. 학생과 가족이 약물 사용/남용 치료에
   참여하도록 외부 치료 제공자들과 협력
   한다.

7. 학생과 그의 가족이 약물남용 극복과 자
   제와 관련하여 의학적 치료가 필요한지
   를 확인하기 위해 의사의 자문을 받도록
   한다.

4. 자격을 가진 약물남용 상담자에게
   개인 또는 가족 상담을 받는다.(8, 9,
   10)

8. 학생 및 부모와 약물남용 평가 결과를
   보면서 치료 옵션에 대해 논의한다(예 :
   입원치료, 외래치료, 가족치료, 약물남용
   재활집단, AA 등).

9. 화학 의존과 주요 원인, 치료시설 확정,
   학생의 약물 절제를 지원해줄 외부 치료
   자와의 협력, 정기적인 추후 회기를 통

해 진정상황을 검토하는 것에 대해 제안 해줄 수 있는 자격을 갖춘 약물남용 상 담자에게 학생과 가족을 의뢰한다.▽

⑀ 5. 약물남용의 부정적 결과를 알게 한 다.(11, 12, 13, 14)

10. 약물남용을 극복하기 위해 가족치료에 학생과 가족을 참여시킨다.▽

11. 학생에게 약물남용이 가족과의 관계, 친 구 관계, 학업, 건강 그리고 다른 기능의 측면 및 이들 어려움과 관련된 감정에 미치는 부정적인 결과들을 찾아보도록 요청한다.⑀

12. 학생이 자신의 화학약품 의존을 수용하 고 자기와 타인에 대한 부정적 결과에 대해 책임을 지도록 한다(참고 : Jongsma, Peterson 그리고 McInnis가 쓴 *Adolescent Psycho therapy Homework Planner*, 제2 판에 있는 'Taking Your First Step').⑀

13. 학생에게 First-Step을 완성하도록 하고, 그것을 집단, 스폰서, 상담자와 진행하 게 한다.⑀

14. 학생에게 자신의 삶에 중요한 사람들을 목록으로 작성하도록 한다. 거기엔 가 족, 친구, 교사, 멘토, 역할모델을 포함시 키고 지지해주는 수준, 친밀감 정도, 영향 의 정도를 기록하게 한다(참고 : Knapp 의 *School Counseling and School Social Work Homework Planner*에 있는 'Important People in My Life'를 완성하게 한다). 그리고 어떻게 약물남용이 각각 의 중요한 사람들의 영향을 받는지, 각 각의 사람들이 약물로부터 자유로운 생 활을 지원해주는 데 영향을 미치는지에

▽ 6. 화학약품 의존과 관련된 감정을 탐색하고, 이런 감정을 표현할 적절한 방법을 찾는다.(15)

▽ 7. 화학약물 의존과 극복과정에 대해 늘어난 지식을 보여준다.(16)

▽ 8. 화학약품 의존을 심화시키는 개인적·사회적·가족 요인에 대한 이해를 말하고, 재발 위험성을 제시한다.(17)

▽ 9. 약물로부터 자유로운 상태를 유지하도록 하는 긍정적 영향을 확인한다. (18, 19)

▽ 10. 모든 약과 알코올을 자제하기 위한 위원회를 구성한다.(20)

▽ 11. 회복과 관련된 12단계 프로그램에 참여한다(Alcoholics or Narcotics

대해 브레인스토밍을 한다. ▽

15. 약물남용에 관한 학생의 감정을 탐색한다. 그리고 자신과 타인에 대한 약물의 영향을 탐색한다(3, 12장 참고). ▽

16. 학생이 화학약품 의존과 극복 과정에 관하여 좀 더 배울 수 있는 교육에 참여하도록 한다(예 : 독서와 영화 및 인터넷 자료 등을 통해 배우기, Alcoholics or Narcotics Anonymous, Alateen 등). 내담자에게 중요 사항을 확인하도록 하고, 다른 사람에게 획득한 지식을 보여주도록 한다. ▽

17. 약물남용과 생물학적·심리사회적 평가 결과를 활용하여, 약물 의존에 영향을 미치고 재발의 위험 요소 역할을 하는 생물학적 요인, 유전적 취약성, 가족사, 생활 스트레스를 이해하도록 돕는다. ▽

18. 학생으로 하여금 약물로부터 자유로운 상태를 유지하도록 하는 긍정적인 것을 목록으로 작성하도록 하고, 목록을 추가하고 자주 살펴보도록 한다. ▽

19. 회복과정 동안 가족과 동료 관계 그리고 학교의 기능이 만들어낸 긍정적 변화를 학생이 확인하도록 돕는다. 그리고 회복된 미래의 삶을 묘사하도록 한다. ▽

20. 학교와 집에서 약물과 알코올 자제를 도울 수 있는 자제 계약과 개입 계획을 세우기 위하여 외부 서비스 제공자, 부모, 교사와 협력한다. ▽

21. 약물남용에 대해 다루는 지역사회 자원을 학생과 가족에게 알려준다(예 : Alcoholics

Anonymous, Alateen 등).(21)

or Narcotics Anonymous, Alateen 등). 그리고 학생과 가족이 이들 자원을 활용하고 경험하도록 도와준다(참고 : Jongsma, Peterson 그리고 McInnis가 쓴 *Adolescent Psychotherapy Homework Planner*, 제2판에 있는 'Welcome to Recovery'). ▽

▽ **12.** 남용을 벗어나게 해주는 기술을 세울 수 있는 사회적 그리고 개인적 강점을 확인한다.(22)

22. 학생의 강점을 지지해주고, 필요한 기술을 개발시키기 위해 학생의 현재 의사소통 기술, 스트레스 관리 기술, 문제해결 능력, 분노 조절능력, 갈등해결 능력, 사회적 기술을 평가한다. ▽

▽ **13.** 약물 사용 없이 하루를 지내도록 하기 위하여 개인적 그리고 사회적 기술을 배우고 사용하도록 한다.(23, 24, 25, 26)

23. 개별 또는 집단상담을 통하여 학생의 개인적 그리고 사회적 기술을 발전시킬 수 있는 역할 연습을 위하여 정보, 모델링, 기회를 제공한다(2, 3, 11, 23, 26장 참고). ▽

24. 감정을 관리해주고, 맨 정신 상태를 유지시켜주는 인지-행동적 이완, 사고 정지법, 주의집중 기술 등의 역할 연습을 위하여 정보, 모델링, 기회를 제공한다. ▽

25. 학생이 약물과 알코올을 거절하는 기술과 관련된 사회적 기술을 촉진시키기 위해 구안된 증거기반 개입 프로그램을 제공한다(예 : *Too Good for Drugs and Violence*(www.mendezfoundation.org/home.php), *the Michigan Model for Health*(www.emc.cmich.edu/mm/), *Lions Quest*(www.lionsquest.org/index.php)] (30장 참고). ▽

26. 학생에게 일반적인 사회적 기술에 관한 책을 읽도록 한다(예 : Alberti와 Emmons

가 쓴 *Your Perfect Right*, Garner가 쓴 *Conversationally Speaking*). 그리고 사회적 상황에서의 학생의 불안 수준을 검토하고 타인과 함께 하려는 학생의 시도를 강화해준다(참고 : Jongsma, Peterson 그리고 McInnis가 쓴 *Adolescent Psychotherapy Homework Planner*, 제2판에 있는 'Social Skills Exercise', 'Greeting Peers', 'Reach Out and Call', 'Show Your Strengths'). ▽

▽ **14.** 약물로부터 자유롭게 해주는 사회적 관계와 활동을 증가시킨다.(27, 28, 29)

27. 학생이 약물로부터 자유로운 활동에 기초한 새로운 관계를 발전시킬 계획을 세우도록 돕는다. ▽

28. 학생이 학교에 있을 때나 방과후 시간, 점심시간, 주말에 약물로부터 자유로운 친구나 집단과 활동할 계획을 세우도록 돕는다. 그리고 사진, 그래프, 그림 등으로 특정 사건을 개인일지에 기록하도록 한다. 그 경험을 다음 상담회기에서 논의한다. ▽

29. 학생이 약물로부터 자유로운 친구 또는 친구 그룹과 함께 한 달에 최소한 두 번은 후원회에 참석하도록 한다. 그 일을 위한 계획을 세우기 위해 개인일지를 사용하도록 돕는다(참고 : Knapp의 *School Counseling and School Social Work Homework Planner*에 있는 'Planning for Fun'을 완성하게 한다). ▽

▽ **15.** 정기적으로 에어로빅 운동에 참여하게 한다.(30)

30. 학생이 스트레스를 관리하고 건강을 향상시키기 위하여 최소 30분씩 일주일에 서너 번 에어로빅에 참석하도록 격려한

16. 약물남용 행동으로 다치게 했던 중요한 사람들에게 보상하는 것에 동의하게 한다.(31)
17. 매일 수업 참여를 증가시키고, 매일 수업시간에 과업을 최소한 90%는 완성하도록 책임감을 갖게 한다.(32, 33)

18. 파괴적인 생각을 확인하고 도전한다. 그리고 긍정적이고 강점을 강화시켜주는 생각을 증가시킨다.(34, 35)

19. 부모와 다른 가족들이 약물 사용/남용, 그것의 원인, 개입전략에 대해 깊이 이해한다.(36, 37)

다.

31. 학생의 약물남용이 관계에 영향을 미친 것에 대해 토의하고, 손상 입힌 행동에 대해 보상을 계획하도록 격려한다.
32. 학생이 교실 과업과 숙제를 마칠 계획을 세우도록 돕는다. 학생이 계획과 진행 과정을 일지에 기록하도록 한다(참고 : Knapp의 *School Counseling and School Social Work Homework Planner*에 있는 'Assignment Completion Worksheet'를 완성하게 한다).
33. 학생의 학업적 · 가족 · 사회적 성공을 긍정적으로 강화한다(참고 : Knapp의 *School Counseling and School Social Work Homework Planner*에 있는 'Accomplishment I Am Poud Of'를 완성하게 한다).
34. 학생의 약물 사용/남용 선택에 영향을 미치는 학생의 인지적 신념을 탐색한다. 그리고 부정확한 생각과 편견에 도전하고, 맨 정신과 긍정적 선택을 지원해주는 정확하고 실재적인 자기언어를 만들어내도록 지지해준다.
35. 학생에게 부정적인 자기언어를 확인하고 긍정적인 대안을 만들 수 있는 기회를 제공한다. 그리고 성공을 점검하고 강화한다.
36. 알코올성 화학약품 의존을 예방하고 다루는 것에 관한 개입을 제공해주는 정보를 학생과 가족에게 알려준다[예 : Partnership for a Drug-Free America(http://dfaf.org), Substance Abuse and Mental

Health Services Administration(1-877-726-4727, http://www.samhsa.gov) 또는 National Council on Alcoholism and Drug Dependence, Inc.(800-622-2255, www.ncadd.org)]. ▽

37. 학생과 가족이 청소년 약물남용, 그것의 원인, 대처전략 등에 대한 문헌을 읽도록 한다(예 : Kecham과 Pace가 쓴 *Teens Under the Influence: The Truth About Kids, Alcohol, and Other Drugs—How to Recognize the Problem and What to Do About It*, Schaefer가 쓴 *Choices and Consequences: What to Do When a Teenager Uses Alcoholl Drugs,* Kuhn, Swartzwelder, Wilson이 쓴 *Just Say Know: Talking with Kids About Drugs and Alcohol*). ▽

20. 부모와 교사가 학생을 더 많이 격려하도록 하고, 학생이 화학약품 의존을 효과적으로 극복하려는 노력에 대해 더 많이 강화해주도록 한다.(38, 39)

38. 부모와 교사가 학생의 작은 성과와 회복을 위한 매일의 노력과 활동을 알아보는 것을 통해 매일 확인하고 인정해주도록 한다.

39. 부모, 가족, 교사와 만나서 학생의 감정을 적극적으로 경청할 수 있게 그들을 도와주고, 정서적인 표현을 위한 시간을 제공하는 것의 중요성을 강화해준다(참고 : Knapp의 *School Counseling and School Social Work Homework Planner*에 있는 'Heart to Heart Smart Talks'를 완성하게 한다).

▽ **21.** 약물 사용/남용에 빠지거나 재발되는 것을 관리할 긍정적 대처전략을

40. 약물남용에 빠지는 것과 재발되는 것의 차이에 관한 정보를 제공한다. 약물남용

배우고 사용한다.(40, 41, 42, 43, 44)

에 빠지는 것은 약물을 한두 번 사용하는 것을 가리키고, 재발은 약물남용의 반복되는 패턴으로 빠지는 것을 의사결정한 것임을 알려준다. ▽

41. 학생과 함께 약물남용에 영향을 미치고 점차적으로 중독으로 이끄는 다중 요인을 확인한다. 그리고 회복을 위협하는 이들 위협과 싸울 수 있는 요인들을 목록화하고, 약물로부터 자유로운 생활을 유지시키기 위해 이들 긍정적인 요인들을 어떻게 활용할 수 있는지 알아본다. ▽

42. 회복을 지원해주는 건강한 활동을 찾고, 학생이 새롭게 흥미를 보이는 활동들의 목록을 추가한다(참고 : Knapp의 *School Counseling and School Social Work Homework Planner*에 있는 'Antidotes to Relapse'를 완성하게 한다). ▽

43. 약물에 빠지거나 재발될 수 있는 상황이나 맥락을 관리하는 법을 확인하고 실행한다(참고 : Jongsma, Peterson 그리고 McInnis가 쓴 *Adolescent Psychotherapy Home work Planner*, 제2판에 있는 'Keeping Straight'). ▽

44. 학생에게 재발을 회피하는 법에 관하여 쓴 책을 읽도록 추천한다(예 : Berger의 *12 Smart Things to Do When the Booze and Drugs Are Gone: Choosing Emotional Sobriety Though Self-Awareness and Right Action*, Gorski와 Miller가 쓴 *Staying Sober: A Guide to Relapse Prevention*, Gorski가 쓴 *The Staying Sober Workbook*). ▽

▽ **22.** 장기간 맨 정신을 유지시키는 것을 지원해줄 수 있는 치료자와 서면 계약을 하고 협력한다.(45, 46, 47, 48)

45. 학생이 단기간 그리고 장기간 약물에서 자유로운 생활을 약속하는 계약서를 작성하고 서명하도록 한다. 여기에는 단기간 그리고 장기간 목표, 이것을 돕는 것이 가능한 사람들, 회복의 결과와 의존의 결과를 포함한다. ▽

46. 총체적 회복을 위한 학생의 약속을 강화해주기 위하여 학생으로 하여금 Knapp의 *School Counseling and School Social Work Homework Planner*에 있는 'My Contract for a Substance-Free Life Style'을 완성하게 한다. ▽

47. 학생에게 관계, 가족, 직업 목표, 개인적인 포부 등에 초점을 두고 5년 후의 미래를 정리해보도록 한다. 그리고 대처 기술과 지혜를 얻는 경험의 중요성을 강화하기 위하여 개인일지에 기록하도록 한다(참고 : Knapp의 *School Counseling and School Social Work Homework Planner*에 있는 'My predictions for the Future'를 완성하게 한다). ▽

48. 학생이 긍정적인 사회적 상호작용과 관계를 만들어가는 동안 상담에서 배운 전략을 사용하도록 지지해준다(예 : 인지 재구조화, 사회적 기술, 대처 전략 등). ▽

—. ＿＿＿＿＿＿＿＿＿＿＿＿＿
＿＿＿＿＿＿＿＿＿＿＿＿＿

—. ＿＿＿＿＿＿＿＿＿＿＿＿＿
＿＿＿＿＿＿＿＿＿＿＿＿＿

—. ＿＿＿＿＿＿＿＿＿＿＿＿＿
＿＿＿＿＿＿＿＿＿＿＿＿＿

진단적 제안

ICD-9-CM	ICD-10-CM	DSM-5 장애, 조건 또는 문제
305.00	F10.10	알코올사용장애, 경도
303.90	F10.20	알코올사용장애, 중등도 또는 고도
304.30	F12.20	대마사용장애, 중등도 또는 고도
304.20	F14.20	코카인사용장애, 중등도 또는 고도
304.50	F16.20	기타 환각제사용장애, 중등도 또는 고도
309.28	F43.23	적응장애, 불안 및 우울 기분 함께 동반
309.4	F43.25	적응장애, 정서 및 품행 장애 함께 동반
_____	_____	_____
_____	_____	_____

32 자살 사고/시도

행동적 정의

1. 자살 위협에 대해 말로 표현한다.
2. 이전에 자살 시도가 있었다.
3. 우울, 비관주의, 무력함, 절망감, 자신 또는 세상에 대한 분노의 감정에 압도되어 있다.
4. 죽음, 죽어감에 대한 반복되는 주제가 나타나고, 대화, 쓰기, 미술작품, 음악, 도서 선택 또는 보는 것을 선정함에 있어 분명한 병적 상태가 보인다.
5. 죽는 것이 더 나을 것이라는 기분을 표현하거나 친구와 가족이 자신을 그리워하지 않을 것이라고 표현한다.
6. 습관이 눈에 띄게 변한다(예 : 식사, 잠자기, 신체적 불편감, 자기 돌보기, 가꾸기).
7. 자해 또는 다른 자기 파괴적 행동을 나타낸다.
8. 성격이 극단적으로 변한다(예 : 철수, 공격성 증가, 우울감이 갑자기 상승함, 고위험 행동).
9. 기분변화 물질의 남용이 나타난다.
10. 흥미의 결여 또는 개인 소지품을 나눠주는 행동을 보인다.
11. 최근에 있었던 개인적 상실 또는 거절에 대처하기 힘들어한다(예 : 부모의 이혼, 연인과의 결별, 부모, 친구, 애완동물의 죽음).

— . _____

_____

— . _____

---.

장기목표

1. 자살 사고를 완화하고 눈앞의 자살 위험을 제거한다.
2. 분노, 공포, 슬픔, 무력감, 절망감을 확인하고 자살 사고에 내재되어 있는 원인을 해결하고자 노력한다.
3. 최근 자살 위기를 다루기 위해 위기 상담, 입원 또는 권장치료를 받는다.
4. 미래에 대한 희망으로 이끌 수 있는 생활 기술, 대처기제, 문제해결 능력을 개발한다.
5. 가족 및 친구와의 지지적인 관계망을 개발한다.
6. 기분부전을 안정화시키고, 자기파괴적인 행동과 신체적 불평을 제거하며, 정상적인 섭식과 수면 패턴을 형성한다.

---.

---.

---.

단기목표

1. 학교 상담자/사회복지사 또는 다른 훈련된 전문가와 자살 생각 및 계획에 대해 토론한다.(1, 2, 3)

치료적 개입

1. 개인 데이터를 모으기 위해 학생을 만나고, 우울 증상과 단계를 검진하기 위해 우울 검사[예 : CDI(Children's Depression Inventory), BDI(Beck Depression Inventory), CES-D(Center for Epidemiological Studies Depression Scale)]를 실시하여 최근의 사회적/정서적 기능 수준을 평가한다. 학생에게 검사 결과에 대한 피드백을 제공한다.

2. 학생에게 특정 계획, 치명적인 물건을

입수할 가능성, 유서, 이전 시도를 포함하여 어떠한 자살 사고라도 이야기하도록 요청한다.

3. 고위험 청소년의 **행동적**(예 : 약물남용, 가출, 섭식장애, 성적인 난잡함, 자해, 법적 갈등)·**정서적**(예 : 우울, 높은 불안, 분리 경험)·**사회적**(예 : 거절감, 부모 및 친구와 분리가 임박함, 최근 자살 희생자에게 영향받음) 자살 표지를 평가한다(Klott와 Jongsma의 *The Suicide and Homicide Risk Assessment and Prevention treatment Planner* 참고).

2. 자기파괴적인 행동을 하지 않겠다고 서약서에 서명하고, 만약 죽고 싶은 충동에 압도된다면 상담자 또는 다른 관련 어른과 접촉한다.(4, 5)

4. 자살 충동을 통제하기 위해 학생에게 서약서를 받고, 만약 자살하고자 하는 충동에 압도된다면 상담자, 사회복지사, 다른 훈련된 전문가 또는 자살 예방 핫라인과 접촉하게 한다.

5. 학생과 가족에게 24시간 자살 예방 핫라인과 다른 비상시 접근 번호를 제공하고 이 번호를 학생 및 가족들이 항상 휴대해야 한다는 것을 강조한다.

3. 가족, 교사(들), 다른 관련 단체는 학생의 우울 및 자기파괴적 증상에 대한 관심을 공유한다.(6, 7)

6. 부모, 교사(들), 다른 관련 단체를 만나 학생의 자살 사고에 대해 조언하고, 지지를 요청하고, 학생의 사회적/정서적 기능, 우울과 행동화 증상, 이전 자살 생각 또는 시도에 대한 배경 정보를 파악한다.

7. 어떠한 자살 시도라도 좌절시키기 위한 단기 개입 계획을 수립하기 위해 부모 및 교사(들)와 협조한다(예 : 즉각적인 정신의학적 개입 찾기, 접근이 가능한 모든

4. 자살 시도를 좌절시키기 위해 입원 여부를 결정하고자 정신의학 병원 또는 클리닉의 평가에 참여시킨다.(8, 9)

5. 항우울제가 필요한지를 결정하기 위해 의료적 개입을 찾아본다.(10, 11)

6. 학생에게 중요하다고 느끼는 사람에 대한 가까움의 정도를 나열하도록 한다.(12)

7. 자살, 무기력감, 절망감과 관련된 감정을 탐색하고, 이 감정을 적절하게 표현하는 방법을 확인한다.(13, 14)

치명적인 무기 제거하기, 위기 기간 동안 24시간 자살 감시망 만들기).

8. 최근 자살 사고의 위험 단계를 평가하고 치료 제언을 하기 위해 정신의학적 평가를 완료하도록 학생을 의뢰한다.

9. 만약 필요하다면, 자기파괴적 행동을 예방하고 학생의 정서적 기능을 안정적인 단계로 돌리기 위해서 가족과 학생이 입원을 받아들이도록 지원한다.

10. 우울을 다루기 위해 항우울제 또는 다른 의학적 개입이 필요한지 결정하기 위해 의사와 상의하도록 학생과 부모에게 조언한다.

11. 항우울제가 학생의 태도와 사회적/정서적 적응에 미치는 영향을 관찰하기 위해 의사와 협력한다.

12. 학생에게 가족구성원, 친구, 교사, 멘토, 롤 모델을 포함하여 삶에서 중요한 사람들의 명단을 작성하도록 하고, 지지를 받은 정도, 가깝게 느끼는 정도 또는 그 사람이 가지고 있는 영향력의 정도를 평가하도록 한다. 자신의 자살이 자신에게 중요한 사람들 각각에게 어떤 영향을 미칠 수 있는지 학생과 자유롭게 이야기한다(또는 Knapp의 *School Counseling and School Social Work Homework Planner*의 'Important People in My Life' 활동을 하게 한다).

13. 우울 척도 또는 개인 인터뷰를 통해 파악된 학생의 질문에 대해 토론하고, 긍정적인 자기 이미지를 만들고 더 큰 권

한을 부여하기 위해 재구조화하는 과정을 시작한다. 절망, 우울 또는 비애를 느끼게 하는 원인을 이해하고 명확하게 하기 위해 반응을 더 구체적으로 설명하도록 요청한다.

14. 학생이 자신의 슬픔, 분노 또는 절망감을 표현하기 위해 그림 그리기, 노래 또는 시 짓기, 음악 연주하기, 조각하기, 모래놀이를 하도록 격려한다. 치료 집단 또는 개인상담 회기 동안 개인적 감정을 예술적으로 표현한 것에 대해 공유하도록 한다.

8. 자신, 부모, 가족, 학교, 친구 등과 관련하여 절망감을 느꼈던 상황에 대해 재구조화한다.(15, 16)

15. 사건에 대해 이성적·논리적으로 토론하여 공포, 분노, 방임, 슬픔을 느꼈던 상황을 학생이 재구조화하는 것을 도울 수 있도록 부모에게 자문한다.

16. 학생이 공포감을 느꼈던 상황을 확인하고 이 사건을 보다 현실적/긍정적인 방식으로 재평가할 수 있도록 돕기 위해 이성적·정서적 기술을 사용한다(Ellis의 *A New Guide to Rational Living* 참고, 또는 Knapp의 *School Counseling and School Social Work Homework Planner*의 'Re-Framing Your Worries' 활동을 하게 한다).

9. 학업적·사회적·가족 문제를 해결하는 데 지속성과 구조적인 문제해결을 설명한다.(17, 18)

17. 학생에게 매일의 생각, 감정, 개인적 상호작용과 반응을 개인일지에 자세하게 지속적으로 적도록 한다. 매주 상담회기 동안 개인일지의 항목에 대해 토론하고 학생의 대처 기술을 분석하여 방향 수정 및 지침을 제공한다.

10. 기분에 영향을 주는 과거 및 현재의 물질 사용 패턴을 설명한다.(19)

11. 약물 재활 또는 약물남용 강좌 또는 집단회기에 참석한다.(20, 21)

12. 자존감 향상에 초점을 맞춘 집단상담에 참여하고, 사회기술 및 문제해결 능력을 향상시킨다.(22, 23)

13. 부모와 다른 가족구성원은 학생의 자기파괴적인 행동과 원인, 치료전략에 대한 깊은 이해를 말로 표현한

18. 개인적 문제해결 기술을 향상시키도록 학생을 지원하기 위해, 학생에게 개인일지에 문제를 기록하도록 하고, 해결을 위한 5단계 필수사항을 완성하도록 한다 : (1) 문제 확인하기 (2) 해결책 찾기 (3) 각 해결책의 장점과 단점 나열하기 (4) 실천할 해결책 선택하기 (5) 결과 평가하기(또는 Knapp의 *School Counseling and School Social Work Homework Planner*의 'Personal Problem-Solving Worksheet' 활동을 하게 한다).

19. 약물남용에 대한 학생의 과거력, 빈도, 습성에 대해 탐색한다.

20. 물질 문제를 다루도록 하기 위해 학생을 금주 모임, 알코올 중독자 구제회, 지역 마약 재활 프로그램 또는 학교지원 강좌에 의뢰한다.

21. 학생의 좌절감과 자살 생각에 기여하는 약물남용과 관련된 가족 문제를 해결하기 위해서 가족이 상담을 받고 재활하도록 강력하게 권고한다.

22. 학생을 사회기술, 건강한 자존감, 감정 표현 향상에 초점을 둔 집단상담에 의뢰한다.

23. 대인관계 기술, 적절한 주장기술, 갈등 해결 능력을 향상시키기 위해 갈등관리 또는 주장 훈련 프로그램에 학생을 참여시킨다.

24. 학생과 가족을 정보 자원을 제공하는 개입 및 청소년 자살 예방 치료에 참여하도록 한다[예 : AFSP(American Foundation

다.(24, 25)

14. 교사, 부모, 다른 가족구성원은 학생
의 개인적 안전에 대해 학생을 안심
시키고, 학생의 공포 또는 절망에 대
한 인식과 공감을 표현하고, 그들이
학생과 함께 지지적이고 애정 어린
관계를 지속할 것임을 확신시킨다.(26,
27)

15. 과도한 낮잠을 줄이고 밤에 일정하
게 잠드는 일상 습관을 들인다.(28,
29)

for Suicide Prevention, 888-333-AFSP,
www.afsp.org), SPAN(Suicide Prevention
Advocacy Network, 888-649-1366, www.
spanusa.org), American Academy of Child
and Adolescent Psychiatry(800-333-7636,
www.aacap.org)].

25. 학생과 가족이 청소년 자살과 원인, 대
처 전략에 대한 문헌을 읽도록 한다(예 :
Conroy의 *Out of the Nightmare*, Quinett
의 *Suicide: The Forever Decision*, Eliis와
Newman의 *Choosing to Live*).

26. 부모, 가족구성원, 교사를 만나 학생의
감정을 적극적으로 경청하도록 하고, 경
청의 기초 위에 정서적으로 표현하는
시간을 가지는 것이 중요함을 강조한다
(또는 Knapp의 *School Counseling and
School Social Work Homework Planner*
의 'Heart to Heart Smart Talks' 활동을
하게 한다).

27. 추가적인 긍정적 의사소통 기술을 발달
시키기 위한 주제를 담은 책을 읽고 학
생에게 도움을 주도록 부모에게 권한다
(예 : Faber와 Mazlish의 *How to talk So
Kids Listen and Listen So Kids Will Talk*
또는 Moorman의 *Parent Talk*).

28. 학생이 잠자는 일상 습관을 들여 불안을
줄이고 잠을 잘 자도록 독려한다(예 : 목
욕 또는 샤워하기, 잔잔한 음악 듣기, 책
읽기, 긍정적인 자기대화 반복하기, 잠들
때까지 숫자 거꾸로 세기).

29. 학생과 부모가 낮잠을 줄이고 정상적인

16. 긴장을 줄이고 에너지 수준을 올리기 위해 일주일에 3번 또는 3번 이상 에어로빅 운동에 참여한다.(30, 31)

17. 이전의 건강한 활동에 다시 관심을 갖거나 새로운 기술, 취미 또는 흥미를 가진다.(32, 33)

18. 반 친구 및 친구와의 사회적 상호작용의 빈도를 적어도 하루 한 번 이상으로 증가시킨다.(34, 35)

19. 매일 학급 참여를 증가시키고 매일

밤잠을 잘 자는 일상 습관을 가지도록 계획한다.

30. 일주일에 3~4회, 30분 동안 에어로빅 운동에 참여하도록 학생을 독려한다.

31. 에너지 수준을 올리고 긴장을 줄이기 위해 체육 수업 또는 스포츠 활동에 등록하도록 한다.

32. 새로운 취미를 가지거나 예전에 했던 활동에 다시 관심을 가진다. 개인일지에 설명하는 글, 그림 또는 사진과 함께 진척과 감정을 기록한다.

33. 학생이 현재 가지고 있는 흥미, 과거에 가졌던 흥미, 미래에 가질 흥미에 대해 자유롭게 이야기하고, 각 단계에 나열한 흥미와 활동의 숫자를 비교하고, 우울과 자살 사고가 흥미 수준을 줄이는 데 어떤 연관성이 있는지 확인한다. 개인의 관심 수준을 증가시키는 것이 무관심과 절망감을 줄이는 데 어떻게 도움이 될 수 있는지 논의한다.

34. 학생을 매일 점심시간에 친구들과 어울리도록 하고 그 경험에 대해 다음 상담 회기에 토론한다.

35. 한 달에 적어도 2개의 학교에서 후원하는 행사에 개별 친구 또는 단체 친구들과 참여하도록 한다. 이를 위한 계획을 개인일지에 적어본다(또는 Knapp의 *School Counseling and School Social Work Homework Planner*의 'Planning for Fun' 활동을 하게 한다).

36. 학생이 모든 학급 과제와 숙제를 완수하

의 학업 숙제에 대한 책임감을 가진
다.(36, 37)

20. 부모와 교사는 인식을 증가시키고
학생을 격려하고 우울과 자살에 효
과적으로 대처하려는 학생의 적극적
인 시도를 강화한다.(38)

21. 개인 목표를 세우고, 개인적 소망과
꿈을 표현하고, 미래에 대한 낙관주
의를 표현한다.(39)

22. 개인의 가치와 향상된 자존감을 말
로 표현한다.(40, 41)

기 위한 계획을 세우도록 돕는다. 학생
에게 계획과 진척을 개인일지에 적도록
한다(또는 Knapp의 *School Counseling
and School Social Work Homework
Planner*의 'Assignment Completion Work-
sheet' 활동을 하게 한다).

37. 개인에게 자신감을 주는 완성된 과제에
대해 그림을 그리거나 사진을 찍어서 학
생의 학업적·가족 및 사회적 성공을 강
화한다(또는 Knapp의 *School Counseling
and School Social Work Homework
Planner*의 'Accomplishments I Am Proud
Of' 활동을 하게 한다).

38. 학생의 작은 개인적 기여와 일상의 노력
및 활동에 대한 자각을 말로 표현하게
함으로써 학생의 일상을 인식하고 확인
하도록 부모와 교사를 가르친다.

39. 학생에게 가능한 관계, 가족, 경력, 목표,
개인적 포부에 초점을 맞춘 5년 뒤의
미래를 정의해보도록 요청하고, 이 내용
을 개인일지에 적어봄으로써 대처기술과
지혜를 얻는 데 인생 경험이 중요하다는
인식을 강화한다(또는 Knapp의 *School
Counseling and School Social Work
Homework Planner*의 'My Predictions
for the Future' 활동을 하게 한다).

40. 거절 또는 학대의 경험에서 유래된 상처
및 소외감을 표현하도록 촉진한다.

41. 자신의 타고난 가치와 관련하여 학생을
안심시키고, 학생의 재능, 긍정적인 특
성, 다른 사람에게의 가치 및 신(God)에

게 집중하게 한다.

—. _____   —. _____
   _____   _____

—. _____   —. _____
   _____   _____

—. _____   —. _____
   _____   _____

진단적 제안

ICD-9-CM	ICD-10-CM	DSM-5 장애, 조건 또는 문제
300.4	F34.1	지속성 우울장애
296.xx	F32.x	주요우울장애, 단일 삽화
296.xx	F33.x	주요우울장애, 재발성 삽화
296.89	F31.81	제II형 양극성장애
296.xx	F31.xx	제I형 양극성장애
301.13	F34.0	순환성장애
309.0	F43.21	적응장애, 우울 기분 동반
311	F32.9	명시되지 않는 우울장애
311	F32.8	달리 명시된 우울장애
305.00	F10.10	알코올사용장애, 경도
V62.82	Z63.4	단순 사별
_____	_____	_____
_____	_____	_____

33 십 대 임신

행동적 정의

1. 임신은 무계획적인 것이지만 합의한 성관계의 결과이다.
2. 부모와 다른 가족 또는 친구에게 임신이 알려진 결과로 불안, 실망, 거부 등을 당할 것을 두려워한다.
3. 도움받지 못함, 절망, 미래 통제 불능의 감정을 호소한다.
4. 아이가 생겨날 것에 대한 영광스러운 기대가 아니라 요구와 책임을 부인한다.
5. 교육, 취업, 생활양식의 목표의 중요한 변화에 따른 당혹스러움과 불안을 겪는다.
6. 임신에 대해 어떻게 반응해야 할지 당황한다(예 : 결혼해야 하는지, 혼자 살아야 하는지, 입양을 보내야 하는지, 유산해야 하는지…).
7. 출산 전 의료적 돌봄, 상담, 임신과 출산과정에 대한 정보 등을 필요로 한다.
8. 부모 또는 아이의 아빠로부터 경제적 · 정서적 지지를 요한다.
9. 독립에 대한 강한 열망이 있다.
10. 사랑 넘치는 가족을 이루거나 로맨틱한 관계를 만들고자 하는 열망이 있다.

—. _____
  _____

—. _____
  _____

—. _____
  _____

장기목표

1. 확실한 임신 검사를 하고, 그 결과를 아이의 아빠 및 부모와 나눈다.
2. 임신과 출산을 위한 책임 있는 의사결정과 계획 세우기를 도와주는 출산, 아동 발달을 다루는 상담에 아이의 아빠와 함께 참석한다.
3. 출산 전 의료적 돌봄과 건강한 임신을 위한 시설을 제공받는다.
4. 경제적·교육적 필요뿐만 아니라, 장단기적으로 주택마련 계획을 세운다.
5. 실제적으로 개인적 목표와 가족의 목표를 세우고, 미래를 위해 계획을 세운다.

—. _____
_____
—. _____
_____
—. _____
_____

단기목표

1. 임신에 대한 염려를 밝히고, 임신 검사와 건강평가를 위해 의료 시설이나 의사를 추천받는다.(1, 2)

2. 임신 테스트 양성 반응을 아이 아빠와 자신의 부모에게 어떻게 공유할지를 계획한다.(3, 4)

치료적 개입

1. 학생을 만나 임신에 대해 추측이나 확신으로 인한 염려를 적극적으로 경청해준다. 질문에 답해주고, 임신과 관련된 문제들에 대처하는 것을 도와줄 상담을 받을 수 있게 해준다.

2. 학생이 임신 테스트와 건강 평가를 받도록 개업 의사, 병원, 산부인과에 진료를 보러 가도록 권유한다. 그리고 필요하다면 전화번호 등을 제공해준다.

3. 학생이 자신의 임신 사실을 알려야 하는 사람들의 목록을 작성하도록 한다. 아이 아빠와 양가 부모들로부터 지원을 받는 것의 중요성에 대해 논의한다.

4. 학생이 아이 아빠 및 가족과 나누기 원하는 임신에 관한 중요한 생각, 사실, 감

3. 아이 부모가 임신 관련 상담자와 만나서 임신과 아이 출산에 대한 선택을 배우도록 한다.(5, 6)

4. 아이 부모가 그들 상황에 가장 잘 맞는 임신 반응을 결정한다.(7, 8)

5. 의사에 의해 권유된 태아 검사, 정기 검진 등을 의사와 약속한다.(9, 10)

정을 기록하도록 한다. 학생이 일지를 읽거나 임신에 관하여 중요한 사람들에게 어떻게 말할지 역할연습을 한다.

5. 임신한 학생, 아이 아빠, 그들의 부모를 만나서 임신 상담 과정을 설명하고 임신에 따른 필수적인 의사결정에 참여하도록 격려한다(예 : 입양, 유산, 혼자 살기, 결혼 등).

6. 학생과 아이 아빠가 상담을 받도록 사설 상담자, 기관 또는 임신 클리닉에 의뢰한다. 그곳에서 임신, 아이 출산, 미래 부모 되기, 입양을 위해 아이 보내기 등 현재 다룰 수 있는 선택을 제시받게 될 것이다[예 : Parents Anonymous(800-421-0300), The Alan Guttmacher Institute (212-248-1111), Planned Parenthood(800-230-7526)].

7. 십 대 부모와 그들의 가족이 의사결정 과정 동안 그들의 생각과 감정을 개인일지에 기록하도록 격려한다.

8. 그들의 감정과 반응에 대해 경청하는 것으로 의사결정 기간 동안 아이 부모와 그들의 가족을 돕는다. 임신과 출산, 출산 이후 관리에 대해 현재의 감정, 책무, 성숙의 수준, 교육 상태, 경제 수준, 가족 자원, 개인 및 가족의 신념과 가치 등을 고려하여 적절한 의사결정이 이루어질 때까지 그들이 임신에 대한 상담을 계속 받도록 격려한다.

9. 십 대 임신모와 그녀의 아이 아빠와 함께 태아 건강 검진의 중요성을 인식하게

하고, 개인적으로나 가족의 자원이 있는 지, 사설 의료적 돌봄이 충분히 가능한 보험에 가입되어 있는지를 확인한다.

10. 임신한 십 대에게 의학적 지원을 제공해줄 수 있는 의료시설, 개업 의사, 지역사회기관 목록을 제공한다(예 : Planned Parenthood, the Salvation Army, the Pregnancy Crisis Hotline, Pregnancy Resource Center, 종교 단체, 병원 등).

6. 임신 동안 사건, 신체 변화, 정서적 반응을 일지에 기록한다.(11, 12)

11. 미래의 부모가 임신에 대한 모든 경험을 기록하도록 격려한다. 신체 변화, 정서적 변화, 직면하는 문제, 문제해결, 지원해주는 사람들, 자원, 임신에 대한 생각과 감정을 포함한다.

12. 곧 엄마가 될 학생에게 정기적인 진료를 통해 얻은 정보를 기록하게 한다(예 : 몸무게 변화, 혈압, 태아에 대한 정보-크기, 태아의 위치, 심장박동 등). 그리고 이 정보를 상담회기에서 아이 아빠 및 자신의 부모와 공유한다. 또한 다음 진료 시 의사에게 질문할 것들을 기록한다.

7. 건강한 습관과 영양 가이드라인을 추천하고 임신 기간 동안 적절한 검진을 받는다.(13, 14)

13. 산전 건강관리 일정에 따라 학생이 의사와의 약속을 지키도록 격려한다(예 : 1~20주에는 4주에 1회 방문, 20~36주에는 2주마다 1회 방문, 36주~출산 시까지는 매주 1회 방문).

14. 학생과 함께 임신 기간에 따라 영양 가이드라인을 점검하여 건강한 임신을 위한 잘 균형잡힌 식사를 하도록 돕는다. 그리고 정상적인 몸무게를 유지하게 한다(단일 태아의 경우 약 25~35lbs).

8. 임신 단계와 산전 건강관리를 설명한 문헌을 읽는다.(15)

9. 고등학교를 마치기 위해 선택할 수 있는 것들을 찾고 이해한다.(16, 17)

10. 임신한 십 대를 위한 이용 가능한 교육 프로그램을 찾고, 최선의 선택을 한다.(18, 19)

11. 출산 전 상담과 교육 회기에 아이 아빠와 함께 등록하고 참석한다.(20, 21)

15. 임신 단계에 관한 책을 가지고 아이 부모와 함께 임신에서의 변화를 검토한다(예 : Curtis와 Schuler의 *Your Pregnancy Week*, Murkoff와 Mazel의 *What to Expect When You're Expecting*).

16. 학생이 활용할 수 있는 교육방법을 찾아본다(예 : 그대로 학교 다니기, 주간 돌봄을 포함하는 대안적 환경으로 이주하기, 임신한 십 대 또는 부모와 그들의 아이들의 필요를 만족시켜주는 프로그램에 등록하기, 고졸학력 인증 획득하기, 홈스쿨링).

17. 학생이 교육적 우선순위와 임신 전후 기간 동안 교육적 목표를 달성하도록 돕는 활용 가능한 자원을 목록으로 만들도록 한다(예 : 교통수단, 아이 돌보미, 주간 돌봄 센터, 도와주는 가족, 아이 아빠로부터의 도움).

18. 학생 및 아이 아빠와 함께 교육과 임신한 십 대와 아이에게 다른 지원 서비스를 제공하는 지역사회 프로그램을 방문한다. 그리고 그들 자신에게 가장 적합하고 그들의 독특한 환경에 부합하는 프로그램을 결정하도록 돕는다.

19. 학생이 새로운 학교에 등록하고 새로운 환경에 적응하도록 지원한다. 다른 학교로 전학 가는 데 필요한 서류를 학생이 작성하도록 한다.

20. 임신한 십 대가 이용할 수 있는 수업 목록을 제공한다(예 : 지역 병원이나 클리닉에서 제공하는 프로그램—출산 전 발

12. 양육권, 조력, 방문, 다른 양육 관련
    이슈들에 대한 계획을 세운다.(22, 23)

13. 적절한 거주형태와 활용 가능한 재
    정 지원을 결정한다.(24, 25)

달 탐색, 임산부 돌봄, 아빠의 역할, 아이
출산 준비하기 등).

21. 십 대 출산모의 기호에 맞는 출산 프로
    그램을 선택하도록 돕는다(예 : 자연분
    만, 집에서 출산, 라마즈, 마취제나 의료
    적 개입하에 또는 개입 없이 출산). 그리
    고 아이 아빠 또는 다른 조력자, 믿을 만
    한 출산 코치와 함께 출산에 들어가도록
    돕는다.

22. 장래 부모가 미래 양육의 법적 측면들을
    고려하도록 돕는다(예 : 친부 확인 검사,
    양육권, 아이 지원, 방문, 건강관리). 그
    리고 필요하다면 그들을 법률 클리닉에
    의뢰한다.

23. 법률가, 법률사무소, 가족 법률 중재자
    에게 조언을 구하기 전에 법률적인 질문
    목록을 준비하도록 돕는다(참고 : Knapp
    의 *School Counseling and School Social
    Work Homework Planner*에 있는 'Legal
    Aspects of Teen Parenting'을 완성하게
    한다).

24. 장래 부모와 그들의 가족을 만나서 임신
    과 출산 이후에 있을 적절한 거주 형태
    를 결정하도록 돕는다. 또한 아이 아빠
    가 그들이 활용 가능한 자원을 기록하게
    하고, 재정이 충분할지 또는 추가적인 자
    원을 필요로 할 것인지를 가늠하게 한다.

25. 아이 부모의 가족에게 임신 기간과 출산
    이후 그들이 경제적으로 지원 가능한 것
    을 묻는다. 그리고 집 마련, 의료적 돌
    봄, 생활비, 교육, 아이 부모의 취업과 같

은 문제들을 해결할 방안을 찾기 위해 브레인스토밍을 한다.

14. 미래 부모와 그들의 가족들을 돕도록 설립된 공적 부조와 다른 자원들을 신청한다.(26, 27)

26. 학생이 공적 부조, 의료보험 또는 식품 바우처 등을 신청하는 것을 통해 필요한 재정적 자원을 얻도록 돕는다. 접수센터로 가는 길을 알려주고, 접수 절차를 도와주며, 필요한 서류를 찾아준다.

27. 학생이 필요한 서비스(예 : 임신과 입양 상담, 주간 돌봄, 임신복, 아기용품 등)를 제공받을 수 있는 지역사회 자원 목록을 정리하도록 돕는다(예 : 가톨릭 사회 서비스, 루터 교도 가족 서비스, 여성 자원 센터, 여성 클리닉, 임신 자원 센터). 그리고 가장 최적의 기관을 선택하도록 돕는다.

15. 출산 후 유아를 돌보는 것을 준비하기 위한 아동발달 수업에 등록하고 참석한다.(28, 29)

28. 고등학교나 대안 교육프로그램에서 제공하는 아동발달 및 가족 생활 수업에 학생이 등록하도록 돕는다.

29. 학생이 지역사회 병원과 가족 자원 센터에 방문하도록 하고 아이 아빠와 함께 아동발달 수업에 등록하도록 돕는다.

16. 임신에 대한 근본적인 이유를 이해하고 말로 표현한다.(30, 31)

30. 학생과 함께 그가 준비하기도 전에 임신을 하게 된 이유들을 브레인스토밍한다(예 : 가족이나 개인적 또는 관계에서의 문제, 자유롭게 벗어나기를 원함, 관계를 잃을까 봐 두려워서 남자친구의 섹스에 대한 압력을 받아들임, 임신한 친구들). 그녀의 경우가 어떤 것이었는지를 선택하도록 한다.

31. 학생이 임신의 이면에 있는 개인적 이유를 확인하도록 돕는다. 그리고 대안적

해결책이 있었는지 지금 활용 가능한지를 생각하게 한다(참고 : Knapp의 *School Counseling and School Social Work Homework Planner*에 있는 'Given Another Chance, I'd Make a Different Choice'를 완성하게 한다).

17. 개인적 · 교육적 · 직업적 · 생활에서의 목표를 설정하고 그것을 달성할 계획을 세운다.(32, 33)

32. 학생이나 아이 아빠에게 미래 교육적 · 직업적 · 가족 · 생활에서의 목표를 목록화하도록 요청한다. 그리고 이들 목표를 달성할 시간을 적고, 목표달성을 위한 계획을 세우도록 한다.

33. 예비 부모가 고등학교나 대학교 또는 직업학교를 통해 교육을 지속적으로 받도록 격려한다. 지속적인 교육을 가능하게 해주는 지원을 목록으로 만들도록 한다 (예 : 주간 돌봄, 교통수단, 주거, 재정적 지원).

18. 미래에 원치 않는 임신을 예방하기 위한 계획을 세운다.(34, 35, 36)

34. 보호받지 못하는 섹스의 결과로 원치 않는 임신을 하게 되는 것을 예방할 몇 가지 방법을 학생이 알도록 한다(예 : 콘돔, 피임약, 사후 응급 피임약). 각각의 방법이 가지고 있는 장점과 문제점을 목록으로 만든다(예 : 임신과 성병을 예방해주기는 하지만 100%라고 보기는 어렵다. 섹스 때마다 사용할 것을 기억하는 것이 필요하지만 비싸다. 처방이 필요하다, 27장 참고).

35. 임신 예방과 성병으로부터의 보호에 관한 정보를 얻을 수 있는 지역사회 의료 시설들에 대해 토의한다(예 : 인구계획 협회, 건강센터, 의사, 병원지정 클리닉).

19. 행복하고 잘 적응된 아이로 키우고,
십 대 부모로서의 삶을 준비한다.(37,
38, 39)

36. 예비 부모에게 성적으로 흥분한 후에도
언제든지 금욕을 선택할 수 있다는 것을
상기시킨다.

37. 유아의 부모와 관련 있는 이슈들(예 : 수
면 박탈, 가족역동 변화, 불안한 감정과
산후 우울증, 시간 관리)에 대한 자각을
위해 예비부모와 DVD(*Small Wonders
Childbirth Education DVD 2009: Have the
Positive Birth Experience You Deserve*)
를 본다.

38. 학생과 아이 아빠와 그들의 아이에게 유
용한 정보를 줄 수 있는 웹사이트에 접
속하도록 한다(예 : the Gerber website
(www.gerber.com), the Similac formula
website(www.welcomeaddiction.com),
the Enfamil formula website(www.her
healthcare.com)]. 학생에게 선호하는 웹
사이트를 목록으로 만들고, 그것을 그녀
의 임신 일지에 요약 · 정리한 후 다른
십 대 임산부들과 공유하도록 돕는다.

39. 학생이 학교와 지역사회의 십 대 부모를
위한 집단에 참여토록 하여 지속적인 지
원과 지도를 받도록 하고 비슷한 상황에
놓인 십 대들과 지속적으로 교류하도록
돕는다.

진단적 제안

ICD-9-CM	ICD-10-CM	DSM-5 장애, 조건 또는 문제
300.4	F34.1	지속성 우울장애(기분저하증)
314.01	F90.9	명시되지 않는 주의력결핍 과잉행동장애
314.01	F90.8	달리 명시된 주의력결핍 과잉행동장애
314.9	F90.9	명시되지 않는 주의력결핍 과잉행동장애
313.81	F91.3	적대적 반항장애
312.30	F91.9	명시되지 않는 파괴적, 충동조절 및 품행장애
300.02	F41.1	범불안장애
309.21	F93.0	분리불안장애
303.90	F10.20	알코올중독, 중등도 또는 고도
305.00	F10.10	알코올중독, 경도
V71.02	Z72.810	아동 또는 청소년 반사회적 행동
V61.20	Z62.820	부모-아동 관계 문제
_____	_____	_____
_____	_____	_____

독서치료 제안

학교상담과 학교회사업 치료계획서의 필연적인 결과로서 개발된 이 치료적 과제 자료를 위해 치료계획서 전체에서 이 참고자료가 만들어졌다. 이 과제의 참고도서 는 다음과 같다.

Knapp, S. E. (2003). *School counseling and school social work homework planner.* Hoboken, NJ: John Wiley & Sons.

추가적으로, Wiley의 치료계획서 시리즈의 일부인 학생을 위한 관련 과제 참고자료 는 가끔 인용되었다. 이 과제의 참고도서는 다음과 같다.

Jongsma, A. E., Peterson, L. M., & McInnis, W. P. (2006). *Child psychotherapy homework planner* (2nd ed.). Hoboken, NJ: John Wiley & Sons.
Jongsma, A. E., Peterson, L. M., & McInnis, W. P. (2006). *Adolescent psychotherapy homework planner* (2nd ed.). Hoboken, NJ: John Wiley & Sons.

학업동기/학습과 조직화 기술

Clark, L. (2005). *SOS help for parents: A practical guide for handling common everyday behavior problems* (3rd ed.). Bowling Green, KY: Parents Press.
Gailbraith, J. (2009). *The gifted kids' survival guide: For ages 10 & under* (3rd ed.). Minneapolis, MN: Free Spirit Publishing.
Gailbraith, J., & Delisle, J. (1996). The gifted kids' survival guide: A teen handbook (Rev. ed.). Minneapolis, MN: Free Spirit Publishing.
Gordon, T. (1991). *Teaching children self-discipline at home and at school: New ways parents and teachers can build self-control, self-esteem, and self-reliance.* New York, NY: Random House.

Hawken, L. S., Pettersson, H., Mootz, J., & Anderson, C. (2006). *The behavior education program: A check-in, check-out intervention for students at risk*. New York, NY: Guilford Press.

Rimm, S. (2008). *How to parent so children will learn: Clear strategies for raising happy, achieving children* (3rd ed.). New York, NY: Three Rivers Press.

Rizzo, S. T., Berkell, D., & Kotzen, K. (1997). *Peacemaking skills for little kids: Student activity book (Grade 1)*. Miami, FL: Peace Education Foundation.

Schmidt, F., Friedman, A., Brunt, E., & Solotoff, T. (1997). *Peacemaking skills for little kids: Student activity book (Grade 2)*. Miami, FL: Peace Education Foundation.

Schumm, J. (2005). *How to help your child with homework*. Minneapolis, MN: Free Spirit Publishing.

분노/공격성 관리

DeClements, B. (1981). *Nothing's fair in fifth grade*. New York, NY: Viking Press.

Deffenbacher, J. & McKay, M. (2000). *Overcoming situational and general anger: Client manual (best practices for therapy)*. Oakland, CA: New Harbinger Publications.

Forehand, R. L., & Long, N. (2010). *Parenting the strong-willed child: The clinically proven five-week program for parents of two-to-six-year-olds* (3rd ed.). New York, NY: McGraw-Hill.

Paterson, R. J. (2000). *The assertiveness workbook: How to express your ideas and stand up for yourself at work and in relationships*. Oakland, CA: New Harbinger Publications.

Schmidt, F. (1994). *Mediation: Getting to win win! Student handbook*. Miami, FL: Peace Education Foundation.

불안 감소

Chansky, T. E. (2004). *Freeing your child from anxiety*. New York, NY: Three Rivers Press.

Crist, J. J. (2004). *What to do when you're scared and worried: A guide for kids*. Minneapolis, MN: Free Spirit Publishing.

Dacey, J. S., & Fiore, L. B. (2001). *Your anxious child: How parents and teachers can relieve anxiety in children*. San Francisco, CA: Jossey-Bass.

Ellis, A. (1998). *How to control your anxiety before it controls you*. New York, NY: Citadel Press.

Huebner, D. (2005). *What to do when you worry too much: A kid's guide to overcoming anxiety*. Washington, DC: Magination Press.

Moser, A. (1988). *Don't pop your cork on Mondays!: The children's anti-stress book*. Kansas City, MO: Landmark.

Rapee, R., Wignall, A., Spence, S., Lyneham, H., & Cobham, V., (2008). *Helping your anxious child: A step-by-step guide for parents* (2nd ed.). Oakland, CA: New Harbinger Publications.

Shapiro, L. E., & Sprague, R. K. (2009). *The relaxation and stress reduction workbook for kids: Help for children to cope with stress, anxiety and transitions.* Oakland, CA: New Harbinger Publications.

정신건강 서비스를 위한 평가

118 STAT. 2647 PUBLIC LAW 108-446—DEC. 3, 2004. *Individuals with Disabilities Education Improvement Act of 2004 (IDEA).* Washington, DC: U.S. Congressional Record. http://learningdisabilities.about.com/library/regulations/idea2004.pdf

Barkley, R. A. (2006). *ADHD: A handbook for diagnosis and treatment* (3rd ed.). New York, NY: Guilford Press.

Burns, R. (1987). *Kinetic house-tree-person drawings: K-H-T-P: An interpretative manual (K-H-T-P).* New York, NY: Routledge.

Carter, S. (2002). *The impact of parent/family involvement on student outcomes: An annotated bibliography of research from the past decade.* Eugene, OR: Direction Service.

Coopersmith, S. (2002). *Self esteem inventory school form.* Menlo Park, CA: Mind Garden, Inc.

McCarney, S., (1995). *Learning disability intervention manual.* Columbia, MO: Hawthorne Educational Services.

McCarney, S., & Bauer, A. (1995). *The parent's guide to attention deficit disorders intervention strategies for the home* (2nd ed.). Columbia, MO: Hawthorne Educational Services.

McCarney, S., & Cummins, K. (2006). *The pre-referral intervention manual.* Columbia, MO: Hawthorne Educational Services.

Piers, E., Harris, D., & Herzberg, D. (2002). *Piers-Harris children's self-concept scale* (2nd ed.). Los Angeles, CA: Western Psychological Services.

Rucker, N. & Vautour, J. (1981). The child study team training program: Research and development. *Teacher Education and Special Education, 4*(1), 5–12.

Wechsler, D. (2003). *The Wechsler intelligence scale for children.* New York, NY: The Psychological Corporation.

애착과 유대감 결핍

The Attachment Treatment and Training Institute. 32065 Castle Court, Suite 325, Evergreen, CO 80439. (303) 674-4029, www.attachmentexperts.com

Aborn, A. (1994). *Everything I do you blame on me.* Plainview, NY: Childswork/Childsplay, LLC.

Barkley, R. (1998). *Your defiant child: Eight steps to better behavior.* New York, NY: Guilford Press.

Cline, R., & Fay, J. (1992). *Parenting teens with love and logic.* Colorado Springs, CO: NavPress.

Dinkmeyer, D., & McKay, G. (1989). *Systematic training for effective parenting (STEP).* Circle Pines, MN: American Guidance Service.

Keck, G., & Kupecky, R. (2009). *Adopting the hurt child.* Colorado Springs, CO: NavPress.

Koplewicz, H. (1997). *It's nobody's fault: New hope and help for difficult children.* New York, NY: Random House.

Levy, T., & Orlans, M. (2006). *Healing parents; Helping wounded children learn to trust and love.* Arlington, VA: Child Welfare League of America.

Moorman, C. (1998). *Parent talk: Words that empower, words that wound.* Merrill, MI: Personal Power Press.

Moser, A., & Pilkey, D. (1988). *Don't pop your cork on Mondays!* Kansas City, MO: Landmark Editions.

Moser, A., & Thatch, N. (1991). *Don't feed the monster on Tuesdays.* Kansas City, MO: Landmark Editions.

Pickle, P. (1997). *Life in the trenches: Survival tactics.* Evergreen, CO: The Attachment Center at Evergreen, Inc.

Schooler, J. (2008). *The whole life adoption book.* Colorado Springs, CO: NavPress.

Thomas, N. (2005). *When love is not enough.* Glenwood Springs, CO: Families by Design.

Welch, M. (1988). *Holding time: How to eliminate conflict, temper tantrums, and sibling rivalry and raise happy, loving, successful children.* New York, NY: Simon & Schuster.

주의력결핍 과잉행동장애(ADHD)

Alexander-Roberts, C. (2006). *AD/HD parenting handbook: Practical advice for parents from parents.* Dallas, TX: Taylor Publishing.

Barkley, R. A. (2000). *Taking charge of ADHD: The complete, authoritative guide for parents.* New York, NY: Guilford Press.

Espeland, P., & Verdick, E. (2007). *Dude, that's rude!: (Get some manners).* Minneapolis, MN: Free Spirit Publishing.

Hallowell, E. M., & Ratey, J. J. (2005). *Delivered from distraction: Getting the most out of life with attention deficit disorder.* New York, NY: Ballantine Books.

Ingersoll, B. (1988). Your hyperactive child: *A parent's guide to coping with attention deficit disorder.* New York, NY: Main Street Books.

Kraus, J. (2005). *Cory stories: A kid's book about living with ADHD.* Washington, DC: Magination Press.

Moser, A., & Pilkey, D. (1988). *Don't pop your cork on Mondays!* Kansas City, MO: Landmark Editions.

Moser, A., & Thatch, N. (1991). *Don't feed the monster on Tuesdays!: The children's self-esteem book*. Kansas City, MO: Landmark.

Nadeau, K. G., & Dixon, E. B. (2004). *Learning to slow down and pay attention: a book for kids about ADHD* (3rd ed.). Washington, DC: Magination Press.

Power, T. G., Karustis, J. L., & Habboushe, D. F. (2001). *Homework success for children with ADHD: A family-school intervention program*. New York, NY: Guilford Press.

Quinn, P. O. (1995). *Adolescents and ADD*. Washington, DC: Magination Press.

Quinn, P. O., & Stern, J. M. (2009). *Putting on the brakes: Understanding and taking control of your ADD or ADHD* (2nd Rev. ed.). Washington, DC: Magination Press.

Rief, S. F. (2005). *How to reach and teach children with ADD/ADHD: Practical techniques, strategies, and interventions*. San Francisco, CA: Jossey-Bass.

Rief, S. F. (2008). *The ADD/ADHD checklist: A practical reference for parents and teachers*. San Francisco, CA: Jossey-Bass.

Shapiro, L. E. (1993). *Sometimes I drive my mom crazy, but I know she's crazy about me: A self-esteem book for ADHD children*. Woodbury, NY: Childswork/Childsplay.

Silverman, S. M., Iseman, J. S., & Jeweler, S. (2009). *School success for kids with ADHD*. Waco, TX: Prufrock Press.

Taylor, J. F. (2006). *The survival guide for kids with ADD or ADHD*. Minneapolis, MN: Free Spirit Publishing.

Woodcock, S. K. (2006). *SOAR study skills: A simple and efficient system for earning better grades in less time*. Grand Blanc, MI: Grand Lighthouse Publishing.

Zeigler-Dendy, C. A. (2006). *Teenagers with ADD and ADHD: A guide for parents and professionals*. Bethesda, MD: Woodbine House.

관심을 끌기 위한 행동

Aborn, A. (1994). *Everything I do you blame on me*. Plainview, NY: Childswork/Childsplay, LLC.

Cline, F., & Fay, J. (2006). *Parenting with love and logic*. Peabody, MA: NavPress.

Cline, F., Fay, J., Botkin, P., & Reynoso-Sydenham. (2001). *Becoming a love and logic parent*. Golden, CO: Love and Logic Institute, Inc.

Dacey, J. S. et al. (2001). *Your anxious child: How parents and teachers can relieve anxiety in children*. New York, NY: Jossey-Bass.

Dinkmeyer, D., & McKay, G. (2008). *Systematic training for effective parenting (STEP)*. Bowling Green, KY: STEP Publishers LLC.

Dreikurs, R., & Soltz, V. (1991). *Children: The challenge*. New York, NY: Plume Printing.

Fay, J., & Funk, D. (1995). *Teaching with love and logic*. Golden, CO: Love and Logic Institute, Inc.

Gibbs, J. (2001). *TRIBES: A new way of learning and being together*. Windsor, CA: Center Source Systems.

Gordon, T. (2000). *Parent effectiveness training*. New York, NY: Three Rivers Press.

Gordon, T. (2003). *Teacher effectiveness training.* New York, NY: Three Rivers Press.

Hines, A. G. (1994). *Even if I spill my milk?* New York, NY: Clarion Books.

Manassis, K. (2008). *Keys to parenting your anxious child.* Hauppauge, NY: Barrons Educational Series.

Moorman, C. (2003). *Parent talk: How to talk to your children in language that builds self-esteem and encourages responsibility.* Chagrin Falls, OH: Fireside.

Moorman, C., & Knapp, S. (2001). *The parent talk system: The language of responsible parenting.* Merrill, MI: Personal Power Press.

Moorman, C., & Moorman, N. (1989). *Teacher talk.* Merrill, MI: Personal Power Press.

Rimm, S. (1990). *The underachievement syndrome.* Watertown, WI: Apple Publishing Company.

혼합가족

Cline, F., & Fay, J. (2006). *Parenting with love and logic.* Peabody, MA: NavPress.

Deal, R. (2006). *The smart step-family: Seven steps to a healthy family.* Ada, MI: Bethany House.

Forehand, R., & Long, N. (2002). *Parenting the strong-willed child.* New York, NY: McGraw-Hill.

Frisbie, L. (2005). *Happily remarried: Making decisions together, blending families successfully, building a love that will last.* Eugene, OR: Harvest House Publishers.

Gordon, T. (2000). *Parent effectiveness training.* New York, NY: Three Rivers Press.

Kazdin, A. (2008). *The Kazdin method for parenting the defiant child.* New York, NY: Houghton, Mifflin, Harcourt.

Marsolini, M. (2000). *Blended families: Creating harmony as you build a new home life.* Chicago, IL: Moody Press.

Marsolini, M. (2006). *Raising children in blended families: Helpful insights, expert opinions, and true stories.* Grand Rapids, MI: Kregel Publications.

Monroe, R. (1998). *I have a new family now: Understanding blended families (Comforting Little Hearts Series).* St. Louis, MO: Concordia Publishing House.

Moorman, C. (2003). *Parent talk: How to talk to your children in language that builds self-esteem and encourages responsibility.* Chagrin Falls, OH: Fireside.

Moorman, C., & Knapp, S. (2001). *The parent talk system: The language of responsible parenting.* Merrill, MI: Personal Power Press.

Moorman, C., & Moorman, N. (1989). *Teacher talk.* Merrill, MI: Personal Power Press.

Roosevelt, R., & Lofas, J. (1976). *Living in step.* New York, NY: Stein & Day Publishers.

Simon, N. (2003). *All families are special.* Park Ridge, IL: Albert Whitman and Company.

Sobieski, C., & MacLachien, P. (1999). *Sarah plain and tall (DVD).* Kansas City, MO: Hallmark Studio.

Wenck S., & Hansen, C. (2009). *Love him, love his kids: The stepmother's guide to surviving and thriving in a blended family*. Cincinnati, OH: Adams Media.

Wisdom, S., & Green, J. (2002). *Stepcoupling: Creating and sustaining a strong marriage in today's blended family*. New York, NY: Three Rivers Press.

괴롭힘 가해자

Beane, A. L. (2011). *The new bully free classroom: Proven prevention and intervention strategies for teachers K-8*. Minneapolis, MN: Free Spirit Publishing.

Cline, F., & Fay, J. (2006). *Parenting with love and logic: Teaching children responsibility* (2nd ed.). Colorado Springs, CO: NavPress.

Coloroso, B. (2009). *The bully, the bullied, and the bystander: From preschool to high school—How parents and teachers can help break the cycle* (Rev. ed.). New York, NY: HarperCollins.

Crone D. A., & Horner, R. H. (2003). *Building positive behavior support systems in schools: Functional behavioral assessment*. New York, NY: Guilford Press.

Forehand, R. L., & Long, N. (2010). *Parenting the strong-willed child: The clinically proven five-week program for parents of two-to-six-year-olds* (3rd ed.). New York, NY: McGraw-Hill.

Gordon, T. (2000). *Parent effectiveness training: The proven program for raising responsible children* (2nd ed.). New York, NY: Three Rivers Press.

Hinduja, S., & Patchin, J. W. (2008). *Bullying beyond the schoolyard: Preventing and responding to cyberbullying*. Thousand Oaks, CA: Corwin.

Horne, A. M., Bartolomucci, C. L., & Newman-Carlson, D. (2003). *Bully busters: A teacher's manual for helping bullies, victims, and bystanders (Grades K–5)*. Champaign, IL: Research Press.

Nelson, J. (2006). *Positive discipline: The classic guide to helping children develop self-discipline, responsibility, cooperation, and problem-solving skills* (2nd ed.). New York, NY: Ballantine Books.

Patterson, G. R. (1987). *Living with children: New methods for parents and teachers* (2nd ed.). Champaign, IL: Research Press.

Phelan, T. W. (2010). *1-2-3 magic: Effective discipline for children 2–12* (4th ed.). Glen Ellyn, IL: ParentMagic, Inc.

Shapiro, L. E. (1994). *The very angry day that Amy didn't have*. Woodbury, NY: Childswork/Childsplay.

Shapiro, L. E. (1995). *Sometimes I like to fight, but I don't do it much anymore: A self-esteem book for children with difficulty in controlling their anger*. Woodbury, NY: Childswork/Childsplay.

진로 계획

Christen, C., & Bolles, R. N. (2010). *What color is your parachute? Discovering yourself, defining your future—for teens* (2nd ed.). Berkeley, CA: Ten Speed Press.

Fiske, E. B. (2011). *Fiske guide to colleges 2012* (28th ed.). Naperville, IL: Sourcebooks, Inc.

Lapan, R. T. (2008). *More than a job!: Helping your teenagers find success and satisfaction in their future careers*. Washington, DC: American Counseling Association.

갈등관리

Cohen, R. (2005). *Students resolving conflict: Peer mediation in schools: Grades 6–12 teacher resource* (2nd ed.). Tuscon, AZ: Good Year Books.

Drew, N. (2004a). *A leader's guide to the kids' guide to working out conflicts: How to keep cool, stay safe, and get along*. Minneapolis, MN: Free Spirit Publishing.

Drew, N. (2004b). *The kids' guide to working out conflicts: How to keep cool, stay safe, and get along*. Minneapolis, MN: Free Spirit Publishing.

Gordon, T., & Burch, N. (2003). *Teacher effectiveness training: The program proven to help teachers bring out the best in students of all ages*. New York, NY: Three Rivers Press.

Schmidt, F. (1994). *Mediation: Getting to win win! Student handbook*. Miami, FL: Peace Education Foundation.

우울

Barnard, M. U. (2003). *Helping your depressed child: A step-by-step guide for parents*. Oakland, CA: New Harbinger Publications.

Burns, D. D. (1999). *Feeling good: The new mood therapy* (2nd ed.). New York, NY: Avon Books.

Faber, A., & Mazlish, E. (1999). *How to talk so kids will listen and listen so kids will talk* (2nd ed.). New York, NY: Avon Books.

Fassler, D. F., & Dumas, L. S. (1997). *"Help me, I'm sad": Recognizing, treating, and preventing childhood and adolescent depression*. New York, NY: Penguin Books.

Ingersoll, B. D., & Goldstein, S. (2001). *Lonely, sad, and angry: A parent's guide to depression in children and adolescents*. Plantation, FL: Specialty Press.

Merrell, K. W. (2008). *Helping students overcome depression and anxiety: A practical guide* (2nd ed.). New York, NY: Guilford Press.

Seligman, M. E. (2007). *The optimistic child: A proven program to safeguard children against depression and build lifelong resilience* (2nd ed.). New York, NY: Houghton Mifflin.

파괴적 교실 행동

Berger, L. O. (2003). *Calm down & play: Activities to help impulsive children*. Woodbury, NY: Childswork/Childsplay.

Coloroso, B. (2009). *The bully, the bullied, and the bystander: From preschool to high school—How parents and teachers can help break the cycle* (Rev. ed.). New York, NY: HarperCollins.

Nelson, J., Lott, L., & Glenn, H. S. (2000). *Positive discipline in the classroom: Developing mutual respect, cooperation, and responsibility in your classroom* (3rd ed.). Roseville, CA: Prima Publishing.

Phelan, T. W., & Schonour, S. J. (2004). *1-2-3 magic for teachers: Effective classroom discipline pre-K through grade 8*. Glen Ellyn, IL: ParentMagic, Inc.

Shapiro, L. E. (2007). *Learning to listen, learning to care: A workbook to help kids learn self-control and empathy*. Oakland, CA: Instant Help Books.

다양성과 관용 훈련

Banks, J. (2007). *An introduction to multicultural education*. Boston, MA: Allyn and Bacon.

Bennett, C. (2010). *Comprehensive multicultural education: Theory and practice*. Boston, MA: Allyn and Bacon.

Delpit, L., & Kohl, H. (2006). *Other people's children: Cultural conflict in the classroom*. New York, NY: The New Press.

Family Communications, Inc. (1995). *Different and the same* (DVD). Pittsburgh, PA: Family Communications, Inc.

Film Ideas. (1995). *Valuing diversity: Multi-cultural communication* (Video). Wheeling, IL: Film Ideas. Inc.

Gibbs, J. (2001). *TRIBES: A new way of learning and being together*. Winsor, CA: CenterSource Systems.

Gourley, C. (2010). *What's the difference?: Plays about tolerance (Get into character)*. New York, NY: Crabtree Publishing Company.

Jones, B. (2010). *No, I don't want to play today: An African tale about bullying*. New York, NY: Eloquent Books.

Lee, E. (1998). *Beyond heroes and holidays*. Washington, DC: Teaching for Change.

Masson, J. (2005). *Raising the peaceable kingdom: What animals can teach us about the social origins of tolerance and friendship*. New York, NY: Ballantine Books.

Nettleton, P., & Muehlenhardt, A. (2004). *Let's get along! Kids talk about tolerance*. Mankato, MN: Picture Window Books.

Search Institute. (1997). *40 developmental assets*. Minneapolis, MN: Search Institute.

이혼

Brown, M., & Brown, L. (1988). *Dinosaurs divorce: A guide for changing families*. New York, NY: Little, Brown Books for Young Readers.

Emery, E. (2006). *The truth about children and divorce: Dealing with the emotions so you and your children can thrive*. Bel Air, CA: Plume.

Forehand, R. (2002). *Making divorce easier on your child: 50 effective ways to help children adjust*. Columbus, OH: McGraw-Hill.

Faber, A., & Mazlish, E. (1999). *How to talk so kids will listen and listen so kids will talk*. New York, NY: Harper Paperbacks.

Garrity, C., & Baris, M. (1997). *Caught in the middle*. San Francisco, CA: Jossey-Bass.

Lansky, V. (1998). *It's not your fault, Koko Bear—A read together book for parents & young children during divorce*. Minnetonka, MN: Book Peddlers.

Masurel, C., & MacDonald, K. (2003). *Two homes*. Somerville, MA: Candlewick Press.

Nightingale, L. (1997). *My parents still love me even though they're getting a divorce*. New York, NY: Nightingale Rose Publishers.

Phelan, T. (2010). *1-2-3 magic: Effective discipline for children 2–12*. Glen Ellyn, IL: Parentmagic, Inc.

Schmitz, T. (2008). *Standing on my own two feet: A child's affirmation of love in the midst of divorce*. Los Angeles, CA: Price Stern Sloan.

Teyber, E. (2001). *Helping children cope with divorce*. San Francisco, CA: Jossey-Bass Publishers.

Wallestein, J. (2004). *What about the kids: Raising your children before, during and after divorce*. White Plains, NY: Hyperion.

Winchester, K., & Beyer, R. (2001). *What in the world do you do when your parents divorce? A survival guide for kids*. Minneapolis, MN: Free Spirit Publishing.

슬픔 및 상실

Bissler, J. (1997). *The way children grieve*. Counseling For Loss & Life Changes, www.counselingforloss.com

Burnett, F., & Thompson, C. (Screenplay). (1993). *The secret garden* (DVD). Los Angeles, CA: Warner Brothers Pictures.

Buscaglia, L. (1985). *The fall of Freddie the leaf*. Chatsworth, CA: AIMS Media.

Coloroso, B. (1999). *Parenting with wit and wisdom in times of chaos and loss*. Toronto, ON: Penguin Group.

Emswiler, J., & Emswiler, M. A. (2000). *Guiding your child through grief*. New York, NY: Bantam Books.

Faber, A., & Mazlish, E. (1999). *How to talk so kids will listen and listen so kids will talk*. New York, NY: Harper Paperbacks.

Gardner, R. A. (1973). *The talking, feeling, and doing game* (psychotherapeutic game). Dekalb, IL: Creative Therapeutics.

Grollman, E. (1991). *Talking about death: A dialogue between parent and child*. Boston, MA: Beacon Press.

Jaffe, S., & LaFleur, J. (2008). *For the grieving child: An activities manual*. Aventura, FL: Authors.

Metzgar, M. (1996). *Developmental considerations concerning children's grief*. Seattle, WA: SIDS Foundation of Washington. (www.kidsource.com)

Moser, A. (1996). *Don't despair on Thursdays! The children's grief-management book*. Kansas City, MO: Landmark Editions, Inc.

Mundy, M., & Alley, R. (1998). *Sad isn't bad: A good-grief guidebook for kids dealing with loss* (Self-Help Book for Kids). St. Meinrad, IN: Abbey Press.

Stickney, D., & Nordstrom, R. (2010). *Water bugs and dragonflies: Explaining death to young children*. Cleveland, OH: Pilgrim Press.

Worden, W. (2001). *Children and grief: When a parent dies*. New York, NY: Guilford Press.

학습장애

Abbamont, G., & Brescher, A. (1990). *Study smart: Ready to use reading/study activities for grades 5–12*. Hoboken, NJ: Jossey-Bass.

Alexander-Roberts, C. (1994). *The ADHD parenting handbook: Practical advice for parents from parents*. New York, NY: Taylor Publishing.

Cronin, E. M. (1997). *Helping your dyslexic child: A step-by-step program for helping your child improve reading, writing, spelling, comprehension, and self-esteem*. New York, NY: Three Rivers Press.

Dwuer, K. (1991). *What do you mean, I have a learning disability?* New York, NY: Walker and Company.

Fisher, G., & Cummings, R. (1992). *The survival guide for kids with LD (learning differences)*. Minneapolis, MN: Free Spirit Publishing.

Gardner, H. (1993). *Frames of mind: The theory of multiple intelligences*. New York, NY: Basic Books, Inc.

Gehret, K., & DaDuka, M. (2009). *The don't-give-up kid and learning differences*. Fairport, NY: Verbal Images Press.

Gordon, T. (1991). *Teaching children self discipline at home and school*. New York, NY: Random House.

Markel, G., & Greenbaum, J. (1996). *Performance breakthroughs for adolescents with learning disabilities or ADD*. Champaign, IL: Research Press.

McMurchie, S. (1994). *Understanding LD* learning differences: A curriculum to promote LD awareness, self-esteem and coping skills in students ages 8–13 (works for kids)*. Minneapolis, MN: Free Spirit Publishing.

Schmidt, F., Friedman, A., Brunt, E., & Solotoff, T. (1997). *Peacemaking skills for little kids: Student activity book*. Miami, FL: Peace Education Foundation.

Silver, L. (2006). *The misunderstood child: A guide for parents of children with learning disabilities* (2nd ed.). New York, NY: Three Rivers Press.

Shure, M. (2001). *I can problem solve: An interpersonal cognitive problem-solving program for intermediate elementary grades*. Champaign, IL: Research Press.

Winebrenner, S. (2009). *Teaching kids with learning difficulties in the regular classroom*. Minneapolis, MN: Free Spirit Publishing.

적대적 반항장애(ODD)

Aborn, A. (1994). *Everything I do you blame on me*. Plainview, NY: Childswork/Childsplay, LLC.

Agassi, M. (2009). *Hands are not for hitting* (2nd ed.). Minneapolis, MN: Free Spirit Publishing.

Cline, F., & Fay, J. (2006). *Parenting with love and logic: Teaching children responsibility* (2nd ed). Colorado Springs, CO: NavPress.

Coloroso, B. (2002). *Kids are worth it!: Giving your child the gift of inner discipline* (2nd ed.). New York, NY: HarperCollins.

Dinkmeyer, D., & McKay, G. D. (2007). *The parent's handbook: Systematic training for effective parenting* (3rd ed.). Bowling Green, KY: STEP Publishing.

Dreikurs, R., & Soltz, V. (1991). *Children: The challenge: The classic work on improving parent-child relations.* New York, NY: Plume.

Forehand, R. L., & Long, N. (2010). *Parenting the strong-willed child: The clinically proven five-week program for parents of two-to-six-year-olds* (3rd ed.). New York, NY: McGraw-Hill.

Gordon, T. (2000). *Parent effectiveness training: The proven program for raising responsible children* (2nd ed.). New York, NY: Three Rivers Press.

Green, R. (2001). *The teenagers' guide to school outside the box.* Minneapolis, MN: Free Spirit Publishing.

Hawken, L. S., Pettersson, H., Mootz, J., & Anderson, C. (2006). *The behavior education program: A check-in, check-out intervention for students at risk.* New York, NY: Guilford Press.

Koplewicz, H. S. (1996). *It's nobody's fault: New hope and help for difficult children and their parents.* New York, NY: Three Rivers Press.

Moorman, C. (2003). *Parent talk: How to talk to your children in language that builds self-esteem and encourages responsibility.* New York, NY: Fireside.

Moorman, C., & Weber, N. (1989). *Teacher talk: What it really means.* Merrill, MI: Personal Power Press.

Nelson, J. (2006). *Positive discipline: The classic guide to helping children develop self-discipline, responsibility, cooperation, and problem-solving skills* (2nd ed.). New York, NY: Ballantine Books.

Patterson, G. R. (1987). *Living with children: New methods for parents and teachers* (2nd ed.). Champaign, IL: Research Press.

Phelan, T. W. (2010). *1-2-3 magic: Effective discipline for children 2–12* (4th ed.). Glen Ellyn, IL: ParentMagic, Inc.

양육기술/훈육하기

Cline, F., & Fay, J. (2006). *Parenting with love and logic: Teaching children responsibility* (2nd ed). Colorado Springs, CO: NavPress.

Dinkmeyer, D., & McKay, G. D. (2007). *The parent's handbook: Systematic training for effective parenting* (3rd ed.). Bowling Green, KY: STEP Publishing.

Dreikurs, R., & Soltz, V. (1991). *Children: The challenge: The classic work on improving parent-child relations.* New York, NY: Plume.

Faber, A., & Mazlish, E. (1999). *How to talk so kids will listen and listen so kids will talk* (Rev. ed.). New York, NY: HarperCollins.

Forehand, R. L., & Long, N. (2010). *Parenting the strong-willed child: The clinically proven five-week program for parents of two-to-six-year-olds* (3rd ed.). New York, NY: McGraw-Hill.

Gordon, T. (2000). *Parent effectiveness training: The proven program for raising responsible children* (2nd ed.). New York, NY: Three Rivers Press.

Greene, R. W. (2010). *The explosive child: A new approach for understanding and parenting easily frustrated, chronically inflexible children* (3rd ed.). New York, NY: HarperCollins.

Greenspan, S. I. (1995). *The challenging child: Understanding, raising, and enjoying the five "difficult" types of children*. Cambridge, MA: Perseus Books.

Moorman, C. (2003). *Parent talk: How to talk to your children in language that builds self-esteem and encourages responsibility*. New York, NY: Fireside.

Moorman, C., & Moorman, N. (1989). *Teacher talk*. Merrill, MI: Personal Power Press.

Nelson, J. (2006). *Positive discipline: The classic guide to helping children develop self-discipline, responsibility, cooperation, and problem-solving skills* (2nd ed.). New York: Ballantine Books.

Patterson, G. R. (1987). *Living with children: New methods for parents and teachers* (2nd ed.). Champaign, IL: Research Press.

Phelan, T. W. (1998). *Surviving your adolescents: How to manage—and let go—of your 13–18 year olds* (2nd ed.). Glen Ellyn, IL: ParentMagic, Inc.

Phelan, T. W. (2010). *1-2-3 magic: Effective discipline for children 2–12* (4th ed.). Glen Ellyn, IL: ParentMagic, Inc.

Wolf, A. (2000). *The secret of parenting: How to be in charge of today's kids—from toddlers to preteens—without threats or punishment*. New York, NY: Farrar, Straus, & Giroux.

Wolf, A. (2002). *Get out of my life, but first could you drive me and Cheryl to the mall?: The parent's guide to the new teenager* (Rev. ed.). New York, NY: Farrar, Straus, & Giroux.

신체적 · 성적 학대

Barkley, R. (1998). *Your defiant child: Eight steps to better behavior*. New York, NY: Guilford Press.

Canfield, J., & Hansen, M. (2001). *Chicken soup for the soul*. Deerfield Beach, FL: HCI Publishers.

Cline, F., & Fay, J. (2006). *Parenting with love and logic*. Colorado Springs, CO: NavPress.

Coloroso, B. (2002). *Kids are worth it!* New York, NY: HarperCollins.

Covey, S. (1997). *The 7 habits of highly effective families: Building a beautiful family culture in a turbulent world*. New York, NY: Golden Books Publishing Co.

Dinkmeyer, D., & McKay, G. (2007). *The parent's handbook: Systematic training for effective parenting (STEP)*. Bowling Green, KY: Step Publishers.

Dreikurs, R., & Stoltz, V. (1991). *Children: The challenge.* New York, NY: Plume Printing.

Fay, J. (2000). *Helicopters, drill sergeants, and consultants.* Golden, CO: Love and Logic Institute, Inc.

Fay, J., & Cline, F. (1998). *Grandparenting with love and logic.* Golden, CO: Love and Logic Institute, Inc.

Ford, E. (1997). *Discipline for home and school.* Scottsdale, AZ: Brandt Publishing.

Miller, A., & Jenkins, A. (2006). *The body never lies: The lingering effects of cruel parenting.* New York, NY: W.W. Norton Company.

Moorman, C. (1996). *Where the heart is: Stories of home and family.* Merrill, MI: Personal Power Press.

Moorman, C. (2003). *Parent talk: How to talk to your children in language that builds self-esteem and encourages responsibility.* Chagrin Falls, OH: Fireside.

National Clearinghouse on Child Abuse and Neglect Information: www.calib.com

신체장애와 도전

Abbamont, G., & Brescher, A. (1990). *Study smart: Ready to use reading/study activities for grades 5–12.* Hoboken, NJ: Jossey-Bass.

Abeel, S., & Murphy, C. (2001). *Reach for the moon.* London, England: Orchard Books.

Batshaw, M., Pellegrino, L., & Roizen, N. (2007). *Children with disabilities.* Baltimore, MD: Brookes Publishing Company.

Benton, H. (2000). *Whoa, Nellie!* Seattle, WA: Fantagraphics Books.

Canfield, J., Hansen, M., McNamara, H., & Simmons, K. (2007). *Chicken soup for the soul: Children with special needs: Stories of love and understanding for those who care for children with disabilities.* Deerfield Beach, FL: HCI Publishers.

Carter, A. R., & Carter, C. S. (Photographer). (2000). *Stretching ourselves: Kids with cerebral palsy.* Morton Grove, IL: Albert Whitman.

Gardner, H. (1993). *Frames of mind: The theory of multiple intelligences.* New York, NY: Basic Books, Inc.

Heelan, J., & Simmons, N. (2000). *Rolling along: The story of Taylor and his wheelchair.* Atlanta, GA: Peachtree.

Heelan, J. R. (2000). *The making of my special hand: Madison's story.* Atlanta, GA: Peachtree.

Holcomb, N. (1992). *Andy finds a turtle.* Hollisdayburg, PA: Jason & Nordic.

Holcomb, N. (1992). *Andy opens wide.* Hollisdayburg, PA: Jason & Nordic.

Holcomb, N. (1992). *Fair and square.* Hollisdayburg, PA: Jason & Nordic.

Levison, L., & St. Onge, I. (1999). *Disability awareness in the classroom: A resource tool for teachers and students.* Springfield, IL: Charles C. Thomas Publishers.

Moran, G., & Westcott, N. B. (1994). *Imagine me on a sit-ski.* San Francisco, CA: Concept Books.

Shure, M. (2001). *I can problem solve: An interpersonal cognitive problem-solving program for intermediate elementary grades.* Champaign, IL: Research Press.

가난과 경제적 요인

Dinkmeyer, D., & McKay, G. (2008). *Systematic training for effective parenting (STEP)*. Bowling Green, KY: STEP Publishers LLC.

Fay, J., Cline, F., Botkin, P., & Reynoso-Sydenham, S. (2001). *Becoming a love and logic parent*. Golden, CO: Love and Logic Institute, Inc.

McDonald, L. (2007). *Universal FAST in elementary schools program manual*. Madison, WI: Families and Schools Together, Inc.

McEwan, E. (2000). *When kids say no to school: Helping children at risk of failure, refusal or dropping out*. Wheaton, IL: Harold Shaw Pub.

Moorman, C. (2003). *Parent talk: How to talk to your children in language that builds self-esteem and encourages responsibility*. Chagrin Falls, OH: Fireside.

Payne, R. (2005). *A framework for understanding poverty*. Highlands, TX: aha Process, Inc.

Payne, R. (2006). *Working with students; Discipline strategies for the classroom*. Highlands, TX: aha Process, Inc.

Schmidt, F., Friedman, A., Brunt, E., & Solotoff, T. (1996). *Peacemaking skills for little kids*. Miami, FL: Peace Education Foundation.

책임감 있는 행동 훈련

Cline, F., & Fay, J. (2006). *Parenting with love and logic*. Peabody, MA: NavPress.

Dinkmeyer, D., & McKay, G. (2008). *Systematic training for effective parenting (STEP)*. Bowling Green, KY: STEP Publishers LLC.

Dreikurs, R., & Stoltz, V. (1991). *Children: The challenge*. New York, NY: Plume Printing.

Fay, J., & Funk, D. (1995). *Teaching with love and logic*. Golden, CO: Love and Logic Institute, Inc.

Gardner, H. (2000). *Intelligence reframed: Multiple intelligences for the 21st century*. New York, NY: Basic Books.

Moorman, C., (2003). *Parent talk: Words that empower, words that wound*. Whitby, ON: Fireside.

Moorman, C., & Moorman, N. (1989). *Teacher talk*. Merrill, MI: Personal Power Press.

Rimm, S. (1990). *The underachievement syndrome*. Watertown, WI: Apple Publishing Company.

Shure, M. (2001). *I can problem solve: An interpersonal cognitive problem-solving program for intermediate elementary grades*. Champaign, IL: Research Press.

등교 거부/학교공포증

Cline, F., & Fay, J. (2006). *Parenting with love and logic*. Peabody, MA: NavPress.

Darcey, J., Tiore, L., & Ladd, G. (2000). *Your anxious child: How parents and teachers can relieve anxiety in children.* San Francisco, CA: Jossey-Bass.

Davis, M., Eshelman, E., & McKay, M. (2008). *The relaxation & stress reduction workbook.* Oakland, CA: New Harbinger Publications.

Dinkmeyer, D., & McKay, G. (2008). *Systematic training for effective parenting (STEP).* Bowling Green, KY: STEP Publishers LLC.

Fay, J. (1988). *Helicopters, drill sergeants, and consultants* (audio tape). Golden, CO: Cline/Fay Institute, Inc.

Gardner, H. (2000). *Intelligence reframed: Multiple intelligences for the 21st century.* New York, NY: Basic Books.

Gordon, T. (2000). *Parent effectiveness training.* New York, NY: Three Rivers Press.

Jacobson, E. (1938). *Progressive relaxation.* Chicago, IL: University of Chicago Press.

Johnson, S. K., & Johnson, C. D. (2005). Group counseling: Beyond the traditional. *Professional School Counseling, 8*(5), 399–400.

McEwan, E. (2000). *When kids say no to school: Helping children at risk of failure, refusal or dropping out.* Wheaton, IL: Harold Shaw Publishing.

Mehaffey, J. I., & Sandberg, S. K. (1992). Conducting social skills training groups with elementary school children. *School Counselor, 40*(1), 61–69.

Moorman, C. (2003). *Parent talk: Words that empower, words that wound.* Whitby, ON: Fireside.

Moorman, C., & Moorman, N. (1989). *Teacher talk.* Merrill, MI: Personal Power Press.

Moser, A., & Pilkey, D. (1988). *Don't pop your cork on Mondays!* Kansas City, MO: Landmark Editions.

Moser, A., & Thatch, N. (1991). *Don't feed the monster on Tuesdays!: The children's self-esteem book.* Kansas City, MO: Landmark Editions.

학교폭력 가해자

Coloroso, B. (2009). *The bully, the bullied, and the bystander: From preschool to high school—how parents and teachers can help break the cycle* (Rev. ed.). New York, NY: HarperCollins.

Hinduja, S., & Patchin, J. W. (2008). *Bullying beyond the schoolyard: Preventing and responding to cyberbullying.* Thousand Oaks, CA: Corwin.

Schmidt, F. (1994). *Mediation: Getting to win win! Student handbook.* Miami, FL: Peace Education Foundation.

자존감 세우기

Cline, F., & Fay, J. (2006). *Parenting with love and logic: Teaching children responsibility* (2nd ed). Colorado Springs, CO: NavPress.

Hawken, L. S., Pettersson, H., Mootz, J., & Anderson, C. (2006). *The behavior education program: A check-in, check-out intervention for students at risk.* New York, NY: Guilford Press.

Nelson, J. (2006). *Positive discipline: The classic guide to helping children develop self-discipline, responsibility, cooperation, and problem-solving skills* (2nd ed.). New York, NY: Ballantine Books.

Phelan, T. W. (2010). *1-2-3 magic: Effective discipline for children 2–12* (4th ed.). Glen Ellyn, IL: ParentMagic, Inc.

Webster-Stratton, C. (1999). *How to promote children's social and emotional competence.* Thousand Oaks, CA: SAGE Publications.

성적 책임감

AIMS Media. (1991). *Into your heart* (Video). Chatsworth, CA: AIMS Media.

Alfred Higgins Productions. (1993). *Teens at risk: Breaking the immortality myth* (VHS).

Connect With Kids. (2005). *First comes love* (VHS). Norcross, GA: School Media Associates.

Educational Video Network. *Teenage sexual harassment* (VHS). Spokane, WA: Teen-Aid, Inc.

Feinstein, S. (2009). *Sexuality and Teens.* Berkeley Heights, NJ: Enslow Publishers.

Gordon, S., & Gordon, J. (1989). *Raising a child conservatively in a sexually permissive world.* New York, NY: Fireside Books.

Long, M. (1997). *Everyone is not doing it* (VHS). Spokane, WA: Teen-Aid, Inc.

National Research Childbearing. (2009). *Risking the future: Adolescent sexuality, pregnancy and childbearing.* New York, NY: General Books LLC.

Phoenix Learning Group. (2008). *Out of bounds: Teenage sexual harassment* (DVD). St. Louis, MO: Phoenix Learning Group.

Scott, S. (1997). *How to say no and keep your friends.* Highland Ranch, CO: HRC Press.

Weisz, A., & Black, B. (2009). *Programs to reduce dating violence and sexual assault: Perspectives on what works.* New York, NY: Columbia University Press.

형제간 경쟁

Ames, L. (1989). *He hit me first. When brothers and sisters fight.* New York, NY: Warner Books.

Blume, J., & Trivas, I. (1985). *Pain and the great one.* New York, NY: Bantam Dell Books.

Covey, S. (1999). *The 7 habits of highly effective families: Building a beautiful family culture in a turbulent world.* New York, NY: Simon & Schuster.

Coville, B., & Moss, M. (Illustrator), (1997). *The lapsnatcher.* Bridgewater, VT: Bridgewater Books.

Crary, E., & Katayama, M. (Illustrator) (1996). *Help! The kids are at it again: Using kids' quarrels to teach "people" skills.* Seattle, WA: Parenting Press.

Dunn, J. (1995). *From one child to two: What to expect, how to cope, and how to enjoy your growing family.* Greenwich, CT: Fawcett Books.

Faber, A., & Mazlish, E. (1999). *How to talk so kids will listen and listen so kids will talk.* New York, NY: Harper Paperbacks.

Faber, A., & Mazlish, E. (1999). *Siblings without rivalry: How to help your children live together so you can live too.* New York, NY: Avon Books.

Goldenthal, P. (2000). *Beyond sibling rivalry: How to help your children become cooperative, caring and compassionate.* New York, NY: Henry Holt Company.

Mario, H. (1998). *I'd rather have an iguana.* Watertown, MA: Charlesbridge Publishing.

Moorman, C. (2003). *Parent talk: How to talk to your children in language that builds self-esteem and encourages responsibility.* Chagrin Falls, OH: Fireside.

사회적 부적응(품행장애)

Agassi, M. (2009). *Hands are not for hitting* (2nd ed.). Minneapolis, MN: Free Spirit Publishing.

Cline, F., & Fay, J. (2006). *Parenting with love and logic: Teaching children responsibility* (2nd ed). Colorado Springs, CO: NavPress.

Forehand, R. L., & Long, N. (2002). *Parenting the strong-willed child.* New York, NY: McGraw-Hill.

Green, R. (2001). *The teenagers' guide to school outside the box.* Minneapolis, MN: Free Spirit Publishing.

Hawken, L. S., Pettersson, H., Mootz, J., & Anderson, C. (2006). *The behavior education program: A check-in, check-out intervention for students at risk.* New York, NY: Guilford Press.

Nelson, J. (2006). *Positive discipline: The classic guide to helping children develop self-discipline, responsibility, cooperation, and problem-solving skills* (2nd ed.). New York, NY: Ballantine Books.

Patterson, G. R. (1987). *Living with children: New methods for parents and teachers* (2nd ed.). Champaign, IL: Research Press.

Phelan, T. W. (2010). *1-2-3 magic: Effective discipline for children 2–12* (4th ed.). Glen Ellyn, IL: ParentMagic, Inc.

Webster-Stratton, C. (1999). *How to promote children's social and emotional competence.* Thousand Oaks, CA: SAGE Publications.

사회성 기술/또래 관계

Aborn, A. (1994). *Everything I do you blame on me.* Plainview, NY: Childswork/Childsplay, LLC.

Antony, M., & Swinson, R. (2000). *The shyness and social anxiety workbook: Proven step-by-step techniques for overcoming your fear.* Oakland, CA: New Harbinger Publications.

Byars, B. (1990). *The cybil war.* New York, NY: Puffin Books.

Giannetti, C., & Sagarese, M. (2001). *Cliques: Eight steps to help your child survive the social jungle.* New York, NY: Broadway Books.

Gordon, T. (2003). *Teacher effectiveness training.* New York, NY: Three Rivers Press.

Graham, S. (2000). *Teens can make it happen: Nine steps for success.* New York: Simon & Schuster.

Kendall, P., Choudhury, M., Hudson, J., & Webb, A. (2002). *The C. A. T. Project workbook for the cognitive-behavioral treatment of anxious adolescents.* Ardmore, PA: Workbook Publishing.

Meyers, W. (1995). *Mop, moondance, and the Nagasaki knights.* New York, NY: Houghton Mifflin Harcourt.

Rapee, R., Wignall, A., Spence, S., Lyneham, H., & Cobham, V., (2000). *Helping your anxious child: A step-by-step guide for parents.* Oakland, CA: New Harbinger Publications.

Schmidt, F. (1994). *Mediation: Getting to win win.* Pleasantville, NY: Peace Education Foundation.

Schmidt, F., Friedman, A., Brunt, E., & Solotoff, T. (1997). *Peacemaking skills for little kids.* Miami, FL: Peace Education Foundation.

Thompson, M., O'Neill, C., & Cohen, L. (2002). *Best friends, worst enemies: Understanding the social lives of children.* New York, NY: Ballantine Books.

Turk, C., Heimberg, R., & Hope, D. (2007). Social anxiety disorder. In D. Barlow (Ed.), *Clinical handbook of psychological disorders* (4th ed.). New York, NY: Guilford Press.

약물 사용과 남용

Alberti, R. E., & Emmons, M. L. (2008). *Your perfect right* (9th ed.). Atascadero, CA: Impact Publishers.

Berger, A. (2010). *12 smart things to do when the booze and drugs are gone: Choosing emotional sobriety through self-awareness and right action.* Center City, MN: Hazelden Publishing.

Garner, A. (1997). *Conversationally speaking: Tested new ways to increase your personal and social effectiveness* (3rd ed.). New York, NY: McGraw-Hill.

Gorski, T. T. (1992). *The staying sober workbook: A serious solution for the problems of relapse.* Independence, MO: Independence Press.

Gorski, T. T., & Miller, M. (1986). *Staying sober: A guide for relapse prevention.* Independence, MO: Independence Press.

Ketcham, K., & Pace, N. A. (2003). *Teens under the influence: The truth about kids, alcohol, and other drugs—how to recognize the problem and what to do about it.* New York, NY: Ballantine Books.

Kuhn, C., Swartzwelder, S., & Wilson, W. (2002). *Just say know: Talking with kids about drugs and alcohol*. New York, NY: W.W. Norton & Company.

Schaefer, D. (1998). *Choices & consequences: What to do when a teenager uses alcohol/drugs*. Center City, MN: Hazelden Publishing.

자살 사고/시도

Conroy, D. (2006). *Out of the nightmare: Recovery from depression and suicidal pain*. Lincoln, NE: Authors Choice Press.

Ellis, T., & Newman, C. (1996). *Choosing to live: How to defeat suicide through cognitive therapy*. Oakland, CA: New Harbinger Publications.

Faber, A., & Mazlish, E. (1999). *How to talk so kids will listen and listen so kids will talk*. New York, NY: Harper Paperbacks.

Klott, J., & Jongsma, A. (2004). *The suicide and homicide risk assessment & prevention treatment planner*. Hoboken, NJ: John Wiley & Sons.

Moorman, C. (2003). *Parent talk: How to talk to your children in language that builds self-esteem and encourages responsibility*. Whitby, ON: Fireside.

Quinett, P. (1997). *Suicide: The forever decision . . . For those thinking about suicide, and for those who know, love, or counsel them*. New York, NY: Crossword Classic.

십 대 임신

Curtis, G., & Schuler, J. (2007). *Your pregnancy week by week*. Cambridge, MA: Da Capo Press.

Lindsay, J., & Bruneli, J. (2004). *Your pregnancy and newborn journey: A guide for pregnant teens*. Buena Park, CA: Morning Glory Press.

Murkoff, H., & Mazel, S. (2008). *What to expect when you're expecting*. New York, NY: Workman Publishing.

Sheridan, D. (2009). *Small wonders childbirth education DVD 2009: Have the positive birth experience you deserve*. Boulder, CO: Small Wonders Childbirth, LLC.

Spencer, P. (1998). *Parenting guide to pregnancy and childbirth*. New York, NY: Ballantine Books.

Wheeler, D. (2004). *The unplanned pregnancy book for teens and college students*. Virginia Beach, VA, Sparkledoll Productions.

Williams, H. (2009). *Teen pregnancy (issues that concern you)*. San Diego, CA: Greenaven Press.

부록 B
증거 기반의 전문가 참고도서

이 치료계획서의 필연적인 결과로서 개발된 다음의 자료들을 위해 이 장 전체에서 많은 참고자료가 만들어졌다.

Knapp, S. E. (2003). *School counseling and school social work homework planner.* Hoboken, NJ: John Wiley & Sons.

참고자료는 또한 Wiley의 치료계획서 시리즈의 일부인 다른 치료계획서와 치료적 과제 자료 치료계획서에서 만들어졌다. 참고자료는 다음과 같다.

Jongsma, A. E., Peterson, L. M., & McInnis, W. P. (2006a). *Adolescent psychotherapy homework planner* (2nd ed.). Hoboken, NJ: John Wiley & Sons.

Jongsma, A. E., Peterson, L. M., & McInnis, W. P. (2006b). *Child psychotherapy homework planner* (2nd ed.). Hoboken, NJ: John Wiley & Sons.

Jongsma, A. E., Peterson, L. M., McInnis, W. P., & Bruce, T. J. (2006a). *The adolescent psychotherapy treatment planner (*4th ed.). Hoboken, NJ: John Wiley & Sons.

Jongsma, A. E., Peterson, L. M., McInnis, W. P., & Bruce, T. J. (2006b). *The child psychotherapy treatment planner* (4th ed.). Hoboken, NJ: John Wiley & Sons.

일반

American Psychological Association Presidential Task Force on Evidence-Based Practice. (2006). Evidence-based practice in psychology. *American Psychologist, 61*(4), 271–285.

American Psychological Association Task Force on Evidence-Based Practice for Children and Adolescents. (2008). *Disseminating evidence-based practice for children and adolescents: A systems approach to enhancing care.* Washington, DC: American Psychological Association.

Barrett, P. M., & Ollendick, T. H. (2004). *Handbook of interventions that work with children and adolescents: Prevention and treatment.* Hoboken, NJ: John Wiley & Sons.

Chambless, D. L., Baker, M. J., Baucom, D. H., Beutler, L. E., Calhoun, K. S., Crits-Cristoph, P., . . . Woody, S. R. (1998). Update on empirically validated therapies II. *The Clinical Psychologist, 51,* 3–16.

Chambless, D. L., & Ollendick, T. H. (2001). Empirically supported psychological interventions: Controversies and evidence. *Annual Review of Psychology, 51*(1), 685–716.

Chambless, D. L., Sanderson, W. C., Shoham, V., Bennet Johnson, S., Pope, K. S., Crits-Cristoph, P., . . . McCurry, S. (1996). An update on empirically validated therapies. *Clinical Psychologist, 49,* 5–18.

Dimmitt, C., Carey, J. C., & Hatch, T. (2007). *Evidence-based school counseling: Making a difference with data-driven practices.* Thousand Oaks, CA: Corwin Press.

Eder, K. C., & Whiston, S. C. (2006). Does psychotherapy help some students?: An overview of psychotherapy outcome research. *Professional School Counseling, 9*(5), 337–343.

Fonagy, P., Target, M., Cottrell, D., Phillips, J., & Kurtz, Z. (2002). *What works for whom? A critical review of treatments for children and adolescents.* New York, NY: Guilford Press.

Franklin, C., Harris, M. B., & Allen-Meares, P. (2006). *The school services sourcebook: A guide for school-based professionals.* New York, NY: Oxford University Press.

Gilgun, J. F. (2005). The four cornerstones of evidence-based practice in social work. *Research on Social Work Practice, 15,* 52–61.

Grinnell, R., M. Jr., & Unrau, Y. A. (2008). *Social work research and evaluation: Foundations of evidence-based practice* (8th ed.). New York, NY: Oxford University Press.

Hibbs, E. D., & Jensen, P. S. (Eds.). (2005). *Psychosocial treatments for child and adolescent disorders: Empirically based strategies for clinical practice* (2nd ed.). Washington, DC: American Psychological Association.

Hoag, M. J., & Burlingame, G. M. (1997). Evaluating the effectiveness of child and adolescent group treatment: A meta-analytic review. *Journal of Clinical Child Psychology, 26*(3), 234–246.

Hoagwood, K., Burns, B. J., Kiser, L., Ringeisen, H., & Schoenwald, S. K. (2001). Evidence-based practice in child and adolescent mental health services. *Psychiatric Services, 52*(9), 1179–1189.

Jimerson, S. R., Burns, M. K., & VanDerHeyden, A. M. (Eds.). (2007). *The handbook of response to intervention: The science and practice of assessment and intervention.* New York, NY: Springer.

Kazak, A. E., Hoagwood, K., Weisz, J. R., Hood, K., Kratochwill, T. R., Vargas, L. A., & Banez, G. A. (2010). A meta-systems approach to evidence-based practice for children and adolescents. *American Psychologist, 65*(2), 85–97.

Kazdin, A. E. (2008). Evidence-based treatment and practice: New opportunities to bridge clinical research and practice, enhance the knowledge base, and improve patient care. *American Psychologist, 63*(3), 146–159.

Kazdin, A. E., & Weisz, J. R. (Eds.). (2003). *Evidence-based psychotherapies for children and adolescents.* New York, NY: Guilford Press.

Kelly, M. S. (2008). *The domains and demands of school social work practice: A guide to working effectively with students, families, and schools.* New York, NY: Oxford University Press.

Macgowan, M. J. (2008). *A guide to evidence-based group work.* New York, NY: Oxford University Press.

Meyer, G. J., Finn, S. E., Eyde, L. D., Kay, G. G., Moreland, K. L., Dies, R.R, . . . Reed, G. M. (2001). Psychological testing and psychological assessment: A review of evidence and issues. *American Psychologist, 56*, 128–165.

Nabors, L. A., & Prodente, C. A. (2002). Evaluation of outcomes for adolescents receiving school-based mental health services. *Children's Services: Social Policy, Research, and Practice, 5*(2), 105–112.

Nathan, P. E., & Gorman, J. M. (Eds.). (2007). *A guide to treatments that work* (3rd ed.). New York, NY: Oxford University Press.

Norcross, J. C. (2011). *Psychotherapy relationships that work: Evidence-based responsiveness.* New York, NY: Oxford University Press.

Norcross, J. C., Beutler, L. E., & Levant, R. F. (Eds.). (2006). *Evidence-based practices in mental health: Debate and dialogue on the fundamental questions.* Washington, DC: American Psychological Association.

Palinkas, L. A., Aarons, G. A., Chorpita, B. F., Hoagwood, K. E., Landsverk, J., & Weisz, J. R. (2009). Cultural exchange and the implementation of evidence-based practices: Two case studies. *Research on Social Work Practice, 19*(5), 602–612.

Prout, S. M., & Prout, H. T. (1998). A meta-analysis of school-based studies of counseling and psychotherapy: An update. *Journal of School Psychology, 36*, 121–136.

Raines, J. C. (2008). *Evidence-based practice in school mental health.* New York, NY: Oxford University Press.

Shechtman, Z. (2002). Child group psychotherapy in the school at the threshold of a new millennium. *Journal of Counseling & Development, 80*, 293–299.

Shedler, J. (2010). The efficacy of psychodynamic psychotherapy. *American Psychologist, 65*(2), 98–109.

Sink, C. A. & Stroh, H. R. (2003). Raising achievement test scores of early elementary school students through comprehensive school counseling programs. *Professional School Counseling, 6(5)*, 350–365.

Steele, R. G., Elkin, T. D., & Roberts, M. C. (2008). *Handbook of evidence-based therapies for children and adolescents: Bridging science and practice.* New York, NY: Springer.

U.S. Department of Education, Institute of Education Sciences, & National Center for Education Evaluation and Regional Assistance. (2003). *Identifying and implementing education practices supported by rigorous evidence: A user friendly guide.* Retrieved from http://www2.ed.gov/rschstat/research/pubs/rigorousevid/index.html

Weisz, J. R., Doss, A. J., & Hawley, K. M. (2005). Youth psychotherapy outcome research: A review and critique of the evidence base. *Annual Review of Psychology, 56,* 337–363.

Weisz, J. R., & Kazdin, A. E. (Eds.). (2010). *Evidence-based psychotherapies for children and adolescents* (2nd ed.). New York, NY: Guilford Press.

Weisz, J. R., Sandler, I. N., Durlak, J. A., & Anton, B. S. (2005). Promoting and protecting youth mental health through evidence-based prevention and treatment. *American Psychologist, 60*(6), 628–648.

Wilson, D. B., Gottfredson, C. C., & Najak, S. S. (2001). School-based prevention of problem behaviors: A meta-analysis. *Journal of Quantitative Criminology, 17,* 247–272.

학업동기/학습과 조직화 기술

Bradshaw, C., Reinke, W., Brown, L., Bevans, K., & Leaf, P. (2008). Implementation of school-wide positive behavioral interventions and supports (PBIS) in elementary schools: Observations from a randomized trial. *Education and Treatment of Children, 31,* 1–26.

Brigman, G., & Campbell, C. (2003). Helping students improve academic achievement and school success behavior. *Professional School Counseling, 7,* 91–98.

Crone D. A., & Horner, R. H. (2003). *Building positive behavior support systems in schools: Functional behavioral assessment.* New York, NY: Guilford Press.

Edmondson, J. H., & White, J. (1998). A tutorial and counseling program: Helping students at risk of dropping out of school. *Professional School Counseling, 1*(4), 43–51.

Epstein, M., Atkins, M., Cullinan, D., Kutash, K., & Weaver, R. (2008). *Reducing problem behavior in the elementary school classroom: A practice guide* (NCEE #2008-012). Washington, DC: National Center for Education Evaluation and Regional Assistance, Institute of Education Sciences, US Department of Education. Retrieved from http://ies.ed.gov/ncee/wwc/publications/practiceguides

Fan, X., & Chen, M. (2001). Parental involvement and students' academic achievement: A meta-analysis. *Educational Psychology Review, 13*(1), 1–22.

Gardner, H. (2006). *Multiple intelligences: New horizons in theory and practice.* New York, NY: Basic Books.

Hawken, L., S., Pettersson, H., Mootz, J., & Anderson, C. (2006). *The behavior education program: A check-in, check-out intervention for students at risk.* New York, NY: Guilford Press.

Romasz, T. E., Kantor, J. H., & Elias, M. J. (2004). Implementation and evaluation of urban school-wide social-emotional learning programs. *Evaluation and Program Planning, 27,* 89–103.

Ruffolo, M. C. (2006). Enhancing skills of students vulnerable to underachievement and academic failure. In C. Franklin, M. B. Harris, & P. Allen-Meares (Eds.), *The school services sourcebook: A guide for school-based professionals* (pp. 405–411). New York, NY: Oxford University Press.

Shure, M. (2001). *I can problem solve*. Champaign, IL: Research Press.

Somers, C. L., & Piliawsky, M. (2004). Drop-out prevention among urban, African American adolescents: Program evaluation and practical implications. *Preventing School Failure, 48*(3), 17–20.

분노/공격성 관리

Deffenbacher, J. L., & McKay, M. (2000). *Overcoming situational and general anger: A protocol for the treatment of anger based on relaxation, cognitive restructuring, and coping skills training*. Oakland, CA: New Harbinger Publications.

Deffenbacher, J. L., Oetting, E. R., & DiGiuseppe, R. A. (2002). Principles of empirically supported interventions applied to anger management. *The Counseling Psychologist, 30*, 262–280.

Epstein, M., Atkins, M., Cullinan, D., Kutash, K., & Weaver, R. (2008). *Reducing problem behavior in the elementary school classroom: A practice guide* (NCEE #2008-012). Washington, DC: National Center for Education Evaluation and Regional Assistance, Institute of Education Sciences, U.S. Department of Education. Retrieved from http://ies.ed.gov/ncee/wwc/publications/practiceguides

Gordon, T., & Burch, N. (2003). *Teacher effectiveness training: The program proven to help teachers bring out the best in students of all ages*. New York, NY: Three Rivers Press.

Kazdin, A. E. (2005). *Parent management training: Treatment for oppositional, aggressive, and antisocial behavior in children and adolescents*. New York, NY: Oxford University Press.

Lochman, J. E., Barry, T. D., & Pardini, D. A. (2003). Anger Control Training for aggressive youth. In A. E. Kazdin & J. R. Weisz (Eds.), *Evidence-based psychotherapies for children and adolescents* (pp. 263–281). New York, NY: Guilford Press.

Meichenbaum, D. (2001). *Treatment of individuals with anger control problems and aggressive behaviors: A clinical handbook*. Clearwater, FL: Institute Press.

Omizo, M. M., Hershberger, J. M., & Omizo, S. A. (1998). Teaching children to cope with anger. *Elementary School Guidance and Counseling, 22*, 241–245.

Robinson, T., Smith, S. W., & Miller, M. (2002). Effect of a cognitive-behavioral intervention on responses to anger by middle school students with chronic behavior problems. *Behavioral Disorders, 27*, 256–271.

Vecchio, T. D., & O'Leary, K. D. (2004). Effectiveness of anger treatments for specific anger problems: A meta-analytic review. *Clinical Psychology Review, 24*, 15–34.

Wilson, S. J., Lipsey, M. W., & Derzon, J. H. (2003). The effects of school-based intervention programs on aggressive behavior: A meta-analysis. *Journal of Consulting and Clinical Psychology, 71*, 136–149.

불안 감소

Barrett, P. M. (1998). Evaluation of cognitive-behavioral group treatments for childhood anxiety disorders. *Journal of Clinical Child Psychology, 27,* 459–468.

Barrett, P. M., Duffy, A. L., Dadds, M. R., & Rapee, R. M. (2001). Cognitive-behavioral treatment of anxiety disorders in children: Long-term (6-year) follow-up. *Journal of Consulting Clinical Psychology, 69,* 135–141.

Barrett, P. M., & Shortt, A. (2003). Parental involvement in the treatment of anxious children. In A. E. Kazdin & J. R. Weisz (Eds.), *Evidence-based psychotherapies for children and adolescents* (pp. 101–119). New York, NY: Guilford Press.

Bernstein, D. A., Borkovec, T. D., & Hazlett-Stevens, H. (2000). *New directions in progressive relaxation training: A guidebook for helping professionals.* Westport, CT: Praeger.

Cheek, J. R., Bradley, L. J., Reynolds, J., & Coy, D. (2002). An intervention for helping elementary students reduce test anxiety. *Professional School Counseling, 6*(2), 162–165.

Kendall, P. C., Choudhury, M., Hudson, J., & Webb, A. (2002). *The C.A.T. project manual for the cognitive behavioral treatment of anxious adolescents.* Ardmore, PA: Workbook Publishing.

Masia, C. L., Klein, R. G., Storch, E., & Corda, B. (2001). School-based behavioral treatment for social anxiety disorder in adolescents: Results of a pilot study. *Journal of the American Academy of Child and Adolescent Psychiatry, 40,* 780–786.

Morris, T. L., & March, J. S. (Eds.). (2004). *Anxiety disorders in children and adolescents* (2nd ed.) New York, NY: Guilford Press.

Quinn, M. M., Kavale, K. A., Mathur, S. R., Rutherford, R. B., & Forness, S. R. (1999). A meta-analysis of social skill intervention for students with emotional or behavioral disorders. *Journal of Emotional & Behavioral Disorders, 7*(1), 54–65.

Reynolds, C. R., & Richmond, B. O. (2008). *Revised children's manifest anxiety scale* (2nd ed.). Los Angeles, CA: Western Psychological Services.

Spence, S. H., Donovan, C., & Brechman-Toussaint, M. (2000). The treatment of childhood social phobia: The effectiveness of a social skills training-based, cognitive-behavioral intervention, with and without parental involvement. *Journal of Child Psychology and Psychiatry, 41,* 713–726.

주의력결핍 과잉행동장애(ADHD)

American Academy of Child and Adolescent Psychiatry. (1997). Practice parameters for the assessment and treatment of children, adolescents, and adults with attention deficit/hyperactivity disorder. *Journal of the American Academy of Child and Adolescent Psychiatry, 36,* 85S–121S.

Barkley, R. A. (2002). Psychosocial treatments for attention-deficit/hyperactivity disorder in children. *Journal of Clinical Psychiatry, 63*(Suppl 12), 36–43.

Barkley, R. A. (2006). *ADHD: A handbook for diagnosis and treatment* (3rd ed.). New York, NY: Guilford Press.

Boxer, P., Goldstein, S. E., Musher-Eizenman, D., Dubow, E. F., & Heretick, D. (2005). Developmental issues in the prevention of school aggression from the social-cognitive perspective. *Journal of Primary Prevention, 26*, 383–400.

Chronis, A. M., Jones, H. A., & Raggi, V. L. (2006). Evidence-based psychosocial treatments for children and adolescents with attention-deficit/hyperactivity disorder. *Clinical Psychology Review, 26*, 486–502.

DuPaul, G. J., & Eckert, T. L. (1997). The effects of school-based interventions for attention-deficit hyperactivity disorder: A meta-analysis. *School Psychology Review, 26*(3), 2–27.

DuPaul, G. J., & Stoner, G. (2003). *ADHD in the schools: Assessment and intervention strategies.* New York, NY: Guilford Press.

Olfson, M., Gameroff, M. J., Marcus, S. C., & Jensen, P. S. (2003). National trends in the treatment of attention deficit hyperactivity disorder. *American Journal of Psychiatry, 160*(6), 1071–1077.

Parker, H. C. (1996). *The ADD hyperactivity handbook for schools: Effective strategies for identifying and teaching students with attention deficit disorders in elementary and secondary schools* (2nd ed.). Plantation, FL: Specialty Press.

Pelham, W. E., Fabiano, G. A., Gnagy, E. M., Greiner, A. R., & Hoza, B. (2005). Comprehensive psychosocial treatment for ADHD. In E. Hibbs & P. Jensen (Eds.), *Psychosocial treatments for child and adolescent disorders: Empirically based strategies for clinical practice* (pp. 377–409). Washington, DC: American Psychological Association.

Pelham, W. E., Jr., Wheeler, T., & Chronis, A. (1998). Empirically supported psychosocial treatments for attention deficit hyperactivity disorder. *Journal of Clinical Child Psychology, 27*, 190–205.

Thomas, C., & Corcoran, J. (2003). Family approaches to attention deficit hyperactivity disorder: A review to guide school social work practice. *Children & Schools, 1*(1), 19–34.

Zeigler Dendy, C. A. (2011). *Teaching teens with ADD, ADHD, & executive function deficits: A quick reference guide for teachers and parents* (2nd ed.). Bethesda, MD: Woodbine House.

괴롭힘 가해자

Cooke, M. B., Ford, J., Levine, J., Bourke, C., Newell, L. & Lapidus, G. (2007). The effects of city-wide implementation of "Second Step" on elementary school students' prosocial and aggressive behaviors. *The Journal of Primary Prevention, 28*(2), 93–114.

Crone, D. A., & Horner, R. H. (2003). *Building positive behavior support systems in schools: Functional behavioral assessment.* New York, NY: Guilford Press.

DeRosier, M. E. (2004). Building relationships and combating bullying: Effectiveness of a school-based social skills group intervention. *Journal of Clinical Child and Adolescent Psychology, 33*(1), 196–201.

Epstein, M., Atkins, M., Cullinan, D., Kutash, K., & Weaver, R. (2008). *Reducing problem behavior in the elementary school classroom: A practice guide* (NCEE #2008-012). Washington, DC: National Center for Education Evaluation and Regional Assistance, Institute of Education Sciences, U.S. Department of Education. Retrieved from http://ies.ed.gov/ncee/wwc/publications/practiceguides

Flannery, D. J., Vazsonyi, A. T., Liau, A. K., Guo, S., Powell, K. E., Atha, H., Vesterdal, W., & Embry, D. (2003). Initial behavior outcomes for the peacebuilders universal school-based violence prevention program. *Developmental Psychology, 39*(2), 292–308.

Gottfredson, G. D., & Gottfredson, D. C. (2001). What schools do to prevent problem behavior and promote safe environments. *Journal of Educational and Psychological Consultations, 12*(4), 313–344.

Hawken, L. S., Pettersson, H., Mootz, J., & Anderson, C. (2006). *The behavior education program: A check-in, check-out intervention for students at risk.* New York, NY: Guilford Press.

Limber, S. P. (2004). Implementation of the Olweus Bullying Prevention program in American schools: Lessons learned from the field. In D. L. Espelage & S. M. Swearer (Eds.), *Bullying in American schools: A social-ecological perspective on prevention and intervention* (pp. 351–363). Mahwah, NJ: Erlbaum.

Lochman, J. E., Barry, T. D., & Pardini, D. A. (2003). Anger control training for aggressive youth. In A. E. Kazdin & J. R. Weisz (Eds.), *Evidence-based psychotherapies for children and adolescents* (pp. 263–281). New York, NY: Guilford Press.

Meichenbaum, D. (2001). *Treatment of individuals with anger-control problems and aggressive behaviors: A clinical handbook.* Clearwater, FL: Institute Press.

Newman-Carlson, D., & Horne, A. M. (2004). BullyBusters: A psychoeducational intervention for reducing bullying behaviors in middle school students. *Journal of Counseling and Development, 82,* 259–267.

Olweus, D. (1993). *Bullying at school: What we know and what we can do.* Cambridge, MA: Blackwell Publishers.

Twemlow, S. W., & Sacco, F. C. (2011). *Preventing bullying and school violence.* Arlington, VA: American Psychiatric Publishing.

Vazsonyi, A. T., Bellison, L. M., & Flannery, D. J. (2004). Evaluation of a school-based, universal violence prevention program: Low-, medium-, and high-risk children. *Youth Violence and Juvenile Justice, 2,* 185–206.

Wilson, S. J., Lipsey, M. W., & Derzon, J. H. (2003). The effects of school-based intervention programs on aggressive behavior: A meta-analysis. *Journal of Consulting and Clinical Psychology, 71,* 136–149.

진로 계획

Baker, S. B., & Taylor, J. G. (1998). Effects of career education interventions: A meta-analysis. *The Career Development Quarterly, 46*(4), 376–385.

Bobo, M., Hildreth, B. L., & Durodoye, B. (1998). Changing patterns in career choices among African American, Hispanic, and Anglo children. *Professional School Counseling, 1*(4), 37–43.

Helwig, A. A. (2004). A ten-year longitudinal study of the career development of students: Summary findings. *Journal of Counseling & Development, 82*(1), 49–58.

Hershey, A. M., Silverberg, M. K., Haimson, J., Hudis, P., & Jackson, R. (1999). *Expanding options for students: Report to Congress on the national evaluation of school-to-work implementation.* Princeton, NJ: Mathematical Policy Research.

Krass, L. H. (1999). The impact of an intervention on career decision-making self-efficacy and career indecision. *Professional School Counseling, 2*(5), 384–396.

Peterson, G. W., Long, K. L., & Billups, A. (1999). The effect of three career interventions on the educational choices of eighth grade students. *Professional School Counseling, 3*(1), 34–42.

Schlossberg, S. M., Morris, J. D., & Lieberman, M. G. (2001). The effects of a counselor-led guidance intervention on students' behaviors and attitudes. *Professional School Counseling, 4*, 156–164.

Turner, S., & Lapan, R. T. (2002). Career self-efficacy and perceptions of parent support in adolescent career development. *Career Development Quarterly, 5*(1), 44–56.

Wahl, K. H., & Blackhurst, A. (2000). Factors affecting the occupational and educational aspirations of children and adolescents. *Professional School Counseling, 3*(5), 367–373.

Whiston, S. C., Sexton, T. L., & Lasoff, D. L. (1998). Career intervention outcome: A replication and extension. *Journal of Counseling Psychology, 45*, 150–165.

갈등관리

Graham, B. C., & Pulvino, C. (2000). Multicultural conflict resolution: Development, implementation, and assessment of a program for third graders. *Professional School Counseling, 3*(3), 172–182.

Grossman, D. C, Neckerman, H. J., Koepsell, T. D., Liu, P., Asher, K. N., Beland, K., Frey, K., & Rivara F. P. (1997). Effectiveness of a violence prevention curriculum among children in elementary school. *Journal of American Medical Association, 227*(20), 1605–1611.

Lochman, J. E., Barry, T. D., & Pardini, D. A. (2003). Anger control training for aggressive youth. In A. E. Kazdin & J. R. Weisz (Eds.), *Evidence-based psychotherapies for children and adolescents* (pp. 263–281). New York, NY: Guilford Press.

Quinn, M. M., Kavale, K. A., Mathur, S. R., Rutherford, R. B., & Forness, S. R. (1999). A meta-analysis of social skill intervention for students with emotional or behavioral disorders. *Journal of Emotional & Behavioral Disorders, 7*(1), 54–65.

Stevahn, L., Johnson, D. W., Johnson, R. T., & Schultz, R. (2002). Effects of conflict resolution training integrated into a high school social studies curriculum. *The Journal of Social Psychology, 142*(3), 305–331.

Tobias, A. K., & Myrick, R. D. (1999). A peer facilitator-led intervention with middle school problem-behavior students. *Professional School Counseling, 3*(1), 27–33.

우울

Beck, A. T., Steer, R. A., & Brown, G. K. (1996). *Beck Depression Inventory* (2nd ed.). San Antonio, TX: PsychCorp.

Beidel, D. C., Turner, S. M., & Morris, T. L. (2004). *Social effectiveness therapy for children and adolescents (SET-C)*. Toronto, Ontario: Multi-Health Systems, Inc.

Cottrell, D., Fonagy, P., Kurtz, Z., Phillip, J., & Target, M. (2002). Depressive disorders. In P. Fonagy, M. Target, D. Cottrell, J. Phillips, & Z. Kurtz (Eds.), *What works for whom? A critical review of treatments for children and adolescents.* (pp. 89-105). New York, NY: Guilford Press.

Klein, D., Dougherty, L., & Olino, T. (2005). Toward guidelines for evidence-based assessment of depression in children and adolescents. *Journal of Clinical Child and Adolescent Psychology, 34,* 412–432.

Kovacs, M. (2010). *Children's Depression Inventory* (2nd ed.). Torrance, CA: Western Psychological Services.

Shaffer, D., & Pfeffer, C. (2001). Practice parameters for the assessment and treatment of children and adolescents with suicidal behavior. *Journal of the American Academy of Child and Adolescent Psychiatry, 40*(Suppl. 7), 24S–51S.

Weisz, J. R., McCart, C. A., & Valeri, S. M. (2006). Effects of psychotherapy for depression in children and adolescents: A meta-analysis. *Psychological Bulletin, 132,* 132–149.

파괴적 교실 행동

Crone, D. A. & Horner, R. H. (2003). *Building positive behavior support systems in schools: Functional behavioral assessment.* New York, NY: Guilford Press.

Franklin, C., Harris, M. B., & Allen-Meares, P. (Eds.). (2006). *The school services sourcebook: A guide for school-based professionals.* New York, NY: Oxford University Press.

Grossman, D. C., Neckerman, H. J., Koepsell, T. D., Liu, P., Asher, K. N., Beland, K., Frey, K., & Rivara F. P. (1997). Effectiveness of a violence prevention curriculum among children in elementary school. *Journal of the American Medical Association, 227* (20), 1605–1611.

Hennessey, B. A. (2006). Promoting social competence in school-aged children: The effects of the open circle program. *Journal of School Psychology, 45,* 349–360.

McLeod, J., Fisher, J., & Hoover, G. (2003). *The key elements of classroom management: Managing time and space, student behavior, and instructional strategies.* Alexandria, VA: Association for Supervision and Curriculum Development.

Miller, S. P. (2008). *Validated practices for teaching students with diverse needs and abilities* (2nd ed.). Boston, MA: Allyn & Bacon.

Quinn, M. M., Kavale, K. A., Mathur, S. R., Rutherford, R. B., & Forness, S. R. (1999). A meta-analysis of social skill intervention for students with emotional or behavioral disorders. *Journal of Emotional & Behavioral Disorders, 7*(1), 54–65.

Rathvon, N. (2008). *Effective school interventions: Evidence-based strategies for improving student outcomes* (2nd ed.). New York, NY: Guilford Press.

Sprick, R. S. (2008). *Discipline in the secondary classroom: A positive approach to behavior management* (2nd ed.). San Francisco, CA: Jossey-Bass.

Wilson, D. B., Gottfredson, D. C., & Najaka, S. S. (2001). School-based prevention of problem behaviors: A meta-analysis. *Journal of Quantitative Criminology, 17*(3), 247–272.

적대적 반항장애(ODD)

Ang, R. P., & Hughes, J. N. (2001). Differential benefits of skills training with antisocial youth based on group composition: A meta-analytic investigation. *School Psychology Review, 31*(2), 164–185.

Crone D. A., & Horner, R. H. (2003). *Building positive behavior support systems in schools: Functional behavioral assessment.* New York, NY: Guilford Press.

Hawken, L. S., Pettersson, H., Mootz, J., & Anderson, C. (2006). *The behavior education program: A check-in, check-out intervention for students at risk.* New York, NY: Guilford Press.

Lochman, J. E., Barry, T. D., & Pardini, D. A. (2003). Anger control training for aggressive youth. In A. E. Kazdin & J. R. Weisz (Eds.), *Evidence-based psychotherapies for children and adolescents* (pp. 263–281). New York, NY: Guilford Press.

McMahon, R. J., & Forehand, R. L. (2003). *Helping the noncompliant child: Family-based treatment for oppositional behavior* (2nd ed.). New York, NY: Guilford Press.

Meichenbaum, D. (2001). *Treatment of individuals with anger-control problems and aggressive behaviors: A clinical handbook.* Clearwater, FL: Institute Press.

Reid, M. J., Webster-Stratton, C., & Hammond, N. (2003). Follow-up of children who received the Incredible Years intervention for oppositional-defiant disorder: Maintenance and prediction of two-year outcomes. *Behavior Therapy, 34,* 471–491.

Webster-Stratton, C., & Hooven, C. (1998). Parent training for child conduct problems. In T. H. Ollendick (Ed.), *Comprehensive clinical psychology* (pp. 186–219). Oxford, England: Elsevier Science.

Webster-Stratton, C., & Reid, M. (2003). The incredible years: Parents, teachers, and children training series: A multifaceted treatment approach for young children with conduct problems. In A. E. Kazdin & J. R. Weisz (Eds.), *Evidence-based psychotherapies for children and adolescents* (pp. 224–240). New York, NY: Guilford Press.

양육기술/훈육하기

Bell, S., & Eyberg, S. M. (2002). Parent-child interaction therapy. In L. VandeCreek, S. Knapp, & T. L. Jackson (Eds.), *Innovations in clinical practice: A source book* (Vol. 20, pp. 57–74). Sarasota, FL: Professional Resource Press.

Broussard, C. A. (2003). Facilitating home-school partnerships for multiethnic families: School social workers collaborating for success. *Children & Schools, 25*(4), 211–222.

Kazdin, A. E. (2003). Problem-solving skills training and parent management training for conduct disorder. In A. E. Kazdin & J. R. Weisz (Eds.), *Evidence-based psycho-therapies for children and adolescents* (pp. 241–262). New York, NY: Guilford Press.

Kazdin, A. E. (2005). *Parent management training: Treatment for oppositional, aggressive, and antisocial behavior in children and adolescents.* New York, NY: Oxford University Press.

Kumpfer, K. L., & Alvarado, R. (2003). Family-strengthening approaches for the prevention of youth problem behaviors. *American Psychologist, 58*(6–7), 457–465.

MacLeod, J., & Nelson, G. (2000). Programs for the promotion of family wellness and the prevention of child maltreatment: A meta-analytic review. *Child Abuse & Neglect, 24*(9), 1127–1149.

Patrikakou, E. N., Weissberg, R. P., Redding, S., & Walberg, H. J. (2004). *School-family partnerships: Fostering children's school success.* New York, NY: Teachers College Press.

Webster-Stratton, C., & Hooven, C. (1998). Parent training for child conduct problems. In T. H. Ollendick (Ed.), *Comprehensive clinical psychology* (pp. 186–219). Oxford, England: Elsevier Science.

Webster-Stratton, C., & Reid, M. (2003). The incredible years: Parents, teachers, and children training series: A multifaceted treatment approach for young children with conduct problems. In A. E. Kazdin & J. R. Weisz (Eds.), *Evidence-based psychotherapies for children and adolescents* (224–240). New York, NY: Guilford Press.

Webster-Stratton, C., & Taylor, T. (2001). Nipping early risk factors in the bud: Preventing substance abuse, delinquency, and violence in adolescent through interventions targeted at young children (0–8 years). *Prevention Science, 2,* 165–192.

학교폭력 가해자

Cooke, M. B., Ford, J., Levine, J., Bourke, C., Newell, L., & Lapidus, G. (2007). The effects of city-wide implementation of "Second Step" on elementary school students' prosocial and aggressive behaviors. *The Journal of Primary Prevention, 28*(2), 93–114.

Epstein, M., Atkins, M., Cullinan, D., Kutash, K., & Weaver, R. (2008). *Reducing problem behavior in the elementary school classroom: A practice guide* (NCEE #2008-012). Washington, DC: National Center for Education Evaluation and Regional Assistance, Institute of Education Sciences, U.S. Department of Education. Retrieved from http://ies.ed.gov/ncee/wwc/publications/practiceguides

Gottfredson, G. D., & Gottfredson, D. C. (2001). What schools do to prevent problem behavior and promote safe environments. *Journal of Educational and Psychological Consultations, 12*(4), 313–344.

Grossman, D. C, Neckerman, H. J., Koepsell, T. D., Liu, P., Asher, K. N., Beland, K., Frey, K., & Rivara F. P. (1997). Effectiveness of a violence prevention curriculum among children in elementary school. *Journal of American Medical Association, 227* (20), 1605–1611.

Kazdin, A. E. (2005). *Parent management training: Treatment for oppositional, aggressive, and antisocial behavior in children and adolescents.* New York, NY: Oxford University Press.

Knowles, C. R. (2001). *Prevention that works: A guide for developing school-based drug and violence prevention programs.* Thousand Oaks, CA: Corwin Press.

Larson, J. (1994). Violence prevention in the schools: A review of selected programs and procedures. *School Psychology Review, 23*(2), 151–165.

Meichenbaum, D. (2001). *Treatment of individuals with anger-control problems and aggressive behaviors: A clinical handbook.* Clearwater, FL: Institute Press.

Quinn, M. M., Kavale, K. A., Mathur, S. R., Rutherford, R. B., & Forness, S. R. (1999). A meta-analysis of social skill intervention for students with emotional or behavioral disorders. *Journal of Emotional & Behavioral Disorders, 7*(1), 54–65.

Schaefer-Schiumo, K., & Ginsberg, A. P. (2003). The effectiveness of the warning signs program in educating youth about violence prevention: A study with urban high school students. *Professional School Counseling, 7*(1), 1–9.

Twemlow, S. W., & Sacco, F. C. (2011). *Preventing bullying and school violence.* Arlington, VA: American Psychiatric Publishing.

Wilson, S. J., Lipsey, M. W., & Derzon, J. H. (2003). The effects of school-based intervention programs on aggressive behavior: A meta-analysis. *Journal of Consulting and Clinical Psychology, 71,* 136–149.

자존감 세우기

Beidel, D. C., Turner, S. M., & Morris, T. L. (2004). *Social effectiveness therapy for children and adolescents* (SET-C). Toronto, Ontario: Multi-Health Systems, Inc.

Hennessey, B. A. (2006). Promoting social competence in school-aged children: The effects of the open circle program. *Journal of School Psychology, 45,* 349–360.

Quinn, M. M., Kavale, K. A., Mathur, S. R., Rutherford, R. B., & Forness, S. R. (1999). A meta-analysis of social skill intervention for students with emotional or behavioral disorders. *Journal of Emotional & Behavioral Disorders, 7*(1), 54–65.

Romasz, T. E., Kantor, J. H., & Elias, M. J. (2004). Implementation and evaluation of urban school-wide social-emotional learning programs. *Evaluation and Program Planning, 27,* 89–103.

사회성 기술/또래 관계

Barrett, P. M. (1998). Evaluation of cognitive-behavioral group treatments for childhood anxiety disorders. *Journal of Clinical Child Psychology, 27,* 459–68.

Barrett, P. M., Duffy, A. L., Dadds, M. R., & Rapee, R. M. (2001). Cognitive-behavioral treatment of anxiety disorders in children: Long-term (6-year) follow-up. *Journal of Consulting Clinical Psychology, 69,* 135–41.

Barrett, P. M., & Shortt, A. (2003). Parental involvement in the treatment of anxious children. In A. E. Kazdin & J. R. Weisz (Eds.), *Evidence-based psychotherapies for children and adolescents* (pp. 101–119). New York, NY: Guilford Press.

Bernstein, D. A., Borkovec, T. D., & Hazlett-Stevens, H. (2000). *New directions in progressive relaxation training: A guidebook for helping professionals.* Westport, CT: Praeger.

Kendall, P. C., Choudhury, M., Hudson, J., & Webb, A. (2002). *The C.A.T. project manual for the cognitive behavioral treatment of anxious adolescents.* Ardmore, PA: Workbook Publishing.

Masia, C. L., Klein, R. G., Storch, E., & Corda, B. (2001). School-based behavioral treatment for social anxiety disorder in adolescents: Results of a pilot study. *Journal of the American Academy of Child and Adolescent Psychiatry, 40,* 780–786.

Morris, T. L., & March, J. S. (Eds.). (2004). *Anxiety disorders in children and adolescents* (2nd ed.). New York, NY: Guilford Press.

Quinn, M. M., Kavale, K. A., Mathur, S. R., Rutherford, R. B., & Forness, S. R. (1999). A meta-analysis of social skill intervention for students with emotional or behavioral disorders. *Journal of Emotional & Behavioral Disorders, 7*(1), 54–65.

Spence, S. H., Donovan, C., & Brechman-Toussaint, M. (2000). The treatment of childhood social phobia: The effectiveness of a social skills training-based, cognitive-behavioral intervention, with and without parental involvement. *Journal of Child Psychology and Psychiatry, 41,* 713–726.

사회적 부적응(품행장애)

Ang, R. P., & Hughes, J. N. (2001). Differential benefits of skills training with antisocial youth based on group composition: A meta-analytic investigation. *School Psychology Review, 31*(2), 164–185.

Bell, S., & Eyberg, S. M. (2002). Parent-child interaction therapy. In L. VandeCreek, S. Knapp, & T. L. Jackson (Eds.), *Innovations in clinical practice: A source book* (Vol. 20, pp. 57–74). Sarasota, FL: Professional Resource Press.

Bernstein, D. A., Borkovec, T. D., & Hazlett-Stevens, H. (2000). *New directions in progressive relaxation training: A guidebook for helping professionals.* Westport, CT: Praeger.

Brestan, E. V., & Eyberg, S. M. (1998). Effective psychosocial treatments of conduct-disordered children and adolescents: 29 years, 82 studies, and 5,272 kids. *Journal of Clinical Child Psychology, 27,* 180–89.

Crone, D. A., & Horner, R. H. (2003). *Building positive behavior support systems in schools: Functional behavioral assessment.* New York, NY: Guilford Press.

Curtis, N. M., Ronan, K. R., & Borduin, C. M. (2004). Multisystemic treatment: A meta-analysis of outcome studies. *Journal of Family Psychology, 18,* 411–419.

Eyberg, S. M., Nelson, M. M., & Boggs, S. R. (2008). Evidence-based psychosocial treatments for children and adolescents with disruptive behavior. *Journal of Clinical Child & Adolescent Psychology, 37*(1), 215–237.

Kazdin, A. E. (2003). Problem-solving skills training and parent management training for conduct disorder. In A. E. Kazdin & J. R. Weisz (Eds.), *Evidence-based psychotherapies for children and adolescents* (pp. 241–262). New York, NY: Guilford Press.

Meichenbaum, D. (2001). *Treatment of individuals with anger control problems and aggressive behaviors: A clinical handbook.* Clearwater, FL: Institute Press.

Webster-Stratton, C., & Hooven, C. (1998). Parent training for child conduct problems. In T. H. Ollendick (Ed.), *Comprehensive clinical psychology* (pp. 186–219). Oxford, England: Elsevier Science.

Webster-Stratton, C., & Reid, M. (2003). The incredible years: Parents, teachers, and children training series: A multifaceted treatment approach for young children with conduct problems. In A. E. Kazdin & J. R. Weisz (Eds.), *Evidence-based psychotherapies for children and adolescents* (pp. 224-240). New York, NY: Guilford Press.

약물 사용과 남용

Botvin, G. J., & Griffin, K. W. (2002). Life skills training as a primary prevention approach for adolescent drug abuse and other problem behaviors. *International Journal of Emergency Mental Health, 4*(1), 41–48.

Botvin, G. J., Griffin, K. W., & Paul, E. (2003). Preventing tobacco and alcohol use among elementary school students through life skills training. *Journal of Child & Adolescent Substance Abuse, 12*(4), 1–17.

Elliot, L., Orr, L., Watson, L., & Jackson, A., (2005). Secondary prevention interventions for young drug users: A systematic review of the evidence. *Adolescence, 40*(157), 1–22.

Fisher, G. L., & Harrison, T. C. (2004). *Substance abuse: Information for school counselors, social workers, therapists and counselors.* Boston, MA: Pearson Education.

Gottfredson, D. C., & Wilson, D. B. (2003). Characteristics of effective school-based substance abuse prevention. *Prevention Science, 4*(1), 27–38.

Griffin, K. W., & Botvin, G. J. (2010). Evidence-based interventions for preventing substance use disorders in adolescents. *Child and Adolescent Psychiatric Clinics of North America, 19*(3), 505–526.

Henggeler, W. W., Pickrel, S. G., & Brondino, M. J. (1999). Multisystemic treatment of substance-abusing and -dependent delinquents: Outcomes, treatment fidelity, and transportability. *Mental Health Services Research, 1,* 171–184.

Holleran, L. K., Kim, Y., & Dixon, K. (2004). Innovative approaches to risk assessment within alcohol prevention programming. In A. R. Roberts & K. R. Yeager (Eds.), *Evidence-based practice manual: Research and outcome measures in health and human services* (pp. 677–684). New York, NY: Oxford University Press.

Knowles, C. R. (2001). *Prevention that works: A guide for developing school-based drug and violence prevention programs.* Thousand Oaks, CA: Corwin Press.

Kumpfer, K. L., Alvarado, R., & Whiteside, H. O. (2003). Family-based interventions for substance use and misuse prevention. *Substance Use & Misuse, 38*(11–13), 1759–1787.

Riddle, J., Bergin, J. J., & Douzenis, C. (1997). Effects of group counseling on self-concepts of children of alcoholics. *Elementary School Guidance and Counseling, 31,* 192–202.

Tobler, N., & Stratton, H. (1997). Effectiveness of school-based drug prevention programs: A meta-analysis of the research. *Journal of Primary Prevention, 17,* 71–128.

White, D., & Pitts, M. (1998). Educating young people about drugs: A systematic review. *Addiction, 93*(10), 1475–1487.

Wilson, D. B., Gottfredson, D. C., & Najaka, S. S. (2001). School-based prevention of problem behaviors: A meta-analysis. *Journal of Quantitative Criminology, 17*(3), 247–272.

부록 C 웹사이트/핫라인

학업동기/학습과 조직화 기술

Council for Exceptional Children
www.cec.sped.org, 703-620-3660

The National Association for Gifted Children
www.nagc.org, 202-785-4268

Office of Special Education Programs Technical Assistance Center on
Positive Behavioral Interventions & Supports
www.pbis.org/

Student Success Skills
www.studentsuccessskills.com/

What Works Clearinghouse Practice Guide on Dropout Prevention
http://ies.ed.gov/ncee/wwc/PracticeGuide.aspx?sid=9

분노/공격성 관리

Parent Management Training
www.oup.com/us/companion.websites/0195154290/

Peace Education Foundation Materials
store.peaceeducation.Org

Too Good for Violence Program
www.mendezfoundation.org/too_good.php

주의력결핍 과잉행동장애(ADHD)

The Attention Deficit Disorder Association [ADDA]
www.add.org, 800-939-1019

The Attention Deficit Information Network [AD-IN]
781-455-9895

Children with Attention Deficit Disorders [CHADD]
www.chadd.org, 800-233-4050

Second Step Violence Prevention Program (PreK–8)
www.cfchildren.org/programs/ssp/overview

I Can Problem Solve Curriculum (PreK–6)
www.researchpress.com/product/item/4628

The Learning Disabilities Association
www.ldanatl.org, 412-341-1515

Office of Special Education Programs Technical Assistance Center on
    Positive Behavioral Interventions & Supports
www.pbis.org/

Promoting Alternative Thinking Strategies Curriculum (PreK–6)
www.prevention.psu.edu/projects/PATHS.html

Safe and Caring Schools Curriculum
www.safeandcaringschools.com

Social Decision Making/Social Problem Solving Curriculum (2–5)
www.ubhcisweb.org/sdm

괴롭힘 가해자

Olweus Bullying Prevention Program (K–8)
www.olweus.com
www.olweus.org/public/index.page

Peace Education Foundation Materials
www.store.peaceeducation.org

PeaceBuilders (K–6)
www.peacebuilders.com

Resolving Conflicts Creatively Program (K–6)
www.ncrel.org

Second Step Violence Prevention Program (PreK–8)
www.cfchildren.org/programs/ssp/overview

Steps to Respect Bullying Prevention Program (Grades 3–6)
www.cfchildren.org/programs/str/overview/

Too Good for Violence Program
www.mendezfoundation.org/too_good.php

진로 계획

ACT
www.act.org

ACT Career Planning Resources
www.actstudent.org/wwm/index.html

America's Career Information Network
www.acinet.org/acinet/default.asp

Career Infonet
www.careerinfonet.org/explore/View.aspx?pageID=2

The College Board
www.collegeboard.org

Jobstar
www.jobstar.org/tools/career/index.php

Navigation 101 (6–12)
www.k12.wa.us/SecondaryEducation/CareerCollegeReadiness/FAQ.aspx

National Career Development Association
http://associationdatabase.com/aws/NCDA/pt/sp/about

Occupational Information Network [O*NET]
www.online.onetcenter.org

O*NET Career-Focused Assessment
www.online.onetcenter.org/skills/

Peterson's
www.petersons.com

The Real Game (K–12)
www.realgame.com/usa.html

갈등관리

Assocation for Conflict Resolution
www.acrnet.org

National Center for Mental Health Promotion and Youth Violence
Prevention
www.promoteprevent.org/publications/ebi-factsheets

Peace Builders
www.peacebuilders.com

Peace Works Curricula
store.peaceeducation.org/peermediation.aspx

Peers Making Peace
www.paxunited.org

Promoting Alternative Thinking Strategies Program
www.channing-bete.com/prevention-programs/paths/paths.html

Resolving Conflict Creatively Program
www.esrnational.org/professional-services/elementary-school/
prevention/resolving-conflict-creatively-program-rccp/

School Mediation Associates
www.schoolmediation.com

우울

American Academy of Child and Adolescent Psychiatry
www.aacap.org

American Psychiatric Association
www.psych.org

American Psychological Association, Society of Clinical Child and
Adolescent Psychology
http://effectivechildtherapy.com/sccap/

Child and Adolescent Bipolar Association
www.bpkids.org

파괴적 교실 행동

LifeSkills Training
http://www.lifeskillstraining.com/

Office of Special Education Programs Technical Assistance Center on
Positive Behavioral Interventions & Supports
www.pbis.org/

Promoting Alternative Thinking Strategies (PATHS) Program
www.prevention.psu.edu/projects/PATHS.html

Resolving Conflict Creatively Program
www.esrnational.org/professional-services/elementary
-school/prevention/resolving-conflict-creatively-program-rccp/

Second Step Violence Prevention Program (PreK–8)
www.cfchildren.org/programs/ssp/overview

Steps to Respect Bullying Prevention Program (3–6)
www.cfchildren.org/programs/str/overview/

What Works Clearinghouse Practice Guide Reducing Behavior
Problems in the Elementary School Classroom
http://ies.ed.gov/ncee/wwc/PracticeGuide.aspx?sid=4

양육기술/훈육하기

The Incredible Years: Parents, Teachers, and Children Training Series
www.incredibleyears.com

The Nurturing Parent Program
www.nurturingparenting.com

PREP: Prevention and Relationship Enhancement Program
www.prepinc.com

The Strengthening Families Program
www.strengtheningfamiliesprogram.org

학교폭력 가해자

Parent Management Training
www.oup.com/us/companion.websites/0195154290/

Peace Education Foundation Materials
store.peaceeducation.org

Too Good for Violence Program
www.mendezfoundation.org/too_good.php

자존감 세우기

Caring School Community Program
http://www.devstu.org/caring-school-community

LifeSkills Training
http://www.lifeskillstraining.com/

The Nurturing Parent Program
www.nurturingparenting.com

Office of Special Education Programs Technical Assistance Center on
Positive Behavioral Interventions & Supports
www.pbis.org/

Parenting Wisely Program
www.parentingwisely.com

Positive Action Program
www.positiveaction.net

Promoting Alternative Thinking Strategies (PATHS) Program
http://www.prevention.psu.edu/projects/PATHS.html

The Strengthening Families Program
www.strengtheningfamiliesprogram.org

Student Success Skills Program
www.studentsuccessskills.com

Too Good for Drugs/Too Good for Violence programs
www.mendezfoundation.org/too_good.php

사회적 부적응(품행장애)

Aggression Replacement Training
www.uscart.org

Caring School Community Program
http://www.devstu.org/caring-school-community

The Incredible Years: Parents, Teachers, and Children Training Series
www.incredibleyears.com

LifeSkills Training
http://www.lifeskillstraining.com/

Multisystemic Therapy Program
www.mstservices.com

The Nurturing Parent Program
www.nurturingparenting.com

Office of Special Education Programs Technical Assistance Center on Positive Behavioral Interventions & Supports
www.pbis.org/

Olweus Bullying Prevention Program (K–8)
www.olweus.com

Promoting Alternative Thinking Strategies (PATHS) Program
http://www.prevention.psu.edu/projects/PATHS.html

Second Step Violence Prevention Program (PreK–8)
www.cfchildren.org/programs/ssp/overview

The Strengthening Families Program
www.strengtheningfamiliesprogram.org

약물 사용과 남용

Alateen
www.al-anon.alateen.org/

Alcoholics Anonymous
www.aa.org

Michigan Model for Health
www.emc.cmich.edu/mm

Narcotics Anonymous
www.na.org

National Council on Alcoholism and Drug Dependence, Inc.
www.ncadd.org, 800-622-2255

Partnership for a Drug Free America
www.drugfreeamerica.org

Substance Abuse and Mental Health Services Administration
www.samhsa.gov, 877-726-4727

Talking with Kids about Tough Issues
www.talkwithkids.org

Too Good for Drugs/Too Good for Violence Programs
www.mendezfoundation.org/too_good.php

회복 모델의 목표와 개입

다음의 목표와 개입은 Substance Abuse and Mental Services Administraton(SAMHSA, 2004)에서 소집한 Mental Health Recovery and Mental Health Systems Transformation에 관한 2004년 National Consensus Conference에서 여러 분야에 걸친 전문가 집단이 개발한 10가지 핵심 원리를 바탕으로 작성되었다.

1. **자기지시** : 내담자는 낙관적 자율성·독립심·자원의 통제를 통해 회복을 향한 방향을 잡고, 통제하고, 선택하고, 결정하여 자기결정적인 삶을 성취한다. 의미상으로 볼 때, 회복의 과정은 자신의 삶의 목표를 확실히 하고 목표를 향한 독특한 경로를 만들어내는 등, 자기지시적이어야 한다.

2. **개인화 및 인간중심** : 회복을 위한 경로에는 개인의 독특한 강점과 탄력성뿐 아니라 개인의 욕구, 선호, 경험(과거 외상을 포함한), 다양한 문화적 배경에 기반을 둔 많은 경로가 있다. 또한 개인은 회복을 지속적인 여행으로 인식하고, 끝으로서의 결과뿐 아니라 건강 및 긍정적 정신건강을 성취하기 위한 전반적인 패러다임으로서 인식한다.

3. **권한 부여** : 내담자는 선택할 수 있는 권한을 가지며 그들의 삶에 영향을 줄 수 있는 모든 결정에 참여하고—자원의 배분을 포함하여—교육을 받으며 이러한 과정을 통해 지지받는다. 그들은 다른 내담자들과 함께 그들의 욕구, 바람, 열망, 염원에 대해 집단적, 효과적으로 이야기할 수 있는 능력을 가지고 있다. 권한 부여를 통해, 개인은 자신의 운명을 통제할 수 있고, 자신의 삶 속에서 조직화된 구조 및 사회

구조에 영향을 줄 수 있다.

4. **전체론적 측면** : 회복은 마음, 몸, 영혼, 지역사회를 포함하여 개인의 삶 전체를 망라한다. 회복은 거주, 고용, 교육, 정신건강 및 건강 관리 치료와 서비스, 상호보완적이면서 자연주의적인 서비스, 중독치료, 영성, 창의성, 사회관계망, 지역사회 참여, 가족 지지를 포함한 삶의 모든 측면을 포함한다. 가족, 부양자, 기관, 시스템, 지역사회 및 사회는 소비자가 이러한 지지에 접근하는 데 의미 있는 기회를 만들고 유지하는 데 중요한 역할을 한다.

5. **비선형적 측면** : 회복은 단계적 과정이 아닌, 지속적인 성장과 이따금의 차질, 경험을 통한 학습에 근거한 과정이다. 회복은 한 사람이 긍정적인 변화가 가능하다는 것을 자각하는 초기 단계로 시작한다. 이러한 인식은 소비자가 회복 작업에 전적으로 착수할 수 있게 한다.

6. **강점기반** : 회복은 다양한 역량, 탄력성, 재능, 대처 능력, 개인의 내재된 가치를 평가하고 세우는 데 초점을 둔다. 이러한 강점을 세움으로써, 소비자는 방해받는 삶의 역할에서 떠나고 새로운 삶의 역할(예 : 동반자, 돌보는 사람, 친구, 학생, 고용인)에 참여하게 된다. 회복의 과정은 다른 사람과의 지지적이고 신뢰로운 관계 안에서 상호작용을 통해 앞으로 나아간다.

7. **친구의 지지** : 다양한 지지—경험적 지식, 기술, 사회적 학습의 공유를 포함하는—는 회복에 있어 매우 유용한 역할을 한다. 소비자는 회복에 있어 다른 소비자를 격려하고 관여하며, 소속감, 지지적인 관계, 가치 있는 역할 및 공동체를 상호제공한다.

8. **존중** : 지역사회, 시스템, 사회적 수용 및 소비자의 인식—그들의 권리를 보호하고 차별과 오명을 제거하는 것을 포함하여—은 회복을 성취하는 데 중요하다. 특별히 자기허용과 자신에 대한 신뢰를 다시 얻는 것은 필수적이다. 존중은 삶의 모든 측면에 소비자가 포함되게 하고 소비자의 전적인 참여를 보장한다.

9. **책임감** : 소비자는 스스로를 돌보고 회복의 여정을 가는 것에 대해 개인적인 책임감을 가진다. 목적을 향해 단계를 밟아가는 것은 큰 용기가 필요한 일이다. 소비자는 자신의 경험을 이해하고 의미를 부여하고자 노력해야 하고, 자신의 건강을 증진시키기 위한 대처 전략과 치유 과정을 확인해야 한다.

10. **희망** : 회복은 더 나은 미래를 위해 필수적이고 동기부여가 되는 메시지(사람들은 그들 앞을 가로막은 장벽과 장애물을 극복할 수 있다)를 제공한다. 희망은 내면화되어 있지만 동료, 가족, 친구, 보호자 및 다른 사람들에 의해 만들어질 수 있다.

희망은 회복 과정의 촉매제이다. 정신건강 회복은 정신건강에 장애를 가진 개인에게 삶, 직업, 학습 및 우리 사회에 충분히 참여하는 것에 초점을 둠으로써 유익을 줄 뿐 아니라, 미국 공동체를 조화롭고 풍요롭게 한다. 미국은 정신건강 장애가 있는 개인들이 창출해내는 긍정적 결과를 통해 유익을 얻으며, 결과적으로 더욱 강하고 건강한 나라가 된다.*

다음의 치료계획 목표에 사용된 숫자는 10가지 핵심 원칙의 숫자와 일치한다. 10가지 목표 각각은 같은 번호의 핵심 원칙의 핵심 주제를 획득하기 위해 쓰여졌다. 목표 뒤에 나오는 괄호 안의 숫자는 각각의 목표를 달성하는 데 내담자를 돕기 위해 만들어진 개입이다. 임상가는 내담자의 치료계획에 있어 목표와 개입 문장의 일부 또는 전부를 선택할 수 있다.

임상가가 내담자의 치료계획에서 회복 모델 방향을 강조하려고 할 때, 하나의 포괄적인 장기목표 문장이 제공된다.

장기목표

1. 치유와 변화의 여정 동안 잠재력을 최대한 발휘하도록 노력하면서 스스로 선택한 공동체에서 의미 있는 삶을 살아간다.

단기목표

1. 치료자, 가족, 친구가 어떤 회복 경로를 선호하는지 확인한다.(1, 2, 3, 4)

치료적 개입

1. 내담자가 원하는 회복(우울, 양극성 장애, 외상 후 스트레스 장애 등으로부터) 경로와 관련하여 내담자의 생각, 욕구, 선호를 탐색한다.
2. 내담자의 회복을 촉진할 수 있는 대안적인 치료 개입과 지역사회 지지 자원에 대해 내담자와 논의한다.
3. 내담자가 어느 쪽의 치료 방향을 더 선호하는지 질문한다. 이 선호도에 대해 가족 및 중요한 타인과 의사소통할 수

---

* SAMHSA(Substance Abuse and Mental Health Services Administration's) National Mental Health Information Center: Center for Mental Health Services(2004). National consensus statement on mental health recovery. Washington, DC: Author. Available from http://mentalhealth.samhsa.gov/publications/allpubs/sma05-4129/

2. 치료 과정에서 고려해야 할 독특한 욕구와 문화적 선호사항을 명시한다. (5, 6)

3. 치료 과정 전반에 걸친 의사결정을 스스로 통제할 수 있음을 말로 표현한다.(7, 8)

4. 치료 과정에서 통합되어야 하는 정신적·신체적·영적·공동체적 욕구와 바람을 표현한다.(9, 10)

5. 치료 과정 동안에 성공과 실패, 진전과 좌절이 있을 것이라는 이해를 말로 표현한다.(11, 12)

있도록 한다.

4. 내담자의 결정을 통해 만들어질 가능한 결과에 대해 내담자와 논의하고 진행한다.

5. 성숙한 동의가 이뤄진 치료계획을 만드는 데 필요한 문화적 고려사항, 경험 또는 다른 욕구에 대해 내담자와 탐색한다.

6. 내담자의 문화적·경험적 배경과 선호도를 맞추기 위해 치료계획을 변경한다.

7. 내담자에게 선택할 수 있는 권리가 있다는 것, 선택사항 중 고를 수 있다는 것, 내담자에게 영향을 미칠 수 있는 모든 결정에 참여한다는 것을 명확하게 한다.

8. 내담자의 권한부여를 지지하는 치료적 과정으로서 내담자에게 선택사항을 지속적으로 제공하고, 설명하고, 치료에 대한 의사결정 과정에 내담자의 참여를 격려하고 강화한다.

9. 내담자의 개인적·대인관계적·의학적·영적·공동체적 장점과 단점을 평가한다.

10. 내담자의 독특한 정신적·신체적·영적·공동체적 욕구와 자원을 계획 안에 통합함으로써 치료계획에 대한 총체적인 접근법을 유지한다. 이러한 통합을 어떻게 만들지에 대해 내담자와 협의한다.

11. 내담자에게 긍정적인 변화가 가능하지만 직선 형태의 성공 과정이 일어나는 것은 아니라는 현실적인 기대와 희망을 전달한다. 성장과 관련된 회복 과정을 강조하고, 진전과 좌절로부터 배우고, 회복을 향한 이 과정을 유지한다.

12. 실수와 좌절의 어려운 시간 동안 당신이 내담자와 함께 있을 것이라는 점을 내담자에게 전한다.

6. 치료 과정으로 끌어올 수 있는 개인적 강점 및 자원을 평가하는 데 협조한다.(13, 14, 15)

13. 내담자가 *Behavioral and Emotional Rating Scale(BERS): A Strength-Based Approach to Assessment*(Epstein)를 하도록 한다.

14. 내담자의 삶의 사회적 · 인지적 · 관계적 · 영적 영역과 관련된 평가를 통해 내담자의 강점을 확인한다. 내담자가 과거 문제를 극복하는 데 어떤 대처 기술을 잘 활용했는지, 내담자의 일상에 어떤 재능과 능력이 특징적인지 확인하도록 지지한다.

15. 내담자의 강점을 확인하고 이러한 강점이 회복계획의 단기 목표 및 장기 목표에 어떻게 통합될 수 있는지에 대한 피드백을 내담자에게 제공한다.

7. 회복 과정 중 동료의 지지가 주는 장점에 대해 말로 표현한다.(16, 17, 18)

16. 동료와 어울리는 활동에 함께 하겠다는 내담자의 동의를 얻기 위해 동료의 지지가 주는 장점에 대해 내담자와 토론한다 (예 : 일반적인 문제를 공유하기, 성공적인 대처 기술과 관련된 조언 받기, 격려받기, 도움이 되는 지역사회 자원을 배우기 등).

17. 내담자를 내담자가 선택한 지역사회 내 동료 지지 집단에 의뢰하고 내담자의 경험을 후속조치를 통해 다룬다.

18. 내담자의 사회활동을 통해 직면한 장애물을 처리하고 문제를 해결함으로써 내담자의 소속감, 지지적 관계 형성, 사회적 가치 및 공동체 통합을 형성하고 강

8. 치료관계자, 가족, 자신 또는 지역사회로부터 존중받지 못하는 경우가 발생할 때 어떠한 경우든 밝히는 것에 동의한다.(19, 20, 21)

9. 자기 돌보기 및 치료 과정에서 결정에 참여하는 것과 관련된 책임감을 말로 표현한다.(22)

10. 미래에 기능이 더 나아질 것이라는 희망을 표현한다.(23, 24)

화한다.

19. 내담자가 존중받지 못함을 느끼거나 경험하게 되는 미묘하고도 명백한 방식을 검토하면서, 회복에서 존중의 중요한 역할에 대해 내담자와 토론한다.

20. 내담자가 과거에 존중받지 못했다고 느껴왔던 방식을 검토하고, 비존중의 원인을 확인한다.

21. 존중을 받기에 마땅하다는 내담자의 자기지각을 격려하고 강화한다. 지역사회와 가족 시스템 안에서 존중받는 치료 경험을 증가시키기 위해 내담자를 지지한다.

22. 자신의 치료를 통제하는 인간으로서의 역할 및 자신의 일상에 적용하는 데 책임감을 가지는 내담자의 역할을 발달시키고, 격려하고, 지지하고, 강화한다. 회복 과정을 지지하는 후원자로서 지지적인 역할을 선택한다.

23. 희망과 동기부여를 위해 사회적 상황에 충분히 참여하고, 삶, 직장, 학습에 있어 개인적 강점, 기술, 사회적 지지를 사용하여 보다 만족스러운 삶을 이룬 잠재적인 롤모델에 대해 내담자와 토론한다.

24. 장애물을 극복할 수 있고 삶 속에서 만족감을 느낄 수 있는 사람이라는 내담자의 자기개념 내재화에 대해 토론하고 고취시킨다. 이 개념을 지지하는 과거와 현재의 예를 사용함으로써 자기개념을 지속적으로 세우고 강화한다.

저자 소개

Sarah Edison Knapp, MSW, CSW

학교 선임사회사업가이며, 긍정적이고 효과적인 방법으로 자녀를 양육하는 데 관심을 가진 교육자들과 부모들을 돕는 데 시간과 전문지식을 제공하고 있다. *School Counseling and School Social Work Homework Planner*와 *Parenting Skills Homework Planner*를 포함한 몇 권의 책을 저술하였다.

Arthur E. Jongsma, Jr., Ph.D

베스트셀러인 임상계획서(Practice*Planners*®) 시리즈의 편집자이다. 1971년 이래로 입원내담자와 외래내담자에게 정신건강 서비스를 제공하고 있다. 25년 동안 미시간 주 그랜드래피즈에 Psychological Consultants를 설립하여 감독자로 일해 왔고, 50권의 책을 저술 또는 공저했다. 전 세계를 다니면서 정신건강 전문가들을 위한 워크숍을 진행하고 있다.

Carey Dimmitt, Ph.D

매사추세츠대학교 애머스트캠퍼스에서 조교수 및 학교 상담자 교육의 코디네이터로 일하고 있다. Center for School Counseling Outcome Research and Evaluation의 준감독자이며, 학교상담 교육과정 결과 연구, 상담기법 개발, 메타인지, 연구와 실천의 연결 등에 관심을 가지고 연구하고 있다. *Evidence-Based School Counseling : Making a Difference with Data-Driven Practices*의 공저자이다.

역자 소개

노성덕

한국청소년상담복지개발원에서 본부장으로 일하고 있다. 서울대학교 교육학과에서 상담전공으로 박사학위를 받았고, 청소년상담사 1급(여성가족부), 전문상담사 1급(한국상담학회), 정신건강상담사 1급(한국상담심리학회/한국상담학회) 등을 취득하였다.

저서로는 학교 또래상담(학지사, 2014), 전문상담교사 길라잡이(학지사, 2013), 전문상담교사와 학교상담(학지사, 2010), 또래상담(공저, 학지사, 2010), 찾아가는 상담(학지사, 2008) 등이 있고, 역서로는 상담심리학(공역, 학지사, 2014), DSM-IV-Tr 진단에 따른 아동청소년 상담 및 심리치료(공역, 시그마프레스, 2010), 상담기관의 카운슬러되기(공역, 시그마프레스, 2008) 등이 있다.

유순덕

경기도청소년상담복지센터 센터장으로 일하고 있다. 숭실대학교 사회복지학과에서 사회복지전공으로 박사과정을 수료하였고, 청소년상담사 1급(여성가족부), 전문상담사 1급(한국상담학회), 사회복지사 1급(보건복지부), 청소년상담전문가(한국청소년상담학회) 등을 취득하였다.

역서로는 공감 그 이상을 추구하며(공역, 학지사, 2011)가 있다.

김호정

한국아동청소년심리상담센터에서 청소년상담 및 가족상담 전문가로 일하고 있다. 연세대학교 아동가족학과에서 상담전공으로 박사과정을 수료하였고, 청소년상담사 2급(여성가족부), 해결중심전문상담사 1급(해결중심치료학회), 단기가족상담전문가(한국단기가족치료연구소), 내러티브상담사 2급(한국이야기치료학회) 등을 취득하였다.

역서로는 상담심리학(공역, 학지사, 2014), DSM-IV-Tr 진단에 따른 아동청소년 상담 및 심리치료(공역, 시그마프레스, 2010) 등이 있다.

채중민

삼성전자 열린상담센터에서 책임상담사로 일하고 있다. 고려대학교 심리학과에서 임상 및 상담심리전공으로 석사학위를 받았고, 상담심리사 1급(한국상담심리학회), 청소년상담사 2급(여성가족부) 등을 취득하였다. 역서로는 상담심리학(공역, 학지사, 2014)이 있다.